本成果系法治湖南建设与区域社会治理协同创新中心平台建设阶段性成果

U0876404

CRIMINAL PROCEDURE LAW

刑事诉讼法

杨开湘 编著

中南大學出版社
www.csupress.com.cn

高等院校网络教育法学专业核心课程规划教材

编委会

主　任：廖　耘

副主任：王飞跃　赵　军

编　委：（按姓氏笔画排序）

王飞跃　毛俊响　朱　颖　刘　丽

刘冬梅　刘益灯　李　敏　李国海

杨开湘　佘艺颖　余　彦　佘卫明

陈亚芸　陈海嵩　金大宝　周刚志

胡平仁　贺东山　唐东楚　黄先雄

龚　博　彭健俐　蒋言斌　颜运秋

作者简介

杨开湘，男，湖南溆浦人。现为中南大学法学院教授，司法与人权研究中心主任。华东政法学院法学硕士，北京大学法学博士，奥地利维也纳大学访问学者，德国柏林自由大学艾伯特基金高级访问学者，德国柏林自由大学法学院客座教授、洪堡学者，美国国际访问学者。曾被评为2005年度湖南省青年骨干教师。兼任中国欧洲学会欧洲法律研究会常务理事，湖南省人民检察院专家咨询委员。主要从事刑事诉讼基本理论、刑事侦查与司法鉴定、司法与人权等方面的教学与研究。

法律法规引用简称对照表

法律法规全称	本书简称
《中华人民共和国刑事诉讼法》	《刑事诉讼法》
《中华人民共和国宪法》	《宪法》
《中华人民共和国刑法》	《刑法》
《中华人民共和国立法法》	《立法法》
《最高人民法院、最高人民检察院、公安部、国家安全部、司法部、全国人大常委会法制工作委员会关于刑事诉讼法实施中若干问题的规定》(2012 年)	六部门《规定》
《最高人民法院关于适用〈中华人民共和国刑事诉讼法〉的解释》(2012 年)	最高院《解释》
《人民检察院刑事诉讼规则(试行)》(2012 年)	最高检《规则(试行)》
《公安机关办理刑事案件程序规定》(2012 年)	公安部《规定》
《中华人民共和国刑事诉讼法》(1979 年制定)	1979 年《刑事诉讼法》
《中华人民共和国刑事诉讼法》(1996 年修改)	1996 年《刑事诉讼法》

目 录

第一编 总论

第二编 分论

第一编　总论

第一章　绪论

【本章引语】

象曰：天与水违行，讼。——《易经·讼卦》

上帝，公正的法官，你是和平的缔造者，你作出公平的审判，我们谦卑地祈求你赐福，让这块炽热的烙铁彰显神灵，凭它对未决的争执进行公正的检验。——卡尔·佐伊曼

【学习目标】

通过本章学习，能够掌握：

1. 诉讼的基本要件。
2. 刑事诉讼的含义与特征。
3. 刑事诉讼法的性质。

第一节　刑事诉讼

一、社会冲突与纠纷解决

日常生活中人与人的交往免不了会发生各种各样的纠纷和矛盾，从社会学意义上说，人与人的纠纷和矛盾称为“社会冲突”。“社会冲突”在法学意义上则转化为法律纠纷或者说“案件”。在任何社会，只要有“社会冲突”存在，就不利于该社会的稳定和发展，从而必须运用一些有效的制度(institution)加以解决，或采用和平方式或采用暴力方式。在人类历史的长河里，各种不同类型的纠纷解决方式随着社会的发展，大致经历了一个由低级到高级的轨迹，即从“暴力解决”向“和

平解决”、从“自力救济”向“公力救济”转变和跨越的轨迹。法律上所说的“自力救济”(Fehde)[①]，就是冲突主体依靠自身力量自行解决冲突，维护自身利益的解决方式。而所谓“公力救济”，就是冲突主体依靠团体(如国家)和社会的力量来解决社会冲突，因而是既能够维护当事人个人的利益，又能够维护社会公共利益(public interest)的解决方式。[②]

典型的“自力救济”处理机制包括自决与和解。自决的典型特征就是凭借自身的优势力量将自己的意志强加给对方，迫使对方屈服；而和解是通过协商调解解决的，它对于冲突的解决是依靠彼此之间的退让和妥协，是在求得对方谅解的心理基础之上的。自决不利于维护正常的社会秩序，不利于维护弱者的利益，自决与社会的公正和正义原则产生了激烈冲突，它被现代社会所禁止理所当然。

典型的“公力救济”的处理机制包括调解、仲裁、诉讼，它们是社会发展到较高阶段时出现的，为现代社会所广泛采用。因为实践证明，大量的社会冲突是无法依靠“自力救济”得到解决的，文明社会需要有独立公正的个人、机构，甚至专门组织充当公断人(umpire)来平息纠纷，而不能再依靠当事者的“自力救济”。当事人之间的冲突由第三方来加以裁断，是调解、仲裁和诉讼的共同特点。但它们的特殊性也很明显，调解机制里的第三方多为民间组织或者个人，道德和法律规范都可以是其裁判所依据的规范，是一种“通过说服教育”以消除争端的行为。调解没有严格的程序约束，没有强制。最重要的是，调解的结果体现了冲突当事人双方的意志。与调解相比较，仲裁是根据法律规定及当事人双方的协议，确定一定的民间机构为第三方，由其依据事实和法律对当事人之间的冲突进行裁决的行为。仲裁注重程序，仲裁的结果更能体现仲裁者的意志。

当社会冲突被诉诸国家力量加以解决时，诉讼制度出现了。它的特有品格使各种不同类型的社会纠纷和冲突在正式的制度空间内得到了有效解决，法律成为社会控制的主要手段，并得到国家强制力的支持。[③] 而且，正是由于它的正式性，诉讼解纷方式成为化解社会矛盾、平息社会冲突的最后一道安全阀。

二、诉讼的语文含义与制度要件

从词义上说，中国古代文字里的“诉讼”是由“诉”和“讼”两个字组成的。“诉”，在字形上，从言从斥，指以言辞斥责。其字又与“告”相通，即告发、控告、

---

① 德语 Fehde 指的是历史上曾有的“武力自卫”，德语还有 Selbsthilfe(自助行为)的表达，如正当防卫。英语常用 self-help，self-help remedy 等。

② 关于社会冲突和纠纷解决，参见顾培东：《社会冲突和诉讼机制》(修订版)，法律出版社 2004 年版。[日]棚濑孝雄：《纠纷的解决与审判制度》，王亚新译，中国政法大学出版社 1994 年版。

③ [美]罗斯科·庞德：《通过法律的社会控制》，沈宗灵、董世忠译，商务印书馆1984 年版，第1－18 页。

告诉的意思。在我国古代典籍中，一般不用“诉”字表达法律含义，而多使用“告”的术语。如:《汉律》《魏律》中有“告劾”的记载；南北朝、北周的律典中也有“告劾”“告言”的记载。“讼”，在字形上，从言从公，言之于公，明言也，为讼。“讼”是周易六十四卦之一。《易经·讼卦》云：“象曰：天与水违行，讼。”①《说文》云：“讼，争也……以手曰争，以言曰讼。”《六书》云：“讼，争曲直于官吏也。”《易传》云：“讼，不亲也。”“讼”的基本字义是“争”“争辩”，是将争议或纠纷提交官府，在官吏面前争辩是非曲直。在我国古代法律典籍中，“讼”的内容一般指民事审理，而刑事审理则多以“狱”字表达，审理刑事案件称“断狱”。古代汉语中的诉讼与现代汉语里的“诉讼”仍然完全不同。今天我们所使用的“诉讼”“刑事诉讼”是清末时期从日本直接引进的。②

西文中的“诉讼”一词，源出拉丁文 Processus。Precedere，原意是向前运动、发展、过程、程序的意思。“诉讼”在英文中表示为 process，procedure，proceedings；在德文中表示为 Prozess，Verfahren；在法文中表示为 Procès。这些西方语言中的对应词则都从拉丁文 Processus 演变而来，含义皆为进行、过程、工序、作用、方法等。我国学者将之意译为“诉讼”或“程序”，在作为特定的法律用语时，如果直译，就是“程序”，而我国多意译为“诉讼”，这与汉语中的词汇相对应。“诉讼”的含义有二：一是指由原告、被告和裁判者所构成的基本诉讼活动，二是指这种活动中所包含的一系列不断推进的程序化活动。现代诉讼一般分为刑事诉讼、民事诉讼和行政诉讼三种。

作为解决特殊社会纠纷的正式制度，诉讼必须具备以下四个基本要件。

(1)必须有纷争存在，即发生了某种具体案件，这是诉讼发生的前提条件。案件需要通过诉讼加以解决，如张三故意杀死李四、某兄弟二人因继承遗产争执不下、某单位不服主管行政机关的罚款处理等。没有发生需要通过诉讼加以解决的民事纠纷、刑事犯罪或行政纠纷事件，诉讼就无从启动和进行。

(2)诉讼必须有明确的双方当事人，即通常所说的原告和被告，这是诉讼的主体条件。纷争发生后，认为利益受到侵害的一方当事人，往往会向司法机关提出控告，发起诉讼，他们是原告，原告起诉有明确指向，即被告。没有当事人的参与，诉讼就没有任何意义。有些刑事案件，在立案或侦查阶段可能还没有明确的被告人，但提起诉讼之时必须有被告人。任何诉讼都必须有追诉者与被追诉者，有控告人与被控告人，这两点是毋庸置疑的。

(3)诉讼必须有法定的代表国家的专门机关参加、主持，以及对案件作出裁

---

① “象辞说：天在上水在下，有互相违背而行的象征，具有争讼的情形，所以便叫它做讼卦。”南怀瑾、徐芹庭注译:《周易今注今译》，重庆出版社 2009 年版，第 66 页。

② 陈光中主编:《刑事诉讼法》(第五版)，北京大学出版社、高等教育出版社 2013 年版，第 1 页。

决。双方当事人的纷争，若无国家专门机关进行裁判，争辩将永无休止。由特定的国家机关即法院居中裁判，是诉讼构成的实质要件，也是诉讼同其他解决纷争方法的区别所在。

(4)诉讼必须依一定(法定)程序进行。诉讼是法定专门机关的活动与当事人的活动的有机结合，目的在于正确地解决纠纷。要达到这一目的，就必须对专门机关与当事人的活动进行规范，规定开展这些活动的方式、方法及步骤、时限。诉讼作为一种极强的"公力救济"手段，相比调解、仲裁，更强调程序的合法性。①现代刑事诉讼更是注重程序正当性和合法性，"在坚定追求通往正义之路上建造法律秩序"，即所谓"诉讼过程必须在形式上符合程序规则"(Justizförmlichkeit des Rechtsganges)。②

三、犯罪与刑事诉讼

犯罪是历史发展的产物。远古人类，无犯罪无刑罚，所谓"神农之世，男耕而食，妇织而衣；刑政不用而治，甲兵不起而王"③。但据《尚书·尧典》记载："帝曰：'吁！嚚讼可乎？'"有人做坏事而引起争执，需要公众来解决，从而产生最早的讼，这可能是中国刑事司法的起源。《尚书·皋陶谟》记载："天讨有罪，五刑五用哉！"通常也被解释为"上天惩罚各种有罪之人，对其施行不同的刑罚"。又《尚书·大禹谟》记载："皋陶……汝作士，明于五刑。"就是指大禹担任司法长官，施用五刑，被看作是中国最早的专门针对犯罪而采取的刑事诉讼措施。

西方古代神话故事中所讲述的原初的暴力行为被共同体视为可恶的暴行和犯罪，在司法制度产生之前或者之后，长期存在于人类社会之中。从社会学角度说，犯罪就是"越轨"或者"反常"，表现为违反人类生活共同体正常社会秩序或规则的行为，属于社会问题，必须予以防止并实际上伴随着惩罚。随着人类社会的不断发展，惩罚犯罪发展为维护社会秩序和社会防卫的常规手段，惩罚权的产生标志着刑罚的起源，以至于犯罪转变成为一个法律问题，刑法规范确定某种违反刑法禁令的行为应当受到惩罚。贝卡利亚认为，"只有法律才能为犯罪规定刑罚……超越法律限度的刑罚就不再是一种正义的刑罚"④。为了证实某人是否犯罪，需要进行审判，而"在进行审判时，手续和仪式是必需的。这是因为它们可以使司法者无从随意行事；因为这样可以昭示人民：审判不是纷乱和徇私的，而是稳

---

① 胡锡庆主编：《刑事诉讼法学》，法律出版社2000年版，第2-5页。

② Lutz Meyer-Goβner, Strafprozessordnung, Verlag C. H. Beck, 49. Aufl., 2006.

③ 《商君书·画策》。

④ [意]贝卡利亚：《论犯罪与刑罚》，黄风译，中国大百科全书出版社1993年版，第11页。关于刑罚，可参见邱兴隆、许章润：《刑罚学》，中国政法大学出版社1999年版。

定和遵守规则的；因为这样可以比推理更有效地作用于那些墨守成规者的感觉”①。

马克思为犯罪下了经典的定义，“犯罪——孤立的个人反对统治关系的斗争，和法一样，也不是随心所欲地产生的，相反的，犯罪和现行的统治都产生于相同的条件。同样也就是那些把法和法律看作是某种独立存在的一般意志的统治的幻想家才会把犯罪看成是单纯对法和法律的破坏”②。马克思的这一论断具有犯罪学和刑法学的双重意义，兼具事实判断和价值判断。

在现代犯罪学上，犯罪同时成为道德评价对象，被认定为“特定形式的社会有害行为”。例如，犯罪学家威勒姆·邦格（Willem Bonger）在其《犯罪学导论》中指出，“事实上，我们不得不与一种广泛的根深蒂固的社会病症作斗争，它像溃疡一样深入社会内部，有时甚至危及社会自身的存在，但一直都是有害的”③。

犯罪现象在社会、道德、法律三个维度上呈现不同的面貌。从法律层面上看，现代社会的犯罪问题需要通过刑法与刑事诉讼加以解决，故刑法和刑事诉讼法的目的和任务中都将“惩罚犯罪”明确列出。（《刑法》第1条；《刑事诉讼法》第1条、第2条）

四、刑事诉讼的含义与特征

刑事诉讼，是指国家专门的刑事审判机关在当事人及其他诉讼参与人的参加下，根据专门法律规定的特定程序，追诉犯罪人，解决其刑事法律责任的专门活动。

所谓“刑事”，就是触犯刑律、危害社会和需要受到刑罚处罚的犯罪事件。刑事诉讼要解决的中心问题，是被告人的刑事责任问题，即解决被告人的行为是否构成犯罪，应否处以刑罚，以及处以何种刑罚的问题。刑事诉讼的所有活动，都是围绕这一中心问题进行的。从另一个角度说，刑事责任这一中心问题，是通过“诉讼”的形式和方法来加以解决的。可见，刑事诉讼就是法定专门机关在当事人及其他诉讼参与人的参加下，依照法定程序，揭露和证实犯罪，追究犯罪者刑事责任的活动。

（1）刑事诉讼是国家专门机关（刑事审判机关）行使并实现国家刑罚权的活动，属于国家司法活动。刑事诉讼要解决被告人的刑事责任问题，这既是法律赋予专门机关的权力，也是法定专门机关应当履行的职责。我国《刑事诉讼法》第3

① ［意］贝卡利亚：《论犯罪与刑罚》，黄风译，中国大百科全书出版社1993年版，第23页。

② 《马克思恩格斯全集》（第三卷），第379页。

③ Willem Bonger, An Introduction to Criminology, London: Methuen, 1936, pp. 5-6.

条明确规定，“除法律特别规定的以外，其他任何机关、团体和个人都无权行使这些权力”。专门机关根据法律赋予的职权，办理刑事案件和执行刑事裁决，即对刑事案件进行侦查、起诉、审判和执行等活动，构成了刑事诉讼的主要内容，这些活动在形式和程序上与民事诉讼、行政诉讼存在很大差别，体现了通过刑事诉讼来实现国家刑罚权的鲜明特点。实现国家刑罚权是刑事诉讼的目的之一。

(2)刑事诉讼是国家专门机关的活动与当事人及其他诉讼参与人的活动的有机结合。国家专门机关行使权力与诉讼参与人行使权利共同构成刑事诉讼之全部内容，当事人和其他诉讼参与人的诉讼活动，是刑事诉讼的必要组成部分。从刑事诉讼启动、进行到完成，虽然专门机关始终居于主导地位，但并不意味着刑事诉讼只是专门机关的单方面活动。没有诉讼参与人，尤其是当事人，也就没有刑事诉讼。例如，如果刑事诉讼没有被告人的参加，刑事诉讼活动就失去了目的和意义，所以当犯罪嫌疑人、被告人死亡，就不会提起诉讼，已经发生的诉讼也要终止。

(3)刑事诉讼活动必须严格依照法定程序进行。刑事诉讼具有严格的程序要求，必须有步骤、分阶段地依法进行，依次进行。在刑事诉讼过程中，专门机关和诉讼参与人，都必须根据法律事先确立的刑事诉讼法律关系和刑事诉讼程序规则进行，只有这样，才能减少和杜绝诉讼过程中的任意性，进而通过程序而获得的裁判结果才能具有公正性和权威性。刑事诉讼的严格程序化，体现了诉讼公正的要求和正当程序的价值，是现代法治国家和司法民主的基本要素。

(4)刑事诉讼是国家用以维护社会秩序的一种带有明显强制性的特殊活动。在国家所拥有的各种社会调整和社会治理手段中，刑事诉讼占有重要的地位。刑事诉讼所调整的是社会根本利益中受到刑法保护并为犯罪行为所侵害的那部分社会关系，这部分社会关系无法用其他道德的、社会的或法律的手段加以调整，只能用刑罚这种威慑和惩罚形式强行实现。而通过刑事诉讼强制性地加以解决，有利于既有的社会秩序的恢复和稳定。

五、刑事诉讼的分类

1. 广义的刑事诉讼与狭义的刑事诉讼

刑事诉讼有广义和狭义之分，狭义的刑事诉讼仅指刑事审判活动与过程。这是基于只把法院、控诉人、被告人作为刑事诉讼主体的理论而产生的。由此，刑事诉讼的法律关系只涉及法院、控诉人、被告人三方的权利义务关系，其中审判居于核心地位。狭义论认为，刑事侦查是起诉的前期准备，执行是审判的必然延伸，都不具有独立的程序意义。“以审判为中心”立足在狭义的刑事诉讼的意义之上，具有正当性。

广义的刑事诉讼是指刑事诉讼开始于立案完成于执行。从有权最终决定被告人是否有罪、是否应处以刑罚和处以何种刑罚的意义上讲，在侦查、起诉阶段，同样存在贯彻执行刑事诉讼的基本原则与制度的问题。检察机关提起公诉，是在确认已查明犯罪事实和查获犯罪嫌疑人的基础上进行的，这种确认必须以侦查的事实为依据，如果将侦查排除在刑事诉讼程序之外，就会使公诉失去基础。裁判的执行是裁判实施的必然活动，没有执行，裁判毫无价值，刑事诉讼的最终目的无从实现。因此，当今世界上大多数国家都是从广义上理解刑事诉讼的。我国刑事诉讼的概念是侦查机关的侦查、公诉机关或自诉人的起诉、人民法院的审判和执行机关执行活动的总称，此为学界通说。基于此，刑事诉讼中程序阶段任务独立，即“诉讼阶段说”具有正当性。①

2. 普通刑事诉讼与特别刑事诉讼

普通刑事诉讼是根据刑事诉讼法的一般规定而进行的刑事诉讼。特别刑事诉讼与此相对立，主要指军事刑事诉讼，原则上适用军事法的特别规则，与普通诉讼规则不同。在我国，中国人民解放军军事法院、军事检察院为专门司法机关，军队团以上设保卫部门，开展军事刑事诉讼程序。但是军事刑事诉讼的专门立法不足，依旧适用普通刑事诉讼规则。学者呼吁应当加快这方面的立法，制定诸如《军事法院组织法》《军事检察院组织法》《军队保卫工作法》《军队战时刑事诉讼条例》《军队律师管理条例》等法律。②

3. 普通刑事诉讼与简易刑事诉讼

普通刑事诉讼，是指依据法律规定的通常刑事诉讼程序展开的诉讼。简易刑事诉讼，是指依据法律规定的简易刑事诉讼程序展开的诉讼。我国《刑事诉讼法》第一审程序分置了两种不同程序。

2014 年 6 月 27 日，第十二届全国人民代表大会常务委员会第九次会议通过了《关于授权最高人民法院、最高人民检察院在部分地区开展刑事案件速裁程序试点工作的决定》，开始试点刑事案件速裁程序，其目的是为进一步完善刑事诉讼程序，合理配置司法资源，提高审理刑事案件的质量与效率。

---

① 魏晓娜：《以审判为中心的刑事诉讼制度改革》，载《法学研究》2015 年第 4 期，第 86 – 104 页。

② 张建田、金桦楚：《关于军队实施刑事诉讼法中存在的问题及思考》，《现代法学》1998 年第 1 期。

4. 公诉与自诉

在现代法治框架下，公诉与自诉是启动与进行刑事诉讼的两种形式。公诉是指依法由公共权力追诉犯罪，在现代，专指法定国家专门机关借助国家权力追诉犯罪。自诉是指依法由私人自力追诉犯罪，主要是被害人及其亲属提起起诉追诉犯罪。

前现代法上的私人追诉同时伴随着私人裁判，例如西方法律史上的共同宣誓人制度、司法决斗制度等。[①] 国家追诉犯罪在古老的法律中并不存在。古代罗马法实行所谓的全民告诉原则，日耳曼法发展成为自诉制度，都不是严格意义上的国家追诉或者现代公诉制度。英国法迄今理论上仍以全民告诉原则为主。苏格兰法历史上存在公诉和私诉，古代刑事诉讼是由被害人及其亲属提起的私人诉讼，由于私诉存在一些缺陷，15 世纪后出现专门的公诉人(public prosecutor)负责起诉。[②] 对于犯罪之惩罚由民事赔偿转化为公法上的刑事制裁，国家追诉成为必要的程序手段，发展到现代，国家主动侦查和起诉犯罪成为一种刑事司法制度常态。时至今日，美国、日本、韩国等实行完全的公诉制度，典型的如日本，以国家追诉主义、起诉垄断主义和起诉便宜主义为基本原则。“在法国，刑事案件由检察官代表国家向法院提起诉讼并启动审判程序；被害人可以向预审法官提出申告并取得民事当事人地位，但这只可能引发预审程序，而不直接引起审判程序，被害人提出控告后的诉讼程序由预审法官、检察官以国家名义进行，可以说法国只有公诉而没有自诉。”[③]德国刑事诉讼本来以法国法为典范实行公诉独占，但为了防止检察官漠视被害人利益而滥用不起诉权，转而采行以公诉为原则、保留自诉的刑事诉讼制度。我国台湾地区继受德国法，公诉与自诉并存，但近年来出现越来越多的废除自诉的主张。

我国《刑事诉讼法》既不实行单一的国家追诉主义，也不实行单一的当事人追诉主义，而采用所谓的“混合起诉制度”，以国家“公诉”为主，以自诉人“自诉”为辅，自诉案件通过列举式规范明文规定，类似于德国法制。

---

① 大约在公元6世纪起，即法兰克人统治时代，刑事诉讼程序在审理方式上推行的是私人的、公开进行的控诉式诉讼，就像在古罗马法上私人刑法占主导地位一样，司法活动的要素本质上是以当事人为主的模式。在法兰克人的初级裁判程序中，几乎看不到知情证人出庭作证。而所谓的初级证人也尚未作为证明人引入庭审，他们的作用仅仅是因为自己有好名声、不为自己利益而为“公共服务”的起诉人(öffenlich-beliehener Anklagepersonen)而已。参见 Eberhard Schmidt, Einführung in die Geschichte der Deutsche Strafrechtspflege, 3. Aufl. Göttingen 1965.

② 苏格兰人发现，实行私诉时，强力的、有权势的人很容易逃避审判，有钱人买通官府逃避有罪判决，有的犯罪没有明确的被害人，这些缺陷不利于惩罚犯罪，维护社会秩序，于是改变了起诉制度。Albert V Sheehan, Criminal Procedure, Reed Elsevier (UK) Ltd 2003, p. 14.

③ 程荣斌主编：《外国刑事诉讼法教程》，中国人民大学出版社 2001 年版，第 221 页。

第二节 刑事诉讼法

一、刑事诉讼法的概念和性质

刑事诉讼法是规范刑事诉讼的法律之总称。德国学者认为，“刑事诉讼是依法设置、基于一定条件而推进、受所有程序主体行为控制的操作工序(Vorgang)，旨在获得一个由法官作出的关于实体法律关系的裁决”①。具体地说，刑事诉讼法是指由国家制定的用以规范审判机关、检察机关、侦查机关和执行机关依法开展刑事诉讼活动，以及当事人与其他诉讼参与人参加刑事诉讼活动的各种法律规范的集合。它的主要内容有：①刑事诉讼中的专门机关及其在刑事诉讼中的职权和职责；②刑事诉讼中的当事人与其他诉讼参与人及其在刑事诉讼中的权利和义务；③刑事诉讼的基本原则、具体制度和具体规范；④刑事诉讼中如何收集证据和运用证据的规则和制度；⑤刑事诉讼程序开展的具体阶段、步骤、顺序、时限、后果等规范。

刑事诉讼法有狭义和广义之分。狭义的刑事诉讼法仅指一个国家现行的刑事诉讼法典，所谓形式刑事诉讼法。广义的刑事诉讼法是指一切有关刑事诉讼的法律规范，除了刑事诉讼法典之外，还包括其他有规范效力的法律或者规范，典型的如宪法、刑法、法院组织法、检察院组织法、法官法、检察官法、未成年保护法和其他法律中所包含的刑事诉讼法律的规范。刑事诉讼法通常从广义上理解，为实质刑事诉讼法。

从理论上说，刑事诉讼应当遵循法律保留原则，只有国家立法层面的法律才能规定有关刑事诉讼的各项规则，例如德国基本法第19条关于基本权限制的法律保留原则是刑事诉讼中的重要法律根据；法国宪法第34条规定议会表决通过的法律才能适用于刑事法院等。我国《立法法》第8条规定，犯罪与刑罚、诉讼和仲裁制度所涉事项只能制定法律。由此，我国最高人民法院和最高人民检察院以及其他部门有关刑事诉讼的司法解释或联合解释是否可以在刑事诉讼中适用，成为一个理论问题，需要进一步探讨。此外，英美法系之判例是刑事诉讼法的重要组成部分。大陆法上的判例也对刑事诉讼活动具有约束力，例如德国宪法判例即

① Radtke，Hohmann，StPO-Kommentar，Verlag Franz Vahlen，München，2011，S.1.

为典型。我国尚无判例制度，如何对待新的指导性案例制度和典型案例问题，尚需研讨。

刑事诉讼法的性质可以从以下四方面来把握：

1. 刑事诉讼法是程序法

按照所规定的内容和所发挥的作用，法律在类型上可以分为实体法和程序法。实体法规定实质的法律权利和义务；程序法规定实质的法律权利和义务如何实现。刑事诉讼法是规定国家如何正当行使刑罚权的程序性法律，因此是典型的程序法。程序虽为实体之手段，但是程序正义具有内在价值，所以程序法应当与实体法同等对待，防止纯粹的程序工具主义。

2. 刑事诉讼法是公法

按照调整对象是否涉及国家和个人的关系，法律有公法、私法之分。调整个人与个人之法律关系者是私法；调整国家与个人关系者是公法。刑事诉讼法是专门机关以国家名义解决当事人刑事责任问题的法律，是在国家和个人之间发生的法律关系，所以属于公法。换言之，国家代表法律共同体(für die Rechtsgemeinschaft)针对被控诉人启动刑事诉讼，通过惩罚犯罪而有效地捍卫社会公共生活，同时使实体刑法得以实施和保障。所以，作为形式刑法的刑事诉讼法属于公法范畴。这一性质决定了刑事诉讼法中存在着国家公权力(power)与个人私权利(right)的冲突，因而在刑事诉讼法的制定和实施过程中，必须充分关注二者的平衡和协调。

3. 刑事诉讼法是基本法律

一国法律体系上有层次和效力的等级之分，我国现行法律，有根本法、基本法律和一般法律。根本法是国家的根本大法，即宪法；基本法律是指由全国人民代表大会通过的重要法律①；一般法律是则是由全国人民代表大会常务委员会通过的法律②。刑事诉讼法的制定和修改必须由全国人民代表大会进行，故属于基本法律，但是全国人大常委会对刑事诉讼法典内容所作出的解释或补充规定(或者“部分补充和修改”)也应当视为有效规范。行政法规、部门规章、地方性法规及其解释，在理论上认为并不能适用于刑事诉讼，但是，目前在我国刑事司法实践中已经形成习惯，将其视为刑事诉讼适用规范，例如公安部制定的《公安机关办理刑事案件程序规定》本属于部门规章，但是对公安机关办理刑事案件时有普

① 《立法法》第7条规定：“全国人民代表大会制定和修改刑事、民事、国家机构的和其他的基本法律。全国人民代表大会常务委员会制定和修改除应当由全国人民代表大会制定的法律以外的其他法律；在全国人民代表大会闭会期间，对全国人民代表大会制定的法律进行部分补充和修改，但是不得同该法律的基本原则相抵触。”

② 陈光中主编：《刑事诉讼法》，北京大学出版社、高等教育出版社2002年版，第4页。

遍规范效力。

4. *刑事诉讼法是刑事法*

刑法通过刑事诉讼法来实现。规定犯罪和刑罚的刑法，只有通过刑事诉讼法才能实现其目标。在这个意义上说，刑法与刑事诉讼法应当是一体化的法律，学理上称为“刑事法”。在重实体轻程序的观念之内，刑事诉讼法曾经作为刑法的附属法律部门而存在，这是一种片面的认识。在现代法治观念下，刑事诉讼法虽然同样也是实现国家刑罚权的程序规范，但是刑事诉讼程序的运作已经很大程度上具备了自身的独立性，“审判方式大大地影响实体法规则在各国起作用的方式；举证规则可能使实体法规则完全不起作用”①。

二、刑事诉讼法的历史

刑事诉讼法的历史分中西两条线，发展过程各有不同。但总体上说，刑事诉讼法作为具有代表性的程序法，先于刑法作为实体法而产生和存在。② 西方刑事诉讼法的发展轨迹可以分为特征鲜明的三个阶段：最早阶段的弹劾式诉讼程序依赖“神判”，属于“上帝的审判”；中间阶段的纠问式诉讼程序，国家既是追诉人也是审判者，属于“国家的审判”；近代以来的控辩式（控审分离的职权主义和控辩对抗的当事人主义）诉讼程序，依赖证据裁判，属于“理性的审判”。在近代理性审判的基础之上，现代西方刑事诉讼不断发展，引入了人权保障原则而出现的“疑罪从无”原则，引入了陪审制度及其伴生的审判公开原则，引入了杜绝书面审理而转型的直接言辞原则，引入了确立一事不再理（禁止双重危险）原则等，完成了刑事诉讼法的现代化。

在西方社会的法律价值中，人们认为，“与法律永相伴随的基本价值，便是社会秩序。消除社会混乱是社会生活的必要条件……暴力冲突必须加以控制”③。但是，原始社会的纠纷处理非常简单，正如恩格斯所说，原始社会“没有诉讼……一切争端和纠纷，都由当事人的全体即氏族或部落来解决，或者由各个氏族相互解决”④。与此不同的观点是摩尔根在《古代社会》中的论述，他在谈到氏族血亲复仇时说：“审问罪犯的法庭和规定刑罚的法律，在氏族社会中出现得很晚；但是在政治社会建立以前便已出现。”⑤

---

① 转引自林钰雄：《刑事诉讼法》（上册），中国人民大学出版社 2005 年版，第 4 页。

② 可以参见徐朝阳：《中国古代诉讼法 · 中国诉讼法溯源》，吴宏耀、童友美点校，中国政法大学出版社 2012 年版，第 127 页。

③ [英]彼得 · 斯坦、约翰 · 香德：《西方社会的法律价值》，王献平译，中国人民公安大学出版社 1990 年版，第 38 页。

④ 《马克思恩格斯选集》第 4 卷，人民出版社 1995 年版，第 95 页。

⑤ [美]路易斯 · 亨利 · 摩尔根：《古代社会》，杨东莼等译，商务印书馆 1983 年版，第 75 页。

在原始习惯转变为法律的过程中，宗教和道德的影响十分明显，在人类早期出现的印度《摩奴法典》、基督教《旧约全书》之“十诫”、古巴比伦《汉谟拉比法典》等，都是道德规范、宗教戒律与法律规范的混合。在司法程序上，最早采用的也多是神明裁判。①

西方法律制度史上，通常认为，“在最古老的时代，刑事诉讼程序与民事诉讼程序并无区别”。或者说，最早的诉讼程序是混合的，刑事和民事不分。② 诉讼程序上是纯粹的弹劾式，告诉的提起只能限于被害人及其家族，诉讼只涉及金钱赔偿，尤其是对杀人的补偿金(Wergeld)和对部落赔偿和平金(Friedensgeld)。证据规则以洗冤宣誓(Reinigungseid)为主，没有宣誓能力的被控告人，例如坏名声、无宣誓保证人等，就只能自行借助于神明裁判为自己辩护。例如《汉谟拉比法典》是诸法合体的法律，但其中有关诉讼法的一些规定，如对控告、传唤证人、举证责任、法官责任、神明裁判等规定，经过2000年仍然没有什么大的变化。

刑事诉讼之公诉制度在10到11世纪得到很快的发展。在转向纠问式诉讼的过程中，出现了众多专门针对损害国家利益的特定重罪案件的特别法，其中一项就是国家行使刑事司法权(Strafverfolgung von Amts wegen)，它由开始的相对不正式逐渐发展到完全正式的制度，进而使证据法走向简单化和理性化，表现为介于习惯法上的誓证担保与运用知情证人证实案件事实之间的一种过渡形式。最终在此基础上建立了依据证言可靠性观点的确定证明规则。③

西方刑事诉讼法的现代化开始于启蒙运动与法国大革命之后，理性化、人性化要求废止纠问式诉讼，从而出现了所谓的新刑事诉讼法，引入了陪审法官或者参审法官、检察机关公诉、审判公开、直接审判、言辞辩论、自由心证等现代程序制度，为法国、德国、意大利、奥地利等国家的现代刑事诉讼提供了制度架构的基础。④

中国古代的刑事司法肇端于夏商周三代，那时候，国王是国家的最高统治者，也是最高的司法审判官。早在商代典籍《尚书·盘庚》中记载了商王自称“惟予一人有佚罚”，明确宣布自己握有生杀予夺大权。而古代传说中的神兽触法，

---

① 可以参见瞿同祖:《中国法律与中国社会》，中华书局1981年版，第250页。根据瞿同祖先生的研究，许多民族“依赖神灵求助于神的裁判，目的完全相同”。中国有史以来不见有神判法，而是以刑讯来获得口供。但是，“实际上神判法还依然有其潜在的功能”。

② [德]克劳思·罗科信:《刑事诉讼法》(第24版)，吴丽琪译，法律出版社2003年版，第613页。李交发:《中国诉讼法史》，中国检察出版社2004年版，第233页。茅彭年:《中国刑事司法制度(先秦卷)》，法律出版社2001年版，第26－34页。

③ Hinrich Rüping, Günter Jerouschek, Grundriβ der Strafrechtsgeschichte, 4. Aufl. München, 2002, Rn. 37, 82, 86. 亦可参见[法]卡斯东·斯特法尼，等:《法国刑事诉讼法精义》(上)，罗结珍译，中国政法大学出版社1998年版，第73－75页。

④ 代表性法典如1808年法国刑事诉讼法、1873年奥地利刑事诉讼法、1877年德意志帝国刑事诉讼法等。

可谓神明裁判的典型表现。《尚书·甘誓》中记载："今予发惟恭行天之罚。"《论衡·是应》中记载："皋陶治狱，其罪疑者，令羊触之，有罪则触，无罪则不触。"《墨子·明鬼》中记载了齐庄王以神羊断两臣三年之讼的故事，并称断案的结果"齐人从者莫不见，远者莫不闻，著在齐之《春秋》"。说明春秋时期仍有神判的痕迹。

自秦朝至清朝延续的2000年，经十几个朝代，均有成文法典，但诸法合体，很多法律典籍中都存在有关刑事诉讼的内容，包含了起诉、拘传、逮捕、囚禁、审判、复审、法定证据、口供为王、亲亲相隐等刑事诉讼制度的要素和观念。可以说，"中国传统的司法组织及诉讼程序，自先秦以来，经数千年之发展，逐渐形成一套与欧陆法制不同的审判制度。直到清代中叶为止，由于当时政治、经济、社会制度并无重大变化，此一审判制度仍能有效运行"①。

中国引进西方诉讼理论和诉讼制度差不多从"戊戌变法"以后开始。1990年，清政府任命沈家本为修律大臣，主持起草一批以德、日等大陆法系国家的法典为模式的法律，其中《大清刑事民事诉讼法》于1906年编成并呈请清政府，由于张之洞等人的反对，该法未获通过。1910年的修订本草案分开两本的《刑事诉讼律草案》和《民事诉讼律草案》也未被采纳，直到以此为基础的新的诉讼条例(1921)和新的诉讼法正式颁布。涉及诉讼的相关新法还有1907年颁布的《各级审判厅试办章程》、1908年颁布的《法院编制法》。② 尽管这两个诉讼律草案均未实际颁布，但它们却使刑事立法与民事立法分开，使实体法与程序法分开，从而结束了中国历代沿袭的诸法合体的立法形式，是法制变革史上的一个重要标志。

三、刑事诉讼法与刑法

在法律制定与实施的相互关系上，实体法先于程序法。③ 前现代的刑事法典经常将实体法与程序法一并规定，例如1532年《卡罗琳娜刑事法典》(*Constitutio Criminalis Carolina*)(又译为《加洛林刑事法典》)即为典型。现代法制中，实体与程序分离，刑法与刑事诉讼法分别立法，各有规定，各有所司。作为实体法的刑法规定犯罪及其刑罚，即"犯罪的法律要件及其法律效果"。基于罪刑法定原则，国家借由实体刑法的明文规定而享有实体刑罚权(Strafanspruch)。刑事诉讼法则为程序法，具体规定犯罪侦查、起诉、审判以及刑罚执行的法律，兼有法院组织法等。

但与此同时，实体刑法与刑事诉讼法存在密切关联。其一，刑事诉讼程序必

---

① 那思陆:《清代州县衙门审判制度》，中国政法大学出版社2006年版，第1页。

② 黄宗智:《法典、习俗与司法实践：清代与民国的比较》，上海书店2007年版，第28－31页。

③ Herbert L. Packer, Two Models of the Criminal Process, 113 U. Pa. L. Rev. 1, 3(1964).

须服务于实体刑法惩罚犯罪的目的，通过程序能够获得符合实体刑法规定的正确裁判，使有罪者受到惩罚，无辜者受到保护，例如我国刑事诉讼法第 2 条规定，“保证准确、及时查明犯罪事实，正确应用法律，惩罚犯罪分子，保障无罪的人不受刑事追究”。其二，在刑法实施过程中，沟通实体法与诉讼法的证据规则是刑法与刑事诉讼法交错适用的典型领域。① 例如我国刑事诉讼法第 53 条第 2 款关于“证据确实、充分”的条件：①定罪量刑的事实都有证据证明；②据以定案的证据均经法定程序查证属实；③综合全案证据，对所认定事实已排除合理怀疑。

我国过去的主流观点认为，刑事诉讼法与刑法的关系是刑事程序法与刑事实体法的关系，是形式与内容、手段与目的、方法与任务的关系，是相互依存、相辅相成、缺一不可的关系。刑事诉讼法与刑法同属于刑事法律，都是办理刑事案件时所要遵循的法律规范。但刑事诉讼法是解决刑事诉讼的程序问题，属刑事程序法；刑法是解决刑事犯罪的实体问题，属刑事实体法。刑法是内容，刑事诉讼法是形式。刑法和刑事诉讼法这种结合和统一，可以说是刑事诉讼所要采取的诉讼形式和方法的结合和统一。“程序法和实体法的统一，说明刑事诉讼法与刑法之间是形式与内容的统一，也是方法和任务的统一。”与此相似，我国台湾学者蔡墩铭教授认为，“刑法所规定者为刑罚权之内容，与此相对，刑事诉讼法所规定者为刑罚权实现之方法，由于二者之间均与刑罚权有关，故刑法被称为实体刑法，而刑事诉讼法被称为形式刑法”。以上观点强调了刑事诉讼法的“工具”价值，也即认为刑法与刑事诉讼法的关系是主从关系。刑法是内容和目的，刑事诉讼法是形式和手段。对此，学说上称之为“程序工具主义”。

对刑事诉讼法与刑法之关系的最经典论述来自马克思。他认为，“如果审判程序只归结为一种毫无内容的形式，那么这种空洞的形式就没有任何独立的价值了。在这种观点看来，只要把中国法套上一个法国诉讼程序的形式，它就变成法国法了。但是，实体法却具有本身特有的必要的诉讼形式。例如中国法里面一定有笞杖，和中世纪刑律的内容连在一起的诉讼形式一定是拷问，以此类推，自由的公开审判程序是那种本质上公开的、受自由支配而不受私人利益支配的内容所具有的必然属性。审判程序和法二者之间的联系如此密切，就像植物的外形和植物的联系，动物的外形和血肉的联系一样。审判程序和法律应该具有同样的精神，因为审判程序只是法律的生命形式，因而也是法律的内部生命的表现”②。

与此相反，有一种新的观点认为程序法先于实体法产生。例如日本学者赤扳昭二认为，“从历史上看，法律首先是从程序法发展起来的；后来才有实体法。从逻辑上说，实体法作为下位阶梯的法，而实现实体法的诉讼法则属于上位阶梯的

① 参见林钰雄：《刑事诉讼法》（上册），中国人民大学出版社 2005 年版，第 4－6 页。

② 《马克思恩格斯全集》（第一卷），第 178 页。

法”。谷口安平认为，“并非先有实体法，而是先有诉讼法。正是诉讼法才是实体法发展的母体。这不仅指的是久远的过去时代的事实，作为新的实体法或新的权利形成的母体，诉讼以及诉讼法的创造性功能在今天仍然不会丧失，只是变得不可视了而已。这样的功能不但不会丧失，而且在最近更呈现了活跃的倾向”①。这种主张程序法本身具有独立的内在价值的学说，称为“程序本位主义”或者“程序至上主义”。

我国学者也认为，“那种将程序看作刑事实体的附庸的观点，没有看到程序是以实效性的权威决定着刑事实体的现实形态。程序不是刑事实体的影子，而是可以使刑事实体美化或丑化的独立力量”②。实际上，一方面，刑事诉讼法规定的程序保障了当事人的人格尊严和法律关系主体地位，体现了公正、民主和法制的正当程序观念，从而使刑事诉讼更具有理性活动的形象；另一方面，刑事诉讼法能够在某种程度上弥补刑事实体法的不足，并合理解释和“创制”实体法。此外，刑事诉讼法规定的民主、公正程序使判决易于获得社会公众的认可和尊重，也容易被当事人从心理和行为上接受。基于此，在刑事诉讼法和刑法之间的关系如何的问题上反映出来的不同观点，体现了人们对刑事诉讼法价值认识的不断提升。

四、刑事诉讼法与宪法

刑事诉讼法作为国家解决当事人刑事责任问题的法律，无时无刻不能不关注其中存在的国家和个人之间的关系。刑事诉讼法中存在的国家公权力与个人私权利的冲突，这就要求国家在打击犯罪的同时应当密切注意保护公民权利，只有这样才能使二者在刑事诉讼法实施中保持平衡和协调。同其他许多部门法律相比，刑事诉讼法与宪法的关系更为密切。刑事诉讼活动是国家行使公权力的重要方式，如果缺乏相应的法律约束，容易导致权力的滥用，例如，侦查过程中的搜查、扣押、拘留、逮捕等强制性措施的运用就容易危及宪法所保护的公民权利空间。在这方面，世界各国法制都非常重视，许多国家的宪法明确规定刑事诉讼被告人享有获得辩护权、质证权；刑事诉讼活动必须保护公民的私生活，尤其是个人生命、住宅、人身自由等权利。③

经验表明，如果没有运转正常的刑事司法制度威慑犯罪，宪法上的权利保护最终难以实现。一方面，我们希望宪法保障的个人自由与权利获得安定性，那么就必须运用刑事诉讼惩罚犯罪；另一方面，在刑事诉讼过程中必须同时防止国家

① [日]谷口安平：《程序的正义与诉讼》，王亚新、刘荣军译，中国政法大学出版社1996年版，第69页。

② 袁红冰：《刑事程序的魅力》，《中外法学》1990年第6期。

③ 参见[荷兰]亨利·范·马尔赛文、格尔·范·德唐：《成文宪法的比较研究》，陈云生译，华夏出版社1987年版，第75页及以下。

滥用强制力，以至于“借助国家刑罚权保护自由”（Freiheitsschutz durch Strafgewalt）与“防御国家刑罚权保护自由”（Freiheitsschutz gegenüber Strafgewalt）成为宪法上的一个紧张场域，刑事诉讼必然经受考验。基于此，德国学者将刑事诉讼法称为“国家宪法的测震仪”（Seismograph der Staatsverfassung）①、“法治国家的大宪章”（Magna Charta des Rechtsstaats）②。事实上，刑事诉讼法恰巧需要作这样的解读，它既是为了保障权利，也是为了体现法治国理念下国家提供可靠的安全保障和法律实施能力，由此带上“应用宪法”（angewandtes Verfassungsrecht）③、“基本法的实施法”（Ausführungsgesetz zum Grundgesetz）④的标志。

在我国，刑事诉讼法第1条规定的“根据宪法，制定本法”包含两层意义：形式意义上，国家立法都以宪法为依据，刑事诉讼法自不例外；实质意义上，刑事诉讼法的所有规定及其所规范的刑事诉讼活动及国家刑事诉讼行为，不能与宪法相抵触，必须具备合宪性的要求。此外，随着2013年新刑事诉讼法第2条增加“尊重和保障人权”的条款之后，宪法与刑事诉讼法之间的关系领域变得更为广阔，特别是宪法基本权利规范如何在刑事诉讼活动中得到实现，成为最引人注目的问题，今后应当深入研究。

五、刑事诉讼法与民事诉讼法、行政诉讼法的关系

刑事诉讼法与民事诉讼法、行政诉讼法是程序法的三种典型形式。虽然三者皆为程序法，但它们既有共性也有个性。

（1）刑事诉讼法与民事诉讼法、行政诉讼法的共性。

三者都是程序法，都是为了正确实施实体法而制定的，因此三者有着许多共同的原则、制度和程序规范，如我国法律制度中的审判独立，以事实为根据，以法律为准绳的诉讼原则、审判公开原则等。我国三大诉讼法的具体规定中有着许多相同或者类似的内容。

（2）刑事诉讼法与民事诉讼法、行政诉讼法的区别。

三种诉讼法所要解决的问题是不同的，因而在诉讼主体、具体制度、举证（明）责任、证明标准和具体程序等规定上是完全不同的。具体表现在：其一，诉讼主体不同。刑事诉讼主体中的国家专门机关为人民法院、人民检察院、公安机关，而民事诉讼与行政诉讼仅仅为人民法院。刑事诉讼法中的当事人与民事诉讼

---

① Claus Roxin, Strafverfahrensrecht, 1998, §2 Rn. 1; Gerd Pfeiffer, in ders., Karlsruher Kommentar zur Strafprozessordnung, 2007, Einleitung, Rn. 23.

② Klaus Stern, Das Staatsrecht der Bundesrepublik Deutschland, Bd. I, 1984, S. 848.

③ BVerfGE 32, 373 (383).

④ Walter Sax, Grundsätze der Strafrechtspflege, in: GR, Bd. III/2, S. 909(910, 967).

法、行政诉讼法的当事人也不同。其二，诉讼原则不同。三种诉讼法各有自己的一些特有原则。其三，证据制度不同。刑事诉讼法规定的举证责任全部由控诉方承担，被告方不负责举证；民事诉讼法规定举证责任的一般原则是“谁主张谁举证”，原告、被告均负责对自己提出的主张举证；行政诉讼法中的举证责任全部由被告方承担。其四，强制措施的种类不同。刑事诉讼法中的强制措施有拘传、取保候审、监视居住、拘留和逮捕。民事诉讼法和行政诉讼法中规定了训诫、罚款、拘留，行政诉讼法还有责令具结悔过。其五，诉讼程序的具体内容有差异。民事诉讼和行政诉讼程序一般分为第一审判程序、第二审判程序、审判监督程序和执行程序；而刑事诉讼法的审判前程序较它们复杂，有立案、侦查和提起公诉程序，审判程序中还有若干特别程序。

第三节　刑事诉讼法学

一、刑事诉讼法学的研究对象

刑事诉讼法学是法学体系中的一个分支学科。同其他学科一样，有着自己特有的理论体系和特定的研究对象。关于刑事诉讼法学的研究对象应当是什么，有两种观点：一为“刑事诉讼法”；一为“刑事诉讼”。前者为法解释学上的刑事诉讼法学，后者为“社会的刑事诉讼”（ein soziales Strafprozess）①指导下的刑事诉讼法学。当前我国学界通说认为，刑事诉讼法学的研究对象包括刑事诉讼法律规范、刑事诉讼法律实践和刑事诉讼理论，简言之就是法律、实务和理论。

作为一门独立的法学学科，刑事诉讼法学研究的领域非常广泛，具体地说，可以概括为以下五个方面的内容：

（一）刑事诉讼法律规范

刑事诉讼法律规范是刑事诉讼法学的主要研究对象。现行《中华人民共和国刑事诉讼法》是 1979 年 7 月 1 日颁布，1996 年 3 月 17 日修正，2012 年 3 月 14 日再次修改，是规定刑事诉讼程序的基本法律。除此之外，“其他法律中有关刑事诉讼程序的规定”是指由全国人民代表大会及其常务委员会通过的其他法律中有

---

① Claus Roxin, Recht und soziale Wirklichkeit im Strafverfahren, in: Kriminologie und Strafverfahren, 1976, 9.

关刑事诉讼程序的决定、补充解释和相关法律。例如《中华人民共和国人民法院组织法》《中华人民共和国人民检察院组织法》《中华人民共和国律师法》等法律中有关刑事诉讼程序的规定，以及《关于国家安全机关行使公安机关的侦查、拘留、预审和执行逮捕职权的决定》等。最高人民法院、最高人民检察院、公安部、司法部及其他职能部委在法律授权范围内，对具体应用刑事诉讼法所作的司法解释、部门规章、行政解释也是刑事诉讼实践中的有效规范，因此属于刑事诉讼法学的研究对象。

(二)刑事诉讼法律实践

刑事诉讼法学是一门实践性极强的应用型学科。因此，它不但要研究刑事诉讼法律、法令、决定及司法解释，而且应对这些法律、法令、决定及司法解释的适用情况加以研究。刑事诉讼法律实践主要是进行案例研究，此外也包含我国司法机关在适用刑事诉讼法的实践中总结的经验与教训，发现并解决在适用刑事诉讼法律规范中出现的各类问题，对于改善将来的刑事诉讼立法，提高刑事诉讼质量大有裨益。从这个意义上说，刑事诉讼法学将司法机关适用刑事诉讼法的实践情况纳入研究范围，有利于加深我们对刑事诉讼法律的理解，有利于检验刑事诉讼立法是否符合刑事诉讼活动的内在规律和实际需求；研究司法实践中出现的新情况、新问题并在此基础上获得对刑事诉讼法的新认识，有利于修改和完善刑事诉讼法。

(三)刑事诉讼法律理论

刑事诉讼法律理论是刑事诉讼的理论体系和学科话语。刑事诉讼法学对刑事诉讼的本质的揭示，对刑事诉讼专门术语的准确含义的认识，对刑事诉讼结构模式、基本原则、证据制度和诉讼程序等重要问题的理论提炼，是刑事诉讼由感性认识上升到理性认识的必然结果。刑事诉讼法学的发展与成熟固然要以刑事诉讼立法和司法实践为基础，但是仅仅停留在对具体问题的研究层面之上，忽视对刑事诉讼基础理论的研究，那么刑事诉讼法学就永远只能在“注释法学”的低层次上徘徊，从而难以与其他学科正常对话，更不能使自身得到发展。

一般认为，刑事诉讼法学理论主要包括：①刑事诉讼法的基本原则。即从理论上而不是从制度上研究刑事诉讼法的基本原则。[①] ②刑事诉讼法的基本理念。惩罚犯罪与保护权利的结合；程序正当与实体真实的结合；诉讼公正与诉讼效率的结合。③刑事诉讼原理。其中包括刑事诉讼法律关系、刑事诉讼主体、刑事诉

---

① 例如《法律的原则》就是用一种全新的视角研究法律原则。参见[美]迈克尔·D·贝勒斯:《法律的原则》，张文显等译，中国大百科全书出版社1996年版。

讼结构、刑事诉讼程序。④刑事诉讼制度的理论内涵。其中包括刑事辩护制度、刑事代理制度、刑事回避制度、刑事强制措施制度、刑事附带民事诉讼制度等的理论内涵。⑤刑事诉讼证据制度。此外还有比较刑事诉讼法学，旨在用比较的方法研究外国刑事诉讼制度与实践，以发现刑事诉讼的本质和内在规律。通过研究外国刑事诉讼的立法和实践及历史演进情况，比较中外在刑事诉讼立法和实践上的异同，有助于准确地揭示刑事诉讼现象的本质和规律，指导、促进和完善我国的刑事诉讼制度与实践。

二、刑事诉讼法学的学习方法

学习法律有特殊的方法。一般来说是要经过长时间的积累才能熟悉和掌握的。在学习刑事诉讼法学的过程中，如同学习其他部门法学一样，下列方法应当值得注意。

1. 识记和理解刑事诉讼的基本概念，掌握刑事诉讼的基本理论

学习刑事诉讼法首先应搞懂基本概念和基本理论，要弄懂每个概念的确切内涵，分清概念与概念之间、基本理论与基本理论之间的内在联系。采用识记、对比、分析、综合、归纳等方法，达到完整、系统、准确地掌握基本知识的目的，通过对基本概念和基本理论的学习，形成对刑事诉讼法较为完整、清晰的知识轮廓，只有在此基础上才能全面掌握刑事诉讼法。

2. 结合刑事诉讼法律规范理解刑事诉讼法学理论

刑事诉讼法是结合刑事诉讼活动的实际需要制定的，从某种意义上说，刑事诉讼法的条文是刑事诉讼法学理论的具体化，刑事诉讼法理论是刑事诉讼法律规范的理论化，两者是相辅相成的。因此，将两者结合起来一同学习研究，既有助于领会和熟悉法律条文的具体内容和准确含义，恰当地解释刑事诉讼法条文，又有利于深入理解条文和理论之间的内在联系，从而有效地指导理论研究和法律实践。

3. 理论联系实际的方法

理论联系实际的方法是学习和研究社会科学必须运用的共同方法之一，刑事诉讼法学是一门实践性很强的学科，更应如此。刑事诉讼法学理论是抽象的，要弄懂抽象的理论，就要采用联系实际的方法，这样才能够使我们理解理论，从而便于记忆。另一方面，因为刑事诉讼法学是实践性极强的学科，所以只有通过联系司法实践，才能了解司法实践中出现的新问题、新情况，使研究有的放矢，学

习内容符合司法实践的需要，学习所得应用于司法实践的需要。具体地说，案例分析、案例讨论、诊所式教学法、模拟法庭等教学方法是刑事诉讼法学教学的重要手段。

4. 比较和借鉴的学习方法

从横向的学科角度说，就是要结合研究和学习有关的部门法学和边缘学科，如宪法学、刑法学、民事诉讼法学、行政诉讼法学、司法组织法学、律师学以及证据学、劳动改造法学、刑事侦查学、法医学、检察学、审判学等。这些部门法学和边缘学科与刑事诉讼法学在内容上有不少联系，通过比较借鉴，理解刑事诉讼法学的重点问题和难点问题，有利于加深对刑事诉讼法学整体的理解，提高刑事诉讼法学的理论研究水平。特别需要指出的是，作为程序法的刑事诉讼法与作为实体法的刑法，存在着互相依存、相辅相成、缺一不可的关系，因此在学习刑事诉讼法学时，必须与学习以研究犯罪和刑罚为内容的刑法学相结合。在具体的刑事诉讼制度上，可以横向比较国外的相关制度，也可以纵向比较古今刑事诉讼制度，等等。

5. 辩证思维的方法

学习刑事诉讼法学，应坚持唯物辩证法方法，以辩证的思维去学习它、研究它、认识它，掌握它。辩证思维还意味着应当把归纳和演绎、分析和综合、抽象和具体、现象和本质等观察问题和思考问题的方法运用于学习过程中，从而深化自己对刑事诉讼基本理论的认识，有利于全面而准确地掌握刑事诉讼法学的科学内容。

【思考题】

1. 简要分析刑事诉讼法与宪法的关系。
2. 如何理解刑事诉讼法学的研究对象？

【案例分析】

2008年8月至2014年12月，王某虚构其在某市经营被单厂，为多所大专院校学生生产被套、被絮、毛巾等用品，另虚构其女婿有挖掘机在外做工程等谎言，以被单厂和工程项目资金紧张为借口，先后以借钱为名骗取张某甲、王某甲、孙某某、赵某某、张某乙、王某乙等人共计人民币156万元。虽然王某分别就每一款项出具借条，但是一直没能归还款项。张某甲以王某涉嫌诈骗犯罪，向当地公安机关报案。

案发后，经公安机关侦查，人民检察院起诉，认为被告人王某以非法占有为目的，采取虚构事实的方式，骗取他人财物，数额特别巨大，其行为已触犯《中华人民共和国刑法》，应以诈骗罪追究其刑事责任。

被告人王某辩称，起诉指控的款项是事实，但他不认为这是诈骗，而只属于正常的民间借贷。被告辩护人认为，单凭被告人出具的借条认定被告人借款数额显然不对；对被告人按照非法吸收公众存款罪定罪比较准确；被告人对债权人借款利息能按时结算，可酌情从轻处罚。

人民法院经过审理，依照《中华人民共和国刑法》第266条、第52条、第64条之规定，判决被告人王某犯诈骗罪，判处有期徒刑11年，并处罚金20万元，违法所得156万元依法予以追缴，返还被害人。

请从刑事诉讼法的性质的视角对本案进行分析，说明刑事诉讼是解决社会冲突的方式。

第二章 《刑事诉讼法》的立法目的、根据和任务

【本章引语】

惩罚犯罪与保障无辜不是没有主次，惩罚犯罪仍是刑事诉讼的主要任务。——张子培

刑事诉讼法是宪法的测震仪。——克劳斯·罗科信

【学习目标】

通过本章学习，能够了解和掌握：

1.《刑事诉讼法》立法目的中惩罚犯罪与保护人民的关系。

2. 刑事诉讼中的宪法根据。

3.《刑事诉讼法》的任务。

第一节 《刑事诉讼法》的立法目的

《刑事诉讼法》的立法目的，应当就是刑事诉讼的目的，有人也称为《刑事诉讼法》的宗旨，是指国家制定和实施《刑事诉讼法》的出发点和追求的结果。[①] 关于刑事诉讼的目的，现代各国有两种不同的方式：一种方式是将《刑事诉讼法》的立法目的明确规定在《刑事诉讼法》中，如我国现行《刑事诉讼法》第 1 条规定，“为了保证刑法的正确实施，惩罚犯罪，保护人民，保障国家安全和社会公共安全，维护社会主义社会秩序，根据宪法制定本法”。另一种方式是将刑事诉讼目

① 王国枢主编：《刑事诉讼法学》，北京大学出版社 1999 年，第 21 页。

的不直接规定在刑事诉讼法典中，而是间接地体现在《刑事诉讼法》的基本原则或者具体规则、制度之中。世界上绝大多数国家和我国修改前的《刑事诉讼法》采取的是这种方式。

我国《刑事诉讼法》第1条开宗明义地规定了《刑事诉讼法》的立法目的和制定根据，“为了保证刑法的正确实施，惩罚犯罪，保护人民，保障国家安全和社会公共安全，维护社会主义社会秩序，根据宪法，制定本法”。据此条文，我国《刑事诉讼法》的立法目的就是，“保证刑法的正确实施，惩罚犯罪，保护人民，保障国家安全和社会公共安全，维护社会主义社会秩序”。该立法目的既可以看作是我国《刑事诉讼法》的立法意图和宗旨，也可视为我国刑事诉讼实践的根本指南。

从刑事诉讼理论上说，《刑事诉讼法》的立法目的派生出刑事诉讼的目的，体现在三个方面，概言之：第一，实体真实；第二，程序正当；第三，保障安全，维护社会秩序。① 从刑事诉讼法律解释层面上解读，可以分别从三个方面理解。

第一，保证刑法的正确实施，惩罚犯罪。

刑法是规定什么行为是犯罪以及对犯罪行为如何予以处罚的法律。刑法是实体法，刑事诉讼法是程序法。刑法提供了定罪量刑的依据和标准，刑事诉讼法从程序上首先必须保证实体判决的正确和准确。换言之，通过刑事诉讼程序必须保证刑法的正确实施，追诉犯罪行为并惩罚犯罪人。

刑事诉讼法对刑法正确实施的保证作用表现在以下几个方面：其一，刑事诉讼法明确了实施刑法的专门机关和分工。在我国刑事诉讼中，公安机关、人民检察院、人民法院是进行刑事诉讼活动、行使国家刑罚权的专门机关，它们具有法定的职权。其二，刑事诉讼法规定了一系列刑事诉讼基本原则和具体规则，从而保证国家专门机关依法行使职权，实现司法公正。《刑事诉讼法》规定公、检、法三机关在进行刑事诉讼时实行“分工负责、互相配合、互相制约”的原则，可以保证权力的正确行使。其三，《刑事诉讼法》规定关于证据运用的一系列规则。证据规则的规定，使公安司法机关依法全面、客观、公正地收集、审查、判断和认定证据，以查明案件事实，进一步保证刑法的正确实施。其四，刑事诉讼程序是由立案、侦查、起诉、审判、执行等一系列相互独立而又彼此联系的阶段组成的，这有利于刑事诉讼主体对案件的认识逐步深化，不断修正错误，使案件的错误率减小到最低程度。其五，《刑事诉讼法》通过期间制度、送达制度、简易程序等一系列制度的设置，保证案件得到及时解决，保障刑法高效实施。

第二，保护人民。

本条“保护人民”之解释在我国刑事诉讼法理论界存在争议，至少从去政治化

① 代表性观点可见林钰雄概括的来自德国法中的“实体真实”“法治程序”“法和平性”。林钰雄：《刑事诉讼法》（上册），中国人民大学出版社2005年版，第6－10页。

表达的角度认为"人民"的概念具有政治色彩，应当修改。在《刑事诉讼法》再修改过程中有许多学者建议将其修改或者去除。例如，有学者认为应将本条修改为"为了保证正确地追究犯罪，保障人权"①。然而，对此更为恰当的解释是指刑事诉讼立法的根本目的之一，意在宣示刑事诉讼通过国家刑罚权保障一切"人民"的安全和自由，"保护"所指向的法益是一般意义上的个人(法人、其他组织等)的权利，通过国家履行安全保障义务而实现，唯有在特殊情况下个人可以行使正当防卫权和紧急避险权。"人民"(the people)在立法用语中并不必然具有政治色彩。《刑事诉讼法》第2条规定"尊重和保障人权"，是合目的性的刑事诉讼三项任务之一，解释上必须结合第1条的立法目的，从理论上说是防御国家权力滥用，以保障犯罪嫌疑人及诉讼参与人的人权和其他权利。

第三，保障国家安全和社会公共安全，维护社会主义社会秩序。

"保障国家安全和社会公共安全，维护社会主义社会秩序"是我国刑事诉讼的根本目的之一。要积极运用刑诉程序和刑罚手段，与犯罪行为作坚决斗争。除了上述保护广大人民群众包括被害人的合法权益之外，刑事诉讼还应当同时保障国家安全和社会公共安全，以达到社会安宁，秩序稳定。《刑事诉讼法》通过设置一系列诉讼制度和措施，以保证准确及时地查明犯罪事实，惩罚犯罪分子，以达到保障国家安全、社会公共安全，维护社会主义社会秩序的根本目的。维护社会秩序是《宪法》规定的国家义务，《宪法》第28条规定，"国家维护社会秩序，镇压叛国和其他危害国家安全的犯罪活动，制裁危害社会治安、破坏社会主义经济和其他犯罪的活动，惩办和改造犯罪分子"。

第二节　《刑事诉讼法》的根据

《刑事诉讼法》的根据是指《刑事诉讼法》的立法根据和法律效力的渊源。这个根据和渊源是宪法。宪法是国家的根本大法，集中体现了国家意志，是"法律的法律"。宪法与其他法律的关系是"母法"和"子法"的关系，也就是说，宪法具有最高的法律效力，是其他法律的立法根据和效力渊源。《刑事诉讼法》也一样，根据《刑事诉讼法》第1条"根据宪法，制定本法"，《刑事诉讼法》立法根据和效

① 徐静村:《中国刑事诉讼法(第二修正案)学者拟制稿及立法理由》，法律出版社2005年版，第1-2页；陈光中主编:《中华人民共和国刑事诉讼法再修改专家建议稿与论证》，中国法制出版社2006年版，第246页；陈卫东主编:《模范刑事诉讼法典》，中国人民大学出版社2005年版，第131页。

力渊源来自于宪法。具体地说，可分为三个层次讨论。

(1)宪法中规定作为《刑事诉讼法》指导性根据的内容，这些内容虽然未必在《刑事诉讼法》上明确体现，但应当遵循。主要包括：

①宪法第5条第1款“中华人民共和国实行依法治国，建设社会主义法治国家”。第3款“一切法律、行政法规和地方性法规都不得同宪法相抵触”。

②宪法第28条“国家维护社会秩序，镇压叛国和其他危害国家安全的犯罪活动，制裁危害社会治安、破坏社会主义经济和其他犯罪的活动，惩办和改造犯罪分子”。

③宪法第12条“国家保护社会主义的公共财产。禁止任何组织或者个人用任何手段侵占或者破坏国家的和集体的财产”。第15条“国家依法禁止任何组织或者个人扰乱社会经济秩序”。

④宪法序言中规定“全国各族人民、一切国家机关和武装力量、各政党和各社会团体、各企业事业组织，都必须以宪法为根本的活动准则，并且负有维护宪法尊严、保证宪法实施的职责”。

(2)宪法中明确规定公民基本权利的内容，是《刑事诉讼法》保护诉讼参与人基本权利的直接根据，其中多数是从宪法条文中直接转为或贯彻到《刑事诉讼法》条文的。主要包括：

①宪法第33条第2款“中华人民共和国公民在法律面前一律平等”。第3款“国家尊重和保障人权”。第4款“任何公民享有宪法和法律规定的权利，同时必须履行宪法和法律规定的义务”。

②宪法第37条“中华人民共和国公民的人身自由不受侵犯。任何公民，非经人民检察院批准或者决定或者人民法院决定，并由公安机关执行，不受逮捕。禁止非法拘禁和以其他方法非法剥夺或者限制公民的人身自由，禁止非法搜查公民的身体”。

③宪法第38条“中华人民共和国公民的人格尊严不受侵犯。禁止用任何方法对公民进行侮辱、诽谤和诬告陷害”。

④宪法第39条“中华人民共和国公民的住宅不受侵犯。禁止非法搜查或者非法侵入公民的住宅”。

⑤宪法第40条“中华人民共和国公民的通信自由和通信秘密受法律的保护。除因国家安全或者追查刑事犯罪的需要，由公安机关或者检察机关依照法律规定的程序对通信进行检查外，任何组织或者个人不得以任何理由侵犯公民的通信自由和通信秘密”。

⑥宪法第41条“中华人民共和国公民对于任何国家机关和国家工作人员，有提出批评和建议的权利；对于任何国家机关和国家工作人员的违法失职行为，有向有关国家机关提出申诉、控告或者检举的权利，但是不得捏造或者歪曲事实进

行诬告陷害。对于公民的申诉、控告或者检举，有关国家机关必须查清事实，负责处理。任何人不得压制和打击报复。由于国家机关和国家工作人员侵犯公民权利而受到损失的人，有依照法律规定取得赔偿的权利”。

⑦宪法第 13 条第 1 款“公民的合法的私有财产不受侵犯”。

(3)宪法规定的其他条款中包含了人民法院、人民检察院作为国家司法机关的机关建制、工作职能以及刑事诉讼制度设置的内容，主要包括：

①宪法第 123 条“中华人民共和国人民法院是国家的审判机关”。第 126 条“人民法院依照法律规定独立行使审判权，不受行政机关、社会团体和个人的干涉”。

②宪法第 129 条“中华人民共和国人民检察院是国家的法律监督机关”。第 131 条“人民检察院依照法律规定独立行使检察权，不受行政机关、社会团体和个人的干涉”。

③宪法第 125 条“人民法院审理案件，除法律规定的特别情况外，一律公开进行。被告人有权获得辩护”。

④第 134 条“各民族公民都有用本民族语言文字进行诉讼的权利。人民法院和人民检察院对于不通晓当地通用的语言文字的诉讼参与人，应当为他们翻译。在少数民族聚居或者多民族共同居住的地区，应当用当地通用的语言进行审理；起诉书、判决书、布告和其他文书应当根据实际需要使用当地通用的一种或者几种文字”。

⑤宪法第 135 条“人民法院、人民检察院和公安机关办理刑事案件，应当分工负责，互相配合，互相制约，以保证准确有效地执行法律”。

总而言之，我国《刑事诉讼法》的效力来自于宪法，《刑事诉讼法》的全部内容则体现了宪法的基本精神，都是宪法规定的有关原则和规则的具体化，而且不能违反宪法。从这个意义上说，《刑事诉讼法》的正确实施也是宪法实施的保障。

第三节 《刑事诉讼法》的任务

《刑事诉讼法》的任务是《刑事诉讼法》之法定条款，是《刑事诉讼法》实施的具体要求和预期效果，由《刑事诉讼法》的目的所决定。我国《刑事诉讼法》第 2 条明确规定，“中华人民共和国《刑事诉讼法》的任务，是保证准确、及时地查明犯罪事实，正确应用法律，惩罚犯罪分子，保障无罪的人不受刑事追究，教育公民自觉遵守法律，积极同犯罪行为作斗争，维护社会主义法制，尊重和保障人权，保护公民的人身权利、财产权利、民主权利和其他权利，保障社会主义建设事业的顺利进行”。

比较法上极少看到其他国家规定《刑事诉讼法》的任务，唯我国《刑事诉讼法》与刑法有明文的“任务”条款，均可理解为《刑事诉讼法》第1条立法目的的具体化。对《刑事诉讼法》任务的具体表述有三分法观点，①但是，分为四个方面或许更恰当。

(1)保证准确、及时地查明犯罪事实，正确应用法律，惩罚犯罪分子。

这是从程序保证上确定的《刑事诉讼法》任务，是《刑事诉讼法》的直接任务，表明我国《刑事诉讼法》的制定和实施要求法定国家专门机关依照《刑事诉讼法》规定的原则、制度和程序，能够准确、及时地查明犯罪事实，正确应用法律，惩罚犯罪人。

首先，《刑事诉讼法》要求准确、及时地查明犯罪事实。“准确”查明犯罪事实的程序要求体现在：《刑事诉讼法》第50条规定，审判人员、检察人员、侦查人员必须依照法定程序，收集能够证实犯罪嫌疑人、被告人有罪的各种证据；第51条规定“必须忠实于事实真相”；第53条规定，对一切案件的判处都要重证据，重调查研究，不轻信口供等。及时查明犯罪事实的程序要求体现在《刑事诉讼法》规定的期间和期日要求。

在刑事诉讼过程中，犯罪事实是与定罪量刑有关联的案件事实。犯罪事实发生在过去，时间的不可逆性决定了它不可能重演，这就要求公安、司法机关客观、全面地收集各种证据、准确地审查判断证据，以查明案件事实，进而对犯罪嫌疑人、被告人的行为准确定性。犯罪事实清楚建立在证据确实、充分的基础之上，对此《刑事诉讼法》第53条第2款规定了证据确实、充分的三个条件。对于事实不清、证据不足的案件，要遵循“疑罪从无”的原则，例如在起诉阶段，第171条第4款规定，对于犯罪案件经过二次补充侦查的案件，检察机关仍认为证据不足，不符合起诉条件的，应当作出不起诉决定。在审判阶段，第195条第3项规定，对于证据不足，不能认定被告人有罪的，应当作出证据不足、指控的犯罪不能成立的无罪判决。

其次，正确应用法律。要求公安、司法机关在已经查明的案件事实的基础上按照刑事实体法（广义的刑法规范）的规定认定案件的性质、区分罪与非罪、此罪与彼罪、罪轻罪重、一罪与数罪等界限，正确地定罪，同时按照刑法规范的规定正确裁量刑罚，也就是正确量刑。此外，刑事诉讼中正确应用的“法律”还包括刑事程序法，即案件事实和诉讼程序中需要适用的其他法律，范围非常广泛。

再次，惩罚犯罪分子。“犯罪分子”的术语带有一定的历史性和政治性，即中

---

① 陈光中主编：《刑事诉讼法》（第五版），北京大学出版社、高等教育出版社2013年版，第20页。

性表达的“犯罪人”，在刑法和《刑事诉讼法》上是指“构成犯罪，应当给予刑罚处罚的人”。学说上，刑法解释有客观立场和主观立场之辨。客观立场的解释将犯罪看作是对社会有害的行为，没有客观的行为，就没有犯罪刑法惩罚的犯罪行为。与此对应，主观立场的解释论立足于犯罪人的反社会性，强调行为人实施犯罪行为的危险性才是刑事责任的基础。主观立场重视犯罪行为人，以行为人主观恶意为定罪处罚根据，主张刑法应当惩罚犯罪人（犯罪分子）。在《刑事诉讼法》上，惩罚犯罪行为与惩罚犯罪人（犯罪分子）具有主客观统一性。

(2)保障无罪的人不受刑事追究。

无罪的人受到刑事追究是刑事诉讼最大的错误。保障无罪的人不受刑事追究，也就是保障无辜，是刑事诉讼基本要求之一。具体说来，包括：第一，通过刑事诉讼程序本身建立监督与制约机制，最大限度避免错误，或者即使发生错误，能够在程序内部及时加以纠正。第二，要求刑事诉讼中的国家专门机关严格依照法定程序和制度办理刑事案件。第三，贯彻“实事求是，有错必纠”的原则，一旦发现在认定事实或者适用法律上确有错误，应当坚决依法加以纠正。第四，坚持“罪疑从无”，一切刑事案件所认定事实必须达到排除合理怀疑的条件，对于证据不足、不能认定犯罪事实的案件，在侦查、起诉和审判阶段应当分别撤销案件、不起诉和无罪判决。

保障无罪的人不受刑事追究作为《刑事诉讼法》直接任务之一，同时具有重要的实践意义。它使侦查人员、检察人员和审判人员在刑事诉讼过程中兼顾惩治犯罪与保护无辜两个目的，此为兼顾“一体两面”，有助于实现查明犯罪事实，准确及时地惩罚犯罪之任务。

(3)教育公民自觉遵守法律，积极同犯罪行为作斗争，维护社会主义法制。

教育公民自觉遵守法律，积极同犯罪行为作斗争是我国《刑事诉讼法》独具特点的重要任务。可以说，我国刑事诉讼活动的全过程，既是惩罚犯罪、保护无辜的过程，也是对全体公民进行法制宣传教育的过程，并且，通过法制宣传教育，维护社会主义法制。

其一，司法机关通过立案、侦查、起诉、审判等活动，用证实犯罪、惩罚犯罪的具体事实，教育公民充分认识到惩罚犯罪的必要性和重要性，使他们了解刑事诉讼的法律规定和实际运作。

其二，通过具体的刑事诉讼活动大力进行法制宣传，让公民认识到犯罪的危害性，提高公民的法律意识和法制观念。我国《刑事诉讼法》规定的审判公开为法制宣传教育提供了一个内在的制度条件。

其三，专门机关与群众相结合是我国《刑事诉讼法》的基本原则，人民法院、人民检察院、公安机关进行刑事诉讼，必须依靠群众。

其四，教育公民自觉遵守法律，积极同犯罪行为作斗争，也是维护社会主义法制的任务。

(4)尊重和保障人权，保护公民的人身权利、财产权利、民主权利和其他权利，保障社会主义建设事业的顺利进行。这是《刑事诉讼法》的总任务或者说根本任务。

尊重和保障人权是2012年新刑诉法中增加的内容，也是司法改革的重要目标。根据司法改革白皮书的要求，本条之“人权保障”可以理解为，司法机关依法采取有效措施，遏制和防范刑讯逼供，保障犯罪嫌疑人、被告人的辩护权，保障律师执业权利，限制适用羁押措施，维护被羁押人的合法权益，加强未成年犯罪嫌疑人、被告人的权益保障，严格控制和慎用死刑，健全服刑人员社区矫正和刑满释放人员帮扶制度，完善国家赔偿制度，建立刑事被害人救助等制度，努力把司法领域的人权保障落到实处。①

从本条文义解释，保护公民的人身权利、财产权利、民主权利和其他权利是尊重和保障人权的具体化，需要明确两个方面的问题。第一，公民的人身权利、财产权利均具有宪法和法律上的依据；“民主权利”宪法没有规定，只在我国刑法中有规定，但具体内容并不明确，属于不确定法律概念，解释上难以具体化；“其他权利”属于兜底条款，其解释应当根据宪法和基本法律，例如宪法基本权利中的劳动权、受教育权等。“人权”是一个抽象法律概念，其内涵和外延随着社会发展和立法进展而不断增加。第二，此处所保护的权利主体如何确定，各学说有不同见解，大体可以从两个角度理解：一是“诉讼参与人”，即保障和保护刑事诉讼参与人的人权与四类基本权利，特别是保护犯罪嫌疑人、被告人的人权与四类基本权利；二是“公民”，即保障和保护公民的人权与四类基本权利，从而与第1条立法目的相吻合。

《刑事诉讼法》所有任务的全部指向是保障社会主义建设事业的顺利进行。从这个角度说，《刑事诉讼法》第2条规定的任务与第1条规定的立法目的最终趋于一致。

【思考题】

1. 宪法规定公民基本权利的内容，哪些条款与刑事诉讼相关？
2. 如何理解《刑事诉讼法》第2条的“尊重和保障人权”任务？

---

① 中华人民共和国国务院新闻办公室:《中国的司法改革》，人民出版社2012年版。

第三章 《刑事诉讼法》的基本原则

【本章引语】

法律原则是为法律规则提供某种基础或根源的综合性的、指导性的价值准则或规范，是法律诉讼、法律程序和法律裁决的确认规范。——舒国滢

法官是法律帝国的王侯，除了法律以外法官不服从任何别的权威。——罗纳德·德沃金

【学习目标】

通过本章学习，应该能够了解、熟悉、掌握：

1. 我国《刑事诉讼法》规定的基本原则体系。
2. 刑事诉讼职权法定原则的基本内容。
3. 司法权独立行使原则的基本含义。
4. 《刑事诉讼法》第 15 条规定的解释。

《刑事诉讼法》基本原则，就是由《刑事诉讼法》规定的，贯穿于刑事诉讼全过程或者主要阶段的，国家专门机关以及诉讼参与人在刑事诉讼活动中必须遵守的基本行为准则。《刑事诉讼法》基本原则是对国家专门机关和诉讼参与人的基本要求，是其参加和进行刑事诉讼活动的基本法律规范。我国《刑事诉讼法》总则第 1 章“任务和基本原则”，按照该体系设置，则第 3 条至第 17 条应当是规定基本原则的法定条款。但是，本章一些条文显而易见不具有作为法律原则的基本行为准则特征，因此通常被视为基本制度，包括第 10 条两审终审制，第 11 条公开审判制度、辩护制度，第 13 条人民陪审员陪审制度。

关于《刑事诉讼法》基本原则的确定，我国刑事诉讼法学理论界一直存在各种不同的学术观点。有的主张依照法律的规定而定，有的主张以法律规定为基础，理论上整理并适当调整；有的认为基本原则和基本制度不必区分；有的认为基本原则和基本制度是不同的，需要加以区分；有的主张基本原则应是指导刑事诉讼

全过程以及重要诉讼阶段，有的认为作为基本原则只能是对诉讼全过程有指导意义。近年来，刑事诉讼基本原则逐渐成为人们关注的一大热点，有关这一问题的理论研究也逐渐增多并出现了许多新观点。①

确定《刑事诉讼法》基本原则，可以从三个方面考虑：第一，我国《刑事诉讼法》对任务和基本原则作了专章规定，而且宪法、人民法院组织法、人民检察院组织法都有相关规定，因而确立刑事诉讼基本原则，必须以法律规定为依据，结合法律理论作必要的概括和归纳。第二，必须将刑事诉讼基本原则与基本制度加以区分。基本原则是指导刑事诉讼的抽象规范，其中包含刑事诉讼的基本原理和内在规律，基本制度是关于刑事诉讼活动或程序的具体内容的总体性规定和概括性规定。刑事诉讼规范则是在基本原则或者基本制度的统摄下的进一步细则化。第三，作为诉讼基本原则对刑事诉讼全过程有指导意义，如果只是某一阶段具有指导意义的，就不能作为整个刑事诉讼的基本原则。概言之，确定刑事诉讼基本原则根据“法定性”“抽象性”和“全局性”三个标准。据此，凡是《刑事诉讼法》在“基本原则”中作出规定，且对整个刑事诉讼过程、对国家专门机关刑事诉讼活动均有指导意义的内容，都应作为诉讼基本原则对待。

我国《刑事诉讼法》基本原则包括：①刑事诉讼职权法定原则；②司法权独立行使原则；③依靠群众原则；④以事实为根据，以法律为准绳原则；⑤公民适用法律一律平等原则；⑥专门机关分工负责、互相配合、互相制约原则；⑦民族语言文字原则；⑧未经审判不得定罪原则；⑨保障诉讼参与人依法享有诉讼权利原则；⑩依照法定情形不予追究刑事责任原则；⑪刑事司法国家主权原则；⑫国际刑事司法协助原则；⑬法律监督原则。

立法体系上虽然属于《刑事诉讼法》总则第 1 章条款，但根据上述确定《刑事诉讼法》基本原则的标准，第 10 条规定的“人民法院审判案件，实行两审终审制”属于基本制度。因为其内容是对人民法院审判活动中，关于审级制度的规定，而且涉及审判程序，不涉及其他程序，只能作为审判基本制度。第 11 条第 1 句规定审判公开，也只能为审判基本制度，而不能作为刑事诉讼的基本原则或基本制度。第 11 条第 2 句规定被告人有权获得辩护，应作为基本制度第 13 条规定“人民法院审判案件，依照本法实行人民陪审员陪审的制度”。结合第 178 条的具体规范，“基层人民法院、中级人民法院审判第一审案件，应当由审判员三人或者审判员和人民陪审员共三人组成合议庭进行”。同时，我国现行宪法已经删去原来关于人民陪审员制度的规定，因此，陪审制度成为一个有待研究的问题。

在刑事诉讼法学理论上，现代《刑事诉讼法》基本原则是在批判和取代前现代纠问式诉讼制度的基础上逐步形成、确立和发展起来的。目前，世界各国都很重

---

① 参见谢佑平、万毅：《刑事诉讼法原则——程序正义的基石》，法律出版社 2002 年版。

视《刑事诉讼法》基本原则及其功能发挥。有些国家在宪法或者《刑事诉讼法》中对刑事诉讼的基本原则作出了明确规定，例如德国基本法、日本宪法、美国宪法及其修正案等。而大多数国家只是在刑事诉讼法典和刑事诉讼程序法的规定中予以体现，对于刑事诉讼的原则问题更多地是从理论上予以探究。

从各国有关刑事诉讼理论、立法和司法实践来看，认为在刑事诉讼中应当普通适用的基本原则有：

(1)程序法制原则，或者叫“程序法定原则”。包含两重含义：一是指为惩罚犯罪、伸张正义，国家要建立能发挥作用的刑事司法系统和刑事诉讼程序；二是指要公正地实施程序规定，禁止国家滥用权力，赋予公民防御权利，以抵御国家权力的无端侵犯。

(2)司法独立原则。这既是现代西方国家的一项宪政原则，也是刑事诉讼的一项基本原则。它是建立在资本主义“三权分立”的国家学说之上的专门适用于司法制度的重要原则。其中包含了司法中立的内容。

(3)无罪推定原则。是指刑事诉讼中任何被怀疑犯罪或者受到刑事指控的人，在未经司法程序最终确认有罪之前，在法律上推定其无罪。该原则标志着现代刑事诉讼的真正建立，是诉讼文明的基石。与行政法上的“依法行政原则”、民法上的“诚实信用原则”、刑法上的“罪刑法定原则”相类似，是各该部门法的基石性原则。

(4)不告不理原则。指在刑事诉讼中，法院只有根据公诉人、自诉人合法有效的起诉才可以进行审判，法院不能主动发起刑事诉讼。

(5)有效辩护原则。被告人包括犯罪嫌疑人，在刑事诉讼的任何阶段都有权进行辩护，反驳控诉。被告人既可自行辩护，也可委托专业律师为其提供辩护，必要时国家有义务为其提供法律援助，避免辩护流于形式，充分保障辩护的有效性。

(6)平等对抗原则。又称“手段同等原则”，是指“对待被告人，在原则上应当如同对刑事追究机关一样予以平等地对待”。具体体现在法律规定上的相同法律地位和诉讼进展中的权利平等行使。

(7)诉讼及时原则(speed trial)。它要求刑事诉讼活动尽可能迅速地进行，避免一切不必要的延误，使刑事案件得到及时处理。该原则要求国家专门机关尤其是法院应该控制诉讼期间、加快诉讼节奏、简化诉讼程序。

(8)适度原则(比例原则)。又称“相应性原则”，是指刑事诉讼中国家采取诉讼手段，特别是限制或剥夺公民基本权利的强制措施或诉讼行为，在力度上必须与所追究的犯罪行为相适应，不能过度，以免让被追诉人承担额外负担，造成不应该的制裁。

(9)一事不再理原则。或称“避免双重危险原则”，是指对被刑事追究的同一犯罪行为，法院一旦作出具有法律效力的判决，不论是有罪还是无罪的判决，不得再次启动新的刑事诉讼程序追究犯罪嫌疑人的刑事责任。从理论上深入研究以及从制度上了解国外《刑事诉讼法》基本原则，可以开阔视野，对于加深对《刑事诉讼法》基本原则的理解十分有益。①

第一节 刑事诉讼职权法定原则

我国《刑事诉讼法》第 3 条第 1 款规定，“对刑事案件的侦查、拘留、执行逮捕、预审，由公安机关负责。检察、批准逮捕、检察机关直接受理的案件的侦查、提起公诉，由人民检察院负责。审判由人民法院负责。除法律特别规定的以外，其他任何机关、团体和个人都无权行使这些权力。”《刑事诉讼法》的这一规定表明侦查权、检察权、审判权由法定的国家专门机关行使，可以称为刑事诉讼职权法定原则，或者简称职权法定原则。

职权法定原则包括以下内容：

第一，根据法律规定，侦查权由公安机关行使，检察权由人民检察院行使，审判权由人民法院行使。侦查权、检察权、审判权是国家权力的重要组成部分，具有专属性，法律规定只能由公、检、法三机关行使，其中审判权、检察权是宪法规定的专属司法权力，其授权规范分别规定在现行宪法的第 123 条和第 129 条中，《人民法院组织法》和《人民检察院组织法》根据宪法分别作出相应规定。宪法第 89 条第 8 项规定，公安属于国家行政机关国务院的组成部门，在《刑事诉讼法》上表述为公安机关，行使侦查权，具有法律效力。

第二，公安机关、人民检察院和人民法院等国家专门机关只能分别行使各自的法定职权，不能相互混淆，也不能相互代替。《刑事诉讼法》第 3 条第 1 款第 1 句规定公安机关在刑事诉讼中的法定职权包括侦查、拘留、执行逮捕、预审。②第 3 条第 1 款第 2 句规定人民检察院在刑事诉讼中的法定职权包括检察、批准逮捕、检察机关直接受理案件的侦查、提起公诉。第 3 条第 1 款第 3 句规定人民法院在刑事诉讼中的法定职权是审判。

---

① 参见陈瑞华：《刑事审判原理论》，北京大学出版社 1997 年版；谢佑平、万毅：刑事诉讼法原则：程序正义的基石》，法律出版社 2002 年；宋英辉主编：《刑事诉讼原理》，法律出版社 2004 年版；陈卫东主编：《模范刑事诉讼法典》，中国人民大学出版社 2005 年版。

② “预审”的含义需要解释，见《刑事诉讼法》第 114 条，2012 年公安部《规定》的第 3 条、第 188 条。

第三，刑事诉讼职权法定原则同时意味着，除法律特别规定的以外，其他任何机关、团体和个人都无权行使这些权力。第3条第1款第4句中“法律特别规定”包括，根据本法第4条规定，国家安全机关对涉及国家安全的刑事案件具有侦查权。根据《刑事诉讼法》第18条、第290条规定，人民检察院、军队保卫部门、监狱，在法律规定的特定范围内行使侦查权。

公安机关、人民检察院和人民法院在行使各自的法定职权时，必须严格遵守法定程序，既不能不尽职责，也不能违反程序滥用职权，侵犯公民合法权益。

在《刑事诉讼法》上确立职权法定原则具有重要意义：①保证法律实施的依法性、统一性和权威性，有利于各专门机关正确行使国家权力。②保证惩罚犯罪的及时性和有效性，有利于保障刑事诉讼活动的及时启动和正常进行，有利于在刑事诉讼中保障公民合法权益，维护社会秩序。③保证刑事诉讼活动的专门性和专属性，有利于防止其他任何机关、团体和个人行使这些权力或者对专门机关行使这些权力产生干扰。

职权法定原则的基本要求是：①侦查权、检察权、审判权由专门机关行使，这是国家赋予它们的法定权力，也是国家要求它们应尽的法定职责。要求各专门机关必须各司其职，各尽其责，防止相互推诿，有案不追诉，或者越权办案，混淆各自职权和职责。②专门机关追究犯罪必须依法进行，防止不符合职权、不遵循法律的非法行为或违法行为发生。③刑事诉讼中国家专门机关工作人员代理国家行使司法权，因此应当区分其职权(职务)行为和个人行为，既要防止在职务行为中违反法定程序，也要防止任何个人以国家专门机关名义滥用司法权，侵害公民合法权益。

第二节 司法权独立行使原则

《刑事诉讼法》第5条规定，“人民法院依照法律规定独立行使审判权，人民检察院依照法律规定独立行使检察权，不受行政机关、社会团体和个人的干涉”。这是我们确立人民法院和人民检察院依法独立行使司法权原则的法律依据。《宪法》第126条和《人民法院组织法》第4条规定，“人民法院依照法律规定独立行使审判权，不受行政机关、社会团体和个人的干涉”。这就确立了人民法院独立行使审判权原则，即审判独立。《宪法》第131条和《人民检察院组织法》第9条规定，“人民检察院依照法律规定独立行使检察权，不受行政机关、社会团体和个人的干涉”。这就确立了人民检察院独立行使检察权的原则。两者结合在一起构成了“人民法院、人民检察院独立行使司法权原则”，简称司法权独立行使原则。该原则与西方国家把司法独立建立在三权分立基础上的立法形式是不同的。我国的独立行使审判权、独立行使检察权的司法独立是司法的工作原则，不是政治原则。①

司法权依法独立行使原则包括下列三方面内容：

第一，人民法院、人民检察院在法律授权的范围内独立行使职权，不受任何行政机关、社会团体和个人的干涉。换句话说，任何行政机关、社会团体和个人应当尊重、支持、服从人民法院和人民检察院依法独立行使司法权，而不得以任何方式加以干涉。

第二，人民法院行使审判权，人民检察院行使检察权，都只能严格遵守宪法和法律的规定，各自独立行使，只服从法律。两机关必须在法定的职权范围内开展工作，也必须严格依照法律的规定行使职权，不得以任何借口滥用职权。

第三，审判权、检察权是人民法院、人民检察院各自作为一个组织整体独立行使。也就是说，有权独立行使审判权、检察权的是人民法院、人民检察院，而不是某个审判人员或者检察人员可以独立行使审判权或检察权。

在刑事诉讼中确立司法权独立行使原则具有重要意义，表现在：①可以保障人民法院、人民检察院充分发挥职能作用，使法院所作的司法裁判建立在公正基础之上，以此增强人民法院及其司法裁判在社会大众和人民群众中的权威。②可以防止任何行政机关、社会团体和个人对审判、检察工作的非法干涉和外部影响。③可以防止以权代法、以言代法，保证法律的正确实施，维护社会主义法制权威。概言之，确立司法权独立行使原则是建立公正高效权威的社会主义司法制度。

司法权独立行使原则的基本要求需要注意处理以下几个关系：

(1)正确处理党的领导和独立行使职权的关系。作为执政党的中国共产党是领导我们事业的核心力量，这是我国宪法确定的原则。坚持党对司法机关的领导，是人民法院、人民检察院依法独立行使审判权、检察权的根本保证。人民法院、人民检察院依法独立行使职权同正确执行党的方针、政策是一致的。人民法院、人民检察院要自觉接受党的领导，不能借口独立行使职权而不接受党的领导。但是，党的领导并不是党组织去包办代替人民法院和人民检察院的业务工

---

① 王国枢主编：《刑事诉讼法学》，北京大学出版社，1999 年，第 55 页。

作，只有把加强党的领导与充分发挥司法机关的职能作用结合起来，才能有效地保证法律的正确实施。

(2)正确处理独立行使职权与国家权力机关的关系。根据我国宪法的规定，各级人民法院、人民检察院都是由各级国家权力机关产生，都要对同级国家权力机关负责并报告工作，自觉接受权力机关的监督。接受国家权力机关的监督与依法独立行使法定职权并不矛盾，相反，这种监督有利于人民法院和人民检察院排除各种干扰，严格依法办案。国家权力机关对人民法院、人民检察院在刑事诉讼中进行监督应以集体方式进行，不能代替人民法院和人民检察院依法独立行使职权，防止个案监督。

(3)正确处理独立行使职权与社会监督的关系。社会监督包括人民群众监督、社会团体监督、新闻舆论监督等。人民法院、人民检察院依法独立行使职权与依法接受社会监督是统一的，不是对立的。在司法过程中实行审判公开、检务公开是其接受社会监督的制度保证，有利于增强司法权威。

第三节　依靠群众原则

《刑事诉讼法》第 6 条第 1 句规定，“人民法院、人民检察院和公安机关进行刑事诉讼，必须依靠群众”。这是确立依靠群众原则的法律依据，有时也称为专门机关与群众相结合原则。该原则在《刑事诉讼法》第 50 条和第 82 条等规定中得到贯彻。

“依靠”是指公、检、法三机关在刑事诉讼中必须坚持走群众路线，充分发挥人民群众的智慧和力量，把专门机关法定职责和群众力量结合起来。依靠群众原则的主要内容有：

第一，依靠群众，查明案情。例如《刑事诉讼法》第 50 条规定，“必须保证一切与案件有关或者了解案情的公民，有客观地、充分地提供证据的条件，除特殊情况外，并且可以吸收他们协助调查”。我国刑事司法的经验表明，依靠群众对于查明刑事案件很有帮助也很有必要。

第二，依靠群众揭露犯罪。《刑事诉讼法》第 82 条有关现行犯的立即扭送的规定；第 108 条第 1 款规定，任何单位和个人有权利也有义务向公安机关、人民检察院或者人民法院报案或者举报，第 3 款规定公安机关、人民检察院或者人民法院对于报案、举报都应当接受。

第三，接受群众监督，或者吸收公民参与审判。例如，刑诉法第 183 条规定公开审判；第 178 条第 1 款规定的人民陪审员制度；第 110 条规定司法机关、公安机关不予立案的，要将不立案的原因通知控告人，控告人如果不服，可以申请复议。

依靠群众原则的意义表现在：①有利于调动广大人民群众同犯罪作斗争的积极性，协助司法机关揭露犯罪、证实犯罪、惩罚犯罪、保障无罪的人不受刑事追究，实现刑事诉讼诉讼任务。②只有依靠人民群众，深入群众，调查研究，才能及时地揭露犯罪，证实犯罪。③坚持依靠群众，接受群众监督，有利于克服片面性，发现案件的客观真实情况，实现不枉不纵。④依靠群众，吸收群众参与刑事诉讼活动，使他们从中受到法制教育，提高同犯罪作斗争的积极性和自觉性。

依靠群众原则的要求：①首先要求国家专门机关及其工作人员在刑事诉讼中相信群众、依靠群众。在过去，它是人民司法的光荣传统，今天，依靠群众是党的群众路线在刑事诉讼中的体现。②要求国家专门机关及其工作人员在刑事诉讼中深入群众，认真分析来自于群众的各种材料和意见。同时，必须依法保障报案人、举报人和其他一切证人的权利和安全，保障群众揭露犯罪、证实犯罪的合法权利。③在专门机关依靠群众的关系中，专门机关处于主导地位，刑事诉讼过程由专门机关主持，对于来自群众的意见和材料，由专门机关收集，并进行分析研究和决定，群众意见不能代替专门机关的法律意见。

第四节 以事实为根据，以法律为准绳原则

以事实为根据，以法律为准绳原则，不仅是我国《刑事诉讼法》所确定的诉讼基本原则，而且是《宪法》确定的进行诉讼的原则，是诉讼原则的核心，适用于我国三大诉讼法。我国《刑事诉讼法》第 6 条规定，“人民法院、人民检察院和公安机关进行刑事诉讼，必须依靠群众，必须以事实为根据，以法律为准绳”。这就是该原则的法律依据。

“以事实为根据”，是指在刑事诉讼中，公检法三机关对于刑事案件中的实体问题和程序问题作决定时，必须以查证属实的证据和依据这些证据所认定的案件事实为基础，不能以主观意见作根据。以事实为根据的“事实”，包括案件的实体事实和程序事实。实体事实是指构成犯罪的事实以及证明犯罪情节轻重的事实。程序事实是指在刑事诉讼过程中，处理程序问题的事实，比如羁押期限、回避、强制手段等适用的事实。学理上，有客观事实和法律事实之争，在此不论。

“以法律为准绳”就是必须以刑法、《刑事诉讼法》规定为判断标准和衡量尺度处理案件。以法律为准绳的“法律”，包括刑事实体法和刑事程序法。以刑事实体法规定作为区分罪与非罪、重罪与轻罪、此罪与彼罪、一罪与数罪等界限定罪，在此基础上确定刑罚适用，依法量刑。同时，以刑事程序法规则作为追诉犯罪的程序标准和程序规范，惩罚犯罪，保障人权。

在刑事诉讼中，以事实为根据，以法律为准绳二者相互联系。“以事实为根据”能够保证案件事实清楚，“以法律为准绳”能够保证适用法律正确和准确。在二者关系上，“以事实为根据”是“以法律为准绳”的前提，事实不清楚，法律适用必然不正确。换言之，在错误的事实上适用法律越准确，则错误越大。

以事实为根据，以法律为准绳原则与现代《刑事诉讼法》普遍遵守的证据裁判原则之间具有密切联系。证据裁判原则的基本含义与要求是：第一，刑事诉讼不能以证据以外的其他客观现象为依据来认定事实，例如凭借当事人对神的宣誓来认定案件事实，即为非理性。第二，刑事诉讼不能仅仅依据司法机关工作人员个人的主观臆测和个人印象来认定事实。第三，在刑事诉讼中，司法机关认定案件事实必须以证据为前提，证据是法官形成对案件的内心确信的条件。刑事审判必须建立在科学和理性的基础上，坚持实事求是的客观精神。

以事实为根据，以法律为准绳原则的重要意义在于：①坚持实事求是思想路线，在刑事诉讼中，办案人员必须深入实际，调查研究，以客观存在的事实作为处理案件的依据。②有利于保证办案质量。③有利于保证刑事诉讼程序进展在事实和法律上的前后连贯，保持一致。

以事实为根据，以法律为准绳原则的要求：①首先要求司法人员在办案过程中，按照辩证唯物论的要求，深入群众，调查研究，按照案件的本来面目去认识案件。②要求司法机关的办案人员客观全面地收集证据，认定事实，适用法律。刑诉法第 53 条第 1 句规定，“对一切案件的判处都要重证据，重调查研究，不轻信口供”。③要求国家专门机关工作人员不循私、不枉法，在办理刑事案件过程中执法严明，忠于事实，忠于法律。

第五节　公民适用法律一律平等原则

我国《刑事诉讼法》第 6 条第 2 句明确规定：“人民法院、人民检察院和公安机关进行刑事诉讼……对一切公民，在适用法律上一律平等，在法律面前，不允许有任何特权。”这是《刑事诉讼法》上公民适用法律一律平等原则的法律依据。

我国宪法第 33 条第 2 款规定公民的平等权："中华人民共和国公民在法律面前一律平等。"这是我国公民的一项宪法基本权利，也是社会主义法制的一项基本原则。公民适用法律一律平等原则是宪法规定在《刑事诉讼法》中的具体贯彻和体现。

公民适用法律一律平等原则包含三方面内容：

第一，国家专门机关在进行刑事诉讼活动时，对于一切公民，不分民族、种族、性别、职业、家庭出身、宗教信仰、教育程度、财产状况、居住期限，以及社会地位，在适用法律上一律平等。对于一切公民的犯罪行为，依法平等处理。

第二，国家专门机关在进行刑事诉讼时，对一切公民的合法权益，都必须依法予以平等保护。对诉讼参与人，包括犯罪嫌疑人、被告人的合法权益，无论是实体权益还是诉讼权利，都要依法平等保护。

第三，公民适用法律一律平等是指公民在刑事诉讼中的法律地位平等，不是他们的诉讼权利和义务内容上完全相同。

第四，对于一切公民，在适用法律面前，不允许有任何特权。

公民适用法律一律平等原则的重要意义在于：①平等适用法律，在刑事诉讼过程中平等地对待一切公民，有助于消除刑事诉讼中的特权因素，有助于司法人员在办案过程中，抵制形形色色的特权干扰。②它有助于国家专门机关及其工作人员在刑事诉讼过程中消除一切歧视，进而使宪法规定的平等权得到具体应用。

公民适用法律一律平等原则要求：①保证"诉讼地位平等"，要求国家专门机关在刑事诉讼中，对所有公民平等地适用实体法律，平等地适用诉讼原则、规则和程序，实现司法公正。②保证"诉讼待遇平等"，要求国家专门机关及其办案人员在进行刑事诉讼中，对一切诉讼参与人都要平等对待，保障其依法行使法定权利，督促其履行法定义务。③保证"司法保护平等"，要求国家专门机关给予一切公民平等的司法保护。在特殊情形下，运用平等原则特殊对待，例如，《刑事诉讼法》第 34 条规定的法律援助制度，也是平等原则的一种特殊要求。

第六节 专门机关分工负责，互相配合，互相制约原则

我国《刑事诉讼法》第 7 条规定，"人民法院、人民检察院和公安机关进行刑事诉讼，应当分工负责，互相配合，互相制约，以保证准确有效地执行法律"。这是确立国家专门机关分工负责、互相配合、互相制约原则的法律依据，是刑事诉讼中国家专门机关处理相互关系的一项基本原则。我国宪法第 135 条有基本相同

的规定。

专门机关分工负责、互相配合、互相制约原则是我国刑事诉讼的一个重要特点，是在长期的刑事诉讼实践中确立的。它的主要内容有：

第一，分工负责是指人民法院、人民检察院、公安机关（含国家安全机关）在进行刑事诉讼活动时，要根据法律赋予的职权，各尽其职，各负其责，不允许互相取代或超越职权范围进行诉讼。对于各专门机关在刑事诉讼中的职权和职责，《刑事诉讼法》第 3 条、第 4 条有明确规定。

第二，互相配合是指人民法院、人民检察院、公安机关（含国家安全机关）进行刑事诉讼，在分工负责基础上互相支持，互相合作，互相补充，有机结合在一起完成《刑事诉讼法》任务。互相配合主要是在刑事诉讼过程中“职责关系”的配合，这种职责关系是指各专门机关在办案程序上的关系，前设程序是后设程序的基础和前提，后设程序是前设程序的必然结果，所有诉讼程序的目标是一致的，都是为了实现刑事诉讼任务。因而公检法三机关在刑事诉讼中，不仅需要互相配合，而且能够互相配合。互相配合只能是“职责配合”，不能是“职能配合”，即侦查职能、检察职能和审判职能遵循分工负责原则，以防止国家权力滥用。

第三，互相制约是指人民法院、人民检察院、公安机关（含国家安全机关）在刑事诉讼中按照职能分工和诉讼程序要求，互相监督，以防止可能发生的偏差和错误，及时纠正出现的偏差和错误，防止冤假错案的发生。互相制约就是要人民法院、人民检察院、公安机关（含国家安全机关）之间互相牵制、互相约束，其目的是要防止职权职能混淆。

第四，在分工负责，互相配合，互相制约的相互关系上，分工负责是互相配合、互调制约的基础和前提，互相制约是刑事诉讼程序正当的核心内容和基本要求。没有分工负责，就不存在互相配合和互相制约的问题。分工负责，是为了依法确定职权范围；互相配合，是为了完成共同的刑事诉讼任务；互相制约，是为了与诉讼程序基本结构要求相一致。

专门机关分工负责，互相配合，互相制约原则的意义表现在：①能够保证准确有效地完成刑事诉讼惩罚犯罪的任务。②能够保证在刑事诉讼中准确有效地执行法律这一宪法和《刑事诉讼法》的要求。

专门机关分工负责，互相配合，互相制约原则要求：①国家专门机关在刑事诉讼过程中，严格依照法定职权开展工作，完成法定职责，保证办案质量。②互相配合必须建立在以事实为根据，以法律为准绳原则的基础之上。互相配合的目的是为了准确有效地打击犯罪，保护公民的合法权益，实现司法公开、公正。③在刑事诉讼中，坚持互相制约的同时，需要兼顾检察机关的法律监督职能。互相监督不能代替人民检察院作为国家法律监督机关在刑事诉讼中的法律监督职权。

第七节 法律监督原则

《刑事诉讼法》第 8 条规定,“人民检察院依法对刑事诉讼实行法律监督”。这是确立法律监督原则的法律依据。该原则也可称为人民检察院法律监督原则。①

法律监督原则是指作为国家法律监督专门机关的人民检察院,对刑事诉讼实行专门法律监督,及时发现并纠正刑事诉讼活动中的违法行为,保证法律的正确实施。我国宪法第 129 条规定人民检察院作为国家法律监督机关的法律地位。这种监督不同于刑事诉讼中的国家权力机关监督、政府部门监督和社会监督。法律监督原则中的监督,是作为国家法律监督专门机关的人民检察院对刑事诉讼活动的监督,与刑事诉讼中国家专门机关的互相制约不同,它本身具有单向性,而互相制约原则中的监督具有双向性。把两种监督结合起来,是完成刑事诉讼任务的需要。

法律监督原则的主要内容包括:

第一,人民检察院对公安机关(含国家安全机关)的立案活动进行监督(第 111 条);通过审查批准逮捕和审查起诉对侦查活动是否合法进行监督(例如第 98 条、第 168 条第 5 项等)。除了《刑事诉讼法》规定之外,最高人民检察院《规则(试行)》第 564 条至第 575 条规定了人民检察院依法对公安机关的侦查活动是否合法实行监督的具体范围和程序规范。

第二,人民检察院对人民法院审判活动进行监督。包括对审判活动的监督(第 203 条)和对已经发生法律效力的判决和裁定按照审判监督程序提出抗诉(第 243 条第 3 款)。此外,最高人民检察院《规则(试行)》第 576 条至 578 条也有相应规定。《规则(试行)》第 579 条规定人民检察院检察长可以列席人民法院审判委员会会议,依法履行法律监督职责。这是一种特殊的制度。

第三,人民检察院对执行活动进行监督,保证执行刑罚活动的合法性、刑罚的正确实现及其惩罚功能的正确实现。主要是指对执行机关执行刑罚的活动是否合法实行监督(第 265 条),同时包括对于刑罚执行过程中刑罚变更和执行方式变更问题的监督。

---

① 我国检察机关的设立及其检察监督范围借鉴了苏联模式,具体内容可以参见张建伟:《刑事诉讼法通义》,清华大学出版社 2007 年版,第 205-207 页。

第四，人民检察院对于依法不负刑事责任的精神病人的强制医疗的决定和执行实行监督（第289条）。《刑事诉讼法》第五编规定的其他特别程序的法律监督当然存在，需要研究。

法律监督原则的意义在于：①能够保证在刑事诉讼过程中准确有效地执行法律。②能够防止国家机关滥用司法权，维护司法权威。③能够保证准确地惩罚犯罪，有效地保障人权，实现刑事诉讼任务。但是，人民检察院的法律监督并不是将检察权凌驾于其他司法权力之上的，从而妨碍刑事诉讼的进行。

法律监督原则的要求：①在立案程序中要求公安机关、人民检察院、人民法院根据法定职能管辖的规定立案，防止错误。②在侦查程序中要求侦查机关和侦查人员的侦查行为必须合法行使。③在提起公诉过程中要求检察机关和检察人员加强自身监督，严格执法，依法提起公诉或者不起诉。④在审判程序中，要求审判程序合法，裁判公正。⑤在执行程序中，要求执行活动和执行从程序维持合法性和公正性，特别是监督执行过程中的减刑、假释、监外执行等制度的公正性和公开性。

第八节　民族语言文字原则

《刑事诉讼法》第9条规定，“各民族都有用本民族语言文字进行诉讼的权利。对不通晓当地通用语言文字的诉讼参与人，人民法院、人民检察院和公安机关应当为他们翻译。在少数民族聚居或者多民族杂居的地区，应当用当地通用的语言进行审讯，用当地通用的文字发布判决书、布告和其他文件”。这是我国《刑事诉讼法》确立民族语言文字原则的法律依据。这一规定的效力依据直接来源于我国宪法规定，《宪法》第4条规定，“中华人民共和国各民族一律平等。……，各民族都有使用和发展自己的语言文字的自由，都有保持或者改革自己的风俗习惯的自由”。本条第4款明确规定的发展语言文字自由提供了民族语言文字原则的宪法依据。

民族语言文字原则的主要内容有：

第一，各民族公民在刑事诉讼中，无论是当事人还是其他诉讼参与人，都有权使用本民族的语言文字进行诉讼。各民族公民在刑事诉讼中，有权使用本民族的语言进行陈述、回答提问、发表意见、进行辩论；有权用本民族的文字书写诉状、证词、供述和辩解、鉴定意见、以及其他有关意见或材料。

第二，国家专门机关应当保障上述权利。如果诉讼参与人不通晓当地语言、文字，应当为他们提供翻译。

第三，在少数民族聚居或者多民族杂居的地区，对案件的审理，应当用当地通用语言进行审讯，并用当地通用的文字发布判决书、布告和其他文件。此处“其他文件”应当包括起诉书、不起诉决定书、裁定书和其他诉讼文书。

民族语言文字原则不仅具有重要的法律意义，而且具有重要的政治意义。从《刑事诉讼法》角度说，民族语言文字原则的意义在于：①在刑事诉讼中，体现国家民族政策和宪法规定的少数民族权利。②有利于保障各民族的诉讼参与人能够平等地享有和充分地行使各项法定的诉讼权利。③通过语言文字的正常交流，有利于全面查清案件事实，正确处理案件，保证刑事诉讼的顺利进行。④有利于保证人民法院实现公开审判，接受群众监督，并通过诉讼活动对群众进行法制宣传教育。

民族语言文字原则的要求：①公安、司法人员必须牢固树立民族团结思想，反对任何妨碍民族团结的行为，在刑事诉讼中让少数民族公民知悉民族语言文字原则及其内容，依法维护自身权益。②加强少数民族地区民族司法干部培养，这是保证刑事诉讼顺利进行，保证案件质量的需要。③在少数民族地区的公安机关和司法机关应当设立或聘请适当翻译人员，保证刑事诉讼的需要，保证司法机关和当地群众联系的需要。

在我国刑事诉讼中，诉讼用语应使用国家通用语言文字即普通话和规范汉字，但实践中包括汉语普通话、汉语方言和其他民族的语言文字。《中华人民共和国国家通用语言文字法》第9条规定：“国家机关以普通话和规范汉字为公务用语用字。法律另有规定的除外。”据此，在刑事诉讼活动中，以汉语进行诉讼时应当使用普通话，即现代汉语标准语。在规范性法律文书制作时，应当使用普通话和规范汉字。在我国一些特色方言地区，有要求应当使用普通话的专门规定，例如，《上海高级人民法院法庭纪律规定》第7条：“审判人员、书记员在开庭审判时，应讲普通话，发问的语言应严肃、规范、文明。”

第九节 未经审判不得定罪原则

《刑事诉讼法》第12条规定，“未经人民法院依法判决，对任何人都不得确定有罪”。这是确立未经审判不得定罪原则的法律依据。未经审判不得定罪原则是我国1996年修改《刑事诉讼法》确立的基本原则。理论界有人认为它与西方国家普遍适用的“无罪推定原则”是一致的。虽然刑事诉讼法学界通说予以否认，但认为其中包含和体现了无罪推定原则的基本精神。无罪推定原则是在西方废除中世纪纠问式刑事诉讼制度的基础上形成并确定的一项现代《刑事诉讼法》原则，它与“罪刑法定原则”一起，共同构成了现代刑事法律制度的正当性基础。联合国《公民权利和政治权利国际公约》第 14 条第 2 款表述无罪推定为，“凡受刑事控告者，在未依法证实有罪之前，应有权被视为无罪”。换言之，“任何被追诉人在经人民法院依法判决确定有罪之前，应当被视为无罪”。与此相比，我国《刑事诉讼法》第 12 条规定的未经审判不得定罪原则更清晰的解释是，“只有经过人民法院依法判决，才能确定有罪”。这既确认了人民法院统一定罪权，又体现了我国刑事诉讼立法对无罪推定的吸收。① 从一定程度上说，未经审判不得定罪原则是我国刑事诉讼走向科学化、正当化的重要表现。

未经审判不得定罪原则的基本内容包括如下几方面：

第一，只有人民法院有权确定某人是否有罪和犯有何罪。定罪权只属于人民法院，只有人民法院经过法定程序的审理和依法判决，才能确定某人是否有罪，其他任何机关、团体和个人都没有这种权力。

第二，在人民法院依法作出的有罪判决且发生法律效力之前，不得将任何人确定为有罪，只有在经过审判认定一个人有罪之后，才能称其为罪犯，否则称其为“犯罪嫌疑人”。在刑事诉讼中，被追究刑事责任的人，在被起诉到法院之前处于犯罪嫌疑人的地位，不是罪犯，法院依法作出有罪判决之前，任何人都不是罪犯。

第三，被指控犯罪的刑事被告人，在审判过程中如果证据不足，指控不成立，人民法院应当宣告其无罪，这是该原则派生的一个原则，理论上称之为“疑罪从无原则”。根据这一原则，在检察院审查起诉阶段发现证据不足、事实不清的，人民检察院应当作出不起诉决定。

第四，刑事案件的举证责任必须由控诉方承担。控诉方控告被告人有罪，必须承担相应的举证责任。我国《刑事诉讼法》第 49 条规定，“公诉案件中被告人有罪的举证责任由人民检察院承担，自诉案件中被告人有罪的举证责任由自诉人承担”。被告人一般不承担证明自己无罪的责任，人民法院不得因为被告人不能证明自己无罪而确定其有罪。

未经审判不得定罪原则的意义主要表现在：

第一，有利于保障犯罪嫌疑人、被告人的各项诉讼权利，特别是保障其辩护权。在人民法院以生效判决认定一个人有罪之前，犯罪嫌疑人、被告人在诉讼地位上属于诉讼参与人，依法享有法律规定的诉讼权利，特别是辩护权，根据《刑事诉讼法》第 50 条第 2 句，享有“不得强迫任何人证实自己有罪”的诉讼权利。

---

① 张成敏：《关于无罪推定的文本表述》，《北方法学》2010 年第 6 期，第 5 – 11 页。

第二，有利于国家在法治和正当程序的框架内追究犯罪嫌疑人、被告人的刑事责任。一个人事实上犯罪和法律上判决其犯罪是不同的，根据该原则，只有人民法院代表国家通过审判确定一个人构成犯罪，才能追究其刑事责任。

第三，有利于保障人民法院依法独立行使审判权。根据该原则，尽管侦查机关、检察机关在侦查和审查起诉过程中需要对犯罪嫌疑人、被告人是否涉嫌犯罪提出认定意见，但最终只有人民法院依法以判决形式才能确定犯罪嫌疑人、被告人有罪。

未经审判不得定罪原则的基本要求：①公安机关、司法机关不得将犯罪嫌疑人、被告人视为罪犯，从而任意剥夺他们的辩护权和其他诉讼权利。②刑事诉讼必须严格按照法定程序进行，严禁以刑讯逼供等非法手段获取供述；必须依法适用强制措施，防止超期羁押。③坚持疑罪从无原则，在指控证据不足，事实不清时，在审查起诉阶段，应作不起诉决定，在审判阶段，人民法院应作出无罪判决。

为了充分贯彻这一基本原则，我国 1996 年《刑事诉讼法》作出许多具体规定：其一，废除了检察机关长期使用的免予起诉制度，将原来的免予起诉的部分对象纳入不起诉制度之内；其二，严格区分了“犯罪嫌疑人”和“被告人”的称谓；其三，2012 年在修改之后进一步明确了刑事案件一律由控诉方承担举证责任；其四，明确了“罪疑从无”原则，并作出了具体的法律规定，《刑事诉讼法》第 171 条第 4 款、第 195 条第 3 项明确规定。

第十节 保障诉讼参与人依法享有诉讼权利原则

《刑事诉讼法》第 14 条规定，“人民法院、人民检察院和公安机关应当保障犯罪嫌疑人、被告人和其他诉讼参与人依法享有的辩护权和其他诉讼权利。诉讼参与人对审判人员、检察人员和侦查人员侵犯公民诉讼权利和人身侮辱的行为，有权提出控告”。这是确立保障诉讼参与人依法享有诉讼权利原则的法律依据。学理上亦称“保障诉讼参与人的诉讼权利原则”。

保障诉讼参与人依法享有诉讼权利原则的基本内容包括：

第一，保障犯罪嫌疑人、被告人和其他诉讼参与人依法享有辩护权和其他诉讼权利，是人民法院、人民检察院和公安机关应尽的义务。该原则的核心内容是“应当保障……权利”，权利范围和内容视诉讼主体之不同而不同，依《刑事诉讼法》具体规定。

第二，人民法院、人民检察院和公安机关应当保障犯罪嫌疑人、被告人的辩护权和其他诉讼权利。其中，保障辩护权的内容依据《刑事诉讼法》第 11 条第 2 句规定，“被告人有权获得辩护，人民法院有义务保证被告人获得辩护”。这是根据我国《宪法》第 125 条规定的内容原文转化的《刑事诉讼法》规定，现行宪法是 1982 年制定的，当时所称的“被告人”是指所有被追诉人，包括犯罪嫌疑人，因此，本条宜作扩张解释，不限于审判阶段的被告人，也不限于人民法院的保障义务。

第三，人民法院、人民检察院和公安机关应当保障其他诉讼参与人的诉讼权利。虽然本条文字表述上使用“其他诉讼权利”，但解释上应为《刑事诉讼法》明文规定的“所有诉讼权利”。

第四，犯罪嫌疑人、被告人和其他诉讼参与人在刑事诉讼过程中，如果遭受审判人员、检察人员、侦查人员侵犯诉讼权利和人身侮辱，有权提出控告。这是法律赋予犯罪嫌疑人、被告人和其他诉讼参与人的程序救济权利。犯罪嫌疑人、被告人和其他诉讼参与人可以向人民检察院提出控告，也可以向审判人员、检察人员、侦查人员所在机关提出控告。

保障诉讼参与人依法享有诉讼权利原则的意义在于：①可以调动诉讼参与人的诉讼积极性，协助司法机关查明案件事实，正确适用法律，揭露犯罪、证实犯罪、实现对犯罪的惩治。②有利于体现诉讼民主和诉讼文明，防止滥用司法权，实现程序公正。③在刑事诉讼过程中能够体现对诉讼参与人的人格尊重，有利于实现惩治犯罪和保障人权的统一。

保障诉讼参与人依法享有诉讼权利原则的基本要求：①要求国家专门机关严格依法办案，诉讼参与人依法享有法定诉讼权利，国家专门机关必须予以保障。②要求国家专门机关履行权利告知义务，在刑事诉讼的各阶段、各程序主动告知诉讼参与人法定的诉讼权利及其具体内容。③要求国家专门机关为诉讼参与人行使辩护权和诉讼权利提供必要的条件。比如：人民检察院的起诉书副本应在开庭 10 天前送达被告人，以便其行使辩护权；被告人因经济困难没有委托辩护人，而被告人又需要辩护人帮助其辩护，人民法院应当指定承担法律援助义务的律师为其辩护人，协助行使辩护权；等等。

第十一节　依照法定情形不予追究刑事责任原则

《刑事诉讼法》第 15 条规定，“有下列情形之一的，不追究刑事责任，已经追究的，应当撤销案件，或者不起诉，或者终止审理，或者宣告无罪：①情节显著轻微，危害不大，不认为是犯罪的；②犯罪已过追诉时效期限的；③经特赦令免除刑罚的；④依照刑法告诉才处理的犯罪，没有告诉或者撤回告诉的；⑤犯罪嫌疑人、被告人死亡的；⑥其他法律规定免予追究刑事责任的”。这是确立依照法定情形不予追究刑事责任原则的法律依据。依照法定情形不予追究刑事责任原则，就是遇有某种法定情形时，应当不追究其刑事责任，终止诉讼活动的原则。也有人称其为诉讼终止原则，或叫依法不追究原则。

依照法定情形不予追究刑事责任原则的内容包括两方面：

第一，法律明确规定不追究刑事责任的6种情形。

(1)情节显著轻微，危害不大，不认为是犯罪的。我国《刑法》第13条关于犯罪的概念用但书(但是)的立法形式明确规定。所涉违法行为适用《治安管理处罚法》或其他法律。

(2)犯罪已过追诉时效期限的。追诉时效是由刑法规定的超过一定期限就不再追究犯罪人刑事责任的一种制度。我国《刑法》第87条规定追诉时效期限。

(3)经特赦令免除刑罚的。我国《宪法》第67条第17项规定，决定特赦是全国人民代表大会常务委员会的职权之一；第80条规定，国家主席发布特赦令。我国《刑法》第65条、第66条规定的赦免是特赦，特赦令免除尚未执行的刑罚。

(4)依照《刑法》告诉才处理的犯罪，没有告诉或者撤回告诉的，《刑法》规定“告诉才处理”的犯罪依据刑法规定。

(5)犯罪嫌疑人、被告人死亡的。现代《刑法》实行“罪责自负原则”，犯罪嫌疑人、被告人已经死亡，承担刑事责任的主体已不复存在，继续追诉也就失去了意义。我国2012年修正后的《刑事诉讼法》新增“犯罪嫌疑人、被告人逃匿、死亡案件违法所得的没收程序”的特别程序，并未突破该项规定和原则。

(6)其他法律规定免予追究刑事责任的。此为“兜底条款”，我国《刑事诉讼法》第271条规定的未成年人刑事案件附条件不起诉制度、第279条刑事和解后的“从宽处罚”是否适用该项规定，尚待研究。

第二，不追究刑事责任原则具有法定程序性。在刑事诉讼各阶段分别适用的程序终止是：在立案审查中发现上述6种情形之一，应当作出不立案决定；在侦查程序中，如果发现上述6种情形之一的，应当撤销案件；在审查起诉阶段，应当作出不起诉决定或者撤销案件，终止诉讼；在审判程序，人民法院应当作出无罪判决，对于第4种情形，自诉人自愿撤回起诉的，人民法院应当准许，并终止诉讼。

依照法定情形不予追究刑事责任原则的意义在于：①保障刑事诉讼中国家追诉权能够得到统一正确行使。②防止扩大追诉范围，保障依法不应追究刑事责任的人不被追究，适时终止诉讼，合理使用国家司法资源。

依照法定情形不予追究刑事责任原则的要求：①国家专门机关的办案人员要

树立惩罚犯罪和保护公民合法权利统一的思想，在刑事诉讼中，既要防止依法应该追诉而不追诉的情形，也要防止依法应该不追诉而加以追究，不终止诉讼情况的发生。②国家专门机关在刑事诉讼中，要严格执行法律，不能为了追诉而追诉，担负控诉职能的国家专门机关，既要收集对犯罪嫌疑人、被告人不利的证据，又要收集对他们有利的证据，防止片面性。③要始终坚持以事实为根据、以法律为准绳的原则，使追诉犯罪沿着事实和法律的正确轨道进行。在刑事诉讼中，既要敢于依据事实和法律追究犯罪，又要敢于依法适时终止诉讼，保护公民合法权益，保证法律的正确实施。

第十二节　刑事司法国家主权原则

《刑事诉讼法》第16条规定，“对于外国人犯罪应当追究刑事责任的适用本法的规定。对于享有外交特权和豁免权的外国人犯罪应当追究刑事责任的，通过外交途径解决”。这是确立刑事司法国家主权原则的法律依据。

刑事司法国家主权原则，是指我国司法机关追究外国人犯罪的刑事责任时，应当适用我国刑事诉讼法律的原则。这是国家主权原则在刑事诉讼中的体现，也称为追究外国人犯罪适用我国《刑事诉讼法》原则。

刑事司法国家主权原则的主要内容包括两个方面：

第一，外国人在我国领域内犯罪，或在我国领域外对我国国家和公民犯罪，应当追究其刑事责任的，应由我国司法机关依照我国《刑事诉讼法》规定的程序予以追究。所谓外国人，是指不具有中华人民共和国国籍的人，包括具有外国国籍的人、无国籍的人和国籍不明的人。外国人在我国领域内犯罪，或者在我国领域外对我国国家和公民犯罪，除了法律有特别规定的以外，我国司法机关都有权管辖，并依照我国《刑事诉讼法》的规定追究其刑事责任。对国际条约中有关刑事诉讼程序的规定，凡是我国缔结或者参加的，除声明保留条款外，适用我国法律。

第二，对享有外交特权和豁免权的外国人犯罪应当追究刑事责任的，通过外交途径解决。这是法律的一个例外规定，也是国际惯例、国际平等互惠原则的要求。根据1986年9月5日公布施行的《中华人民共和国外交特权与豁免权条例》的规定，享有外交特权和豁免权的范围包括：各国驻中国使馆的外交代表以及与其共同生活的配偶和未成年子女；途经中国的外国驻第三国的外交代表及与其共同生活的配偶和未成年子女；来中国访问的外国国家元首、政府首脑、外交部长及其他具有同等身份的官员等。

刑事司法国家主权原则的意义在于：①表明了我国《刑事诉讼法》对外国人的效力范围，体现了国家主权原则。②采用外交途径来处理享有外交特权和豁免权的外国人的犯罪问题，符合国际惯例，有利于维护国家之间的平等互惠，有利于开展和保持国家之间的正常交往，有利于我国改革开放政策的实施。

刑事司法国家主权原则的要求：①我国司法机关对外国人犯罪的案件，凡是依法有管辖权的，应当行使刑事司法权，严格按照我国的法律规定，以及我国参加的国际条约，追究其刑事责任，通过公正的诉讼程序去实现国家主权。②凡是属于享有外交特权和豁免权的人的犯罪案件，我国司法机关不得以任何借口实行刑事司法管辖权，只能通过外交途径解决。③在对待外国人犯罪问题上，所有犯罪嫌疑人、被告人都应同等对待，同时适用平等原则。

第十三节　国际刑事司法协助原则

《刑事诉讼法》第 17 条规定，“根据中华人民共和国缔结或者参加的国际条约，或者按照互惠原则，我国司法机关和外国司法机关可以相互请求刑事司法协助”。这是确立国际刑事司法协助原则的法律依据。学界观点中，有认为国际司法协助是刑事诉讼制度。①

一、国际刑事司法协助原则概念

国际刑事司法协助原则，是指主权国家之间为制裁跨国犯罪或者国际性犯罪，根据两国或多国共同缔结的双边或多边条约，或者共同参加的国际公约或者根据互惠原则，通过代为对方进行一定刑事诉讼行为，而相互给予便利和援助活动所应遵循的行为准则。我国 1996 年《刑事诉讼法》修正确立了国际刑事司法协助原则。

二、国际刑事司法协助主体

国际刑事司法协助主体，是指我国进行国际司法协助，我国和外国的哪些机关有权进行具体的国际刑事司法协助活动。根据法律规定和国际司法协助的惯例，国际刑事司法协助主体包括我国司法机关和外国司法机关。

---

① 陈光中：《刑事诉讼法学》(第五版)，北京大学出版社、高等教育出版社 2013 年，第 471 页。

我国刑事诉讼中国际刑事司法协助主体包括两个方面：第一，我国进行涉外刑事诉讼时，遇到有需要外国司法机关协助有关事务，哪些机关有权提出请求。我国《刑事诉讼法》第 17 条规定的我国司法机关应该作广义的解释，不仅包括人民法院和人民检察院，而且应该包括公安机关和司法行政机关。第二，外国司法机关需要我国协助办理某些刑事诉讼事务时，哪些机关有权可以予以协助。第 17 条规定的外国司法机关包括外国法院、检察机关、警察机关。

三、国际司法协助内容

根据我国缔结和参加的国际条约，国际司法协助的内容主要包括以下几方面：

(1)送达司法文书。包括代为送达司法文书和司法外文书。司法文书是司法机关在刑事诉讼过程中制作的文书；司法外文书是指与刑事诉讼程序相关的文书或者文字材料，如身份证明、来往信函等。

(2)代为调查取证。包括代为询问证人、被害人、鉴定人，讯问被告人、罪犯，进行搜查、鉴定、勘验、检查、查封、扣押、辨认等。

(3)移交证据。具体指移送物证、书证、视听资料、电子数据及移交赃款、赃物等。

(4)引渡。即一国把当时在其境内而被他国指控犯有罪行或者判处刑罚的人，根据该他国的请求，移送给该国进行审判或处罚的一项司法制度。我国 2000 年制定的《引渡法》对此作了明确规定。引渡合作以我国缔结引渡条约的国家为限，或者遵循互惠原则。

(5)通报诉讼结果。包括通报立案、侦查、采取强制措施、起诉或不起诉、判决或裁定的内容等。

(6)犯罪情报与信息的交流与合作。

(7)外国法院刑事判决的承认与执行等。

四、国际刑事司法协助的根据

刑法是公法，同国家主权、国家安全及社会公共生活紧密相连，因而各国对刑事司法协助的限制都比较严格。正因为如此，目前世界上还没有一部为国际社会普遍缔结的统一的国际刑事司法协助公约。但为了适应迅速发展的国际形势，为了有力打击跨国犯罪，联合国及一些国际组织制定了一些含有刑事司法协助条款的公约，以及其他一些多边或双边的条约。

(1)含有国际司法协助内容的公约主要有：①《防止及惩治灭绝种族罪公约》(1948 年联合国)；②《关于在航空器内犯罪和其他某些行为的公约》(1963 年)；

③《关于非法劫持航空器的公约》(1970 年);④《精神药物公约》(1971 年);⑤《关于防止和惩处应受国际保护人员包括外交代表的罪行的公约》(1973 年);⑥《反劫持人质国际公约》(1979 年);⑦《联合国海洋公约》(1982 年);⑧《联合国禁止非法贩运麻醉药品和精神药物公约》(1988 年)等等。上述公约我国均已加入。

(2)多边条约。一些地理位置相近,文化背景相似,社会制度相同的国家积极开展地区性的刑事司法协助。欧洲、美洲这类多边条约尤为突出。如《欧洲引渡公约》《美洲国家间关于委托书的公约》等。

(3)双边条约。这是许多国家开展刑事司法协助的主要基础,既有综合性条约,也有专门性条约。

(4)当国家间不存在共同参加的有关刑事协助的公约,且未缔结有关的双边条约时,刑事司法协助在互惠基础上通过外交途径进行。我国与外国开展的司法协助,有相当一部分是通过互惠原则进行的,例如中国与乌克兰 1997 年开展被判刑人的移转管辖,就是通过外交途径在互惠基础上进行的。

(5)国际刑事司法协助的国内法依据。国际刑事司法协助的许多工作、程序需要由国内司法机关完成。为使国内环节有法可依,许多国家除积极参与外国缔结有关条约外,还注重加强刑事司法协助的国内立法,明确规定国内相应机关的职责与分工,提出协助请求及对外提供协助条件、形式、程序等事项。

刑事司法协助的国内转化立法模式主要有三种:第一,单行法模式。由立法机关制定专门规范刑事司法协助的法律,如奥地利 1979 年的《引渡与刑事互助法》。第二,附列法模式。不制定关于国际刑事司法协助的单行法,而将有关的调整规范附于本国的《刑事诉讼法》或刑法典中,如意大利《新刑事诉讼法典》《刑事诉讼法典》都规定了与外国司法机关的关系。第三,专业化模式。针对国际刑事司法协助的不同内容,分别制定具有专业化性质的法律,如法国的《引渡法》、日本的《国际侦查协助法》等。

五、国际刑事司法协助的程序

国际刑事司法协助,依不同情形适用不同程序。

1. 依条约办理

在相互请求和提供刑事司法援助时,凡有条约(包括双边、多边、国际公约)关系,条约已明确规定联系途径和办法的,应当按条约的规定进行联系,移交材料或人员,办理有关事项。

2. 通过外交途径办理

双方没有签订条约,包括双边多边国际公约的,应通过外交途径办理,即由请求国司法机关将请求书交本国外交机关，由其再交被请求国外交机关，再由被请求国外交机关将请求书交给其本国有管辖权的司法机关。被请求提供协助，同样应当通过上述途径办理。

在我国与外国缔结的司法协助条约中，有的允许互相通过本国派驻在另一方国家的外交或领事代表机关，直接向另一方境内本国公民送达司法文书和调查取证，但是，直接送达和调查取证，必须严格遵守条约的有关规定，不得违反驻在国法律。我国地方各级司法机关需要向外国提出刑事司法协助请求，应当逐级上报最高司法机关审查和办理，不能自行直接与外国司法机关联系、办理。凡我国与外国缔结的条约，或者参加的国际条约(除签约时声明保留意见的条款外)，对我国有法律上的约束力。这些条约都经过我国立法机关批准，是一种特殊立法。因此，我国司法机关有遵守执行的义务。对于根据互惠原则进行的刑事司法协助，也应当认真执行。

3. 拒绝协助

国际刑事司法协助所请求协助的内容，不得有损于被请求国的主权、安全和社会公共利益。如果存在损害情况，被请求国有权根据这些理由予以拒绝。凡拒绝进行刑事司法协助的，应当将拒绝的理由通知被拒绝一方。

4. 司法文书要求

请求国际刑事司法协助时，请求书及所附文件，都应附有被请求国通用的文字，或国际条约规定的其他文字的文本。请求代办事项必须叙述准确、清楚，所附材料齐全。对于不符要求的，可以通知请求国予以补充。

六、贯彻国际刑事司法协助原则的意义

国际刑事司法协助自古有之，最早的形式是引渡。随着国际交往的发展，国际刑事司法协助的内容和形式不断发展。在全球化时代，国际经济与人员往来日益频繁，各国涉外刑事案件也越来越多，而且国际经济诈骗、跨国贩毒、国际走私、伪造货币等国际性犯罪也不断增加，需要国际刑事司法协助。

对中国来说，实行国际刑事司法协助原则对于促进我国与外国开展实质性的刑事司法协助，加强我国与外国共同预防和惩治犯罪都有重要意义。首先，有利于维护我国的国家主权和国家利益。因为司法协助是世界上不同国家司法机关之间的一种互助性行为，所以对我国司法机关来说，实行这项制度将有助于我国打击涉外刑事犯罪和跨国犯罪，从而有效地维护国家主权，保护国家和人民的利益。其次，有利于加强我国与外国的刑事司法合作，惩治国际性犯罪。当今世界，国际性犯罪的危害性越来越大，国际劫机、海盗、贩毒、走私、贩卖人口(尤其是贩卖儿童)等各种犯罪的存在，已成为世界性难题，仅仅在一个主权国家范

围内已经难以完成打击的任务，因而，国家司法协助就成为遏制国际性犯罪的重要手段。我国实行司法国际协助，既是与国际性犯罪作斗争的需要，也是一项不可推卸的国际义务。

【思考题】

1. 未经审判不得定罪原则的基本要求是什么？
2. 保障诉讼参与人的诉讼权利原则包括哪些内容？

【案例分析】

犯罪嫌疑人李建发涉嫌李土生被伤害致死案，由报案人于1992年11月17日16时报案至公安机关。公安机关经审查，于1992年11月19日立案侦查。经过调查，龙仁松、李建发有重大作案嫌疑。1992年11月17日，犯罪嫌疑人龙仁松到本村李土生家讨要之前因邻里纠纷被李土生拿走的一个水桶，发生争吵继而打架。李建发闻讯赶来帮忙，与龙仁松一起对李土生进行拳打脚踢。后来，龙仁松返回家中拿来一根扁担，在李土生家门口朝其腰部打去，李土生倒在家门口的水沟旁，被其妻子扶回家中。龙仁松、李建发继续在门外捡起红砖头、石头朝屋里的李土生夫妇投掷，并将李土生的头部打伤。1992年12月2日，李土生在县中医院经抢救无效后死亡。经法医鉴定，李土生生前头部受伤造成颅骨骨折，评定为轻伤二级；左肾区受伤造成左肾破裂，评定为重伤二级，引起全身多器官功能衰竭而死亡。

在公安机关前往抓捕时，二人已逃离当地，因此当时对该案未作出处理。但是，公安机关一直没有放弃对二人的追捕。1999年，公安机关将龙仁松抓获归案。犯罪嫌疑人龙仁松对犯罪事实供认不讳，且如实供述李建发的犯罪事实。2015年4月18日，公安机关在犯罪嫌疑人李建发的老家将其抓获归案。侦查终结后移送县人民检察院。

县人民检察院审查起诉决定，犯罪嫌疑人李建发涉嫌故意伤害罪，但是具有《刑事诉讼法》第15条规定之情形，犯罪已过追诉时效期间，依法作出不起诉决定。

请问：公安机关和人民检察院对犯罪嫌疑人李建发的处理是否正确？为什么？

第四章　管辖

【本章引语】

惟王建国，辨方正位，体国经野，设官分职，以为民极。——《周礼·天官》

上帝赋予陛下丰富的知识和无与伦比的天赋；但是，陛下对于英格兰王国的法律并不精通。法官要处理的案件动辄涉及臣民的生命、继承、动产或不动产，只有自然理性是不可能处理好的，更需要人工理性。——爱德华·柯克

【学习目标】

通过本章学习，能够掌握

1. 刑事诉讼立案管辖的基本内容。
2. 刑事案件审判管辖的分类。
3. 地区管辖的法律规定。

第一节　管辖概述

一、管辖的概念

管辖（英 jurisdiction；德 Zuständigkeit）本意为司法管辖。刑事案件管辖权来自于审判权，有审判权才有管辖权，因此，管辖一般是以审判为中心的，故又名法院管辖。《刑事诉讼法》上的管辖制度，其法理基础在于法定法官原则，本质上具有宪法价值。立法例上，例如《德国刑事诉讼法》第 1 条称法院事务管辖权；

《日本刑事诉讼法》总则第1章及《刑事诉讼规则》第1章均称法院管辖。

一般而言，刑事诉讼中的管辖，是指国家专门机关依法在受理刑事案件方面的职权范围与职责分工。我国刑事诉讼中的管辖不仅指法院管辖，也涉及侦查权的分配。所谓管辖是指，公安机关、人民检察院和人民法院直接受理特定刑事案件以及在审判阶段人民法院组织系统内部受理第一审刑事案件的权限范围和具体分工的专门制度。国家安全机关、军队保卫部门、监狱在刑事诉讼中行使特殊案件的侦查权。

在刑事诉讼中存在多个国家专门机关的情形之下，管辖是启动和衔接刑事诉讼程序阶段的重要制度，是《刑事诉讼法》必须首先解决的一个重要问题。管辖制度的设置，既要考虑如何有利于公安、司法机关及时收集证据、查清案件事实，又要考虑如何有利于人民群众方便地参加刑事诉讼；既要考虑案件性质、罪行轻重、复杂程度，又要考虑各个公安、司法机关和各级人民法院的职责、条件、工作负责的均衡；既要考虑规定的明确与细致，又要考虑一定的灵活性。公安、司法机关受理刑事案件的范围，称为管辖范围；公安、司法机关依照法定范围受理刑事案件的职权，称为管辖权。具有案件管辖权的机关，法律上也称为主管机关，例如《刑事诉讼法》第108条第3款规定接受立案后的"移送主管机关"。

二、确定管辖的原则

刑事诉讼中的管辖，一般是根据刑事案件性质、情节轻重、案件复杂程度、发生地点、案件影响范围和影响大小等因素以及国家专门机关在刑事诉讼中的职责确定。我国《刑事诉讼法》确定管辖的原则和考量因素是：

1. 依法管辖原则

《刑事诉讼法》对于公安机关(国家安全机关)、人民检察院、人民法院在受理案件时的具体范围作出了较为明确的规定，尽量克服刑事管辖中的任意性。根据《刑事诉讼法》第3条、第4条规定的职权法定原则，《刑事诉讼法》第18条规定的职能管辖具体内容，是国家专门机关受理刑事案件职责分工的基本法律依据，第27条专门人民法院的管辖另行规定也是依法管辖原则的体现。人民法院、人民检察院在刑事诉讼中的职权分别依据《宪法》第123条、第129条之规定，具有宪法效力。

2. 任务均衡原则

《刑事诉讼法》确定部门管辖的法律规定，还考虑到适应公安、司法机关的性质和职权，均衡他们的工作负担，以利于它们有效地履行各自职责，保证刑事案件处理的准确、及时和效率。人民法院第一审案件的管辖和分工也考虑到不同级别法院的工作任务和负荷的均衡。

3. 便利诉讼原则

便利诉讼原则具有三层含义：对公安、司法机关来说，要有利于调查核实证据，保证办案质量；对诉讼参与人来说，要有利于参加刑事诉讼，节省时间和经济成本；对旁听公民来说，要有利于积极关心案件，便于参与旁听，接受法制教育，同时对审判工作进行社会监督，从而最大限度实现刑事诉讼的社会效果。

4. 案件性质、情节、复杂性、社会影响综合考量原则

总体上，《刑事诉讼法》考虑从更好地维护诉讼参与人的合法权益出发确定管辖。但是，案件性质、情节、复杂性和影响也是划分管辖级别的重要依据，特别是审判管辖中，案件性质严重、情节严重、案件复杂、社会影响大的，依法规定由较高级别人民法院管辖。

5. 原则性与灵活性相结合原则

刑事案件的复杂性意味着完全绝对的案件管辖分工并不一定适合实际工作的需要，因此，我国《刑事诉讼法》考虑刑事司法实践经验和针对现实情况，在原则性规定管辖范围和职责分工的同时，作出灵活性的补充规定，例如《刑事诉讼法》第23条的移送管辖、第26条的指定管辖；《六部门规定》第1条的公安机关和人民检察院相互移送、配合侦查等。

三、刑事管辖的意义

修正后的我国《刑事诉讼法》在总结多年司法实践经验的基础上，最大程度地解决了有关立案管辖、审判管辖中涉及的许多问题，形成了较为符合国情的案件管辖体系，对《刑事诉讼法》任务的完成具有重要意义。

首先，管辖权是司法职权分工的具体化，明确管辖可以充分发挥公安、司法机关应有的作用。我国《刑事诉讼法》针对公安机关、检察机关、审判机关的不同职能和现实条件，对公、检、法三机关受理案件的范围作出明确分工。

其次，我国《刑事诉讼法》明确、合理地确定了各专门机关的管辖范围，可以保证各专门机关各司其职，从而使案件得到及时、正确的处理。

再次，我国《刑事诉讼法》对管辖的规定，体现了原则性与灵活性相结合的精神。这既便于专门机关依法行使职权，又便于公民控告、检举、举报犯罪，并在刑事诉讼活动中依法行使社会监督权。

第二节　立案管辖

一、立案管辖的概念

立案管辖，在诉讼理论上又称职能管辖或部门管辖，是指公安机关(包括国家安全机关)、人民检察院和人民法院之间，在直接受理刑事案件上的职权范围和权限分工。立案管辖所要解决的问题，是对一个具体刑事案件应当由公安、司法机关中谁首先受理立案的确定。立案管辖根据我国《刑事诉讼法》的规定，必要时参照司法解释和其他规范性文件。

根据我国多年的司法实践经验，刑事诉讼立法上划分立案管辖所考虑的条件主要是：其一，考虑刑事案件性质。从案件特点出发，确定直接受理的机关。其二，考虑国家专门机关的法定工作职能、职责分工和具体任务。人民法院是国家的审判机关，人民检察院是国家的法律监督机关，公安机关是国家的治安、保卫机关。我国的《刑事诉讼法》根据专门机关工作职能对各自直接受理案件范围作出明确规定。正是从这个意义上说，“立案管辖”也被称为“职能管辖”。

我国《刑事诉讼法》第18条对人民法院、人民检察院和公安机关的立案管辖范围作了概括性规定。最高人民法院《解释》、最高人民检察院《规则(试行)》、公安部《规定》和《六部门规定》对刑事案件的立案管辖作出了更为具体的规定。

二、公安机关直接受理的刑事案件

公安机关是国家的治安、保卫机关，在刑事诉讼中的主要职能是刑事侦查。《刑事诉讼法》第18条第1款规定，“刑事案件的侦查由公安机关进行，法律另有规定的除外”。

本条“法律另有规定”之除外规定包括四种情形：

(1)本条第2款由人民检察院立案侦查或直接受理的刑事案件。

(2)本条第3款由人民法院直接受理的刑事案件。

(3) 刑诉法第4条国家安全机关依照法律规定受理的危害国家安全的刑事案件。全国人大常委会于1983年9月2日通过《关于国家安全机关行使公安机关的侦查、拘留、预审和执行逮捕的职权的决定》规定，国家安全机关承担原由公安机关主管的间谍、特务案的侦查工作。

4. 刑诉法第290条军队保卫部门对军队内部发生的刑事案件的侦查。监狱对罪犯在监狱内犯罪的刑事案件的侦查。

在司法实践中，有时会遇到一案涉及几个罪名，公安机关和检察机关都有权管辖的情况。对于这种案件，根据《六部门规定》第1条，一般是由对主要犯罪有管辖权的机关受理，另一机关移送或配合。

三、人民检察院直接受理的刑事案件

根据《刑事诉讼法》第18条第2款规定，“贪污贿赂犯罪，国家工作人员的渎职犯罪，国家机关工作人员利用职权实施的非法拘禁、刑讯逼供、报复陷害、非法搜查的侵犯公民人身权利的犯罪以及侵犯公民民主权利的犯罪，由人民检察院立案侦查。对于国家机关工作人员利用职权实施的其他重大的犯罪案件，需要由人民检察院直接受理的时候，经省级以上人民检察院决定，可以由人民检察院立案侦查”。同时，最高人民检察院《规则》和六机关《决定》对检察院立案管辖作出了更明确、更具体的规定，综合起来看，人民检察院直接受理立案侦查的案件范围如下：

1. 贪污贿赂犯罪

“贪污贿赂犯罪”适用类罪解释，而非贪污罪、贿赂罪。此类犯罪是指《刑法》分则第8章规定的“贪污贿赂罪”，以及其他章节中明确规定依照《刑法》第8章相关条文定罪处罚的犯罪案件，包括：贪污案（《刑法》第382条、第183条第2款、第271条第2款、第394条）；挪用公款案（《刑法》第384条、第185条第2款、第272条第2款）；受贿案（《刑法》第385条、第388条、第163条第3款、第184条第2款）；单位受贿案（《刑法》第387条）；行贿案（《刑法》第389条）；对单位行贿案（《刑法》第391条）；介绍贿赂案（《刑法》第392条）；单位行贿案（《刑法》第393条）；巨额财产来源不明案（《刑法》第395条第1款）；隐瞒不报境外存款案（《刑法》第395条第2款）；私分国有资产案（《刑法》第396条第1款）；私分罚没财物案（《刑法》第396条第2款）。

2. 国家工作人员的渎职犯罪

“渎职犯罪”适用类罪解释，是指《刑法》分则第9章规定的渎职罪章下的所有罪名。“国家工作人员”的解释根据《刑法》第93条，具体说，国家工作人员的渎职犯罪案件包括：滥用职权案（《刑法》第397条第1款）；玩忽职守案（《刑法》第397条第1款）；国家机关工作人员徇私舞弊案（《刑法》第397条第2款）；故意泄漏国家秘密案（《刑法》第398条）；过失泄漏国家秘密案（《刑法》第398条）；枉法追诉、裁判案（《刑法》第399条第1款）；民事、行政枉法裁判案（《刑法》第399条第2款）；私放在押人员案（《刑法》第400条第1款）；失职致使在押人员脱逃案(《刑法》第 400 条第 2 款); 徇私舞弊减刑、假释、暂予监外执行案(《刑法》第 401 条); 徇私舞弊不移交刑事案件案(《刑法》第 402 条); 滥用管理公司、证券职权案(《刑法》第 403 条); 徇私舞弊不征、少征税款案(《刑法》第 404 条); 徇私舞弊发售发票、抵扣税款、出口退税案(《刑法》第 405 条第 1 款); 违法提供出口退税凭证案(《刑法》第 405 条第 2 款); 国家机关工作人员签订、履行合同失职被骗案(《刑法》第 406 条); 违法发放林木采伐许可证案(《刑法》第 407 条); 环境监管失职案(《刑法》第 408 条); 传染病防治失职案(《刑法》第 409 条); 非法批准征用、占用土地案(《刑法》第 410 条); 非法低价出让国有土地使用权案(《刑法》第 410 条); 放纵走私案(《刑法》第 411 条); 商检徇私舞弊案(《刑法》第 412 条第 1 款); 商检失职案(《刑法》第 412 条第 2 款); 动植物检疫徇私舞弊案(《刑法》第 413 条第 1 款); 动植物检疫失职案(《刑法》第 413 条第 2 款); 放纵制售伪劣商品犯罪行为案(《刑法》第 414 条); 办理偷越国(边)境人员出入境证件案(《刑法》第 415 条); 放行偷越国(边)境人员案(《刑法》第 415 条); 不解救被拐卖、绑架妇女儿童案(《刑法》第 416 条第 1 款); 阻碍解救被拐卖、绑架妇女、儿童案(《刑法》第 416 条第 2 款); 帮助犯罪分子逃避处罚案(《刑法》第 417 条); 招收公务员、学生徇私舞弊案(《刑法》第 418 条); 失职造成珍贵文物损毁、流失案(《刑法》第 419 条)。

3. 国家机关工作人员利用职权侵犯公民人身权利和民主权利的犯罪

此类案件也属于"渎职侵权"犯罪, 最高人民检察院《规则(试行)》第 8 条列举规定, 主要是指国家机关工作人员利用职权实施的下列侵权犯罪案件: 非法拘禁案(《刑法》第 238 条); 非法搜查案(《刑法》第 245 条); 刑讯逼供案(《刑法》第 247 条); 暴力取证案(《刑法》第 247 条); 虐待被监管人案(《刑法》第 248 条); 报复陷害案(《刑法》第 254 条); 破坏选举案(《刑法》第 256 条)。

4. 国家机关工作人员利用职权实施的其他重大的犯罪案件

此为《刑事诉讼法》第 18 条第 2 款第 2 句规定, 没有列举具体罪名, 属于司法实践中裁量的案件范围。"国家机关工作人员利用职权实施的其他重大的犯罪案件"不得做任意扩大解释, 而且以特定个案的特殊管辖较为适宜。此类犯罪案件由人民检察院立案侦查的, 其必经程序是, 需要经省级人民检察院决定。

四、人民法院直接受理的刑事案件

自诉案件是人民法院直接受理的案件。一般是指犯罪情节轻微, 案情简单, 不需要公安机关或者人民检察院实施侦查, 不需要通过人民检察院提起公诉, 而由人民法院对当事人提起的诉讼直接立案和审判的刑事案件。《刑事诉讼法》第 204 条规定, 人民法院直接受理的自诉案件有三类: ①告诉才处理的案件; ②被害人有证据证明的轻微刑事案件；③被害人有证据证明被告人侵犯自己人身、财产权利的行为应当依法追究刑事责任，而公安机关或者人民检察院不予追究被告人刑事责任的案件。

《刑事诉讼法》第 112 条规定，被害人死亡或者丧失行为能力的，被害人的法定代理人、近亲属有权向人民法院起诉，人民法院应当依法受理。此外，最高人民法院曾于 1994 年 3 月 21 日发布《关于审理刑事案件程序的具体规定》，如果被害人因受强制、威吓等无法告诉的，人民检察院和被害人的近亲属代为告诉的，人民法院也应当受理。被害人是无行为能力人或者限制行为能力人以及由于年老、患病、聋、哑、盲等原因不能亲自告诉的，他的近亲属也可以代为告诉。

(1)告诉才处理的案件。

所谓告诉才处理的案件，指的是只有由犯罪行为的直接受害者或其法定代理人、近亲属提出控告，人民法院才能受理的案件。刑法上称为“告诉乃论罪”，包括：《刑法》第 246 条第 1 款规定的侮辱、诽谤案；《刑法》第 257 条第 1 款规定的暴力干涉婚姻自由案；《刑法》第 260 条第 1 款规定的虐待案；《刑法》第 270 条规定的侵占(他人财物)案。

(2)被害人有证据证明的轻微刑事案件。

被害人有证据证明的轻微刑事案件，是指在性质上属于轻微刑事案件，同时被害人有证据能够证明，被告人确实实施了被指控的犯罪行为。根据 2012 年最高人民法院《解释》第 1 条第 2 项规定，“人民检察院没有提起公诉，被害人有证据证明的轻微刑事案件：故意伤害案(刑法第 234 条第 1 款规定的)；非法侵入住宅案(刑法第 245 条规定的)；侵犯通信自由案(刑法第 252 条规定的)；重婚案(刑法第 258 条规定的)；遗弃案(刑法第 261 条规定的)；生产、销售伪劣商品案(刑法分则第 3 章第 1 节规定的，但严重危害社会秩序和国家利益的除外)；侵犯知识产权案(刑法分则第 3 章第 7 节规定的，但严重危害社会秩序和国家利益的除外)；刑法分则第 4 章、第 5 章规定的，对被告人可能判处 3 年有期徒刑以下刑罚的案件”。

上述案件，被害人直接向人民法院起诉的，人民法院应当依法受理。对其中证据不足、可以由公安机关受理的，或者认为对被告人可能判处三年有期徒刑以上刑罚的，应当告知被害人向公安机关报案，或者移送公安机关立案侦查。

(3)被害人有证据证明被告人侵犯自己人身、财产权利的行为应当依法追究刑事责任，而公安机关或者人民检察院不予追究被告人刑事责任的案件。

《刑事诉讼法》第 176 条规定，“对于有被害人的案件，决定不起诉的，人民检察院应当将不起诉决定书送达被害人。被害人如果不服，可以自收到决定书后七日以内向上一级人民检察院申诉，请求提起公诉。人民检察院应当将复查决定告知被害人。对人民检察院维持不起诉决定的，被害人可以向人民法院起诉。被害人也可以不经申诉，直接向人民法院起诉。人民法院受理案件后，人民检察院应当将有关案件材料移送人民法院”。

根据2012年最高人民法院《解释》第1条第3项规定，“被害人有证据证明对被告人侵犯自己人身、财产权利的行为应当依法追究刑事责任，且有证据证明曾经提出控告，而公安机关或者人民检察院不予追究被告人刑事责任的案件”。此类案件从性质上说，属于公诉案件，要转化为自诉案件必须具备三个条件：其一，被害人有证据证明；其二，被告人侵犯其人身、财产权利，应当依法追究刑事责任；其三，公安机关或者人民检察院不予追究，并且已经作出不予追究的书面决定。理论上称“公诉转自诉案件”或“相对自诉案件”。

由此可见，为体现对被害人权益的充分保护，立法规定被害人在刑事诉讼中享有最终起诉权，不分案件种类，凡是被害人，均可以自诉人身份，向人民法院提出起诉。当然，由于该类自诉案件与前述自诉案件在案件的性质、种类上存在较大区别，因此，这类自诉案件只有在公安机关或检察机关作出不予追究书面决定之后，被害人才能向人民法院提出起诉。根据《刑事诉讼法》第206条规定，这类自诉案件在人民法院审理中“不适用调解”。

第三节　审判管辖

一、审判管辖概述

在我国，审判管辖就是指人民法院组织系统内部，上下级法院之间、同级人民法院之间以及普通人民法院与专门人民法院之间，在审判第一审刑事案件上的职权范围和具体分工。审判管辖是法院受理第一审刑事案件的职责分工，具体确定法院分配案件的范围，为世界各国刑事诉讼通行的具体诉讼制度。法院受理刑事案件之后，确定由法官负责审判工作的事务分配(Geschäftsverteilung)则是审判权之落实，由此取得审判事务的法官称为主审法官或承办法官。

人民法院是国家审判机关，代表国家行使审判权。无论是公诉案件还是自诉案件，都要由人民法院进行审理。由于我国的法院组织系统内部存在着级别、地域、职权范围的不同，因此，刑事案件发生后，就必然存在着公诉机关或自诉人应该向哪一级的哪一个法院提出起诉的问题，以最终确定审理，根据《刑事诉讼法》第172条规定，人民检察院决定起诉的案件，应当按照审判管辖的规定向人民法院提起公诉。《人民法院组织法》把我国的法院组织系统分为四级，即基层人民法院、中级人民法院、高级人民法院和最高人民法院。不同级别的人民法院，职责范围不同，在受理第一审案件的范围上存有区别。

根据现行《刑事诉讼法》，审判管辖包括级别管辖、地区管辖、指定管辖和专门管辖。将来司法改革建立跨行政区划的人民法院，则审判管辖问题将会发生新的变化。①

二、级别管辖

级别管辖是指各级人民法院之间，即基层人民法院、中级人民法院、高级人民法院和最高人民法院之间，在审判第一审刑事案件上的职责分工。在域外制度中有所谓职务管辖(funktionelle Zuständigkeit)，与我国级别管辖相似。

级别管辖的划分，目的在于便于及时正确地审判和保证办案质量。为此，立法确定级别管辖时已经考虑到下列几种因素：第一，各级人民法院工作职责和级别之高低。级别低的基层人民法院，作为初级审判机关受理审判第一审案件。而级别较高的人民法院，其工作职责除了作为第一审审判案件外，还要负责对下级人民法院判决和裁定的上诉、抗诉案件进行审判，高级人民法院和最高人民法院还负有复核死刑案件、核准判处死刑的案件的职责，因而，它们作为第一审管辖的案件范围就不宜过多。第二，案件的性质。刑事案件由犯罪行为而引起，但由于犯罪目的、犯罪主体、犯罪对象不同，案件的性质也有所不同。普通刑事案件、危害国家安全案件、恐怖活动案件、特别程序案件，在性质上存在不同，因此需要加以区分，厘定级别管辖。第三，可能判处刑罚的轻重。罪行轻重决定了可能判处刑罚的轻重，可能判处无期徒刑、死刑的刑事案件，一律由中级人民法院管辖。第四，社会影响的大小。案件的社会影响范围，同样关系到级别管辖的划分。对于那些影响大的案件，其管辖权就要由相应的较高级别人民法院行使。

我国《刑事诉讼法》第19条至第23条对级别管辖作出明确规定，各级人民法院在受理和审理刑事案件时，必须遵照执行。

(一)基层人民法院管辖的第一审刑事案件

《刑事诉讼法》第19条规定，“基层人民法院管辖第一审普通刑事案件，但是依照本法由上级人民法院管辖的除外”。据此，基层人民法院受理第一审普通刑事案件，普通刑事案件原则上由基层人民法院管辖。由于基层人民法院设在基层行政区域，分布广，数量多，处在发案地点，最接近群众，法律规定基层人民法院作为初级审判机关符合效率原则。本条“但书”为除外条款，具体内容见本法其他规定。

① 十八届四中全会决定，建立跨行政区划的人民法院和人民检察院，办理跨地区案件。同时注意，最高人民法院设立巡回法庭，审理跨行政区域重大行政和民商事案件，不涉及刑事审判。

（二）中级人民法院管辖的第一审刑事案件

《刑事诉讼法》第 20 条规定，“中级人民法院管辖下列第一审刑事案件：①危害国家安全、恐怖活动案件；①可能判处无期徒刑、死刑的案件”。这是中级人民法院管辖刑事一审案件的一般条款，分两项三类犯罪。特别条款见《刑事诉讼法》第 281 条规定，没收违法所得的案件，由犯罪地或者犯罪嫌疑人、被告人居住地的中级人民法院进行审理。

第 20 条列举的三类案件或者属于性质严重，或者属于危害性大，或者属于案情重大、复杂，或者影响较大的案件。通常认为，中级人民法院的司法工作人员有更强的业务能力和法律水平，因此，更有利于保证案件的正确处理。但是从法理上说，这是管辖法定原则的体现。

“根据类罪的解释，危害国家安全案件”，是指我国《刑法》分则第 1 章“危害国家安全罪”目下的所有罪名。《公安机关办理刑事案件程序规定》第 374 条规定，还包括危害国家安全的其他犯罪案件。“恐怖活动案件”是 2012 年《刑事诉讼法》修改后新增由中级人民法院管辖的案件。根据 2011 年全国人大常委会《关于加强反恐怖工作有关问题的决定》第 2 条，公安部《公安机关办理刑事案件程序规定》第 374 条明确规定，“恐怖活动犯罪包括以制造社会恐慌、危害公共安全或者胁迫国家机关、国际组织为目的，采取暴力、破坏、恐吓等手段，造成或者意图造成人员伤亡、重大财产损失、公共设施损坏、社会秩序混乱等严重社会危害的犯罪，以及煽动、资助或者以其他方式协助实施上述活动的犯罪”。

对“可能判处无期徒刑、死刑的案件”的解释，有两种看法：其一，法院受理起诉的具体案件，根据涉嫌罪名是否包含无期徒刑、死刑的法定刑，凡是法定刑包含的，即由中级人民法院受理；其二，法院受理起诉的具体案件，根据案件事实是否可能判处无期徒刑、死刑的审查意见，不考虑法定刑因素。我国司法解释和司法实践支持第二种看法，即人民法院对提起公诉的案件进行审查时，根据起诉书中的指控犯罪事实是否可能判处无期徒刑、死刑确定管辖。但是，最高人民法院《解释》第 12 条规定，“人民检察院认为可能判处无期徒刑、死刑，向中级人民法院提起公诉的案件，中级人民法院受理后，认为不需要判处无期徒刑、死刑的，应当依法审判，不再交基层人民法院审判”。

（三）高级人民法院管辖的第一审刑事案件

《刑事诉讼法》第 21 条规定，“高级人民法院管辖的第一审刑事案件是全省（直辖市、自治区）性的重大刑事案件”。高级人民法院是地方最高一级审判机关，其主要任务是审判对中级人民法院裁判的上诉和抗诉案件，复核死刑案件（刑诉法第 236 条），核准死刑缓期 2 年执行的案件（刑诉法第 237 条），以及监督全省(自治区、直辖市)性的下级人民法院审判工作。① 所以《刑事诉讼法》只规定了一类案件属于高级人民法院管辖。②

本条所称"全省(直辖市、自治区)性的重大刑事案件",解释上应为案件性质和情节具有重大复杂性,并在全省(直辖市、自治区)区域内具有重大社会影响的刑事案件。

(四)最高人民法院管辖的第一审刑事案件

《刑事诉讼法》第22条规定,"最高人民法院管辖的第一审刑事案件是全国性的重大刑事案件"。最高人民法院是全国最高审判机关,除了核准死刑案件之外,它的主要工作中心是要集中用于监督、指导地方各级人民法院的审判工作、对于在审判过程中如何具体应用法律、法令的问题进行司法解释。③ 因此,第一审只管辖极个别的、在全国范围内具有重大影响的、案件性质和情节都特别严重的刑事案件。

(五)级别管辖的变通性规定

根据原则性与灵活性相结合原则,为了适应刑事审判活动中可能出现的特殊情况,《刑事诉讼法》第23条对级别管辖问题作出变通性规定,"上级人民法院在必要的时候,可以审判下级人民法院管辖的第一审刑事案件;下级人民法院认为案情重大、复杂需要由上级人民法院审判的第一审刑事案件,可以请求移送上一级人民法院审判"。学说上常有所谓移转管辖或管辖权转移,是否与此相同,待讨论。④

对本条的解释适用,需要注意:第一,下级人民法院管辖的第一审刑事案件,可以由上级人民法院依职权决定提审。"在必要的时候"的条件,并无统一标准,依司法实践,通常是由于事实或法律原因不能审判或者由于特殊原因不便审判的各种情形。第二,下级人民法院认为案情重大、复杂需要由上级人民法院审判的第一审案件,可以请求移送审判。"请求移送审判"的程序要件,应当以上级法院同意为条件。例如,2012年最高人民法院《解释》第14条规定,"基层人民法院对

---

① 2010年最高人民法院印发《关于规范上下级人民法院审判业务关系的若干意见》第9条:"高级人民法院通过审理案件、制定审判业务文件、发布参考性案例、召开审判业务会议、组织法官培训等形式,对辖区内各级人民法院和专门人民法院的审判业务工作进行指导。"

② 理论上有一种观点认为,高级人民法院和最高人民法院不直接受理第一审刑事案件。陈卫东主编:《模范刑事诉讼法典》,中国人民大学出版社2005年版,第5页。

③ 现行《中华人民共和国法院组织法》第33条规定,"最高人民法院对于在审判过程中如何具体应用法律、法令的问题,进行解释"。

④ 可以参见林钰雄:《刑事诉讼法》(上册),中国人民大学出版社2005年版,第96页;夏勤:《刑事诉讼法要论》,中国政法大学出版社2012年版,第42-43页;等。

可能判处无期徒刑、死刑的第一审刑事案件，应当移送中级人民法院审判”。《解释》第15条规定，“基层人民法院对下列第一审刑事案件，可以请求移送中级人民法院审判：①重大、复杂案件；②新类型的疑难案件；③在法律适用上具有普遍指导意义的案件”。

关于更为具体和细致的级别管辖变通性规定的诸种情形，参见最高人民法院《解释》的相关规定，此不赘述。

三、地区管辖

地区管辖，是指同级人民法院在审判第一审刑事案件上的权限划分和职责分工。地区管辖主要解决刑事案件管辖的具体归属问题。我国《刑事诉讼法》从有利于人民法院就地审判，节约诉讼成本，及时查明案情，完成诉讼任务，以及便于诉讼参与人出庭应诉和进行法制宣传教育等方面的考虑来确定。

《刑事诉讼法》第24条规定，“刑事案件由犯罪地的人民法院管辖。如果由被告人居住地的人民法院审判更为适宜的，可以由被告人居住地的人民法院管辖”。据此，我国刑事案件地区管辖实行以犯罪地人民法院管辖为主，以被告人居住地人民法院管辖为辅的原则。

(一)犯罪地法院管辖

根据《刑事诉讼法》第24条第1句，刑事案件原则应由犯罪地法院管辖。“犯罪地”是犯罪事实的发生地点，以“犯罪行为”为标准，但实践中包括犯罪行为地和犯罪结果地。因犯罪形态之不同又可分为犯罪预备地、犯罪实行地、犯罪结果地、销赃地等，学说上解释不一。不作为犯罪，犯罪地是被告人应该作为的地点。最高人民法院《解释》第2条规定，“犯罪地包括犯罪行为发生地和犯罪结果发生地”①。“针对或者利用计算机网络实施的犯罪，犯罪地包括犯罪行为发生地的网站服务器所在地，网络接入地，网站建立者、管理者所在地，被侵害的计算机信息系统及其管理者所在地，被告人、被害人使用的计算机信息系统所在地，以及被害人财产遭受损失地。”

以犯罪地为地区管辖的原则主要是因为：其一，犯罪地是犯罪证据最集中存在的地方，能够及时、全面地收集和审查判断证据，有利于查明案件事实；其二，犯罪地是当事人、证人所在地，便于其就近参加诉讼，对审判工作有利；其三，当地群众关心案件的处理，从而有利于利用审判进行法制宣传教育；其四，有利于当地人民法院掌握和研究当地刑事案件发生的情况和规律，加强社会治安综合治

---

① 1996年最高人民法院《解释(试行)》曾缩小解释犯罪地为“犯罪行为发生地”，现已废止。

理，预防和减少犯罪。

(二)被告人居住地法院管辖

根据《刑事诉讼法》第 24 条第 2 句，刑事案件如果由被告人居住地的人民法院审判更为适宜的，可以由被告人居住地的人民法院管辖。最高人民法院《解释》第 3 条规定，“被告人的户籍地为其居住地。经常居住地与户籍地不一致的，经常居住地为其居住地。经常居住地为被告人被追诉前已连续居住一年以上的地方，但住院就医的除外”。学说认为，“被告人居住地”包括被告人户籍所在地、居所地或者工作学习所在地。在当前人口流动日益频繁的情势下，是否可以考虑“被告人所在地”，如“羁押地”法院管辖，成为司法新问题。

单位犯罪中，最高人民法院《解释》第 3 条第 2 款规定，“被告单位登记的住所地为其居住地。主要营业地或者主要办事机构所在地与登记的住所地不一致的，主要营业地或者主要办事机构所在地为其居住地”。

至于“由被告人居住地的人民法院审判更为适宜”作何解释，属于裁量规范，需要根据犯罪案件和被告人的具体情况来决定。

(三)优先管辖和移送管辖

有些犯罪案件，由于被告人的犯罪行为非为“地点”，而是同时涉及几个不同地区，按照刑事诉讼管辖的一般原则，就会出现几个同级人民法院都有权管辖的复杂情况。例如，被告人既在甲地作案，又在乙地作案，或者被告人的犯罪行为实施于甲地，而危害结果却发生在乙地，这样，甲、乙两地的人民法院都有管辖权。为了解决这一复杂问题，《刑事诉讼法》第 25 条明确规定，“几个同级人民法院都有权管辖的案件，由最初受理的人民法院审判。在必要的时候，可以移送主要犯罪地的人民法院审判”。学说上称第 1 句为优先管辖，第 2 句为移送管辖。

最高人民法院《解释》第 17 条第 1 款规定，“两个以上同级人民法院都有权管辖的案件，由最初受理的人民法院审判。必要时，可以移送被告人主要犯罪地的人民法院审判”。此处还可参见最高人民检察院《规则(试行)》第 17 条之规定，“几个人民检察院都有权管辖的案件，由最初受理的人民检察院管辖。必要时，可以由主要犯罪地的人民检察院管辖”。所谓主要犯罪地，解释上应为一罪中主要(基本)犯罪事实的犯罪地、数罪中主要(最重)犯罪地。“在必要的时候”属于裁量规范，需要根据犯罪案件和被告人的具体情况来决定。

(四)地区管辖的特殊情形

最高人民法院《解释》第 4 条至 11 条及第 22 条对地区管辖的特殊情形作出解释：

(1)对罪犯在服刑期间发现漏罪或者又犯新罪的。

其一，正在服刑的罪犯在判决宣告前还有其他罪没有判决的，由原审地人民法院管辖；由罪犯服刑地或者犯罪地的人民法院审判更为适宜的，可以由罪犯服刑地或者犯罪地的人民法院管辖。

其二，罪犯在服刑期间又犯罪的，由服刑地人民法院管辖。

其三，罪犯在脱逃期间犯罪的，由服刑地的人民法院管辖。但是，在犯罪地抓获罪犯并发现其在脱逃期间的犯罪的，由犯罪地的人民法院管辖。

(2)对中华人民共和国缔结或者参加的国际条约所规定的罪行，中华人民共和国在所承担条约义务的范围内，行使刑事管辖权的，由被告人被抓获地的人民法院管辖。

(3)域外犯罪的地区管辖的特殊规定。

其一，在中国领域外的中国船舶内的犯罪，由犯罪发生后该船舶最初停泊的中国口岸所在地的人民法院管辖。

其二，在中国领域外的中国航空器内的犯罪，由犯罪发生后该航空器在中国最初降落地的人民法院管辖。

其三，对中国公民在驻外的中国使、领馆内的犯罪，由该公民主管单位所在地或者原户籍所在地人民法院管辖。

其四，在国际列车上的犯罪，根据我国与相关国家签订的协定确定管辖；没有协定的，由该列车最初停靠的中国车站所在地或者目的地的铁路运输法院管辖。

(4)中国公民在中华人民共和国领域外的犯罪，由其入境地或者离境前居住地的人民法院管辖；被害人是中国公民的，也可由被害人离境前居住地的人民法院管辖。

(5)外国人在中华人民共和国领域外对中华人民共和国国家或者公民犯罪，根据《中华人民共和国刑法》应当受处罚的，由该外国人入境地、入境后居住地或者被害中国公民离境前居住地的人民法院管辖。

四、指定管辖

《刑事诉讼法》第26条规定，“上级人民法院可以指定下级人民法院审判管辖不明的案件，也可以指定下级人民法院将案件移送其他人民法院审判”。在诉讼法理论上称为指定管辖，是上级法院以决定形式确定下级法院的管辖权，以避免管辖争议或者管辖不明，学说上认为，指定管辖既适用于一审，也适用于二审。[①]最高人民法院《解释》第17条第2款规定的“管辖权发生争议的，应当在审理期限

① 可以参见陈瑾昆：《刑事诉讼法通义》，法律出版社2007年版，第33页。

内协商解决；协商不成的，由争议的人民法院分别层报共同的上级人民法院指定管辖”。这是典型的指定管辖。

我国现行《刑事诉讼法》第26条规定“管辖不明”时适用指定管辖，属于管辖权确定，只发生在第一审案件之中，且只针对地区管辖。与《刑事诉讼法》第23条规定上下级之间的管辖权转移存在不同。

如果某一人民法院受理了不属于自己管辖的刑事案件，则接受上级人民法院指定，将该案移送其他人民法院。

根据最高人民法院《解释》第16条，有管辖权的人民法院因案件涉及本院院长需要回避等原因，不宜行使管辖权的，可以请求上一级人民法院管辖。上一级人民法院可以管辖，也可以指定与提出请求的人民法院同级的其他人民法院管辖。这虽然名为指定管辖，但与第26条规定的情形有差别，需要理论上的解说。

五、专门管辖

专门管辖，是指专门人民法院的管辖范围。专门管辖所要解决的问题是：其一，专门人民法院与普通人民法院在受理第一审刑事案件上的职责分工；其二，专门人民法院之间在受理第一审刑事案件上的职责分工。《刑事诉讼法》第27条规定，“专门人民法院案件的管辖另行规定”。最高人民法院《解释》第22条规定，“军队和地方互涉刑事案件，按照有关规定确定管辖”。对此，可以参见2009年六机关《办理军队和地方互涉刑事案件规定》的相关条款。

【思考题】

1. 简述中级人民法院管辖的案件范围。
2. 如何理解犯罪地法院管辖？

【案例分析】

2013年4月27日，某市纪委将杨某涉嫌受贿一案的线索交由市人民检察院。经检察长批准，市检察院于同日以犯罪嫌疑人杨某涉嫌滥用职权罪、受贿罪立案，由市人民检察院反贪污贿赂局负责侦查。同日，经市人民检察院决定，由市公安局对其执行刑事拘留。因涉嫌受贿罪，同年5月10日经报请省人民检察院决定，同日由市公安局对其执行逮捕。本案侦查终结后，于2013年9月22日移送审查起诉。在审查起诉过程中，公诉部门认为犯罪嫌疑人杨某还涉嫌徇私舞弊不征、少征税款罪，决定退回补充侦查。2013年10月20日，市人民检察院侦查部门对杨某涉嫌徇私舞弊不征和少征税款罪、受贿罪、行贿罪一案侦查终结，移送起诉。市人民检察院于2013年12月13日以被告人杨某涉嫌徇私舞弊不征和少征税款罪、受贿罪、行贿罪向市中级人民法院提起公诉。

请问：本案三项罪名能否共同由人民检察院进行侦查？法律依据何在？

第五章　回避

【本章引语】

国家设立法院之意，乃为判断人民之曲直是非，负除暴安良之责任，故诉讼之审理，贵乎公平。——徐朝阳

任何人不得充当自己案件的法官。——拉丁法谚

【学习目标】

通过本章学习，能够掌握：

1. 回避的适用情形和适用人员。
2. 自行回避与申请回避的程序。

第一节　回避的概念和意义

一、回避的概念

刑事诉讼中的回避，是指依据《刑事诉讼法》规定与案件或者案件当事人有某种利害关系或其他关系的审判人员、检察人员、侦查人员，以及书记员、翻译人员和鉴定人，不得参加本案诉讼活动的制度。回避是刑事诉讼基本制度，贯穿于刑事诉讼活动的全过程，《刑事诉讼法》规定回避的规范总和，称为“回避制度”或者“刑事回避制度”。

刑事回避制度既是一项古老的诉讼制度，也是现代世界各国《刑事诉讼法》普遍规定和适用的一项诉讼制度。根据西方国家传统诉讼理论，回避适用于法官，

在陪审制度中同时适用于陪审员，旨在确保法官、陪审员在刑事诉讼中保持中立和无偏袒的地位，使案件得到公平审判以及使案件当事人受到公正和平等的对待，获得公正审判的机会。域外立法例中，回避人员主要限于法官和陪审员，回避也主要在法院审判阶段适用。但是，我国《刑事诉讼法》第 28 条、第 31 条规定，回避不仅适用于审判人员，也适用于检察人员、侦查人员，同时适用于书记员、鉴定人、翻译人员。

作为一项古老的制度，回避的法理源自自然正义(natural justice)的观念。在罗马法有一法律原则，“任何人不得自任裁判官”(Nemo judex in sua causa)。英国普通法将该原则发展成为司法审判原则，作为自然正义派生的第一项原则：任何人不得在与自己有关的案件中担任法官。① 现代法治国家司法程序将法官中立性视为公平审判原则的核心内容，彰显了回避制度的内在价值。

二、回避的意义

实行回避制度的根本目的，是为了保证客观公正地处理案件，防止诉讼过程中出现利益干扰、先入为主或者徇私舞弊的现象，因此，实行回避制度具有重要意义。

其一，有利于案件得到客观公正的处理，实现实体公平。如果办案人员同案件有利害关系或者其他特殊关系，就有可能不自觉地偏袒一方或者先入为主，从而影响案件处理的客观公正性。在诉讼活动中，审判人员、检察人员、侦查人员及其他有关人员遇有应当回避情形时，应当自行回避。如果应当回避而没有回避，法律规定当事人及其法定代理人有权要求他们回避。

其二，保障案件当事人在刑事诉讼中受到公正的对待，实现程序公平。这是回避制度的程序意义。现代刑事诉讼不仅要追求实体公正，而且要追求程序公正。而回避制度正是在本质上体现程序公正的一项重要制度。

其三，有利于保障司法活动的公信力，使诉讼程序和诉讼结果获得社会的普遍认同和尊重。作为解决社会纠纷的最后一道安全阀，诉讼必须具有公正性和权威性才能实现社会正义，回避制度在防止人为偏袒、防止徇私舞弊、防止枉法裁判等方面的作用发挥能够保障司法公信力。

其四，从实践角度说，回避制度有利于消除当事人及其法定代理人期待公正诉讼结果的思想顾虑。如果办案人员应当回避而没有回避，即使案件处理得正确，也难以消除当事人及其法定代理人的怀疑。实行回避制度，就有助于消除当事人思想负担，这对于维护公安、司法机关的声誉，遏制司法腐败都具有重要的

---

① See, Dimes v. Grand Juction Canal (1852) 3 H. L. C. 759, 793. 参见[英]彼得·斯坦、约翰·香德:《西方社会的法律价值》，王献平译，中国人民公安大学出版社 1990 年版，第 97 页。

意义。回避制度在一定程度上能够“让人民群众在每一个司法案件中感受到公平正义”。

第二节　回避的适用情形和适用人员

一、回避的适用情形

回避的适用情形，是指回避人员实行回避所应具有的法定理由。或称回避的理由、回避的适用条件。在立法例上存在有因回避和无因回避，前者是附理由的回避，只有在具有法定理由的情况下，回避人员需要回避；后者是不附理由的回避，因特定主体的申请或要求而生回避的效果。我国《刑事诉讼法》关于回避的一般规定采行有因回避，特殊规定有任职回避。

根据《刑事诉讼法》第 28 条、第 29 条规定，回避的适用情形如下：

（一）是本案的当事人或者是当事人的近亲属的

任何人不得担任自己案件的法官。审判人员、检察人员、侦查人员从自身或者其近亲属的立场出发，必然会有歪曲事实、曲解法律之虞，不能公正处理案件，所以应当回避。“本案的当事人”，《刑事诉讼法》第 106 条第 2 项有明确解释，是指本案的被害人、自诉人、犯罪嫌疑人、被告人、附带民事诉讼的原告人和被告人。当事人的近亲属，根据《刑事诉讼法》第 106 条第 6 项规定，是指当事人的“夫、妻、父、母、子、女、同胞兄弟姐妹”。根据 2011 年《最高人民法院关于审判人员在诉讼活动中执行回避制度若干问题的规定》第 1 条第 2 款，审判人员的近亲属包括：“夫妻、直系血亲、三代以内旁系血亲及近姻亲关系的亲属。”①

（二）本人或者他的近亲属与本案有利害关系的

虽然不是本案的当事人或者当事人的近亲属，但如果自己或者其近亲属仍有可能与本案有利害关系，则仍应当回避。“利害关系”在日常语言上是相互之间存在有利和有害的关系，但在我国法律上为一抽象概念，与国外完整列举式立法不

① 中国古代法以服制定亲疏，亲疏范围很广，稍有瓜葛，就是亲属；西方法例遵循罗马法上的亲等制度，以直系、旁系血亲定亲疏，姻亲依然，法律均明文规定之。现代中国法对亲属的立法不统一，建议立法上明确界定较好。

同。国内通说认为，所谓利害关系是“同当事人或者近亲属、案件存在某种牵连关系”。① 例如本人或者他的近亲属与被害人或犯罪嫌疑人、被告人有恋爱关系，同学关系，战友关系，同乡关系等，就有可能被这种关系所影响，从个人私利出发而不能公正地履行职责和处理案件，因此，法律要求他们回避。中国是人情社会，社会关系之发生在亲属之外有朋友关系，因此，本条的利害关系可以解释为已经存在稳定交往基础的各种社会关系，或者与本案处理存在利益关联。

（三）担任过本案的证人、鉴定人、辩护人、诉讼代理人的

刑事诉讼中的证人是知道案件情况的人，具有不可替代性，有向公安、司法机关作证的义务。曾经担任过本案的证人、鉴定人、辩护人、诉讼代理人，对案件事实存在预判，不利于客观全面地收集和分析判断证据，进而影响正确认定案件事实、公正处理案件，因此应当回避。最高人民法院《解释》第 23 条第 3 项增加了翻译人员，第 4 项增加了“与本案的辩护人、诉讼代理人有近亲属关系的”。值得注意的是，侦查人员在随后审判中作为证人就侦查案件的情况出庭作证，另当别论。我国法律没有明确规定。②

（四）与本案当事人有其他关系，可能影响公正处理案件的

所谓与本案当事人有其他关系，法律未作具体明确规定。根据回避制度的立法宗旨，这是一项授权性规定，由公安、司法机关自行把握实施，性质上既属于兜底条款，也属于裁量条款。当“与本案当事人有其他关系”与“可能影响公正处理案件”同时具备时，构成回避的理由。与第 28 条第 2 项比较，此处“其他关系”宜解释为因案件发生转折后发生的社会关系，先前并不必然存在交往基础，例如同学的同学、同学的亲戚等，因此，属于个案裁量判断问题。

（五）审判人员、检察人员、侦查人员等接受当事人及其委托的人的请客送礼，违反规定会见当事人及其委托的人

这是《刑事诉讼法》第 29 条规定的回避理由，同时可以参见《法官法》第 32 条、《检察官法》第 35 条、《人民警察法》第 22 条等关于法官、检察官、人民警察纪律惩戒的禁止性行为的规定。根据《刑事诉讼法》第 29 条第 2 款的规定，公安司法机关有证据证明审判人员、检察人员、侦查人员违反本条第 1 款规定的，应当依法追究其法律责任，根据法官法、检察官法、人民警察法相关规定分别给予其行政处分甚至追究刑事责任。当事人及其法定代理人有权要求他们回避，此处

① 陈光中主编：《刑事诉讼法》（第五版），北京大学出版社、高等教育出版社 2013 年版，第 131 页。

② 现行《刑事诉讼法》第 187 条第 2 款所说人民警察作为目击证人的出庭与此不同。

“有权要求”实际上是一种指令回避，与申请回避存在区别。

除了上述五项回避适用情形之外，司法解释和其他规范性文件中还有一些特殊的、细化的回避适用情形规定，主要包括：

（1）最高院《解释》第 24 条规定，审判人员违反规定，具有下列情形之一的，当事人及其法定代理人有权申请其回避：①违反规定会见本案当事人、辩护人、诉讼代理人的；②为本案当事人推荐、介绍辩护人、诉讼代理人，或者为律师、其他人员介绍办理本案的；③索取、接受本案当事人及其委托人的财物或者其他利益的；④接受本案当事人及其委托人的宴请，或者参加由其支付费用的活动的；⑤向本案当事人及其委托人借用款物的；⑥有其他不正当行为，可能影响公正审判的。

（2）人民法院关于任职回避的规定。2011 年 2 月 10 日最高人民法院《关于对配偶子女从事律师职业的法院领导干部和审判执行岗位法官实行任职回避的规定（试行）》、2011 年 5 月 9 日最高人民法院《关于落实任职回避制度的实施方案》规定，人民法院领导干部和审判、执行岗位法官，其配偶、子女在其任职法院辖区内从事律师职业的，应当实行任职回避。

（3）公安部《规定》第 31 条规定，公安机关负责人、侦查人员不得有下列行为：①违反规定会见本案当事人及其委托人；②索取、接受本案当事人及其委托人的财物或者其他利益；③接受本案当事人及其委托人的宴请，或者参加由其支付费用的活动；④有其他不正当行为，可能影响案件公正办理。违反前款规定的，应当责令其回避并依法追究法律责任。当事人及其法定代理人有权要求其回避。

（4）其他可构成回避的情形。如《刑事诉讼法》第 228 条、最高院《解释》第 25 条、最高检《规则（试行）》第 3 条等。

二、适用回避的人员范围

适用回避的人员范围，也称回避对象，是指在法律规定的回避情形下，应当回避的公安、司法人员的范围。根据《刑事诉讼法》第 28 条和第 31 条的规定，适用回避的人员包括审判人员、检察人员、侦查人员以及参加侦查、起诉、审判活动的书记员、翻译人员和鉴定人。

（一）审判人员

审判人员包括直接承办案件的审判员、助理审判员、人民陪审员，也包括有权参与案件讨论和作出处理决定的人民法院院长、副院长、庭长、副庭长以及审判委员会委员。法律上明确规定的是《刑事诉讼法》第 185 条关于申请回避权告知程序中的“合议庭组成人员”。

(二)检察人员

检察人员包括负责案件批准逮捕、审查起诉和出庭支持公诉的检察人员以及有权参加案件讨论和作出处理决定的检察长和检察委员会委员。具体包括人民检察院检察长、副检察长、监察委员会委员、检察员、助理检察员。

(三)侦查人员

根据《刑事诉讼法》规定，侦查权由公安机关、国家安全机关、人民检察院以及军队保卫机关和监狱狱侦部门行使。因此，上述机关承担侦查工作的侦查人员、机关负责人和侦查部门负责人都属于回避的适用人员范围。

(四)书记员

书记员是在起诉阶段和审判阶段担任记录工作的书记员。人民检察院和人民法院配备书记员。侦查机关在侦查过程中担任讯问笔录、询问笔录、勘验检查笔录等记录工作的人员称为“记录人”。根据公安部《规定》第 38 条规定，记录人适用有关回避的规定。

(五)翻译人员

翻译人员是指在案件任何诉讼阶段接受聘请或指派而承担语言、文字或手势手语翻译工作的人员。

(六)鉴定人

鉴定人是指在刑事诉讼任何阶段接受聘请或指派担任鉴定工作、提出鉴定意见的人员。根据《刑事诉讼法》第 144 条规定的鉴定人应当回避，同样，第 192 条第 2 款规定的专家辅助人，如果是公诉人申请法庭通知的人员，也应适用回避。

(七)司法警察

最高人民检察院《规则(试行)》第 33 条将回避人员范围扩大到司法警察。人民法院的司法警察是否适用回避，法无明文规定，但是司法警察与法官朝夕相处，形成一种特殊的同事关系，因此理应适用回避。

第三节　回避的程序

根据《刑事诉讼法》规定，回避适用于审判人员、检察人员和侦查人员等，因而也适用于侦查、起诉和审判等各个阶段。回避适用刑事诉讼阶段的起止范围，称为回避期间。我国《刑事诉讼法》第185条规定，“开庭的时候，审判长……告知当事人有权对合议庭组成人员、书记员、公诉人、鉴定人和翻译人员申请回避”。根据这一规定，审判长在告知这一权利之后，当事人即可申请有关人员回避。最高人民法院《解释》第26条规定，“人民法院应当依法告知当事人及其法定代理人有权申请回避，并告知其合议庭组成人员、独任审判员、书记员等人员的名单”。

我国《刑事诉讼法》并没有对侦查、起诉阶段适用回避的程序作出规定。最高人民检察院《规则(试行)》第22条规定，“人民检察院应当告知当事人及其法定代理人有依法申请回避的权利，并告知办理相关案件检察人员、书记员等的姓名、职务等有关情况”。从理论上讲，侦查人员和检察人员在侦查、审查起诉活动开始之时，即应向犯罪嫌疑人、被害人等当事人及其法定代理人告知申请回避的权利。

一、回避的提出

根据《刑事诉讼法》和有关司法解释的规定，回避的提出，可以是自行回避，也可以是申请回避或指令回避，其中自行回避在先。

(一)自行回避的提出

符合回避条件的人员在受理案件或接受聘请或指定承担案件的具体任务时，发现自己有法律规定回避情形的，应当主动提出回避，不承担该案的诉讼任务。《刑事诉讼法》第28条规定“应当自行回避”，最高人民法院《解释》第27条、最高人民检察院《规则(试行)》第21条、公安部《规定》第32条第1款等均有具体规定，自行回避申请即可书面提出，也可口头提出再记录在案。最高人民法院《解释》第25条规定，参加过本案侦查、起诉的侦查人员、检察人员，如果调至人民法院工作，不得担任本案的审判人员，应当自行回避。

(二)申请回避的提出

根据《刑事诉讼法》第28条、第31条第2款的规定，当事人及其法定代理人、辩护人、诉讼代理人认为审判人员、检察人员、侦查人员及书记员、翻译人员和鉴定人有法定应当回避的情形的，有权“要求”回避，其向人民法院、人民检察院或公安机关提出有关人员回避的要求，是申请回避。

申请回避权是当事人及其法定代理人、辩护人、诉讼代理人的诉讼权利。《刑事诉讼法》并没有明确限定当事人及其法定代理人提出回避的时间，因此，在刑事诉讼的各个阶段，当事人及其法定代理人、辩护人、诉讼代理人都可以提出回避的申请。同时，公安、司法机关有义务在各个相关诉讼阶段开始之时，告知其有权申请回避。对此，最高人民法院《解释》、最高人民检察院《规则(试行)》、公安部《规定》均有具体规定。

(三)指令回避

指令回避是指审判人员、检察人员、侦查人员、书记员、翻译人员、鉴定人有法定应当回避的情形而未自行回避，当事人及其法定代理人也没有提出申请要求他们回避，由相关机关有决定权的负责人或组织作出决定，指令有关人员的回避的情形。我国《刑事诉讼法》没有规定，但是最高人民法院《解释》第29条、最高人民检察院《规则(试行)》第26条、公安部《规定》第30条分别作出规定，因此在实践中存在，值得肯定。国外立法例上又称“职权回避”，例如德国刑事诉讼法学说和判例上即有此制度。①

二、回避的审查、决定、效力

(一)回避的审查和决定

无论自行回避，还是申请回避，对回避人员范围内的具体人员的回避，都要由法律规定特定人员或组织审查后作出。根据《刑事诉讼法》第30条规定，“审判人员、检察人员、侦查人员的回避，应当分别由院长、检察长和公安机关负责人决定；院长的回避，由本院审判委员会决定；检察长和公安机关负责人的回避，由同级人民检察院检察委员会决定”。

(1)审判人员的回避由本院院长决定。审判阶段的法官、书记员、审判阶段聘请或指派的翻译人员的回避都由本法院的院长决定，审判长没有审查决定权。

① Werner Beulke, Strafprozessrecht, 10. Völligneu bearbeitete Aufl., C. F. Müller, 2008.

(2)检察人员的回避由本检察院检察长决定。本条“检察人员”的范围，根据《刑事诉讼法》第3条第2句，包括实际负责“检察、批准逮捕、检察机关直接受理的案件的侦查、提起公诉”的人员。检察院书记员、司法警察和人民检察院聘请或者指派的翻译人员和鉴定人的回避，由本检察院检察长决定。

(3)侦查人员的回避由公安机关负责人决定。本条“侦查人员”的范围仅指公安机关的侦查人员，根据《刑事诉讼法》第3条第1句，包括实际负责“侦查、拘留、执行逮捕、预审”的人员。公安机关的记录人、翻译人员、鉴定人的回避由公安机关负责人决定。

(4)人民法院院长的回避由本级人民法院审判委员会决定；公安机关负责人和检察长的回避由同级检察院检察委员会决定。这里的公安机关的负责人既包括公安机关的正职负责人，也可以指副职负责人。具体程序在最高人民法院《解释》、最高人民检察院《规则(试行)》、公安部《规定》分别有规定。

(5)书记员、翻译人员和鉴定人的回避决定原则是，不同的诉讼阶段由不同机关和人员决定，由谁聘请、指派，由谁决定。检察院的司法警察的回避由检察长决定。

在我国《刑事诉讼法》中没有明确规定检察委员会和审判委员会成员的回避程序问题，但这一问题在司法实践中会经常出现。由于检察委员会和审判委员会都不是咨询性质的机构，而是实质性的决定机构，它们讨论和决定案件的活动属于检察和审判活动，因此，检察委员会成员的回避应当由检察长提交检察委员会讨论决定，但有关成员不得参加讨论；审判委员会成员的回避，应由院长提交审判委员会讨论决定，有关成员不得参加讨论。

(二)回避的效力

根据我国《刑事诉讼法》第30条规定，有回避决定权的组织或个人经过对回避申请或者有关部门司法人员的自行回避请求进行全面审查后，如果发现公安、司法人员确有《刑事诉讼法》规定的回避情形的，应当依法作出决定，令其回避。这种决定一经作出，即发生法律效力，该司法人员应当立即退出所参加的刑事诉讼活动。但是，考虑到刑事侦查工作具有紧迫性和特殊性，也为了防止审查回避可能对刑事侦查工作的不利影响，《刑事诉讼法》第30条第2款规定，“对侦查人员的回避作出决定前，侦查人员不能停止对案件的侦查”。在侦查过程中，对书记员、翻译人员和鉴定人提出回避的，是否停止他们的诉讼活动，适用侦查人员的规定。被决定回避的公安机关负责人、侦查人员、鉴定人、书记员和翻译人员，在回避决定作出以前所进行的诉讼活动是否有效，由作出决定的机关根据案件情况决定。但是，对检察人员、审判人员的回避一经提出，诉讼活动一律暂停进行。

三、对驳回申请回避决定的复议

一般而言，刑事诉讼中的决定一经作出即具有法律效力。但是，《刑事诉讼法》规定，当事人及其法定代理人对于驳回回避申请的决定如有不服时，可以申请复议一次。根据《刑事诉讼法》的立法精神，该规定在于既能保障当事人申请回避的合法权利，又可防止当事人无根据地利用这一权利拖延案件的及时处理。

根据《刑事诉讼法》第 31 条第 2 款，辩护人、诉讼代理人同时具有申请复议权。

对于驳回回避申请的决定的复议程序，在最高人民法院《解释》第 30 条、最高人民检察院《规则(试行)》第 27、第 28 条、公安部《规定》第 35 条分别有具体规定。

【思考题】

1. 如何理解回避理由中的“与本案有利害关系”？
2. 简述回避的审查和决定程序。

【案例分析】

某县公安局对一起抢劫案件立案侦查，查获犯罪嫌疑人孙某涉嫌拦路抢劫。在侦查过程中，犯罪嫌疑人孙某的辩护律师李某提出，本案侦查人员张某与被害人是同一小区邻居，关系密切，在未经犯罪嫌疑人孙某同意的情况下，向县公安机关申请，要求侦查人员张某回避。刑警大队长立即停止张某的侦查工作，张某也退出本案侦查活动。后刑警大队长经审查认为，李某提出的要求回避申请不属于法定回避的理由，决定驳回回避申请。李某和孙某均未对此申请复议。

请问：本案对侦查人员申请回避以及公安机关的决定在程序上是否正确？依据何在？

第六章　辩护与代理

【本章引语】

刑事诉讼之历史，正是辩护权扩大之历史。——松尾浩也

在我看来，没有一个头衔能比辩护律师更崇高可敬。——艾伦·德肖维茨

【学习目标】

通过本章学习，能够了解和掌握：

1. 刑事诉讼辩护权及其内容。
2. 辩护人的诉讼权利和义务。
3. 刑事诉讼代理及其分类。
4. 我国刑事诉讼中的法律援助制度。

第一节　辩护

一、辩护制度概述及历史发展

辩护制度，也称刑事辩护制度，是指刑事诉讼法律所规定的有关辩护权、辩护人、辩护种类、辩护方式、辩护人责任、辩护人权利与义务等一系列规则的总称。我国《宪法》第 125 条第 2 句明文规定，“被告人有权获得辩护”。根据《宪法》，《刑事诉讼法》第 11 条第 2 句作出规定：“被告人有权获得辩护，人民法院有义务保证被告人获得辩护。”据此，被告人有权获得辩护乃是作为一项宪法原则在《刑事诉讼法》上得以实现的基本诉讼制度，辩护权是一项不附带任何条件的诉讼权利。辩护制度是现代刑事诉讼法律制度的重要组成部分。辩护制度的健全与

完善，是刑事诉讼程序公正的重要标志。刑事诉讼与辩护制度的关系，正如法谚所说，“刑事诉讼之历史，正是辩护权扩大之历史”①。

对我国《刑事诉讼法》第 11 条“被告人有权获得辩护”条款的规定，应当作扩张解释，犯罪嫌疑人、被告人有权获得辩护，公安机关、人民检察院、人民法院有义务保证其获得辩护。因为，首先，《刑事诉讼法》第 14 条规定“人民法院、人民检察院和公安机关应当保障犯罪嫌疑人、被告人……依法享有的辩护权和其他诉讼权利”。其次，根据《刑事诉讼法》第 33 条规定，“犯罪嫌疑人自被侦查机关第一次讯问或者采取强制措施之日起，有权委托辩护人；……被告人有权随时委托辩护人”。那么，辩护权在侦查阶段就已经存在，贯穿于刑事诉讼全过程，不受诉讼阶段的限制。

辩护制度和律师制度的内容、范围不尽相同，也并不是同时产生的，律师制度是为了适应辩护制度的发展而产生的。世界上最早的辩护制度出现在古罗马，即公元前 3 世纪到公元 6 世纪的罗马。古罗马原来并没有诉讼代理制度和律师制度。共和国初期，社会上出现了一种被称为“保护人”的人，在法庭上对被保护人进行代理和辩护，后来逐渐发展为一种“自由职业”。由于这些人懂法善辩，所以又称“辩护士”。这可以说是律师的最早形式，也是律师辩护制度的最早形式。

欧洲中世纪刑事诉讼实行纠问式诉讼制度，因此，辩护制度受到极大压制。近代辩护制度，特别是律师辩护制度，是资产阶级民主革命的产物，是资产阶级同封建司法制度特别是它的诉讼制度斗争的重要成果。中世纪欧洲各国进入封建君主专政时期，封建国家的法律体现了封建主的特权与专横。这一时期，多数国家为适应封建君主专制集权的需要，废除了古代弹劾式诉讼，改用纠问式诉讼，被告人不再享有辩护权，审讯秘密进行，广泛采用刑讯，因此，律师辩护制度被废止。公元十七八世纪，在资产阶级反封建的斗争中，资产阶级启蒙思想家，如英国的洛克和法国的伏尔泰、狄德罗等，提出用辩论式诉讼代替纠问式诉讼，当事人应该成为诉讼主体，允许被告人有权为自己辩护，并有权聘请专业律师或其他公民为自己提供辩护。他们主张刑事诉讼中要体现“天赋人权”“人人平等”等民主思想。由于罗马法的许多规定适合资产阶级的需要，资产阶级夺取政权后，参照罗马法的规定，相继规定了律师辩护制度。1679 年《英国人身保护法》明文规定了诉讼中的辩论原则，并承认被告人有权获得辩护。1791 年《美利坚合众国宪法》修正案第 6 条规定，在一切刑事诉讼中，被告人有权“申请以强制手段获得对于本人有利的证据，并受辩护人之帮助”(to have assistance of counsel for his defence)。1808 年法国《刑事诉讼法》即拿破仑《刑事诉讼法》，系统规定诉讼中的辩论原则和律师辩护制度，明确辩护权是法律赋予被告人针对指控进行辩解，以

① 转引自林钰雄：《刑事诉讼法》(上册)，中国人民大学出版社 2005 年版，第 158 页。

维护自己合法权益的一种诉讼权利。它是专属于被告人的一项十分重要的诉讼权利，被告人在认为必要时可以委托律师行使辩护权，为自己提供法律帮助。

在中国，古代没有刑事辩护制度。现代意义的辩护制度是清末从西方引进和移植的。1902 年清政府任命沈家本、伍廷芳为修订法律大臣，根据德、日法律来修订清朝法律，其中《大清刑事民事诉讼法》中含有辩护人内容，但实际未有实施。1911 年《刑事诉讼律(草案)》是中国法制史上第一部刑事诉讼法典，是在日本修律顾问冈田朝太郎协助之下，参酌日本明治《刑事诉讼法》研拟而成，但最终并未公布实施，清朝灭亡。该草案第 55 条规定，“被告人于提起公诉后，得随时选任辩护人。被告人之法定代理人或其夫，得独立选任辩护人”。第 56 条规定，“辩护人选任律师充之，但非律师而经审判衙门许可者，亦得选任为辩护人”①。北洋政府 1921 年颁布《《刑事诉讼法》条例》，1928 年南京国民党政府颁布六法全书，有《刑事诉讼法》，均沿用清制《草案》规定辩护制度。北洋政府 1912 年制定的《律师暂行章程》是我国近代律师制度的开端，其后有国民党政府分别于 1928 年和 1941 年颁行的《律师章程》和《律师法》。

在我国社会主义法制体系中，保护被告人辩护权向来是我国刑事诉讼的一项重要原则。在第二次国内革命战争时期，中华苏维埃共和国中央执行委员会颁布的《裁判部暂行组织及裁判条例》第 24 条规定，“被告人为本身的利益，可派代表出庭辩护，但须得法庭的许可”。抗日战争时期，各根据地依照党中央的路线、方针、政策并结合本地情况，颁布了有关司法组织和诉讼程序的法律、法令，建立了各自的司法机关。在刑事诉讼中实行公开审判制度。公开审判时，准许群众旁听和发言，准许当事人请其家属或有法律知识的人出庭充任辩护人，人民团体对于所属成员的诉讼可派人出庭帮助辩护。中华人民共和国成立后，1954 年《宪法》将“被告人有权获得辩护”规定为宪法原则。1954 年《人民法院组织法》第 7 条规定，“被告人有权获得辩护。被告人除自己行使辩护权外，可以委托律师为他辩护，可以由人民团体介绍的或者经人民法院许可的公民为他辩护，可以由被告人的近亲属、监护人为他辩护。人民法院认为必要的时候，也可以指定辩护人为他辩护”。1979 年 7 月第五届全国人大第二会议通过《中华人民共和国《刑事诉讼法》》，不但规定了被告人的辩护权，同时对律师辩护制度给予了法律保障。1980 年 8 月 26 日，第五届全国人大常委会第十五次会议通过《律师暂行条例》，成为我国律师辩护制度进入新时期的重要里程碑。1996 年 5 月 15 日，第八届全国人大常委会第十九次会议审议通过《中华人民共和国律师法》，以确认和巩固律师工作改革的成果，规范和引导律师事业的健康发展，进一步发挥律师在政治、

---

① 吴宏耀、郭恒编校:《1911 年刑事诉讼律(草案)——立法理由、判决例及解释例》，中国政法大学出版社 2011 年版，第 55－57 页。

经济和社会生活中的作用，也对律师辩护产生重要影响。2007 年 10 月 28 日全国人大常委会对该法进行全面修订，扩展了律师在刑事诉讼中的权利，规范了律师执业行为。1996 年 3 月 17 日第八届全国人民代表大会第四次会审议通过了《关于修改中华人民共和国《刑事诉讼法》的决定》，其中对辩护制度作了重大修改、改革和完善。2012 年 3 月 14 日，全国人大再一次对《刑事诉讼法》进行重大修改，其中辩护制度的修订是重点内容之一。

二、辩护制度的意义

辩护制度作为现代法治国家刑事诉讼法律制度的重要组成部分，能够反映一国刑事诉讼制度和司法机关进行刑事诉讼的民主性和公正性，对促进和保障司法公正、司法民主有着十分重要的意义。

第一，在刑事诉讼中实行辩护制度，有利于司法机关正确处理案件，正确适用法律，提高办案质量。从刑事诉讼结构的角度说，设置辩护制度是为了与控诉权相抗衡。如果缺乏辩护，或者辩护权得不到应有保障，国家专门机关的控诉权力就过于庞大，其直接后果就是任意司法。

第二，在刑事诉讼中实行辩护制度，有利于公安、司法机关维护犯罪嫌疑人、被告人的合法权益。由于犯罪嫌疑人、被告人处于被追诉的地位，在采取强制措施的情形下，人身自由往往也受到限制和剥夺，因此，不能全面深入了解案情，也无法收集到有利于自己的证据材料，难以行使辩护权利。犯罪嫌疑人、被告人多数缺乏法律知识，不知道享有哪些诉讼权利，应如何行使这些权利，也不知道自己的行为罪轻还是罪重，因此，大多数人不能正确运用法律为自己辩护，以维护自己的合法权益。而辩护人主要是辩护律师，既有法律知识，又有广泛的诉讼权利，便于全面具体地了解案情，运用其积累的辩护经验和技巧，帮助犯罪嫌疑人、被告人行使辩护权，保障他们应有的合法权益。

第三，在刑事诉讼中实行辩护制度，有利于更好地完成刑事诉讼的法制教育任务。在法庭上，通过控、辩双方的辩论，可以使旁听群众全面了解案情，明辨是非，加强法制观念，发挥同犯罪作斗争的积极性，同时，有助于树立和宣传控诉与辩护平等的诉讼价值观，增强人们对司法公正观的认同。

三、辩护权与辩护种类

根据法律规定，辩护权是我国辩护制度的基本内容，是法律赋予犯罪嫌疑人、被告人的专属诉讼权利，是一种对抗与防御的程序性权利。司法机关特别是人民法院，有义务保障犯罪嫌疑人、被告人获得辩护，行使辩护权。在刑事诉讼中，司法机关始终处于主导地位，诉讼参与人的诉讼权利能否有效的行使，关键在于司法机关的保障。因此，我国《刑事诉讼法》在规定犯罪嫌疑人、被告人享有辩护权的同时，也相应规定司法机关特别是人民法院有保证犯罪嫌疑人、被告人获得辩护的义务。

（一）犯罪嫌疑人、被告人自行辩护的权利

自行辩护就是犯罪嫌疑人、被告人本人对控诉进行反驳、申辩和解释的诉讼行为，用以说明自己无罪、罪轻或者应当从轻、减轻或者免除刑事处罚。根据《刑事诉讼法》第11条、第14条、第32条第1款等条文规定，犯罪嫌疑人、被告人享有获得辩护的权利，也就是自行辩护的权利，它既不受诉讼阶段的限制，不论在侦查阶段、审查起诉阶段，还是审判阶段，都享有自行辩护的权利；也不受本人是否有罪、罪行轻重、认罪态度、辩护理由等方面的限制，始终是犯罪嫌疑人、被告人最基本的诉讼权利。法律赋予犯罪嫌疑人、被告人自行辩护的权利，也是诉讼程序正当化的重要体现。没有辩护权，犯罪嫌疑人、被告人的其他诉讼权利，就会失去存在的价值。

（二）犯罪嫌疑人、被告人委托辩护人的权利

《刑事诉讼法》第32条第1款规定，犯罪嫌疑人、被告人可以委托1至2人作为辩护人。第33条第1款规定，“犯罪嫌疑人自被侦查机关第一次讯问或者采取强制措施之日起，有权委托辩护人；在侦查期间，只能委托律师作为辩护人。被告人有权随时委托辩护人”①。所谓“第一次讯问”应当指立案后对犯罪嫌疑人进行的第一次讯问。因为只有在立案后，犯罪嫌疑人的身份才被确定，侦查机关对其进行的第一次讯问才是对犯罪嫌疑人依法进行的第一次讯问。“采取强制措施之日”适用于《刑事诉讼法》规定的五种法定强制措施。为了使犯罪嫌疑人、被告人委托辩护权得以真正实现，我国《刑事诉讼法》第33条规定了三项重要的程序保障措施：①国家专门机关需履行权利告知义务。第33条第2款规定侦查机关、人民检察院、人民法院必须履行权利告知义务，告知犯罪嫌疑人、被告人有权委托辩护人。②代为委托辩护人。第33条第3款规定，“犯罪嫌疑人、被告人在押的，其监护人、近亲属可以代为委托辩护人”。③辩护人告知义务。第33条第4款规定，辩护人接受委托后，应当及时告知办案机关。

---

① 可以比较1996年《刑事诉讼法》第33条规定，“公诉案件自案件移送起诉之日起，犯罪嫌疑人有权委托辩护人。自诉案件的被告人有权随时委托辩护人”。以及第96条规定，“犯罪嫌疑人在被侦查机关第一次讯问后或者采取强制措施之日起，可以聘请律师为其提供法律咨询、代理申诉、控告。犯罪嫌疑人被逮捕的，聘请的律师可以为其申请取保候审”。

（三）法律援助辩护权

为了更好地保障刑事辩护权，《刑事诉讼法》第 34 条规定犯罪嫌疑人、被告人没有委托辩护人的，在法定条件下享有法律援助机构指派律师为其提供辩护的权利，我们可以称之为“法律援助辩护权”。法律规定条件分为三种情形：①申请指派法律援助权。第 34 条第 1 款规定，“犯罪嫌疑人、被告人因经济困难或者其他原因没有委托辩护人的，本人及其近亲属可以向法律援助机构提出申请。对符合法律援助条件的，法律援助机构应当指派律师为其提供辩护”。②法定指派法律援助权。第 34 条第 2 款规定，犯罪嫌疑人、被告人是盲、聋、哑人或者是尚未完全丧失辨认或者控制自己行为能力的精神病人，没有委托辩护人的，人民法院、人民检察院和公安机关应当通知法律援助机构指派律师为其提供辩护。此外，第 267 条规定，未成年犯罪嫌疑人、被告人没有委托辩护人的，人民法院、人民检察院和公安机关应当通知法律援助机构指派律师为其提供辩护。③特殊案件指派法律援助权。第 34 条第 3 款规定，“犯罪嫌疑人、被告人可能被判处无期徒刑、死刑，没有委托辩护人的，人民法院、人民检察院和公安机关应当通知法律援助机构指派律师为其提供辩护”。

2013 年 3 月 1 日施行的《最高人民法院、最高人民检察院、公安部、司法部关于刑事诉讼法律援助工作的规定》对于刑事诉讼法律援助工作开展有具体规定。

与上述辩护权的类型相对应，我国刑事辩护种类有三种：①自行辩护。犯罪嫌疑人、被告人自己针对指控进行反驳、申辩和辩解的行为。②委托辩护。犯罪嫌疑人、被告人为维护自己的合法权益，依法委托律师或者其他人担任辩护人，帮助其进行辩护的形式。③法律援助辩护。没有委托辩护人的，人民法院、人民检察院、公安机关在法律规定的条件下，为犯罪嫌疑人、被告人通知法律援助机构指派律师为其提供辩护。

犯罪嫌疑人、被告人行使辩护权是通过辩护行为得以实现的。辩护行为可以分为口头辩护与书面辩护两种。口头辩护主要是为了适应法庭辩论的需要，在审判过程中发表的辩护意见；书面辩护是辩护人撰写并提供给人民法院、人民检察院、公安机关的辩护意见。例如，我国《刑事诉讼法》第 40 条规定的辩护人收集三种证据的行为，就属于典型的辩护行为。

四、辩护人的范围

辩护人，是指接受犯罪嫌疑人、被告人的委托或人民法院的指定，帮助犯罪嫌疑人、被告人行使辩护权，以维护其合法权益的人。辩护人的范围是指哪些人可以接受犯罪嫌疑人、被告人的委托或者法院的指定，担任辩护人。

根据《刑事诉讼法》第32条、我国《律师法》第28条第3项，最高人民法院《解释》第35条、第37条等，最高人民检察院《规则(试行)》第38条等规定，辩护人范围包括下列人员：

(1)律师。律师是指具备律师资格，依法取得律师执业证书，为社会提供法律服务的执业人员。《律师法》第5条规定了申请执业律师的四项条件：拥护宪法；参加全国统一司法考试或者此前参加全国律师资格考试取得合格证书；在律师事务所实习满一年；品行良好。虽然取得律师资格但未取得执业证书，并经注册登记的，不得以律师身份接受委托，担任辩护人。

(2)人民团体或者犯罪嫌疑人、被告人所在单位推荐的人。在我国，人民团体是指工会、妇联、共青团、学联等群众性团体。① 经人民团体或者犯罪嫌疑人、被告人所在单位推荐的人，无须经过人民检察院、人民法院的批准就可以接受犯罪嫌疑人、被告人的委托，作为辩护人。

(3)犯罪嫌疑人、被告人的监护人、亲友。犯罪嫌疑人、被告人的监护人范围，根据《民法通则》第16条和第17条的规定。"亲友"是一个宽泛的概念，根据文义解释，就是犯罪嫌疑人、被告人的亲戚和朋友。

《刑事诉讼法》第32条第2款是辩护人的禁止性条款，规定"正在被执行刑罚或者依法被剥夺、限制人身自由的人，不得担任辩护人"。同时，根据六部门《规定》第4条、最高人民法院《解释》第35条、最高人民检察院《规则(试行)》第38条等的规定，下列人员不得被委托担任辩护人：①正在被执行刑罚或者处于缓刑、假释考验期间的人；②依法被剥夺、限制人身自由的人；③无行为能力或者限制行为能力的人；④人民法院、人民检察院、公安机关、国家安全机关、监狱的现职人员；⑤人民陪审员；⑥与本案有利害关系的人；⑦外国人或者无国籍人。但上述第④至⑦项规定的人员，如果是犯罪嫌疑人、被告人的近亲属或者监护人而委托担任辩护人的，可以准许。

此外，根据《律师法》第41条、最高人民法院《解释》第36条、最高人民检察院《规则(试行)》第39条等的规定，曾经担任法官、检察官的律师，从人民法院、人民检察院离任后2年内，不得担任诉讼代理人或者辩护人。但是作为犯罪嫌疑人、被告人的近亲属、监护人进行辩护的除外。

《刑事诉讼法》第32条对辩护人的数量作了明确限定，即犯罪嫌疑人、被告人"可以委托1至2人作为辩护人"。但是，在共同犯罪案件中，一名律师不得同时接受两个以上(含两个)犯罪嫌疑人、被告人的委托，做他们的共同辩护人。公

---

① 一般来说，"人民团体"是指中国人民政治协商会议组成单位，包括工会、共青团、妇联、科协、侨联、台联、青联、工商联等8个单位，属中共中央党委序列。1998年国务院颁布的《社会团体登记管理条例》第3条明确规定，"社会团体"不包括人民团体。

安部《规定》第 41 条规定，同案或者不同案处理但犯罪存在关联的犯罪嫌疑人不得聘请同一名律师作为辩护人。

五、辩护人的诉讼地位

根据《刑事诉讼法》第 106 条第 4 规定，辩护人是独立的诉讼参与人。我国学者认为，辩护人是犯罪嫌疑人、被告人合法权益的专门维护者，在刑事诉讼中具有独立的诉讼地位。他们既不受公诉人意见的支配，也不受犯罪嫌疑人、被告人任意要求的约束；辩护人既不能成为“第二公诉人”，也不是犯罪嫌疑人、被告人完全的代言人。在刑事诉讼结构中，辩护人处于辩护方地位，履行辩护职能，但是不能被视为“被告人”。

在域外立法中，例如德国刑诉法第 137 条，认为辩护人(verteidiger)是在诉讼任何阶段受托为被告人从事辩护的人。辩护(verteidigung)是针对起诉方的攻击而为被控诉人利益进行防御的行为。检察机关、法院因发现案件实体真实的客观义务而作出有利于被告人的主张，学者称之为“实体辩护”(materielle verteidigung)，但辩护人为了被告人的利益所做的防御性辩护行为，学者称之为“形式辩护”(formelle Verteidigung)，是通常的辩护之意。[①] 辩护人因此属于诉讼法上专门为被告方进行辩护而设立的独立的程序主体，其任务只有在专为被告利益的基础上才能另有发现实体真实的义务，其地位与法院、检察院迥然不同。

《刑事诉讼法》第 36 条规定侦查期间犯罪嫌疑人聘请辩护律师的诉讼地位问题存在争议。有的称为“受犯罪嫌疑人委托的辩护律师”，也有的称为“法律帮助人”或“犯罪嫌疑人的法律顾问”等，是否具有完整的辩护人地位，是一个有待探讨的问题。

现代刑事诉讼由控诉、辩护、审判三种基本职能构成，我国《刑事诉讼法》规定，犯罪嫌疑人、被告人享有辩护权，在侦查阶段可以委托辩护律师代为行使，而律师的职责就是依据事实和法律为委托人进行辩护，使委托人获得公正合法的诉讼结果。由此看来，律师只要接受犯罪嫌疑人的委托参加刑事诉讼，那么，无论在什么诉讼阶段，本质上都是辩护人，履行“辩护职能”。因此，我们不能将律师在侦查阶段向犯罪嫌疑人提供法律帮助；代理申诉、控告；申请变更强制措施；向侦查机关了解涉嫌罪名和案件情况等行为看作是一般的法律行为，不带有辩护性质。侦查阶段辩护律师可以与在押犯罪嫌疑人会见和通信、代理申诉、控告等

---

① Werner Beulke, Strafprozessrecht, C. F. Müller, 2008, SS. 92 – 93.

行为，是旨在保护犯罪嫌疑人的合法权益不受侵害的，所以，应该是犯罪嫌疑人在侦查阶段行使辩护权的一个重要方面。

六、辩护人的责任

《刑事诉讼法》第35条规定，“辩护人的责任是根据事实和法律，提出犯罪嫌疑人、被告人无罪、罪轻或者减轻、免除其刑事责任的材料和意见，维护犯罪嫌疑人、被告人的诉讼权利和其他合法权益”。《律师法》第31条规定，“律师担任辩护人的，应当根据事实和法律，提出犯罪嫌疑人、被告人无罪、罪轻或者减轻、免除其刑事责任的材料和意见，维护犯罪嫌疑人、被告人的诉讼权利和其他合法权益”。根据这些规定，辩护人（辩护律师）的责任包括以下几个方面：

（1）辩护人应当依据事实和法律为犯罪嫌疑人、被告人提供辩护。根据《刑事诉讼法》第42条，接受委托或指定的辩护人，在履行职责过程中，不得帮助犯罪嫌疑人、被告人编造口供、串供、伪造、毁灭证据或者威胁、引诱证人作伪证或者进行其他干扰司法机关诉讼的活动等，辩护人只能根据案件事实和实体法、程序法的规定，提出客观中肯的辩护意见，达到辩护效果。辩护律师更应当根据《律师法》《中华全国律师协会章程》《律师执业行为规范》等要求，遵守律师职业道德和执业纪律。

（2）辩护人应当从实体上提出证明犯罪嫌疑人、被告人无罪、罪轻或者减轻、免除其刑事责任的材料和意见，以维护其合法权益。根据事实和法律证明犯罪嫌疑人、被告人无罪、罪轻或者减轻、免除其刑事责任，是从根本上维护犯罪嫌疑人、被告人的实体性合法权益的责任，也是辩护人进行辩护时首要的任务。辩护人只有辩护的职责，没有协助控诉的义务。

（3）辩护人应当从程序上提供辩护，维护犯罪嫌疑人、被告人的诉讼权利和其他合法权益。这里既包括帮助犯罪嫌疑人、被告人依法正确行使诉讼权利，也包括帮助其依法正确行使程序性救济权利。前者如《刑事诉讼法》规定的要求回避（第28条）、委托辩护（第32条）、要求解除强制措施（第97条）、讯问中的拒绝回答权（第118条）、提起上诉（第216条）等；后者如申诉或者控告（例如第115条）、申请复议（第30条第3款）等权利。

（4）辩护人应当为犯罪嫌疑人、被告人提供其他法律帮助。《刑事诉讼法》第36条规定，辩护律师在侦查期间可以提供法律帮助；代理申诉、控告；申请变更强制措施；向侦查机关了解犯罪嫌疑人涉嫌的罪名和案件有关情况，并提出意见。根据《刑事诉讼法》第37条规定，辩护律师通过同在押犯罪嫌疑人、被告人会见和通信，可以了解案件有关情况，提供法律咨询，核实有关证据等。①

在刑事诉讼理论和实践中存在一个有争议的问题，那就是，辩护律师在履行职责过程中获悉犯罪嫌疑人、被告人犯有未被指控的其他犯罪事实，辩护律师应该怎么办？一种意见认为辩护人应当拒绝为其辩护，同时向公安司法机关进行举报；另一种意见认为这是辩护律师的"职务秘密"，没有举报的义务。这涉及辩护律师的客观义务，在国内立法上尚无明确规定，在理论上尚待进一步探讨。

七、辩护人的诉讼权利和义务

辩护人依法享有诉讼权利和履行诉讼义务是正确开展辩护活动的重要保障。《刑事诉讼法》和《律师法》对辩护人的诉讼权利和诉讼义务作出了明确规定。2014 年 12 月最高人民检察院发布《关于依法保障律师执业权利的规定》，对检察机关依法保障律师六项权利作出明确规定，特别是保障会见权、阅卷权、调查取证权，促进检察机关规范司法，维护司法公正。② 依法保障辩护人权利是实现辩护目的的必要手段。

（一）辩护人的诉讼权利

1. 独立辩护权

对辩护律师也称律师职务保障权，对辩护律师之外的其他辩护人，是指其基于独立的法律地位而进行辩护行为的权利。在我国，独立辩护权作为辩护人的诉讼权利，受《刑事诉讼法》第 14 条规定的权利保障。对于辩护律师，根据《律师法》第 3 条第 4 款的规定，律师依法在刑事诉讼中履行辩护职责，"受法律保护，任何组织和个人不得侵害律师的合法权益"。《律师法》第 36 条规定，由律师担任辩护人的，其辩论或者辩护的权利应当依法受到保障。第 37 条规定，"律师在执业活动中的人身权利不受侵犯。律师在法庭上发表的代理、辩护意见不受法律追究。但是，发表危害国家安全、恶意诽谤他人、严重扰乱法庭秩序的言论除外"。对于阻碍辩护人行使辩护权的，《刑事诉讼法》第 47 条规定了申诉或者控告的程序救济权。

---

① 例如，2003 年 12 月 30 日最高人民检察院曾经发布《关于人民检察院保障律师在刑事诉讼中依法执业的规定》第 6 条规定的内容：①犯罪嫌疑人的基本情况；②犯罪嫌疑人是否实施或参与所涉嫌的犯罪；③犯罪嫌疑人关于案件事实和情节的陈述；④犯罪嫌疑人关于其无罪、罪轻的辩解；⑤被采取强制措施的法律手续是否完备，程序是否合法；⑥被采取强制措施后其人身权利、诉讼权利是否受到侵犯；⑦其他需要了解的与案件有关的情况。

② 可以比较 2003 年 12 月 30 日最高人民检察院发布的《关于人民检察院保障律师在刑事诉讼中依法执业的规定》。

2. 会见、通信权

会见权是辩护人的基本程序权利，其实质是辩护人与犯罪嫌疑人、被告人的交往权(Verkehr mit Verteidigung)，包括口头往来之会见与书面往来之通信，故我国法律规定为会见、通信权。域外法例中的律师在场权(right to have a attorney present)是指司法机关讯问犯罪嫌疑人、被告人等情形时律师应当在场。域外立法和司法中将在场权视为辩护人的一项独立权利，我国法律没有规定，因此可以视其为一种特殊的会见权。① 根据我国《刑事诉讼法》第37条第1款、第5款的规定，辩护律师可以同在押的或者被监视居住的犯罪嫌疑人、被告人会见和通信。其他辩护人经人民法院、人民检察院许可，也可以同在押的犯罪嫌疑人、被告人会见和通信。

辩护律师会见、通信权的程序要求规定在《刑事诉讼法》第37条第2款："辩护律师持律师执业证书、律师事务所证明和委托书或者法律援助公函要求会见在押的犯罪嫌疑人、被告人的，看守所应当及时安排会见，至迟不得超过48小时。"但是在"危害国家安全犯罪、恐怖活动犯罪、特别重大贿赂犯罪案件"②中会见与通信应当经经侦查机关许可，侦查机关应当事先通知看守所。

此外，根据《刑事诉讼法》第37条第4款第2句，辩护律师会见犯罪嫌疑人、被告人时不被监听。这是侦查期间辩护律师会见、通信权的程序保障之一。

3. 阅卷权

阅卷权是辩护人查阅案卷以及摘抄、复制案卷材料的权利，是公诉案件中辩护人的重要诉讼权利。特别是职权主义诉讼结构下，基于国家追诉的职权原则，阅卷权是实现辩护权的必要途径，不可或缺。我国《刑事诉讼法》第38条规定，"辩护律师自人民检察院对案件审查起诉之日起，可以查阅、摘抄、复制本案的案卷材料。其他辩护人经人民法院、人民检察院许可，也可以查阅、摘抄、复制上述材料"。

根据本条规定，辩护律师在侦查阶段没有阅卷权。侦查终结移送人民检察院审查起诉之日起，享有阅卷权，人民检察院和人民法院应当无条件准许和保障。对此，最高人民检察院《规则(试行)》第47条规定，"自案件移送审查起诉之日起，人民检察院应当允许辩护律师查阅、摘抄、复制本案的案卷材料。案卷材料包括案件的诉讼文书和证据材料"。最高人民法院《解释》第47条第2、第3款规

---

① 例如美国米兰达警告的第三项内容；美国关于律师辩护在场权的"梅塞亚规则"，来自判例 Massiah v. U.S., 377 U.S. 201(1964)；我国台湾地区的有关法律规定有多种情形下的律师在场权。可以参见林钰雄：《刑事诉讼法》(上册)，中国人民大学出版社2005年版，第173–174页。

② 根据最高人民检察院《规则(试行)》第45条，"特别重大贿赂犯罪案件"是指"①涉嫌贿赂数额在50万以上，犯罪情节恶劣的；②具有重大社会影响的；③涉及国家重大利益的"。

定，“辩护人查阅、摘抄、复制案卷材料的，人民法院应当提供方便，并保证必要的时间。复制案卷材料可以采用复印、拍照、扫描等方式”。

4. 调查取证权

在国家追诉原则下，辩护人只享有相对的调查取证权，通过调查取证行使辩护权受到法律限制，诸多立法例规定为申请调查取证权。我国现行《刑事诉讼法》既规定了辩护律师的申请调查取证权，也规定了辩护律师的直接调查取证权。具体包括：其一，《刑事诉讼法》第 39 条、第 41 条规定辩护律师具有申请调查取证权。第 39 条针对“犯罪嫌疑人、被告人无罪或者罪轻的证据材料”，第 41 条针对“与本案有关的材料”。对此，六部门《规定》第 8 条作出解释，“对于辩护律师申请人民检察院、人民法院收集、调取证据，人民检察院、人民法院认为需要调查取证的，应当由人民检察院、人民法院收集、调取证据，不得向律师签发准许调查决定书，让律师收集、调取证据”。其二，《刑事诉讼法》第 40 条、第 41 条规定，辩护律师享有直接调查取证权。第 40 条规定收集证据行为具有范围限定性，只限于“有关犯罪嫌疑人不在犯罪现场、未达到刑事责任年龄、属于依法不负刑事责任的精神病人的证据”。第 41 条规定的收集证据行为具有程序上的限定性，必须“经证人或者其他有关单位和个人同意，可以向他们收集与本案有关的材料”，以及“经人民检察院或者人民法院许可，并且经被害人或者其近亲属、被害人提供的证人同意，可以向他们收集与本案有关的材料”。但是，辩护律师之外的其他辩护人没有权利向被害人方收集证据。

关于辩护人或者辩护律师的调查取证权，最高人民法院《解释》第 50 至第 53 条、最高人民检察院《规则(试行)》第 50 条至 53 条等有更细致的规定。

5. 提出意见权

作为有效辩护的具体形式，辩护人通过“提出意见”完成自己的辩护行为，《刑事诉讼法》第 35 条规定辩护人责任的基本条款，其实质内容就是提出辩护意见，内容包括可以对实体问题和程序问题提出意见，例如异议等。我国《刑事诉讼法》在各个程序阶段赋予辩护人独立提出意见的权利：

(1) 侦查阶段。《刑事诉讼法》第 36 条规定，侦查期间辩护律师可以针对犯罪嫌疑人涉嫌罪名和案件有关情况提出意见；第 86 条第 2 款规定，人民检察院审查批准逮捕可以听取辩护律师意见。第 159 条规定，侦查终结前，辩护律师提出意见的，侦查机关应当听取辩护律师的意见，并记录在案。辩护律师提出书面意见的，应当附卷。

(2) 审查起诉阶段。《刑事诉讼法》第 170 条规定，人民检察院审查案件，应当听取辩护人的意见，并记录在案。辩护人提出书面意见的，应当附卷。

(3) 审判阶段。根据《刑事诉讼法》第 182 条第 2 款，辩护人在参加庭前会议的时候有提出意见的权利。根据第187条，辩护人有权对证人证言、鉴定意见提出异议。根据第190条，辩护人有权“对未到庭的证人的证言笔录、鉴定人的鉴定意见、勘验笔录和其他作为证据的文书”提出意见，审判人员应当听取。根据第192条，辩护人可以申请法庭通知有专门知识的人出庭，就鉴定人作出的鉴定意见提出意见。而《刑事诉讼法》第193条规定辩护人“可以对证据和案件情况发表意见”则是辩护人行使辩护权的集中反映。在第二审程序中，第223条第2款规定，第二审人民法院决定不开庭审理的情形，应当听取辩护人的意见。在死刑复核程序中，第240条规定，最高人民法院复核死刑案件，应当讯问被告人，辩护律师提出要求的，应当听取辩护律师的意见。本条所称“辩护律师”，应扩张解释为“辩护人”。

(4)特别程序。《刑事诉讼法》第269条规定，对未成年犯罪嫌疑人、被告人，人民检察院审查批准逮捕和人民法院决定逮捕，应当讯问未成年犯罪嫌疑人、被告人，听取辩护律师的意见。在当事人和解的公诉案件中，辩护人如果接受委托，可以作为第278条规定的“其他有关人员”提出意见。

6. 参加法庭调查和法庭辩论权

在审判阶段，辩护人享有全面的出庭辩护权，有权出席法庭进行举证、质证、提出异议、进行辩论，也有权申请法院通知新的证人到庭、调取新的物证、申请重新鉴定或者勘验。根据《刑事诉讼法》关于第一审程序的规定，在法庭调查阶段，辩护人在公诉人讯问被告人之后，经审判长许可，可以向被告人发问(第186条第2款)；有权对证人证言、鉴定意见提出异议，人民法院要求关键证人、鉴定人出庭作证(第187条)，包括强制证人到庭(第188条)；有权对证人、鉴定人发问(第189条)；在法庭审理过程中，辩护人有权申请通知新的证人到庭，调取新的物证，申请重新鉴定或者勘验(第192条)；可以申请法庭通知有专门知识的人出庭，就鉴定人作出的鉴定意见提出意见(第192条第2款)。法庭辩论阶段，辩护人可以对证据和案件情况发表意见并且可以与控方互相辩论(第193条、第212条、第213条)。

7. 其他权利

辩护人除了享有上述各项权利之外，还享有其他程序性权利：①对于审判人员、检察人员和侦查人员侵犯公民诉讼权利和人身侮辱的行为，或者阻碍其依法行使诉讼权利的，有权提出控告、申诉(《刑事诉讼法》第14条第2款、第47条)；②辩护人有要求回避、申请复议的权利(第31条第2款)；③对违法的侦查行为提出申诉和控告的权利(第115条第1款)；④经被告人同意提出上诉的权利(第216条)；⑤辩护律师在执业活动中保密的权利(第46条)；⑥有要求公安司法机关对采取强制措施超过法定期限的犯罪嫌疑人、被告人解除强制措施的权利(第

97条第2句)；⑦有权得到相关法律文书的权利(第182条第1款、第196条第2款)等。

(二)辩护人的诉讼义务

在刑事诉讼中，辩护人的义务具有多重性，分别体现为对委托当事人的义务、根据法律进行辩护的义务、对司法机关以及对国家的责任和义务。律师担任辩护人的，必须承担律师执业规范和职业道德的所有义务。

(1)忠诚辩护和信赖义务。辩护人在接受委托或者被指定担任辩护人以后，有义务为犯罪嫌疑人、被告人进行辩护，并应当负责到底，无正当理由，不能中途拒绝辩护(《律师法》第32条)。在法律援助案件中更不应无故拒绝辩护。辩护人应当忠诚于当事人委托，认真履行辩护责任。辩护人应当与委托当事人之间建立信赖关系。

(2)依法收集证据的及时告知义务。对此义务，学理上属于证据展示义务。(《刑事诉讼法》第40条)

(3)辩护人在参加法庭审判的全过程中，必须遵守法庭规则；辩护律师会见在押犯罪嫌疑人、被告人时，必须遵守看管场所的规定。(《刑事诉讼法》第194条)

(4)辩护人不得帮助犯罪嫌疑人、被告人隐匿、毁灭、伪造证据或者串供，不得威胁、引诱证人作伪证以及进行其他干扰司法机关诉讼活动的行为。(《刑事诉讼法》第42条)

(5)在法庭审理过程中，辩护人应当向法庭出示物证，让当事人辨认，对未到庭的证人的证言笔录、鉴定人的鉴定意见、勘验笔录和其他作为证据的文书，应当当庭宣读。(《刑事诉讼法》第190条第1款)

(6)保守秘密的义务。(《刑事诉讼法》第46条)

对于辩护律师，《律师法》第38条至40条等规定的诉讼义务也必须履行。

第二节 代理

一、刑事诉讼代理制度概述

(一)刑事诉讼代理制度的概念

刑事诉讼中的代理，是指代理人接受公诉案件的被害人及其法定代理人或者近亲属、自诉案件的自诉人及其法定代理人、附带民事诉讼的当事人及其法定代理人的委托，以被代理人的名义参加诉讼，代为诉讼行为，由被代理人承担代理行为法律后果的一项诉讼活动。

刑事诉讼代理制度，是关于刑事诉讼中的代理人、代理权、代理种类与方式、代理人职责、代理人权利和义务等一系列法律规范的总称。《刑事诉讼法》是我国刑事诉讼代理制度的主要法律渊源，《律师法》是律师参加刑事诉讼代理活动的主要法律渊源。最高人民法院《解释》、最高人民检察院《规则(试行)》规定了刑事诉讼代理的内容。最高人民法院、最高人民检察院、公安部、司法部于1981年发布的《关于律师参加诉讼的几项具体规定的联合通知》、1986年发布的《关于律师参加诉讼的几项补充规定》中对律师参加刑事诉讼代理活动作出了具体规定。

(二)刑事诉讼代理制度的意义

代理是刑事诉讼中的一项基本制度，在刑事诉讼中发挥着重要意义。

第一，诉讼代理人可以为被代理人提供法律帮助，有利于维护自诉案件的自诉人、公诉案件的被害人、附带民事诉讼当事人的诉讼权利和合法权益。

第二，诉讼代理人通过提出证据、发表意见、参与辩论等诉讼行为参加诉讼，有利于公安、司法机关及时查明事实、分清是非，正确适用法律，公正处理案件。

第三，对于不能亲自参加诉讼的被代理人，委托诉讼代理人代为参加诉讼活动，有利于维护其自身的合法权益。

(三)诉讼代理人

根据《刑事诉讼法》第106条第5项之规定，“诉讼代理人”，是指公诉案件的被害人及其法定代理人或者近亲属、自诉案件的自诉人及其法定代理人委托代为参加诉讼的人和附带民事诉讼的当事人及其法定代理人委托代为参加诉讼的人。

委托诉讼代理人的范围，根据《刑事诉讼法》第45条规定，参照第32条辩护人的范围，解释上应当包括律师；人民团体或者被代理人所在单位推荐的人；被代理人的监护人、亲友。

根据《刑事诉讼法》第44条的规定，公诉案件的被害人及其法定代理人或者近亲属，附带民事诉讼的当事人及其法定代理人，自案件移送审查起诉之日起，有权委托诉讼代理人。自诉案件的自诉人及其法定代理人，附带民事诉讼的当事人及其法定代理人，有权随时委托诉讼代理人。

(四)诉讼代理权

从理论上说，代理分为法定代理与委托代理两种，这是基于代理权限产生的根据不同而作出的分类。法定代理，是基于法律规定而产生的代理；委托代理，是基于被代理人的委托授权行为而产生的代理。刑事诉讼中的诉讼代理属于委托代理，代理人必须在代理权限范围内参加诉讼活动，被害人与诉讼代理人签订委托合同时，应当载明代理事项、代理权限、代理期间等内容。诉讼代理人在代理权限内的诉讼行为和法律行为，与委托人自己的诉讼行为和法律行为具有同等效力，其法律后果由被代理人承担。

律师是专业的法律服务工作者，因此，律师代理是刑事诉讼实践中的主要代理类型。所谓律师代理，是指在刑事诉讼中律师接受被代理人的委托，以被代理人的名义在代理权限内实施诉讼代理行为的制度。

二、公诉案件被害人的诉讼代理

公诉案件被害人的诉讼代理，是指代理人接受公诉案件的被害人及其法定代理人或者近亲属的委托，担任诉讼代理人，代理被害人参加诉讼，以维护被害人的合法权益的活动。

根据《刑事诉讼法》第 44 条第 1 句之规定，公诉案件的被害人及其法定代理人或者近亲属，自案件移送审查起诉之日起，有权委托诉讼代理人。根据第 44 条第 2 款第 1 句的规定，人民检察院自收到移送审查起诉的案件材料之日起三日以内，应当告知被害人及其法定代理人或者其近亲属有权委托诉讼代理人。第 41 条规定，委托诉讼代理人，参照本法第 32 条的规定执行。

在我国《刑事诉讼法》上，被害人是当事人。被害人的当事人地位在其可能担当的多重诉讼角色中具有不同的意义。其一，在自诉案件中，即《刑事诉讼法》第 204 条规定的三类案件，被害人可以向人民法院提起自诉，成为自诉人。其二，被害人由于被告人的犯罪行为而遭受物质损失的，根据《刑事诉讼法》第 99 条第 1 款，在刑事诉讼过程中有权提起附带民事诉讼，成为附带民事诉讼的原告人。《刑事诉讼法》第 106 条第 2 项规定的“被害人”在解释上应当专指公诉案件中的被害人。他们以个人身份参加刑事诉讼，在刑事诉讼中行使部分控诉职能，与公诉人诉讼地位是一致的。

根据《刑事诉讼法》第 44 条第 1 款第 1 句规定，公诉案件的被害人及其法定代理人或者近亲属，自案件移送审查起诉之日起，有权委托诉讼代理人。

对于公诉案件被害人的诉讼代理人的诉讼权利，我国《刑事诉讼法》没有作出明确规定，学说上有不同主张，有主张应该与民事诉讼中的诉讼代理人一样；有认为应该与辩护人权利一样；有主张应该与自诉人一样。我们认为，一方面，公诉案件被害人的诉讼代理人权利由被害人权利决定，基于委托授权而代理被害人行使诉讼权利；另一方面，我国《刑事诉讼法》明文规定诉讼代理人享有的权利，依据规定。由此，公诉案件被害人及其诉讼代理人在刑事诉讼中享有广泛的诉讼权利，主要包括：

(1)诉讼代理人可以要求回避、申请复议。(第31条第2款)

(2)诉讼代理人认为公安机关、人民检察院、人民法院及其工作人员阻碍其依法行使诉讼权利的，有权向同级或者上一级人民检察院申诉或者控告。(第47条)

(3)法庭审理过程中，被害人、诉讼代理人有权申请人民法院对以非法方法收集的证据依法予以排除。(第56条)

(4)被害人在诉讼中作证享有受保护的权利。(第62条第2款)

(5)被害人有权报案或者控告。(第108条第2款)

(6)被害人认为公安机关对应当立案侦查的案件而不立案侦查，有权向人民检察院提出意见。(第111条)

(7)被害人、诉讼代理人有权对公安、司法机关及其工作人员实施的法律列举的强制措施或者侦查行为违法提出申诉或者控告。(第115条第1款、第2款)

(8)侦查过程中，侦查机关应当将用作证据的鉴定意见告知被害人。如果被害人提出申请，可以补充鉴定或者重新鉴定。(第146条)

(9)人民检察院审查案件时，被害人及其诉讼代理人有提出意见的权利。(第170条)

(10)对于有被害人的案件，决定不起诉的，人民检察院应当将不起诉决定书送达被害人。被害人如果不服，有权向上一级人民检察院申诉，请求提起公诉或者向人民法院起诉。人民法院受理案件后，人民检察院应当将有关案件材料移送人民法院。(第176条)

(11)在开庭以前，被害人、诉讼代理人有权参加庭前会议，发表意见；有权出席法庭审理。(第182条第2款、第3款)

(12)法庭审理过程中，公诉人宣读起诉书之后，被害人可以就起诉书指控的犯罪进行陈述。被害人、诉讼代理人，经审判长许可，可以向被告人发问(第186条)。被害人、诉讼代理人对证人证言、鉴定意见有提出异议，要求出庭作证的权利(第187条)。被害人、诉讼代理人经审判长许可，可以对证人、鉴定人发问(第189条)。被害人有辨认物证的权利；对未到庭的证人的证言笔录、鉴定人的鉴定意见、勘验笔录和其他作为证据的文书，被害人、诉讼代理人有权发表意见(第190条)。法庭审理过程中，被害人、诉讼代理人有权申请通知新的证人到庭，调取新的物证，申请重新鉴定或者勘验。(第192条第1款)。可以申请法庭通知有专门知识的人出庭，就鉴定人作出的鉴定意见提出意见(第192条第2款)。

(13)在法庭辩论阶段中，公诉案件被害人、诉讼代理人享有发表意见和相互辩论权。(第193条)

(14)判决书应当送达被害人、诉讼代理人。(第196条)

(15)被害人有权请求人民检察院提出抗诉。(第 218 条)

(16)被害人、诉讼代理人有权对第二审人民法院决定不开庭审理的案件发表意见。(第 223 条第 2 款)

(17)涉及查封、扣押、冻结的被害人的合法财产，应当及时返还。(第 234 条)

三、自诉案件中的诉讼代理

自诉案件中的诉讼代理，是指在刑事自诉案件中，代理人接受自诉人及其法定代理人的委托以诉讼代理人身份参加诉讼，维护自诉人合法权益的活动。

根据《刑事诉讼法》第 44 条第 1 款第 2 句，自诉案件的自诉人及其法定代理人，有权随时委托诉讼代理人。人民法院自受理自诉案件之日起三日以内，应当告知自诉人及其法定代理人有权委托诉讼代理人。需要指出，自诉人的法定代理人委托诉讼代理人，不是为自己委托诉讼代理人，是指为自诉人委托诉讼代理人，代为诉讼行为的法律后果由自诉人承担。与公诉案件的被害人不同，《刑事诉讼法》没有规定自诉人的近亲属可以委托诉讼代理人。

自诉案件中的诉讼代理人代理自诉人，在刑事诉讼中居于控诉方地位，行使控诉职能，虽然《刑事诉讼法》没有规定其诉讼权利，但是从理论上分析，应当享有与公诉案件的被害人的诉讼代理人相同的诉讼权利。具体内容参照上述公诉案件被害人及其诉讼代理人在刑事诉讼中的诉讼权利。

自诉案件可以在人民法院主持下进行调解，因此自诉人在法院宣告判决前，可以同被告人自行和解或者撤回起诉。调解涉及处分自诉人的实体权利问题，诉讼代理人不经委托人特别授权无权代理。

自诉案件的被告人在诉讼过程中可以提出反诉，自诉人、诉讼代理人在反诉中居于被告人地位。

四、附带民事诉讼中的诉讼代理

附带民事诉讼中的代理，是指诉讼代理人接受附带民事诉讼当事人及其法定代理人的委托，代理参加诉讼活动，以维护当事人及其法定代理人合法权益的活动。根据我国《刑事诉讼法》规定，附带民事诉讼中的诉讼代理是公诉案件中被害人诉讼代理与自诉案件自诉人的诉讼代理的重要组成部分。同时，在诉讼原理上与民事诉讼代理相同。

《刑事诉讼法》第 44 条规定，“公诉案件……附带民事诉讼的当事人及其法定代理人，自案件移送审查起诉之日起，有权委托诉讼代理人。自诉案件……附带民事诉讼的当事人及其法定代理人，有权随时委托诉讼代理人。人民检察院自收到移送审查起诉的案件材料之日起3日以内，应当告知附带民事诉讼当事人及其法定代理有权委托诉讼代理人。人民法院自受理自诉案件之日起3日以内，应当告知自诉人及其法定代理人、附带民事诉讼的当事人及其法定代理人有权委托诉讼代理人”。

虽然我国《刑事诉讼法》并未规定附带民事诉讼代理人的诉讼权利和义务，但是因为附带民事诉讼在本质上与民事诉讼相同，因此双方当事人的诉讼代理人在附带民事诉讼中行使与民事诉讼代理人相同的诉讼权利，履行相同的诉讼义务。

第三节　刑事法律援助制度

一、法律援助制度

法律援助(legal aid)，也称法律救助，是为世界上许多国家采用的司法救济制度，目的是从经济上救助贫穷被告人参加诉讼，维护权利。广义的法律援助是指由政府设立专门法律援助机构或者社会组织法律援助的律师，为经济困难或特殊案件的当事人减免收费提供法律服务的制度。狭义的法律援助制度专指国家设立专门援助机构提供法律服务，对于因为经济困难或者其他特殊因素而难以借助一般法律救济手段保障自身权利的社会弱者，减免收费提供法律帮助的社会保障制度。

关于法律援助，美国联邦最高法院大法官胡果·布莱克在1956年的一个判例中曾经较为清晰地说过，“如果一个人得到什么审判取决于他的财产状况的话，那么就不可能有平等的司法”①。由此可见，司法活动作为实现法律公平和社会正义，保障公民法律权利的国家行为，必然包含了一系列重要的程序性权利和获得法律代理的权利，其中包含了“当公民无力支付开庭费用时免除诉讼费用的权利”②。

法律援助制度的法理基础是法律面前人人平等、获得法律帮助权和公平审判权。它具有自身的重要意义，主要表现在：其一，它以平等司法的形式实现法律

① 原文为：There can be no equal justice where the kind of trial a man gets depends on the money he has. See, Griffin v. Illinois, 351U. S. 12 (1956).

② [英]恩斯·伊辛、布雷恩·特纳主编：《公民权研究手册》，王小章译，浙江人民出版社2007年版，第21页。

面前人人平等的宪法原则，从而使保障公民基本权利的国家义务得以实现。其二，它以平等司法的形式实现司法公正。其三，它能有利于健全和完善律师服务制度和社会保障制度，并借此实现社会正义，保障社会稳定。

法律援助制度起源于西方国家，与福利国家概念有着密切的关联。一般认为，接受法律援助权属于社会、经济和文化权利系列，是继社会安全保障、住房保障、社会救助、健康、教育等权利之后出现的新型社会权利。20 世纪40 年代开始，特别是第二次世界大战之后，一些传统福利国家开始重视政府对公民的经济和社会责任，为社会贫弱群体提供医疗和失业救济，继而为其提供法律服务援助，但是最初的法律援助限于家庭纠纷与离婚诉讼。[①] 20 世纪 50 年代至 70 年代国家提供法律援助的范围不断扩大，从家庭法律事务扩展到其他多种法律事务，特别是刑事诉讼中的法律援助成为重要领域。20 世纪 80 年代开始，法律援助不再是单一的国家责任，许多私人团体开始介入提供服务，他们把主要关注点放在提供诉讼案件法庭之内的法律援助，公民也能够自主选择不同机构为其提供援助。作为社会法律服务工作者的律师介入法律援助之后，原来意义上的法律援助转变成为一种针对贫穷者、社会边缘人、犯罪人等群体的特殊"法律需求"（legal needs）。[②]

巴西 1973 年宪法规定联邦和州两级政府必须设置"公共辩护人"（public defender）办公室，专为贫穷被告人提供法律服务，由政府付费，政府律师和检察官、法官一样，需要经过公务员考试，目前在世界上只有巴西实行这样的制度。除此之外，美国一些州、英国的英格兰和威尔士地区也设有公共辩护人制度，为贫穷刑事被告人提供免费法律援助，经费部分来自政府，部分来自私人慈善机构。《欧洲联盟基本权利宪章》（*Charter of Fundamental Rights of the EU*）第 47 条规定，欧盟成员国范围内，人人有"得到有效法律救济以及公平法院之权利"。其第 1 项规定，"任何人受本宪章保障的权利若受侵害，皆有权利依本条所定的条件，向法院寻求有效的法律救济"。至于通过何种途径获得救济，如何提供法律援助，则各国制度各异。例如，德国刑事诉讼中有强制辩护制度，当被告人无力承担诉讼费用时，或者刑事案件被害人、附带民事诉讼当事人，可以依据《法律顾问援助法》（Beratungshilfegesetz 1980）申请诉讼费用补助，以减免诉讼费用，但是该申请并不必然获得援助。[③] 相反，在民事诉讼、行政诉讼、社会和劳动诉讼、宪法法院诉愿中，贫穷的诉讼当事人可以获得国家或社会提供的减免诉讼费用援助（Proz-

---

① Francis Regan, The Transformation of Legal Aid: Comparative and Historical Studies, Oxford University Press (1999), pp. 89 - 90.

② Francis Regan, The Transformation of Legal Aid: Comparative and Historical Studies, Oxford University Press (1999), pp. 113 - 114.

③ [德]克劳思·罗科信:《刑事诉讼法》(第 24 版)，吴丽琪译，法律出版社 2005 年版，第 154 - 155 页。

esskostenhilfe; Verfahrenskostenhilfe)。

自从20世纪70代之后，社会保障和法律援助制度逐渐被世界多数国家所接受。特别是刑事诉讼中通过政府出资、专业律师提供法律援助的制度广为传播。1990年，联合国发布《关于律师作用的基本原则》明确指出，“所有的人都有权请求由其选择的一名律师协助保护和确立其权利并在刑事诉讼的各个阶段为其辩护”，“各国政府应确保拨出向穷人并在必要时向其他处境不利的人提供法律服务所需的资金和其他资源。律师专业组织应在安排和提供服务、便利和其他资源方面进行合作”，“各国政府和律师专业组织应促进有关方案，使公众了解法律赋予他们的权利和义务以及了解律师在保护他们基本自由方面所起的重要作用。应特别注意对穷人和其他处境不利的人给予帮助，使他们得以维护自己的权利并在必要时请求律师协助”。可见，法律援助已经成为一项被国际公认的制度日渐推广。

二、我国法律援助制度的发展

中国的法律援助制度起步较晚。中华人民共和国建立之后，法律援助的有关内容在一些法律法规中有所体现，例如1954年《法院组织法》规定的指定辩护人的内容；1956年司法部发布《律师收费暂行办法》第6条规定律师免费给予法律帮助的具体案件范围，包含了对经济确属困难、无力负担的当事人的免费法律帮助。1979年之后陆续制定实施的《刑事诉讼法》《民事诉讼法》《律师工作暂行条例》《律师收费试行办法》等法律法规均含有法律援助的内容。但是，明确、完备、统一的法律援助制度并未真正建立。1994年初，司法部正式提出探索建立法律援助制度，着手在全国范围试点。1995年2月28日，批准成立广州市法律援助中心，同年11月19日正式挂牌，成为全国第一家法律援助机构。之后，深圳、上海、北京、武汉、南京、郑州、青岛等大中城市陆续开展法律援助试点。1996年6月13日，四川省法律援助中心获批成立，成为全国最早成立的省级法律援助机构。1997年5月2日中国法律援助基金会成立暨司法部法律援助中心揭牌仪式在人民大会堂举行。该机构的设立对中国法律援助的顺利发展具有重要意义。①

在立法和实践方面，1996年修改的《刑事诉讼法》和随后颁布的《律师法》正式规定法律援助基本内容，《刑事诉讼法》第34条第一次将“法律援助”写入法律，是我国法律援助制度发展的一个重要里程碑。同年6月司法部发出《关于迅速建立法律援助机构，开展法律援助工作的通知》，要求各地尽快建立法律援助机构，并组织制定《法律援助条例(草稿)》，以总结试点地方经验、规范法律援助工作。为了使社会弱势群体能够享受法律援助服务，司法部和有关部门联合发布

---

① 可参见，朱景文主编：《中国法律发展报告：数据库和指标体系》，中国人民大学出版社2007年版。

一系列通知，例如司法部、民政部《关于保障老年人合法权益，做好老年人法律援助工作的联合通知》(1996 年 10 月 23 日)；司法部、全国残联《司法部、中国残疾人联合会关于做好残疾人法律援助工作的通知》(1996 年 11 月 5 日)；司法部、团中央《关于保障未成年人合法权益，做好未成年人法律援助工作的通知》(1996 年 11 月 12 日)；司法部、全国妇联《关于加强保障妇女合法权益，做好妇女法律援助工作的通知》(1996 年 11 月 19 日)。

1997 年 4 月 9 日，司法部与最高人民法院联合发出《关于刑事法律援助工作的联合通知》，极大地促进了律师开展法律援助工作。1997 年 5 月 21 日，司法部发布《关于开展法律援助工作的通知》，11 月 26 日发布《关于开展公证法律援助工作的通知》，1999 年 4 月 2 日司法部与最高人民法院联合发布了《关于民事法律援助工作若干问题的联合通知》。2000 年 4 月，最高人民检察院、司法部发布《关于在刑事诉讼活动中开展法律援助工作的联合通知》，分别对刑事法律援助条件、程序作出较为详尽的规定。2001 年 4 月，司法部、公安部发布了《在刑事诉讼活动中开展法律援助工作的联合通知》。上述规范性文件大大推动了《刑事诉讼法》和《律师法》中规定的法律援助制度的贯彻和落实。然而，也存在法律援助的规定不统一的问题，制定一部《法律援助法》被纳入议事日程，早在 1999 年初，司法部法律援助中心草拟了《法律援助法(示范法草案)》，旨在供立法机关参考并推动各地的法律援助工作。同年 3 月，在九届全国人大二次会议上，部分人大代表提出议案，要求制定《中华人民共和国法律援助法》，司法部就此作出答复：已将它正式列入司法行政法制工作五年规划，并将积极与国务院法制办公室和全国人大法工委进行协商，争取早日解决法律援助的立法问题。2003 年 7 月 16 日我国第一部法律援助专门法规《法律援助条例》获得通过，明确了“法律援助是政府责任”，这标志着我国系统的法律援助制度正式建立。该条例第 11 条的规定，使我国刑事法律援助的对象首次扩展到犯罪嫌疑人、被害人和自诉人。至此，我国形成了以被告人为主要援助对象，而犯罪嫌疑人、公诉案件被害人、自诉案件自诉人可以有条件地成为援助对象的刑事法律援助对象体系。

以此为起点，2003 年 9 月，司法部颁布了《关于贯彻落实〈法律援助条例〉促进和规范法律援助工作的意见》，2003 年 12 月，最高人民法院、司法部颁布了《关于在部分地区就加强和规范刑事诉讼法律援助工作进行试点的通知》，2005 年 9 月，最高人民法院、最高人民检察院、公安部、司法部颁布了《关于刑事诉讼法律援助工作的规定》，2005 年 9 月，最高人民法院、司法部颁布了《关于民事诉讼法律援助工作的规定》。2012 年我国修改的《刑事诉讼法》在刑事法律援助的规定方面有一些变化，主要体现在：其一，申请法律援助程序方面的变化。获得刑事法律援助可以通过两种途径，一种为可以通过本人及其近亲属直接向法律援助机构提出申请，另一种为对于符合特定情形的犯罪嫌疑人没有委托辩护人的，人民法院、人民检察院和公安机关应当通知法律援助机构指派律师为其提供辩护。其二，法律援助的受援对象范围扩大。其三，辩护律师持律师执业证书、法律援助公函要求会见在押的犯罪嫌疑人、被告人的，看守所应当及时安排会见，最迟不得超过48小时。该规定无疑强调了法律援助公函的证明价值。为了适应2012年《刑事诉讼法》修改后关于法律援助规定的变化，2012年4月，司法部颁布了《办理法律援助案件程序规定》，对办理法律援助案件的流程进行了细化规定，加强了对法律援助的监管，目标在于提高法律援助的质量，以有效维护当事人合法权益。与此相适应，2013年2月，最高人民法院、最高人民检察院、公安部、司法部修改了《关于刑事诉讼法律援助工作的规定》。

自《法律援助条例》颁布后，各级政府也加大了对法律援助的扶助力度，2004年国务院将法律援助工作列入年度工作要点。2005年中央首拨专款补助地方办理法律援助案件。2006年国务院5号文件将农民工列为法律援助重点对象。2007年地方各级司法行政部门积极建立完善法律援助制度实施的若干工作制度，使法律援助机构的工作更加规范和完善，通过逐步明确制定公民经济困难标准、法律援助事项范围、法律援助办案补贴标准，并且开始探索降低法律援助门槛，扩大法律援助覆盖面，使法律援助惠及更多困难人群和特殊群体。据统计，2013年全国法律援助经费总额已达到162868.87万元①。2013年共办结法律援助案件955841件，其中办结刑事案件164626件，办结民事案件786617件。②

三、我国法律援助制度的特色

法律援助制度因国家立法和公共政策而呈现不同特点，根据我国《法律援助条例》规定，法律援助制度具有自身特色，可以概括为以下几个方面。

第一，法律援助是国家义务或者说政府责任，性质上属于国家行为或者政府行为，政府财政支持，由政府设立法律援助机构组织实施，通过法律化、制度化的行为，成为国家社会保障制度的重要组成部分。我国《法律援助条例》第3条第1款明确规定，“法律援助是政府的责任，县级以上人民政府应当采取积极措施推动法律援助工作，为法律援助提供财政支持，保障法律援助事业与经济、社会协调发展”。同时，该条例第7条规定，“国家鼓励社会对法律援助活动提供捐助”。第8条规定，“国家支持和鼓励社会团体、事业单位等社会组织利用自身资源为经济困难的公民提供法律援助”。

第二，法律援助的受援对象和事项具有特定性。受援对象主要是经济困难者，或者残疾人员、特定的社会弱势群体，或者经人民法院指定的特殊对象。根

---

① 司法部法律援助司：《2013年全国法律援助工作统计分析（四）》，《中国司法》2014年第9期，第74页。

② 司法部法律援助司：《2013年全国法律援助工作统计分析（三）》，《中国司法》2014年第8期，第94页。

据我国《法律援助条例》:①公民在特定案件或事项中，因经济困难没有委托代理人的，可以向法律援助机构申请法律援助(第10条第1款)。②在刑事诉讼中，可以申请或者指定法律援助。包括经济困难或者其他原因而没有委托代理或者辩护(第11条)、特殊刑事案件中的法律援助(第12条)。③省、自治区、直辖市人民政府可以对法律援助事项作出补充规定。

第三，政府法律援助机构提供无偿法律服务。我国《法律援助条例》第2条规定，符合法律援助条件的公民，可以获得法律咨询、代理、刑事辩护等无偿法律服务。在其他多数国家，政府法律援助会减免律师的法律服务费，法院减、免案件受理费及其他诉讼费用。

第四，法律援助形式的广泛性和范围的多样性。根据我国《法律援助条例》，法律援助既包括诉讼法律服务，也包括非诉讼法律服务，具体包括刑事辩护和刑事代理；民事、行政诉讼代理；非诉讼法律事务代理；法律咨询。例如我国《法律援助条例》第10条规定的范围："①依法请求国家赔偿的；②请求给予社会保险待遇或者最低生活保障待遇的；③请求发给抚恤金、救济金的；④请求给付赡养费、抚养费、扶养费的；⑤请求支付劳动报酬的；⑥主张因见义勇为行为产生的民事权益的。"

四、刑事法律援助制度

刑事法律援助是法律援助制度中的重要组成部分，刑事诉讼中指定辩护制度可视为最初的刑事法律援助制度。在现代刑事诉讼中，刑事辩护是人权保障的重要制度，既能保障犯罪嫌疑人、被告人的诉讼权利，也能保障他们的生命、人身自由、财产等实体权利，对于经济困难或特殊人群的犯罪嫌疑人、被告人提供刑事法律援助，日益显示其重要价值和意义。在国外，有的国家通过宪法规定刑事法律援助，例如美国宪法修正案规定被告人有权获得法律帮助，在经济困难时，可以获得法律援助。日本宪法规定，被告人有权获得国家指派律师获得有效辩护。中华人民共和国成立后我国就已经存在刑事法律援助。1979年刑诉法就已经规定刑事诉讼中的指定辩护，属于刑事法律援助的雏形。

刑事法律援助制度，是指国家在刑事司法过程中对因经济困难或者其他法定条件下的社会弱者或者特殊人群，以减免收费的方式，提供辩护、代理或其他法律帮助的社会保障制度。今天，它已成为现代法治国家中实现刑事司法公正，保障公民人权的一个重要制度。中国的刑事法律援助制度是免费法律援助。

(一)我国刑事法律援助机构和人员

1. 法律援助机构

法律援助机构是依法设立的代表国家管理法律援助事务的机构，具体负责受理、审查法律援助申请，指派或者安排人员为符合法律规定的公民提供法律援助。我国《法律援助条例》对我国法律援助机构作出了统一规定。第4条规定，国务院司法行政部门是全国法律援助工作的监督管理机构。县级以上地方各级人民政府司法行政部门是本行政区域的法律援助工作的监督管理机构。第5条规定，直辖市、设区的市或者县级人民政府司法行政部门根据需要确定本行政区域的法律援助机构。

同时，《法律援助条例》规定，中华全国律师协会和地方律师协会虽然不是法律援助机构，但是对法律援助工作具有协助义务。协助安排律师为公民提供法律援助，并对接受指派或安排的律师的法律援助工作进行监督。

2. 法律援助人员

法律援助人员是依法享有法律援助资格，具体进行法律援助工作的人员。根据《法律援助条例》第6条，律师应当依照律师法和本条例的规定履行法律援助义务，为受援人提供符合标准的法律服务，依法维护受援人的合法权益。律师是我国法律援助人员的主体。第8条规定，社会团体、事业单位等社会组织利用自身资源为经济困难的公民提供法律援助，因此“社会组织人员”也可以成为法律援助人员。

(二)刑事法律援助对象

我国刑事法律援助制度中的援助对象较为广泛，以被告人为主要援助对象，同时包括犯罪嫌疑人、公诉案件被害人、自诉案件自诉人。在刑事诉讼中提供法律咨询、辩护、代理服务。

(三)我国刑事法律援助的范围

根据我国《刑事诉讼法》和《法律援助条例》的规定，我国刑事法律援助的范围非常广泛，包括申请法律援助和法定法律援助。

1. 申请法律援助

符合法律援助条件的受援对象向法律援助机构提出申请，法律援助机构指派或者安排律师提供法律援助的，是申请法律援助。我国《刑事诉讼法》第34条第1款规定，“犯罪嫌疑人、被告人因经济困难或者其他原因没有委托辩护人的，本人及其近亲属可以向法律援助机构提出申请。对符合法律援助条件的，法律援助机构应当指派律师为其提供辩护”。《法律援助条例》第11条规定，“刑事诉讼中有下列情形之一的，公民可以向法律援助机构申请法律援助：①犯罪嫌疑人在被侦查机关第一次讯问后或者采取强制措施之日起，因经济困难没有聘请律师的；②公诉案件中的被害人及其法定代理人或者近亲属，自案件移送审查起诉之日起，因经济困难没有委托诉讼代理人的；③自诉案件的自诉人及其法定代理人，自案件被人民法院受理之日起，因经济困难没有委托诉讼代理人的”。

2. 法定法律援助

符合法律援助条件，受援对象没有提出申请，公安机关、司法机关应当通知法律援助机构指派律师提供法律援助的，是法定法律援助。在法定法律援助的情形之下，不需要对犯罪嫌疑人、被告人进行经济状况的审查。① 我国《刑事诉讼法》规定下列四种情形：①犯罪嫌疑人、被告人是盲、聋、哑人，或者是尚未完全丧失辨认或者控制自己行为能力的精神病人，没有委托辩护人的，应当提供法定法律援助(第 34 条第 2 款)。②犯罪嫌疑人、被告人可能被判处无期徒刑、死刑，没有委托辩护人的，应当提供法定法律援助(第 34 条第 3 款)。③未成年犯罪嫌疑人、被告人没有委托辩护人的，应当提供法定法律援助(第 267 条)。④在依法不负刑事责任的精神病人的强制医疗程序中，被申请人或者被告人没有委托诉讼代理人的，人民法院应当通知法律援助机构指派律师提供法律帮助(第 286 条第 2 款)。此外，《法律援助条例》第 12 条第 1 款规定，公诉人出庭公诉的案件，被告人因经济困难或者其他原因没有委托辩护人，人民法院为被告人指定辩护时，法律援助机构应当提供法律援助。

(四)申请刑事法律援助的程序

在法定法律援助的情形下，法律援助机构接到公安机关、人民检察院、人民法院的通知之后，就应当指派或者安排律师进行法律援助或者法律帮助。但是，在申请法律援助的情形下，《法律援助条例》规定了较为详细的程序。

1. 提出申请

《法律援助条例》第 15 条规定，申请刑事法律援助，应当向审理案件的人民法院所在地的法律援助机构提出申请。被羁押的犯罪嫌疑人的申请由看守所在 24 小时内转交法律援助机构，申请法律援助所需提交的有关证件、证明材料由看守所通知申请人的法定代理人或者近亲属协助提供。第 17 条第 2 款规定，申请应当采用书面形式，填写申请表；以书面形式提出申请确有困难的，可以口头申请，由法律援助机构工作人员或者代为转交申请的有关机构工作人员做书面记录。

---

① 我国《法律援助条例》第 12 条第 2 款规定的情形，无须对被告人进行经济状况的审查。本条款应当扩张适用于所有法定法律援助的情形。可以参照六机关《规定》第 5 条的专门规定，凡是符合《刑事诉讼法》第 34 条、第 267 条、第 286 条对法律援助的规定，人民法院、人民检察院、公安机关通知法律援助机构指派律师提供辩护或者法律帮助的，法律援助机构应当在接到通知后 3 日以内指派律师，并将律师的姓名、单位、联系方式书面通知人民法院、人民检察院、公安机关。

2. 提交证件、证明材料

《法律援助条例》第 17 条第 1 款规定，申请代理、刑事辩护的法律援助应当提交下列证件、证明材料：①身份证或者其他有效的身份证明，代理申请人还应当提交有代理权的证明；②经济困难的证明；③与所申请法律援助事项有关的案件材料。

3. 审查与决定

《法律援助条例》第 18 条规定，①审查。法律援助机构收到法律援助申请后，应当进行审查；认为申请人提交的证件、证明材料不齐全的，可以要求申请人作出必要的补充或者说明，申请人未按要求作出补充或者说明的，视为撤销申请；认为申请人提交的证件、证明材料需要查证的，由法律援助机构向有关机关、单位查证。②决定。对符合法律援助条件的，法律援助机构应当及时决定提供法律援助；对不符合法律援助条件的，应当书面告知申请人理由。

4. 申请人异议

《法律援助条例》第 19 条规定，申请人对法律援助机构作出的不符合法律援助条件的通知有异议的，可以向确定该法律援助机构的司法行政部门提出，司法行政部门应当在收到异议之日起 5 个工作日内进行审查，经审查认为申请人符合法律援助条件的，应当以书面形式责令法律援助机构及时对该申请人提供法律援助。

5. 终止法律援助

《法律援助条例》第 23 条规定，办理法律援助案件遇有下列情形之一，法律援助机构经审查核实的，应当终止法律援助：①受援人的经济收入状况发生变化，不再符合法律援助条件的；②案件终止审理或者已被撤销的；③受援人又自行委托律师或者其他代理人的；④受援人要求终止法律援助的。

6. 结案

受指派办理法律援助案件的律师或者接受安排办理法律援助案件的社会组织人员在案件结案时，应当向法律援助机构提交有关的法律文书副本或者复印件以及结案报告等材料。法律援助机构收到前款规定的结案材料后，应当向办案律师或者社会组织人员支付法律援助办案补贴。

【思考题】

1. 简述辩护人的调查取证权与申请调查取证权的内容。
2. 我国刑事法律援助的范围是什么？

【案例分析】

美国 1966 年米兰达诉亚利桑那州一案中，联邦最高法院裁决确立一项规则：在审讯之前，警察必须明确告诉被讯问者以下权利：(1) 你有权保持沉默；(2) 如果选择回答，那么你所说的内容都可能成为法庭审理对你不利的证据；(3) 你有权在审讯过程中要求律师在场；(4) 如果你无钱聘请律师，政府应当为你指定律师。这就是著名的米兰达警告。

请对照律师在场权阐述我国刑事诉讼中的律师辩护权的主要内容。

第七章　证据

【本章引语】

同一案件，各人口供太不一致，颇生疑窦。——邹韬奋

法律明令法官根据证据裁判，证据十分明显、令人信服，那么，被告的命运只能是有罪判决。——约瑟夫·霍尔

【学习目标】

通过本章学习，能够掌握：

1. 刑事诉讼中证据的概念与特征。
2. 我国《刑事诉讼法》规定的法定证据种类。
3. 刑事诉讼中的证明对象、证明责任和证明标准。

第一节　证据概述

一、证据的概念和特征

（一）证据的概念

我国《刑事诉讼法》第48条规定，“可以用于证明案件事实的材料，都是证据。证据包括：物证；书证；证人证言；被害人陈述；犯罪嫌疑人、被告人供述和辩解；鉴定意见；勘验、检查、辨认、侦查实验等笔录；视听资料、电子数据。证

据必须经过查证属实，才能作为定案的根据”①。本条规定既是我国立法上对刑事诉讼证据所下的定义，也是刑事诉讼证据的法定形式。本条规定包含三方面含义：第一，证据是用来证明案件事实的材料；第二，我国刑事诉讼中的证据包括法律列举的八种类型；第三，所有证据必须经过查证属实，才能作为定案的根据。

证据(evidence)是诉讼活动的基本条件，其定义决定刑事诉讼中收集证据、审查和判断证据以及举证、查证、质证的标准，是刑事诉讼中证据和证明问题的基础和前提。20 世纪 80 年代，较早的证据定义是，“我国刑事诉讼证据是侦查、检察、审判人员依照法定程序收集用以确定或否定犯罪事实，证明被告人有罪或无罪，加重或减轻刑事责任的一切客观事实”②。在刑事诉讼学理上，有关证据的定义学说纷纭，未成定论，其中影响较大的是“事实说”“根据说”“材料说”“方法(手段)说”“定案证据说”等。③ 2012 年《刑事诉讼法》修改，在关于证据定义上有了根本的观念转变，在立法意图上从原来的“事实说”转向“材料说”。修改前，“证明案件真实情况的一切事实，都是证据”；修改后，“可以用于证明案件事实的材料，都是证据”。

(二)证据的属性

根据现行立法对证据所下的定义，我们可以进一步从理论上将证据定义为：在刑事诉讼中由公安、司法机关依法收集，或者法律规定由当事人或者其他诉讼参与人依法提出，以法定证据形式证明案件事实的材料。根据这一理论定义，刑事诉讼证据具有以下三个方面抽象的属性，在证据理论上也被称为证据的基本特征。④

1. 客观性

证据的客观性是刑事诉讼证据的本质属性，它是指刑事诉讼证据是不依赖于人的意志而客观存在的，是独立于公安、司法机关、当事人或者其他诉讼参与人主观认识的客观存在。

---

① 可以比较 1996 年修改前《刑事诉讼法》第 42 条规定，“证明案件真实情况的一切事实，都是证据。证据有下列 7 种：物证、书证；证人证言；被害人陈述；犯罪嫌疑人、被告人供述和辩解；鉴定结论；勘验、检查笔录；视听资料。以上证据必须经过查证属实，才能作为定案的根据”。

② 张子培等：《刑事证据理论》，群众出版社 1982 年版，第 87 页。

③ 参见崔敏、张文清：《刑事证据的理论与实践》，中国人民公安大学出版社 1992 年版，第 24 – 25 页；江伟主编：《证据法学》，法律出版社 1999 年版，第 205 – 206 页；何家弘主编：《新编证据法学》，法律出版社 2000 年版，第 91 页；樊崇义主编：《证据法学》，法律出版社 2001 年版，第 45 页；陈一云主编：《证据学》，中国人民大学出版社 2001 年版，第 99 页；Peter Murphy, A Practical Approach to Evidence, Blackstone Press Limited, 1992, pp. 1 – 2.

④ 参见江伟主编：《证据法学》，法律出版社 1999 年版，第 209 页；樊崇义主编：《证据法学》，法律出版社 2001 年版，第 46 页；刘金友主编：《证据法学》，中国政法大学出版社 2001 年版，第 115 页。

我国学界通常认为，证据客观性也称真实性、确实性。[①]该学说可以讨论。客观性和真实性并非同一概念，客观性是证据的本质属性，表示证据具有不依赖人的主观意识而存在的属性；真实性是法律规定的证据认识标准，“证据必须经过查证属实”（《刑事诉讼法》第48条第3款）表示司法裁判者必须依法审查判断证据的真实。据此，无论是实物证据还是言辞证据，都存在客观性和真实性的差别。但是，证据真实性是对客观性的法律要求。所谓“客观真实”，只是一种理论上的陈述。

证据的客观性意味着刑事诉讼证据是一种客观存在的事实，而不是一种理论、学说，或者观点和看法。比如，证人证言必须是证人所亲自感知或者听他人转述的有关案件事实和情节，而不能是自己对案件事实的分析和推测。西方国家有所谓意见证据规则，一般情况下，证人对案件事实的分析和推测都属于意见证据，依法应当排除在定案根据之外。[②] 我国最高人民法院《解释》第75条第2款体现了意见证据规则的精神，规定“证人的猜测性、评论性、推断性的证言，不能作为证据使用，但根据一般生活经验判断符合事实的除外”。

客观性的特征也意味着刑事诉讼证据是伴随着刑事案件的发生而出现的各种物品、物质痕迹和反映现象，而非凭空产生或任意捏造的，它不依赖于公安、司法人员的主观意志而独立存在。公安、司法人员在办理刑事案件过程中必须坚持实事求是的态度，不得用自己的想象和推测代替证据，更不允许任意改变或替换收集到的各种证据材料。对于“伪造证据”（《刑事诉讼法》第42条）的行为，应当追究刑事责任。

我国《刑事诉讼法》规定了证据客观性的若干内容。

（1）证据必须经过查证属实，才能作为定案的根据。（第48条第3款）

（2）公安、司法机关必须依法全面收集各种证据。（第50条第1句）

（3）公安、司法人员“必须忠实于事实真象”。（第51条）

（4）在收集、调取证据时，有关单位和个人应当如实提供证据。（第52条第1款）

（5）犯罪嫌疑人对侦查人员的提问，应当如实回答。（第118条第1款第2句）

（6）证人（被害人）如实地提供证据、证言的义务。（第123条、第125条）

（7）鉴定人故意作虚假鉴定的，应当承担法律责任。（第145条第2款）

---

① 陈光中主编：《刑事诉讼法》（第五版），北京大学出版社、高等教育出版社2013年版，第161页。

② 但是早期罗马法上，证人提供证言不用“我知道”（德 wissen 拉丁 scire）而用“我认为”（德 meinen 拉丁 arbitrari）。Theodor Mommsen，Römisches Strafrecht，Lepzig 1899，S. 431.

2. 相关性

证据的相关性，又称关联性，是指证据材料与案件事实之间存在内在关联，从而对刑事案件的具体情况具有证明作用。美国法上，相关性(relevancy)表明证据材料对于特定案件事实具有证明价值，是实质性和证明性的结合，"如果所提出的证据对案件中的某个实质性争议问题具有证明性，那它就有相关性"①。相关性表明证据材料与待证事实之间具有某种自然的联系。

虽然客观性是刑事诉讼证据的本质属性，但对于刑事诉讼证据来讲，仅有客观性是不够的，还必须具备相关性。某些事实材料如果与刑事案件之间不存在某一方面的关联关系，对刑事案件没有证明作用的话，即使它是客观真实的，也不属于刑事诉讼证据。

刑事诉讼证据与刑事案件之间的关联关系是一个事实层面的问题，需要由司法者根据个案的具体情况运用其判断力加以认定，法律一般不作规定，而且也无法加以规定。正因为加入了人的判断因素，就使得证据的相关性问题必然受到人类认识能力的制约。某些人们曾经认为存在关联关系的两个事实并不存在关联，例如神明裁判时代的神示证据。而一些人们以前并未意识到的事物之间的关联关系，随着人类认识水平的提高，逐渐得到承认，例如随着现代科技发展，同一鉴定揭示了证据相关性问题，从而鉴定意见成为重要的证据类型。

刑事诉讼证据与刑事案件之间关联关系的形式是多种多样的，既可表现为时空关联、条件关系、因果关系、连锁关系、排除关系等，也可表现为直接联系和间接联系、必然联系和偶然联系，肯定性联系和否定性联系等。但是，在证据的关联性问题上，有两种情况应当特别引起注意，通常认为以下两种事实材料与案件事实之间不具有相关性，不得作为定案依据。一是类似行为，即犯罪嫌疑人、被告人在其他场合所犯的类似行为与本案之间不具有证据法上的相关性。该类似行为只同以前发生的案件之间有相关性，而不能证明本案。二是品格事实，即证明犯罪嫌疑人、被告人和被害人的品格是否善良的证据与案件事实之间不具有证据法上的相关性。因为行为人或被害人品格好坏不是犯罪构成的必备要件，对认定案件事实均无影响。

我国《刑事诉讼法》中关于证据相关性的规定很少，主要有：①第 118 条第 1 款第 3 句规定的犯罪嫌疑人"对与本案无关的问题，有拒绝回答的权利"。②第 139 条第 1 款、第 143 条规定的"与本案无关的财物、文件，不得查封、扣押"。

从理论上说，司法人员在判断和认识刑事诉讼证据相关性时，应当具有基本的关联要件：①证据与作为证明对象的案件事实之间的关联性；②证据资格或证

---

① 参见[美]恩·R·华尔兹:《刑事证据大全》，何家弘等译，中国人民公安大学出版社 1993 年版，第 64 页。

据可采性。例如，德国刑诉法上的证据禁止(Beweisverbote)就是以消极规定方式限制相关性；美国刑事证据规则中的证据可采性(admissibility)就是以积极方式确定证据的相关性。③证据对于证明特定案件事实的重要性。④证据材料和案件事实之间具有符合规律的关联性。

3. 合法性

合法性，也称法律性，是指作为刑事诉讼中的证据，必须符合法律规定的要求。换言之，只有由法定主体以合法手段收集取得，并以法定形式存在的证据材料，才能作为证据使用。非法证据排除是对证据合法性的法律确认。

在证据的三种属性之中，合法性是争议最多，分歧最大的一个。长期以来我国法学界曾经只承认证据的客观性和关联性，而不承认证据的合法性或法律性。

证据进入诉讼领域之后，它就必然具有法律属性，不再是自然意义上的客观事实，而是穿上了一层法律的外衣，成为法律意义上的事实。[①] 因此，当我们在诉讼中看证据的时候，必须戴上一副法律的眼镜，时刻注意诉讼证据与一般证据的区别。

要正确理解证据的合法性就必须明确区分证据在两个层次上的含义，即一般意义上的证据概念与诉讼上的证据概念。在日常生活中，当我们试图说服别人接受自己的某个观点时，往往不能空口无凭，必须拿出令人信服的理由，这个理由就是一般意义上的证据。一般来说，只要那些被用来作为证据的事实对于待证事实的存在具有足够的说服力，并且证据本身又被确定为真实的话，那么这一证明就是成功的。在诉讼过程中，当事人与裁判者之间也是一个说服与被说服的关系，当事人为了让裁判者接受自己的事实主张，也必须拿出有力的证据。但是，当证据进入诉讼领域之后，便具有了不同于一般意义上的证据的特征。合法性的特征意味着并非所有与案件事实有关联的事实材料都能在诉讼中作为证据使用，某些即使对案件事实具有一目了然的证明作用的事实材料，如果不符合法律规定的条件，也不得作为证据使用。法律对于证据所作的限制可能是基于一定的政策性考虑的，例如，为了保障犯罪嫌疑人、被告人的合法权益，规定以刑讯逼供等方式获得的口供不具有证据能力；也可能是为了防止某些证据具有难以克服的弱点以免给案件事实认定造成危险，例如，英美法系国家里有关排除传闻证据的规则即属此类。

在刑事诉讼中，国家专门机关负责证据收集、审查判断和采用，因此对合法性的要求较之民事诉讼更高。首先，证据合法性是客观性的法律保障，能够协调

---

① 我国学者顾培东认为诉讼机制中的社会冲突具有两种不同的法律地位：非经法律评价的自然状态中的社会冲突和应受或可受法律评价、作为法律事实的社会冲突。参见顾培东：《社会冲突与诉讼机制》(修订版)，法律出版社2004年版，第18页。

刑事诉讼中实质真实与程序正当之间的价值冲突。其次，证据合法性是法律明确规定的规则。例如我国现行《刑事诉讼法》规定"严禁刑讯逼供和以威胁、引诱、欺骗以及其他非法方法收集证据"（第50条第2句）。再次，证据合法性作为证据的外在形式要求，能够实现与证据客观性和相关性的内容要求相统一。

我国《刑事诉讼法》上关于证据合法性的法律规范有如下几个方面。

(1)收集证据的方法具有合法性。

法律在证据收集方法上设置了限制性规定，以非法方法收集的证据，即使具有客观性和相关性，也不得在诉讼中作为证据使用。例如，《刑事诉讼法》第50条明确规定，严禁刑讯逼供和以威胁、引诱、欺骗以及其他非法方法收集证据。第54条第1款规定，采用刑讯逼供等非法方法收集的犯罪嫌疑人、被告人供述和采用暴力、威胁等非法方法收集的证人证言、被害人陈述，应当予以排除。

(2)审查判断证据具有合法性。

审查判断证据，不仅要针对客观性和相关性，而且要针对合法性。《刑事诉讼法》第55条规定人民检察院的"调查核实"、第56条规定审判人员对证据收集合法性的法庭调查、第57条规定人民检察院对证据收集合法性的证明、第171条第1款规定的人民检察院对证据合法性的审查，等等。

(3)证据运用和定案具有合法性。

首先，与诉讼以外的其他领域不同，在诉讼过程中，哪些案件事实需要证明（证明对象），应当由谁来证明（证明责任），证明应当达到怎样的程度（证明标准），法律都会作出规制。其次，控辩双方的举证、质证以及法官采纳证据都要遵循法律规定的程序规则和要求进行。因此，诉讼中运用证据证明案件事实的过程已经不是一般的证明过程，它要在一定的法律框架内进行。再次，我国《刑事诉讼法》第50条第2句规定，"不得强迫任何人证实自己有罪"。

二、证据制度的历史发展

证据制度是国家司法制度的重要内容之一，属于上层建筑的组成部分，它是由一定的经济基础所决定，并随着经济基础的发展而发展的。不同历史类型的国家之中，证据制度也存在差别。但另一方面，证据制度也有其自身存在和发展的规律，不同类型的证据制度之间存在历史共同性，它与人类对客观世界认识能力的不断提高密切相关。原始社会也有讼争，为解决争议，起誓（oath）与神断（ordeal）是普遍存在的，构成当时的裁判习惯。美国学者霍贝尔专门研究原始人的法律中的神裁仪式，认为"神和其他超自然的力量在他们的法律制度中是积极的，并且常常是决定性的力量”①。原始社会之后，在人类历史上先后出现过几种比较有代表性的证据制度，归纳起来，这几种证据制度的发展、继替主要围绕证据的证明力如何判断这一核心问题。

(一)神示证据制度

神示证据制度盛行于古代奴隶制社会和中世纪封建割据时期，是弹劾式诉讼模式中采取的证据制度。所谓神示证据制度就是法官根据神的启示，借助于神的力量来认定案件事实。这种证据制度产生的最主要原因就是当时的生产力和科学技术水平低下，人类的认识能力有限，他们面对已经发生的案件束手无策，谁也提不出一个令人信服的解决方法，因此只好求助于神明裁判，神示证据与此相伴而生。在欧洲法律史上，神判源于法兰克人的司法习惯，是广为流传的适用于疑难案件的一种证明形式，包括火审、水审、抽签神判、圣餐神判、苦水神判、十字架神判、司法决斗等类型。②

神示证据制度的具体形态多种多样。因为神示证据制度是以宗教信仰作为其思想基础的，所以它所采取的具体方法也因各民族、各地区的宗教信仰的不同而不同。较为常见的方法有：

(1)宣誓。这是神示证据制度通常采用的一种方法。当诉讼中双方当事人的主张互相矛盾，是非难辨时，往往要求他们对神宣誓。如果谁不敢宣誓，或者在宣誓过程中慌乱，或者在宣誓后显出某种报应现象，就可以据此断定他说的是假话。公元前17世纪巴比伦王国颁布的《汉谟拉比法典》中有不少规定宣誓的条文。如该法典第126条规定，“设若某人并没有失落什么而声称‘我失落了某物’，并诬陷自己的邻居，则他的邻居应在神前发誓来揭穿他并没有失落什么，而他则应加倍偿还他的邻居自己所贪图的物品”。

(2)水审和火审。在古代许多民族的观念中，水和火被认为是神圣的东西，能够检验真伪辨别善恶。在古巴比伦，将嫌疑人投入水中，如果沉没则证实其有罪；如果浮于水面，则证明其无罪。《汉谟拉比法典》第2条规定，“设若某人控他人行妖数，而又不能证实这事，则被控行妖数的人应走近河边，投入河中。如果他被河水制服，则揭发者可以取得他的房屋；反之，如果河水为这人剖白，使之安然无恙，则控他行妖数的人应处死，而投河者取得揭发者的房屋”。而古代日耳曼法的检验标准正相反，嫌疑人入水后如果浮于水面，则被证实有罪。理由是他们认为水是世界上最纯洁的，它不容纳污秽的东西，嫌疑人入水而不沉，则

① 参见[美]E·A·霍贝尔：《初民的法律》，周勇译，中国社会科学出版社1993年版，第5页。

② 关于欧洲神判的历史，参见[英]罗伯特·巴特莱特：《中世纪神判》，徐昕等译，浙江人民出版社2007年版。

证明他确实有罪。火审法是用火或者用烧热的铁器进行检验，欧洲9世纪法兰克人的《麦玛威法》规定，“凡犯盗窃罪，必须交付审判。如在神判中为火所灼伤，即认为不能经受火审的考验，处以死刑。反之，如不为火所灼伤，则可允许其主人代付罚金，免处死刑”。

(3)决斗。有的国家以诉讼双方决斗的胜败为标准判定是非。如果在决斗中获胜，则证明其无罪，因为人们认为他的胜利是受到了神的保佑，而神总是保佑善良的人的。除此之外，历史上还存在过许多其他的神明裁判方式，如十字形证明、卜筮、抽签等。

严格说起来，神示证据制度并不能算是一种真正意义上的证据制度，实质上，它是将案件中的所谓证据问题完全交给神来裁断，属于证据证明力判断之方法，因此，它是神明裁判制度的伴生物。随着人类认识水平的提高，神明裁判必然要退出历史舞台。但是，在当时社会发展水平下，神示证据制度有其积极一面，它是当时历史条件下可能采取的最好的选择。因为，只要有社会就会有纠纷，司法最直接的作用就是为发生利益冲突的双方定分止争，而当时人类认识能力上的限制使得大量案件的真相都难以查明，在这种情况下，神凭借其在人们心目中至高无上的权威地位，就扮演了定分止争的角色。虽然在今天的人们看来神明裁判无法保证案件事实的查明，但在当时却起到了解决纠纷从而维护社会稳定的作用。

(二)法定证据制度

法定证据制度(gesetzliches Beweiswürdigungsprinzip)是西欧中世纪后期随着封建专制国家的建立而出现的一种证据制度。所谓法定证据制度，是指法律预先规定证据的种类及其证明力，法官严格依照法律规定，不得自由判断。法国1670年的刑事裁判王令和德国1532年的卡洛林纳法典是法定证据制度的代表性法典。

法定证据制度具有以下特点：

(1)证据被分为完全的和不完全的。完全的证据就是法律认为能够用来定案的充分的证据，不完全证据就是具有一定的可信性但不足以定案的证据。如1670年法国刑事裁判王令将证据分为三个等级，即完全证据、半证据和不完全证据。完全证据包括被告人的自白和两名以上目击证人关于犯罪主要事实的一致证言，法律规定根据一个完全证据可以认定判处死刑的重罪。半证据包括一名目击证人关于犯罪主要事实的单独证言，或两名证人关于间接事实的证言等，根据半证据可以认定轻罪，或据以对被告适用刑讯来强制自白，而且两个半证据可以构成一个完全证据。不完全证据包括从风闻到被告的可疑表情、态度等一切嫌疑或间接证据，根据不完全证据只能对被告进行讯问和侦查。

(2)在所有证据之中口供居于“证据之王”的地位，具有最高的证明力，仅仅依据被告人口供即可定案。

(3)口供的证明作用被高估，导致刑讯逼供合法化、制度化。法律往往明确规定在什么情况下使用刑讯。如卡洛林纳法典第31条规定，“假如某人被怀疑对他人有损害行为，而嫌疑犯被发觉在被害人面前躲躲闪闪，那么，这就是足以适用刑讯的证据”。

(4)具有鲜明的形式主义特点。在法定证据制度之下，法律对各种证据证明力的规定很大程度上是以证据的形式而非内容为基础的。比如在证人证言的效力上，法律规定，男子优于女子，僧侣优于世人，学者优于非学者等。正因为法定证据制度的这一特点，它又被称为形式证据制度。

法定证据制度是当时社会历史条件下的产物。由于当时普遍采取纠问式审判方式，法官权力极大，各方面的监督制约机制又不健全，在这种情况下法官极有可能任意专断，而法定证据制度在约束法官滥用权力方面是非常有效的。由于经济发展水平的限制，当时的社会关系比较简单，较少出现复杂疑难的案件，故法定证据制度在一定情况下尚可应付。同时，法定证据制度所确立的一系列规则，是长期刑事审判经验的积累，具有一定科学性，因此，相对于神示证据制度而言，具有历史进步性。

苏联法学家维辛斯基认为，法定证据作为一种理论，“把证据的特性和品质看成永恒不变的物体和现象底某种凝固的不变的特性和品质”“在这种理论支配之下，法官或侦查人员底唯一义务，就是计算法律对于每种证据所预定的确实性的百分率，使作为证据的这一或那一事实强合于刑法上所叙述的形式特征”。①

但是，法定证据制度的局限性同样显而易见，其过于僵化，难以反映案件真实情况。证据对案件事实的证明作用存在的依据是证据事实与待证事实之间实质上的关联关系，这种关联关系具有客观性，它是不以人的主观意志为转移的客观实在，属于事实领域的问题，人们只能通过经验、知识和智慧去认识它，不能企图以任何形式的规则将其任意规定和变更。法定证据制度则是由立法者主观意志取代证据事实与案件事实之间关联关系的客观性。同时，证据事实与待证事实之间的关联关系具有多样性，这种多样性使人们无法对其作出一个一言以蔽之的概括性论断，而必须具体问题具体分析。因此，法定证据制度对证据证明力的硬性规定不能适应客观生活世界复杂纷呈的案件事实。

(三)自由心证制度

自由心证制度(freies Beweiswürdigungsprinzip)，是指诉讼中各种证据的证明力由法官自由判断，法律不作硬性规定。换言之，法官基于内心确信而就证据的

① ［苏联］维辛斯基:《苏维埃法律上的诉讼证据理论》，王之相译，人民出版社1954年版，第154页。

证明力进行自由判断和评价(Beweiswürdigung)，不受法律的拘束。法语表述为 I' intime conviction(内心确信)，德语表述为 die intime Conviction，die innere Überzeugung(内心确信)。英美法系类似的表达有 free evaluation of evidence，free proof(自由证明)等，也有表述为 moral proof，natural proof，rational proof 等。中文“自由心证”系从日本明治维新时期日文翻译中转借，在 1910 年《大清民事诉讼律》中第一次出现。

自由心证制度是直接以否定法定证据制度为目的而产生的。随着资本主义的发展和社会关系的日益复杂化，法定证据制度先天存在的缺陷暴露得越来越明显。① 1789 年 8 月 27 日法国制宪会议通过《人权宣言》。1790 年 12 月 26 日，一位名叫杜波尔的议员向制宪会议提出建议，废除法定证据制度，主张只能以法官的内心确信作为诉讼的基础。该建议虽然遭到反对，仍然在 1791 年 1 月 18 日的制宪会议上通过。1795 年法国国民议会制定的《罪刑法典》第 372 条、1808 年《法兰西刑事诉讼法典》第 342 条据此对“自由心证”作出正式规定，“法律不要求陪审官报告他们建立确信的方法；法律不给他们预定一些规则，使他们必须按照这些规则来决定证据是不是完全和充分；法律所规定的是要他们集中精神，在自己良心的深处探求，对于所提出的反对被告人的证据和被告人的辩护手段在自己的理性里发生了什么印象。法律不向他们说，‘你们不要把没有由某种笔录、某种文件、多少证人或多少罪证……所决定的证据，认为是充分证实’。法律只是向他们提出一个能够概括他们职务上的全部尺度的问题，‘你们是真诚地确信吗?’”。继法国之后，大陆法系其他国家纷纷效仿，确立了自由心证原则，例如意大利于 1865 年确立；德国 1877 年《德意志帝国《刑事诉讼法》》第 260 条有规定，并随着陪审法庭制度的引入而有进一步发展。② 比利时、荷兰、西班牙、奥地利、瑞士等欧洲大陆国家先后采用该原则。法国现行《刑事诉讼法典》第 353 条规定法官宣读“训词”即为自由心证原则。③

自由心证原则并非允许法官对证据加以任意取舍，它是与一系列相关措施配套而行的。首先，自由心证原则必须以证据裁判主义为前提，即法官自由心证要建立在客观存在的证据基础之上，而不能在不存在充分证据的情况下，凭借推测猜想来认定案件事实。其次，法官仅仅能够对证据的证明作用加以判断，而哪些材料可以作为证据使用，即证据的可采性或者证据能力问题，则是由法律明确加以规定的。再次，法官自由判断证据的证明力要在一整套规范的程序框架下进

---

① 有学者认为，自由心证作为制度之出现，有四项背景：现代科学发展、资产阶级革命提出新的意识形态、法定证据制度的内在缺陷、英国司法制度的影响。

② Dochow, Die Deutsche StPO vom 1. Februar 1877, in: Holtzendorffs Handbuch des Strafprozesses, 1879, Bd. I, 103. [德]克劳斯·罗科信:《刑事诉讼法》，法律出版社 2005 年版，第 117 页。

③ 罗洁珍译:《法国刑事诉讼法典》，中国法制出版社 2006 年版，第 248 - 249 页。

行。为了尽量保障法官认定事实的客观性，许多国家在多年摸索和实践的基础上，建构了一套独立、中立、公开的司法程序。实践证明，这些配套措施都比较有效地防止了自由心证制度之下法官的恣意裁判。

自由心证原则否定了机械、僵化的法定证据制度，它更加符合诉讼中案件事实认定的规律，因此是历史的一大进步。自由心证原则在我国始见于大清民事诉讼律、国民政府时期的《刑事诉讼法》。当时法律规定，"证据之证明力，由法官自由判断之"。中华人民共和国成立之后，该规定曾经成为法学理论中严厉批判的对象。批评者主要是站在意识形态的立场上，将自由心证原则视为资产阶级意志的体现，①当时苏联法学理论和法律制度的影响很大，刑事审判中主张根据"法律和社会主义法律意识"审核案件的全面情况，形成内心确信。但随着新时期学术研究的逐步深入，我们已经认识到自由心证原则的合理性，现在已经有学者主张在法律中明确规定这一原则。我国台湾地区的学者亦认为，"深藏于内心的主观事实，不像外表的行为可以直接看见，并直接表述于审判者面前，他人无从窥见其内心，只有从其他情况事实，间接地推论方可得知"②。

三、刑事诉讼证据的意义

一桩刑事案件的审判要经过两个主要的阶段，首先要认定案件事实，然后在此基础之上正确适用法律。而案件事实的认定所依据的就是证据，因此证据可以说是刑事诉讼中的一个核心问题，甚至可以说，"证据裁判原则是现代法治国家刑事诉讼中认定犯罪事实时必须遵循的原则。"③许多刑事诉讼活动都是围绕着证据的收集、审查以及判断展开的。具体而言，刑事诉讼证据的意义主要体现在以下几个方面。

（一）刑事诉讼证据是认定案件事实的唯一根据和正确适用法律的基础

司法机关要对案件作出正确的处理，必须从案件的具体情况出发，以本案的客观事实为基础。而办案人员在办理该案之前对案件事实并无了解，因此，他们要全面查清案件事实的真实情况就必须依靠证据。现代世界各国普遍实行证据裁判主义，即在诉讼中认定案件事实必须以证据为依据，证据裁判主义是人类诉讼制度从野蛮走向文明的重要标志之一。可以说，刑事诉讼证据是使司法人员的主观认识同刑事案件的客观事实统一起来的桥梁和纽带。

---

① 比较观点可以参见黄道：《怎样判断刑事诉讼中的证据》，《华东政法学院学报》1956 年第 1 期；张子培：《批判资产阶级"法官自由心证"原则》，《政法研究》1958 年 2 期。

② 周叔厚：《证据法论》，台湾三民书局 2000 年版，第 22 页。

③ 陈光中、郑曦：《论刑事诉讼中的证据裁判原则》，《法学》2011 年第 9 期。

案件事实认定之后，接下来就要依据法律规定对实施了犯罪行为的被告人定罪量刑。适用法律的依据是案件事实的认定，而认定案件事实又必须以证据为基础。有了确实充分的证据才能保证正确认定案件事实，从而也才能正确认定被告人是否有罪以及罪行轻重，并正确适用刑罚。所以说，证据不仅是认定案件事实的唯一根据，同时也是正确适用法律的基础。

（二）刑事诉讼证据是促使犯罪分子坦白交待罪行的有力武器

一般情况下，犯罪分子在刑事诉讼中都会千方百计地隐瞒罪行，逃避制裁。面对这种情况，司法人员如果能够掌握确实充分的证据，就可以令犯罪分子尽早抛弃幻想，认罪伏法。在司法实践中，某些办案人员的证据意识比较淡薄，往往试图通过威胁、引诱、欺骗等手段获取犯罪嫌疑人、被告人的口供，这种做法无疑都是错误的。

（三）刑事诉讼证据是进行社会主义法制教育的生动材料

公安司法机关在办理刑事案件的过程中，以确实充分的证据揭露犯罪，可以使群众认识到犯罪行为发生的根源、方法、过程及其危害，有利于增强人民群众预防犯罪和与犯罪行为作斗争的意识。同时，公安司法机关通过正确认定案件事实和适用法律，还可以使人们认识到，无论犯罪分子多么狡猾，犯罪手段多么隐蔽，终究也逃不过法律的制裁，从而提高人们维护社会治安的自觉性和信心。另外，以确实充分的证据揭露犯罪、证实犯罪，还可以对社会上潜在的罪犯起到震慑的作用，使他们不敢再铤而走险，实现整个社会的稳定、繁荣。

第二节　证据的种类

证据（evidence）的种类，即证据的法定形式，证据的法定种类，是指法律规定证据的存在和表现形式。换言之，是指根据法律对证据进行的分类。我国《刑事诉讼法》第 48 条规定刑事诉讼中的法定证据划分为 8 种，即“物证；书证；证人证言；被害人陈述；犯罪嫌疑人、被告人供述和辩解；鉴定意见；勘验、检查、辨认、侦查实验等笔录；视听资料、电子数据”。

一般认为，《刑事诉讼法》第 48 条规定指出了刑事诉讼中证据的法律定义，“可以用于证明案件事实的材料，都是证据”。比较 1996 年《刑事诉讼法》第42 条的规定，“证明案件真实情况的一切事实，都是证据”①。学说上认为，我国刑事诉讼证据由“事实说”转为“材料说”。《辞海》对证据的解释是，“法律用语，据以认定案情的材料”。

一、物证

物证（physical evidence）的概念有广义和狭义之分。广义物证包括书证在内。狭义的物证与书证是两类不同的证据形式。狭义物证是指，以其自身属性、外部特征和存在状况证明案件真实情况的物品和物质痕迹。我国新《刑事诉讼法》第48条已经将物证和书证分别规定，那么此处的物证仅指狭义物证。

在刑事诉讼中，通常认为，物证包括犯罪工具，犯罪行为直接侵占的物质对象（或称客体物、对象物），犯罪行为产生的物质痕迹等。物证主要有两种表现形式：一是有形物品，直观可见，比如作为犯罪工具的杀人凶器、犯罪所得的赃物、犯罪现场遗留的物品等；二是物质痕迹，需要专业人员识别或者借助技术工具和手段才能发现的微观物质，比如犯罪嫌疑人留在现场的指纹、脚印、血迹、微观毒物、粉尘等。

在我国《刑事诉讼法》上规定了物证的表现形式，典型情形包括：①第139条规定“可用以证明犯罪嫌疑人有罪或者无罪的各种财物、文件”属于物证。②第126条规定的“与犯罪有关的场所、物品、人身、尸体”进行勘验、检查，所收集的证据材料也是物证。③第134条“对犯罪嫌疑人以及可能隐藏罪犯或者犯罪证据的人的人身、物品、住处和其他有关的地方”进行搜查，获得证据材料，一般也是物证。④第151条第2款“控制下交付”获得的“毒品等违禁品或者财物”属于物证。

物证主要具有以下几个特点。

（1）物证是以其自身属性、外部特征和存在状况对案件事实起证明作用的。这是物证区别于其他证据形式的一个最显著的特点，即它对案件事实的证明方式具有独特性。国外侦查学上称之为“无声证据”（mute evidence）。

（2）相对于证人证言等其他言辞证据形式来讲，物证具有较强的客观性和稳定性，一旦收集、固定之后，在诉讼过程中能够保持不变。但是易损耗的特殊物证的“变化”不改变其客观性，因此收集和保存有特殊程序要求。

（3）物证同时具有易失性。物证虽然不容易受人的主观因素影响，但却容易受到外部自然因素的影响，特别是在收集、固定之前，很容易灭失或发生变化。比如案发现场留下的某些物质痕迹很容易因刮风、下雨等自然条件的变化而灭

---

① 来自1979年《刑事诉讼法》第31条。批判意见可参见何家弘：《让证据走下人造的神坛》，载《法学研究》1999年第5期。

失。物证的这一特点要求对物证的收集和固定必须迅速及时地进行，以防发生变化。物证以提供原件为最佳，不能、不便提供原件的，复制件、实物照片、实物影像件亦可。

(4)物证对案件事实的证明作用具有间接性。单独一件物证不能说明任何问题，必须与其他证据材料相结合才能体现其证明作用。因此，在判断物证证明力的时候要与其他证据一起综合判断，防止出现错误、虚假、伪造等情况。

(5)现代刑事诉讼中，物证的收集、固定和审查判断越来越依赖科技手段。由此而来，物证检验和鉴定成为刑事侦查收集证据、固定证据的重要辅助。

二、书证

书证是指以其记载的文字、符号、图画或表达的思想内容证明案件真实情况的书面材料或其他文字材料。美国法上称为“可疑文件”(questioned document)，德国法上称为“文书证据”(Urkunde)。

对书证属性的认识需要注意两个方面，其一，书证是广义物证的特殊表现形式。它在一般属性上，属于“物品”。但是现行《刑事诉讼法》已经将其独立规定。其二，并非所有的书面材料都是书证。有些书面文件材料不是以其记载或表达的思想内容，而是以其存放的地点或外部特征对案件事实起证明作用，视为物证。比如，犯罪嫌疑人作案时，遗留在现场的一个笔记本，虽然表现为书面文字形式，但是，如果记载内容与案件事实无关，那么这个笔记本便是作为物证对犯罪嫌疑人到过现场这样一个事实起证明作用。但是，有时也会出现一个证据既可以是物证又可以被看作是书证的情况，即物证与书证同体。比如，犯罪嫌疑人遗留在现场的笔记本记载的正好是其犯罪的计划，那么，单纯从概念上来讲，这个笔记本便既是书证又是物证。当某一项证据兼有物证与书证双重特点时，一般将其视为书证，其中记载的内容将成为证明案件事实的证据形式。

书证具有自身特点：

(1)书证附着于一定物品之上，具有附着性。书证的附着载体多种多样，通常为纸质物品，即书面材料之记载，其他如木质、石头、金属等物质材料之记载，亦可构成。但是附着于电子产品之上的文档所记载的内容，已经被排除在书证之外，立法上归于电子证据。

(2)书证在表现形式上具有多样性。书证包括文字(如本国文字、外国文字)、数字、图形、图画、符号等，无论手写手绘或者刻制、印刷，概不影响其书证属性。实践中，记载文字的纸质照片，如果记载内容具有证明作用，属于书证。记载文字的媒体影像，不属于书证，可归于视听资料或者电子数据。

(3)书证以其记载的内容以及所表达的思想发挥证明作用，具有思想性。没有思想性或者无法识别思想性的书面材料或文字材料，不是书证，而是物证。因为书证的思想性，能够较为直接地证明案件事实的真实情况、客观情况。

根据书证的形成和制作方式不同，可以分为公文性书证和非公文性书证。前者为基于法定职权和程序而制作的文书，简称公文书，例如文件、判决书等。后者为私人制作或者非依职权制作的文书，简称私文书，例如私人通信、日记等。①

我国《刑事诉讼法》规定，收集书证与收集物证采取相同的侦查措施。

三、证人证言

证人证言是证人就其直接或间接感受到的有关案件事实的某些情况向侦查人员、检察人员、审判人员所作的陈述。在英美法系，证人分为两类：一类是目击证人(eyewitness)，就自己感知的案件事实作出陈述；另一类是专家证人(expert witness)，被指派或聘请而根据自己专门知识对案件中的专门性问题提出意见。德国《刑事诉讼法》上，在目击证人和鉴定人之外还有所谓的“鉴定证人”(sachverständige Zeugen)，是指根据自己的专门知识而得知已经发生的案件事实或状况的人。② 我国《刑事诉讼法》上的证人仅指目击证人。就案件专门性问题作证，出具鉴定意见，称为鉴定人。新《刑事诉讼法》第192条第2款增加了审判程序中的“专家辅助人”，属于特殊规定。

(一)证人

我国《刑事诉讼法》第60条规定，“凡是知道案件情况的人，都有作证的义务。生理上、精神上有缺陷或者年幼，不能辨别是非、不能正确表达的人，不能作证人”。本条规定中的“人”，解释上是指自然人，换言之，在我国刑事诉讼中担任证人的必须是自然人，单位和法人不得作为证人提供证言。

证人资格属于法定规范。我国《刑事诉讼法》第60条明确规定，自然人在刑事诉讼中担任证人必须满足两个法定条件：第一，知道案件情况；第二，能够辨别是非和正确表达。与此相对应，不知道案件情况的人当然不能作为证人，这是基于相反解释。法律明确规定的消极条件是“生理上、精神上有缺陷或者年幼”的人，不能作证人。对此应当如何解释，学说和实务上均难以统一。一般认为，与辨别是非和正确表达相关的“生理上的缺陷”是指盲、聋、哑人；“精神上的缺陷”是指法律上通常认定的精神病人和智力低下者。最高法《解释》第75条第1款规定，“处于明显醉酒、中毒或者麻醉等状态，不能正常感知或者正确表达的证人所提供的证言，不得作为证据使用”。至于何为“年幼”，我国《刑事诉讼法》没有对

① 日记等包含个人隐私的文书能否作为证据材料，西方国家法例上有其他学说，例如德国即将其列入证据禁止范畴。

② 参见[德]克劳思·罗科信：《刑事诉讼法》，法律出版社2003年版，第262页。

证人年龄作出明确限制，只要“能够辨别是非和正确表达”，就可以在刑事诉讼中作为证人提供证言。

根据我国《刑事诉讼法》第 60 条的规定，证人在刑事诉讼中作证是一项法定义务，由于服从司法权的关系而产生，凡是满足上述条件的人都不得拒绝作证。在理论上，证人义务包括到案作证义务、如实作证义务、出庭作证并接受质证义务，一些国家还有证人宣誓或者具结义务。我国新《刑事诉讼法》第 59 条规定并不必然要求证人出庭作证。①

要西方国家，英美法系关于证人义务免除有所谓证人特免权规则，大陆法系有证人拒绝作证权。允许某些人在诉讼程序中拒绝透露和制止他人透露某种秘密情报或信息。比如，婚姻关系存续期间，任何一方都有权拒绝向官方提供不利于另一方的证言；受委托的律师对在执行职务行为过程中知悉的有关委托人的秘密，有权拒绝提供。这种特免权的理由是：“社会期望通过保守秘密来促进某种关系。社会极度重视某些关系，宁愿为捍卫保守秘密的性质，甚至不惜失去与案件结局关系重大的情报。”②再比如，德国《刑事诉讼法》上有基于公务关系而拒绝作证、基于业务关系而拒绝作证、基于身份关系而拒绝作证等。我国《刑事诉讼法》第 188 条第 1 款规定“被告人的配偶、父母、子女”不被强制到庭作证，属于证人义务的部分免除。

证人在刑事诉讼中作证，亦有法律上的权利，主要包括证人的安全保障权和经济保障权。我国《刑事诉讼法》第 61 条、第 62 条规定了证人安全保护，第 63 条规定了证人经济保障。

（二）证人证言

作为独立的证据种类，证人证言具有自身的特点。

1. 证人证言是言辞证据，以语言陈述为表现形式

证人证言是言辞证据中的典型形式。与物证、书证比较，证人证言的稳定性相对较弱，因为它容易受到证人主观因素的影响而产生变化。证人证言的形成至少要经历证人对案件事实的感知、记忆、表达三个阶段，特定证人的感知能力、记忆能力、表达能力影响证人证言的质量，此外，某些情感因素也会影响到证人证言的客观性。因此，在程序上一般要求证人亲自出庭提供证言，这样，证人就可以在上述各方面接受控辩双方的质证，从而验证证言的可靠性。

---

① 与 1996 年刑诉法第 47 条相比，新法主要删除了“听取各方证人的证言”内容，因此，解释上可以认为，对证人出庭作证的要求更加降低。根据第 187 条规定，只有控辩双方对证人证言存在“异议”“且该证人证言对案件定罪量刑有重大影响”“人民法院认为证人有必要出庭作证”的，证人应当出庭作证。

② 乔恩 · R · 华尔兹：《刑事证据大全》，中国人民公安大学出版社，1993 年，第 283 页。

2. 证人证言是证人对案件有关事实或情况的感知和陈述，不是个人推测或分析判断意见

证人证言可以分为体验性陈述和意见性陈述，在证据资格上，法律通常否定证人意见的可采性。证人在刑事诉讼中的作用是提供其所感知到的、有关案件的事实情况，而根据有关的证据事实作出判断是法官的职责。从理论上说，如果将证人证言中的分析判断性意见作为证据认定和采纳，则侵犯了法官职权范围。在实践中，则可能同时对法官认定案件事实造成误导。比如，证人说："我当时看到的那个人可能是他""这把刀好像是他的"。诸如此类的意见性证言都不能作为证据使用。

3. 证人证言具有不可替代性

证人是知道案件情况的人，某个人或某些人知道案件情况是特定的，这种特定性导致证人证言具有不可替代性。如果了解案件情况的人在刑事诉讼中发生了角色冲突，一般应当担任证人。例如我国《刑事诉讼法》第 28 条第(三)项规定，担任本案证人的审判人员、检察人员、侦查人员必须回避，只应充当证人。

4. 证人证言的证明力受多种额外因素影响，因此必须考虑证明力补强规则

证人证言属于主观证据，其真实性和证明力存在多种外在影响，主要包括：其一，证人品格影响其证明力。其二，法庭外陈述(statement)和出庭作证(testimony)影响其证明力。其三，证人与当事人存在利害关系时，影响证人证言的客观性。因此，许多国家的立法例上通常规定证人证言证明力的补强规则。

四、被害人陈述

被害人陈述是被害人就自己遭受犯罪行为侵害案件事实和相关情况向侦查人员、检察人员或审判人员所作的陈述。在我国《刑事诉讼法》上，公诉案件的被害人是诉讼当事人之一，故第 48 条规定被害人陈述作为一种独立证据种类，是被害人对案件事实问题所作的陈述。在许多西方国家的刑事诉讼中，虽然被害人是独立的诉讼关系人，①但是被害人陈述并非单独的证据种类，而是归入证人证言，收集和审查判断的程序同一。

在刑法上，被害人是指其人身、财产或其他权利遭受犯罪行为侵害的人。《刑事诉讼法》上也可以这么界定，但是，其在刑事诉讼中表现的角色并不一致。在公诉案件中，被害人居于诉讼参与人、当事人、附带民事诉讼原告的地位。在

---

① 在德国法上，被害人地位具有双重性，既属于案件举报人(anzeigeerstatter)，也属于证人，在此两种身份下，对诉讼程序没有影响力。法律规定的两种例外情形是：一为告诉乃论罪之自诉(privatklage)，二为法律许可之从属告诉(nebenklage)。

自诉案件中，被害人作为自诉人参加诉讼，居于当事人地位。公诉案件和自诉案件中的被害人陈述适用证人证言的收集程序。附带民事诉讼中被害人的陈述适用民事诉讼法，应为“当事人陈述”。

被害人陈述具有自身特点。其一，被害人陈述具有直接性。许多案件中的被害人遭受犯罪行为的直接侵害，被害人与犯罪人有直接接触，因此，被害人陈述涉及犯罪事实和犯罪人的情况，较之其他证据材料更为直接、更为具体。其二，被害人陈述具有两面性。一方面，被害人一般是亲身受到犯罪侵害的人，其所作出的陈述较大程度上反映案件事实真实情况；另一方面，被害人可能出于对犯罪嫌疑人、被告人的愤恨而有意或无意夸大事实。其三，被害人可能因早上犯罪侵害时精神紧张等原因而出现错觉，进而作出不实陈述。

需要注意的是，被害人陈述只包括被害人对案件事实的客观陈述，不能包括其对案件事实的分析判断，也不能包括其参加诉讼的意见和主张，例如《刑事诉讼法》第 170 条、第 182 条第 2 款等。

五、犯罪嫌疑人、被告人供述和辩解

犯罪嫌疑人、被告人供述和辩解是指犯罪嫌疑人、被告人就其被指控的犯罪事实或相关情况向公安司法机关所作的陈述，包括承认自己犯罪并交待犯罪事实的陈述，否认犯罪，或者虽然承认犯罪，但认为应当从轻、减轻、免除处罚和不应追究其刑事责任的申辩或解释。犯罪嫌疑人、被告人供述和辩解，简称口供(刑诉法第 53 条)。

犯罪嫌疑人、被告人供述和辩解通常分为三种形式：①供述。犯罪嫌疑人、被告人对于被指控的犯罪事实表示承认，并如实陈述其实施犯罪行为的全部事实和犯罪情节。我国古代称“招供”，外国法也称为“自白”(confession)。[①] ②辩解。犯罪嫌疑人、被告人否认自己实施犯罪行为，或者虽然承认自己实施犯罪行为，但是开脱或辩称自身行为依法不应当追究刑事责任，或者依法应当从轻、减轻或者免除处罚。即无罪辩解和罪轻辩解。③攀供。犯罪嫌疑人、被告人揭发、检举、供述同案(共同犯罪)其他犯罪嫌疑人、被告人犯罪行为的陈述。该种陈述究竟属于“供述和辩解”还是“证人证言”，学说上有分歧。[②]

作为典型言辞证据的犯罪嫌疑人、被告人供述和辩解具有不同于其他证据种类的特点：

---

① 在美国法上，自白是指被告人接受警察讯问中承认自己罪行的陈述。宪法修正案规定反对强迫自证其罪的宪法权利之后，刑事诉讼判例法上，自白需服从任意性规则和自由意思规则(voluntariness test)，米兰达案件之后，需服从米兰达警告和沉默权规则。Miranda v. Arizona, 384 U.S. 436 (1966).

② 参见杨开湘：《攀供问题新探》，载《现代法学》1993 年第 2 期，第 66－68 页。

第一，在犯罪嫌疑人、被告人如实供述或者辩解的情况下，其供述和辩解能够成为全面、直接地证明案件事实的材料，与其他证据综合印证，经过查证属实，能够作为定案的根据。特别是犯罪嫌疑人、被告人供述，如果是以合法方法收集，不存在《刑事诉讼法》第50条、第54条规定的非法方法收集，则具有客观性、真实性。重视犯罪嫌疑人、被告人辩解，例如不在犯罪现场(Alibi)的辩解，在一定程度上也能够有助于侦查机关发现和纠正收集证据时的错误和偏差。

第二，与被害人陈述一样，犯罪嫌疑人、被告人供述和辩解具有两面性特点。一方面，犯罪嫌疑人、被告人对自己是否犯罪，犯有何罪，以及犯罪的目的、手段和经过最清楚，因此，他们的口供是不可替代的证据材料。但是另一方面，犯罪嫌疑人、被告人在刑事诉讼中处于被追诉地位，有可能受到刑事处罚，因此，在作出供述和辩解时，隐瞒事实、避重就轻、虚假陈述的可能性很大。对此，我国《刑事诉讼法》第53条第1款明确规定，“对一切案件的判处都要重证据，重调查研究，不轻信口供。只有被告人供述，没有其他证据的，不能认定被告人有罪和处以刑罚；没有被告人供述，证据确实、充分的，可以认定被告人有罪和处以刑罚”。

第三，犯罪嫌疑人、被告人供述和辩解往往存在不稳定性。根据诉讼心理学，当犯罪嫌疑人、被告人就是真正犯罪人，或者具有重大嫌疑时，其心理活动更显激烈，心理波动更大，言辞陈述不稳定，可能时而供述，时而辩解，时而翻供。

针对犯罪嫌疑人、被告人供述和辩解的上述特点，我国《刑事诉讼法》规定了收集犯罪嫌疑人、被告人供述和辩解的专门条款，目的是为了保证嫌疑人、被告人供述和辩解的客观性、真实性。主要有：①第50条第2句规定“不得强迫任何人证实自己有罪”。②第53条第1款规定“重调查研究，不轻信口供”。③第54条第1款第1句规定“采用刑讯逼供等非法方法收集的犯罪嫌疑人供述，……应当予以排除”。

六、鉴定意见

《刑事诉讼法》上，鉴定意见是鉴定人受公安司法机关的指派或聘请，就案件的某些专门性问题进行鉴定之后作出的书面意见。换言之，“刑事诉讼中的鉴定意见是指国家专门机关就案件中的专门性问题，指派或者聘请具有专门知识的人进行鉴定后作出的判断性意见”①。

鉴定意见在刑事诉讼中的作用在于弥补裁判者在专门问题上认识能力的不足，特别是在现代社会发展中社会分工和知识分化之后，人的认识能力逐渐受到

---

① 陈光中主编：《刑事诉讼法》(第五版)，北京大学出版社、高等教育出版社2013年版，第211页。

诸多局限。一般来讲，在刑事诉讼过程中，根据证据认定案件事实是一个经验层面的问题，在法律知识框架之内，凡具有普通常识与一般逻辑思维能力的正常的理性人足以胜任。然而，在司法实践中，刑事案件事实所涉及专门知识常常超出一般生活经验范围之外，由此，就不得不借助于相关专业知识的帮助。

鉴定意见作为法定证据种类，具有如下特点：

(1)鉴定意见所要解决的案件中的专门性问题，属于案件事实问题，也就是说，鉴定仅限于事实问题，鉴定人不得发表法律意见。鉴定意见应仅仅针对案件事实中有关的专门问题做出，至于属于普通的常识性问题的事实认定，应当属于事实裁判者的职责，无需鉴定意见。

(2)鉴定意见是证据的一种，其证明力同样要接受裁判者的判断。因为，第一，事实认定是司法权的一部分，只能由依据宪法享有司法权的主体作出，而鉴定人并非合法的司法权主体，对于案件事实没有最终的认定权。第二，鉴定意见大都是建立在一定的科学知识基础之上，而科学是不断发展的，人们的认识永远达不到绝对真理的程度，因此，鉴定意见的证明力也并非无懈可击。将鉴定意见引入诉讼领域体现了对科学的尊重，但尊重绝不等于迷信。第三，鉴定意见往往只涉及案件事实的一部分内容，而具体案件处理过程中还可能存在大量其他形式的证据。裁判者应当全面考虑所有证据，而不能只把目光放在鉴定意见上面，最终导致一叶障目，不见泰山。第四，鉴定意见是一种意见证据，其中加入了鉴定人的主观判断，因此，即使其所依据的专门知识是明确的，也可能会由于鉴定人的主观因素而使鉴定意见带有了某种程度的不确定性。

根据我国《刑事诉讼法》第144条规定，鉴定是为了查明案情而设置的法定侦查措施。根据《刑事诉讼法》第3条、第4条规定，侦查权力由公安机关、人民检察院、国家安全机关等侦查机关行使，所以，鉴定的主体是侦查机关，负责“指派、聘请有专门知识的人进行鉴定”。其中，侦查机关指派的鉴定人属于职能司法鉴定人，侦查机关聘请的属于社会鉴定人。① 这种两分法来自2005年2月28日全国人大常委会制定的《关于司法鉴定管理问题的决定》规定，“司法鉴定是指在诉讼活动中鉴定人运用科学技术或者专门知识对诉讼涉及的专门性问题进行鉴别和判断并提供鉴定意见的活动”。但是，《刑事诉讼法》第192条第2款的“专家辅助人意见”不是鉴定意见。

鉴定意见与证人证言同属言辞证据，但是存在区别：①鉴定意见是案件发生之后发表的意见，鉴定人通常可以更换替代，可以补充或重新鉴定；证人证言是证人对自己知道的案件发生过程中的事实情况的陈述，不可替代。②鉴定意见是

① 参见杨开湘、宋扬：《社会司法鉴定人与智能司法鉴定人比较评介》，载《中国司法鉴定》2009年第5期，第1-5页。

运用专门知识进行的鉴别和判断，属于意见证据；证人证言是直接的事实陈述。③鉴定意见建立在专门知识基础之上，形式上类似“专家证言”；证人证言以日常生活经验的观察、记忆、表达为基础。

我国《刑事诉讼法》第 144 条至 146 条规定了鉴定和鉴定意见的基本程序问题。

七、勘验、检查、辨认、侦查实验等笔录

勘验、检查、辨认、侦查实验等笔录是侦查机关对刑事案件侦查活动进行记录的合称，可以分别看待。其中，勘验、检查笔录是侦查人员依法对于与犯罪有关的场所、物品、人身、尸体进行勘验或者检查的情况写成的实况记载。根据我国《刑事诉讼法》第 126 条、第 162 条规定，公安机关、人民检察院的侦查人员进行“勘验、检查”是法定的侦查行为（侦查措施）。第 131 条规定，勘验、检查的情况应当写成笔录，这就是勘验、检查笔录。

根据《刑事诉讼法》第 191 条规定，人民法院在审理案件过程中对证据进行调查核实时，可以进行勘验、检查等措施，并依法写成笔录。

在刑事侦查学上，犯罪现场的勘验、检查，也称现场勘查，所写成之笔录称“现场勘查笔录”，其表现形式多样，包括现场勘查文字记录、现场绘图、现场照相、现场录像、复制或制作现场模型等。勘验、检查笔录可以是手写作成，也可以电脑录入作成，后者不属于电子数据。

勘验、检查笔录与书证和鉴定意见不同。勘验、检查笔录与书证的区别在于，书证是在刑事犯罪发生过程中发现的已有书面文件，侦查人员只是进行收集、固定以及审查判断等活动；而勘验、检查笔录则是在刑事案件发生之后，司法人员对有关的场所、物品、人身、尸体进行勘验、检查并制作而形成。鉴定意见是鉴定人运用专门知识和技能对相关的专门性问题作出的判断意见；而勘验、检查笔录则是司法人员对其直接感受到的案件情况进行的描述，不涉及专门性问题，根据法律规定，勘验、检查过程中遇到某些专门性问题时，需要聘请或指派具有专门知识和技能的人参加勘验、检查，并在需要时另行鉴定。

勘验、检查笔录对于判断犯罪行为是否发生，以及犯罪的时间、地点、作案的方式方法等一系列问题具有重要的意义，因此勘验、检查笔录应当严格依法制作。在西方国家普遍有警察出庭作证制度，负责现场勘查的警察必须出庭就其勘验、检查的情况接受法庭调查或者交叉询问，但在我国目前并不存在这一制度。

辨认笔录是法定证据种类之一，是指侦查人员对于辨认过程和辨认结果依法写成的笔录。我国《刑事诉讼法》侦查程序中没有规定辨认作为法定侦查措施，公安部《规定》第 249 条规定，“为了查明案情，在必要的时候，侦查人员可以让被害人、证人或者犯罪嫌疑人对与犯罪有关的物品、文件、尸体、场所或者犯罪嫌

疑人进行辨认”。最高检《规则(试行)》第257条也规定了辨认作为侦查措施之一。从体系解释的角度说，辨认应当视为一种法定的侦查措施。

侦查实验笔录是指侦查机关对于进行侦查实验的过程和结果依法写成的笔录。《刑事诉讼法》第133条规定侦查实验作为法定侦查措施，属于勘验、检查侦查措施的特殊形式。

勘验、检查、辨认、侦查实验等笔录中的“等笔录”，根据公安部《规定》第56条第7项规定，包括搜查笔录、查封、扣押笔录、提取笔录等，其中“提取”之侦查行为可见于《刑事诉讼法》第130条第1款中的提取指纹信息，采集血液、尿样等生物样本。

八、视听资料、电子数据

视听资料是以录音带、录像带、光盘、电脑磁盘和其他科技设备储存的录音录像信息资料证明案件真实情况的证据材料。学说上认为，“以其所载的音响、活动影像和图形，以及电子计算机所存储的资料等来证明案件事实的证据”都是视听资料。① 将视听资料作为一种独立的证据形式在法律中加以规定，或许是我国诉讼法上的一项创举。从比较法角度看，在德国刑事诉讼学说和判例上，录音、录像等电子材料能否作为独立证据形式，以及能否作为文书证据的特殊表现形式或者作为勘验的对象形式，是存在争议的，因为本身不可宣读，主流学说否定其证据能力。②

当然，视听资料对于刑事诉讼具有重大意义，且具有自身的特点。

第一，视听资料的物质信息载体具有高度的科学技术性，离开特殊的物质载体，相关信息就难以收集和发挥证明作用。视听资料是随着近现代科学技术的发展而出现的一种新的诉讼证据。视听资料的各种信息是以声、光、电、磁以及其他粒子等媒体形式存在的。人们要把这些单凭自己的感官无法直接感知为物质实体的声、光、电、磁等物质完整地保存下来，必须运用现代科学技术手段，使之固定或存储在有形物质如录音带、录象带、软盘、光盘等载体里，离开这些载体，相关信息就难以被人们把握。

第二，视听资料的信息量大，且形象直观。视听资料可以通过动态的方式持续性地反映案件某些情况的发生过程。其他证据大多是从某一个方面反映案件事实，而视听资料对于案件事实的反映则比较直观，它所包含的信息量要远远大于其他证据。

第三，视听资料比较容易被伪造或变造。视听资料是依赖于现代科学技术手

---

① 陈光中主编:《刑事诉讼法》(第五版)，北京大学出版社、高等教育出版社2013年版，第214页。

② See, Graf, Strafprozessordnung (Kommentar), Verlag C. H. Beck, 2010, SS. 978-981.

段制作而成的证据形式，人们同样可以采取一定的科技手段，比如剪辑、复制等对视听资料加以伪造或变造。因此，对视听资料的审查判断应当更加严谨。

电子数据，是基于计算机应用、互联网等现代电子化技术手段而以电子形式存在的、用作证据使用的材料及其派生物或者复制品。电子数据是以数字化形式存在的数据，当视听资料也能以数字化形式存在时，电子数据与视听资料究竟如何区分，就成了刑事诉讼理论和实务中难以解决的问题，需要从技术上和法律上加以解决。根据最高院《解释》第93条规定的精神，可以认为，“电子邮件、电子数据交换、网上聊天记录、博客、微博客、手机短信、电子签名、域名等”新型数据类型的材料，属于电子数据。随着电子科学技术的发展，还可以将微信、电子公告牌记录、电子银行记录等扩展解释为电子数据。

我们主张，《刑事诉讼法》第48条第8项“视听资料、电子数据”虽然是以顿号连接表述，鉴于二者难以完全清晰分别，如果解释为“视听资料和电子数据”，则可以解决分类和归属的难题。

第三节　证据的分类

证据的分类，就是证据的学理分类，是指在学理上按照一定的标准，从不同的角度对证据作出的类别划分。证据分类的目的在于指导证据的运用，对证据进行科学的分组研究，区分各类证据的特点，提出正确运用各类证据的一般规则，以利于收集、审查、判断证据。所以说，对证据进行分类，不仅有利于学术研究，而且有利于立法和司法实践。

证据的分类与证据的种类不同，证据的种类是法律作出明确规定的证据材料的表现形式，具有法律约束力。而证据的分类则是一种学理上的划分，不具有法律约束力，只对法律的制定与执行具有指导意义。

在我国证据法学理论上，常见的证据分类方法通常有四种，分别是言辞证据和实物证据，有利于犯罪嫌疑人、被告人的证据和不利于犯罪嫌疑人、被告人的证据，原始证据和传来证据，直接证据和间接证据。在学理上对证据进行分类的标准和方法有多种，同一个证据材料，按照不同的标准来划分，可以分别属于不同类别的证据。例如，目击证人亲自提供的证言，既是言辞证据又是直接证据，也是原始证据。再比如，在犯罪嫌疑人住处搜查获得的犯罪工具，既是实物证据，又是间接证据、原始证据，也是不利于犯罪嫌疑人的证据。

一、言辞证据和实物证据(人证和物证)

以证据的存在和表现形式为标准，可以将证据分为言辞证据(testimony)和实物证据(physical evidence)。其中，言辞证据又被称为人证，实物证据又被称为物证。言辞证据受人的主观个性因素影响较大，学理上称之为主观性证据；实物证据独立于人的主观意识而存在，学理上称之为客观性证据。

1. 言辞证据(人证)

凡是以人的语言陈述为存在和表现证据形式的各种证据材料，称为言辞证据。语言陈述可以是口头陈述，也可以是书面意见。在我国《刑事诉讼法》第48条规定的八项证据种类中，属于言辞证据的包括证人证言，被害人陈述，犯罪嫌疑人、被告人供述和辩解，鉴定意见。其中，鉴定意见虽然表现为鉴定人出具的书面文书，但其实质是鉴定人对某个专门性问题表达的专业意见，因此鉴定意见归入言辞证据范围。由于鉴定意见属于言辞证据的特点，在诉讼过程中，鉴定人就不能仅仅提供一份书面的鉴定意见，而应当在法律规定应当出庭接受控辩双方当事人质证的时候出庭作证。在英美法系，就专门问题提供证据材料的人称为专家证人(expert witness)，具有证人的法律地位，也要像目击证人一样出庭接受交叉询问。

2. 实物证据(物证)

凡是以实物形态或物质形态为存在和表现形式的证据材料，称为实物证据。在我国《刑事诉讼法》第48条规定的八项证据种类中，属于实物证据的包括物证(狭义物证)，书证，勘验、检查、辨认、侦查实验等笔录，视听资料、电子数据。其中，书证虽然是以其思想内容发挥证明作用，但是它是以一定实体物作为物质载体的证据材料，而且书证是案件发生过程中产生的物品，因此属于实物证据。勘验、检查笔录等笔录型证据种类，之所以归入实物证据，是因为它们不是对人的陈述的记录，而是对实际存在的实体物的状态和特征以及侦查人员收集证据的活动进行的客观描述和记录。视听资料、电子数据也是以实物形态或物质载体为其存在和表现形式的证据类别，因此也属于实物证据。在有的国家，视听资料、电子数据不属于独立的证据种类，只属于勘验、检查的客体物品，在法律属性上归入物证或书证。

3. 分类的意义

言辞证据与实物证据两分，其意义在于二者具有不同的特点，因而在收集、审查判断、非法证据排除等方面不同。

言辞证据的主要特点是内含比较丰富，能够比较全面地揭示案件发生发展的前因后果，很多言辞证据都属于直接证据。言辞证据的形成受个人因素的影响比较大，陈述人的感知能力、记忆能力、表达能力以及各种感情因素和利益的驱动都会影响言辞证据的真实性和稳定性。在司法实践中，言辞证据的易变性很强。

实物证据的主要特点是客观性比较强，它的原始材料存在于人的意识之外，具有可见性，只要善于发现并以正确的方法加以提取和固定，就可以较为完整地进入证明轨道。但是，实物证据一般都属于间接证据，本身并不具有证明作用，特别是狭义的物证以及勘验、检查等笔录，其中包含的信息依旧离不开人的认识和评价。

二、有利于犯罪嫌疑人、被告人的证据和不利于犯罪嫌疑人、被告人的证据

以证据的内容以及对案件事实的证明作用为标准，可以将证据划分为不利于犯罪嫌疑人、被告人的证据与有利于犯罪嫌疑人、被告人的证据。这种分类也称为有罪证据和无罪证据、控诉证据和辩护证据。我国《刑事诉讼法》第 50 条第 1 句规定，“审判人员、检察人员、侦查人员必须依照法定程序，收集能够证实犯罪嫌疑人、被告人有罪或者无罪、犯罪情节轻重的各种证据”，其中就包含这种分类。

1. 不利于犯罪嫌疑人、被告人的证据

凡是能够证明犯罪嫌疑人、被告人有罪，即能够肯定犯罪事实存在和证明犯罪行为是犯罪嫌疑人、被告人实施的证据，就是不利于犯罪嫌疑人、被告人的证据。在刑事诉讼中，刑事侦查和刑事追诉的根本目的是惩罚犯罪，因此，收集证据的根本指向就是不利于犯罪嫌疑人、被告人的证据。只有如此，才能认定犯罪嫌疑人、被告人的犯罪事实并处以刑罚。

2. 有利于犯罪嫌疑人、被告人的证据

凡是能够证明犯罪嫌疑人、被告人无罪或者犯罪情节较轻，即能够否定犯罪事实存在，或者证明犯罪嫌疑人、被告人没有实施犯罪行为，或者所实施的犯罪行为情节较轻的证据，就是有利于犯罪嫌疑人、被告人的证据。例如，我国《刑事诉讼法》第 40 条规定的，辩护人收集的“有关犯罪嫌疑人不在犯罪现场、未达到刑事责任年龄、属于依法不负刑事责任的精神病人的证据”，就是典型的有利证据。

3. 分类的意义

对证据进行这种分类的主要意义在于，公安司法人员在刑事诉讼中收集证据要力求客观全面，既要收集能够证明犯罪嫌疑人、被告人有罪或者罪重的证据，又要收集能够证明犯罪嫌疑人、被告人无罪、罪轻的证据。我国《刑事诉讼法》第 50 条规定体现了国家追诉的客观义务，是公安司法机关全面收集证据原则的法

律依据。

在惩罚犯罪和保障人权的双重任务之下，刑事诉讼不仅要解决犯罪嫌疑人、被告人是否有罪的问题，同时还要解决罪行轻重的问题，整个刑事诉讼就是围绕犯罪嫌疑人、被告人是否有罪以及罪行轻重的问题展开的，有利于犯罪嫌疑人、被告人与不利于犯罪嫌疑人、被告人这种标准则恰恰同时体现了这两个方面的问题。

三、原始证据和传来证据

以证据材料的来源为标准，可以将证据划分为原始证据和传来证据。

1. 原始证据

凡是直接来源于犯罪事实的第一手的证据材料，都是原始证据。例如，被告人的供述，目击证人就其亲眼所见、亲耳所听的事实所作的证言，物证原件，书证原本。

2. 传来证据

凡是来源于第二手或第二手以上的证据材料，都是传来证据。传来证据也称派生证据、第二手证据。例如转述他人的陈述，物证照片，书证抄本、复印件等。在刑事诉讼中，传来证据依法可以作为证据材料用于证明，例如我国最高院《解释》第70条、第71条规定，据以定案的物证、书证应当是原件，但是也允许照片、录像、复制品作为证据提交审查与认定。国外所谓传闻证据（hearsay evidence）是典型的言辞类传来证据，其实质是排斥传闻证据法则（Hearsay is no evidence.）。

3. 分类的意义

原始证据与传来证据之分的意义在于这两类证据的证据价值不同。原始证据距离案件事实最接近，因此具有较强的证明力；而传来证据由于经过中间环节，其证明力不如原始证据，而且传来证据的证明力与中间环节的多少呈不规则反比关系，它所经过的传递次数越多，证明力越小。因此，公安司法机关在刑事诉讼过程中应当尽可能地收集原始证据。最高院《解释》第70条第1款第1句规定“据以定案的物证应当是原物”。第71条第1款第1句规定“据以定案的书证应当是原件”。表示证据审查与认定重视原始证据的证明力。比较法上，英美法系国家有一项古老的证据规则，称为原始文书规则（the original writing rule）或最佳证据规则（best evidence rule），但是其适用范围限于文书。

传来证据在诉讼中也有其不可忽视的价值，主要表现在：第一，传来证据可以作为发现原始证据的线索。比如，某人听到他人转述的案件有关情况，并将其提供给公安司法机关之后，公安司法机关便可以以此为线索，找到最初的目击证人，收集原始的证人证言。第二，传来证据可以用来佐证、核实原始证据。当原始证据存在被伪造或变造的可能性时，比如，公安司法机关在听取目击证人对案件事实的陈述之后，可以再广泛搜集该证人向公安司法人员以外的其他人转述的情况，两相比对，达到验证、核实的目的。第三，传来证据是提取和固定原始证据的手段。比如，对于某些物证可以通过拍照、录像等形式加以提取固定，书证也常常以复印、转抄等方式制作传来证据。第四，在无法或者难以收集到原始证据的情况下，经查证属实的传来证据同样可以用作证据材料。例如最高院《解释》第70条、第71条之规定。

四、直接证据和间接证据

以单独一个证据对案件主要事实的证明方式为标准，可以将证据划分为直接证据和间接证据。所谓刑事案件的主要事实，就是指犯罪行为是否发生，以及谁是犯罪行为的实施者，概言之，案件主要事实就是犯罪嫌疑人、被告人是否实施了被追诉的犯罪行为。我国《刑事诉讼法》第53条第2款第1项中的“定罪量刑的事实”解释上就是案件主要事实；第160条中的“犯罪事实清楚”、第168条第1项中的“犯罪事实”、第195条中的“已经查明的事实”，解释上也应属于案件主要事实。

1. 直接证据

凡是能够单独直接证明案件主要事实的证据就是直接证据。比如，犯罪嫌疑人、被告人承认实施犯罪行为的供述和否认实施犯罪行为的辩解；被害人亲自指控犯罪嫌疑人、被告人实施犯罪行为的陈述；目击证人肯定或否定犯罪嫌疑人、被告人实施犯罪行为的证言等。在《刑事诉讼法》规定的八种证据形式中，证人证言、被害人陈述、被告人供述和辩解都有可能成为直接证据。不是言辞证据的物证、书证、视听资料、电子数据与各种笔录证据能否成为直接证据，学说上不统一。

直接证据虽然是与案件主要事实直接联系的证据，但是单独一个直接证据不能证明自身的客观性和真实性，因此司法实践中所说的“孤证不能定案”同样适用于直接证据。我国《刑事诉讼法》第53条第1款第2句规定的“只有被告人口供，没有其他证据的，不能认定被告人有罪和处以刑罚”。

2. 间接证据

凡是不能单独直接证明案件主要事实，必须与其他证据联系起来并经过推理才能证明案件主要事实的证据就是间接证据。比如，刑事案件现场的状况；犯罪工具；被害人损伤的状况及其鉴定意见；犯罪嫌疑人、被告人在案件发生前后的行踪及其异常表现等。《刑事诉讼法》规定的八种证据形式都可能成为间接证据。

3. 分类的意义

从证明过程上讲，间接证据要比直接证据对案件主要事实的证明多一个环节。直接证据经过查证属实之后，就可以直接认定案件主要事实，而间接证据经查证属实之后，还要联系其他证据进行综合分析推理，才可以认定案件主要事实。在德国《刑事诉讼法》上，有所谓直接事实(haupttatsachen)、间接事实(indiztatsachen)、辅助事实(hilfstatsachen)之分，后两者之证据材料为间接证据。

直接证据和间接证据虽然对案件主要事实的证明方式不同，但它们都具备两种证明作用，即都有可能对案件主要事实起到肯定的证明作用和否定的证明作用。其中，肯定性的直接证据与否定性的直接证据之间存在一个明显的区别，肯定性的直接证据必须能够同时证明刑事案件主要事实的两个方面，即犯罪行为已经发生，而且犯罪嫌疑人或被告人就是犯罪行为的实施人。而否定性的直接证据则不同，只要一项证据足以否定上述两方面中的任何一个方面，就是直接证据，因为只要其中一项因素不成立，就可以判断本案的主要事实不存在，或者犯罪行为根本没有发生，或者不是犯罪嫌疑人、被告人所为。

直接证据与间接证据在刑事诉讼中都有重要意义。直接证据查证属实之后，案件的主要事实即可清楚。间接证据不能单独证明案件主要事实，需要与其他证据相结合才能证明案件主要事实。间接证据在刑事诉讼中常常是发现犯罪人和获得直接证据的线索，同时，间接证据还是鉴别直接证据的重要手段，在许多情况下，间接证据可以加强直接证据的证明作用。更为重要的是，在直接证据无法获得的情况下，依靠确实充分的间接证据，也可以认定案件事实。

4. 间接证据的定案条件

在完全运用间接证据认定案件事实的时候，不能违背常理和逻辑规则。运用间接证据定案必须满足以下几个条件：

第一，每一个间接证据都应当经过法定程序查证属实。

第二，每一个间接证据都必须与案件有关联，能够证明案件中的某些事实、情节。

第三，间接证据必须形成一个完整的证明体系。具体地说，是对犯罪目的、动机、时间、地点、过程、手段、工具、后果、犯罪嫌疑人、被告人的身份等案情的各个方面都有相应的证据加以证明。

第四，间接证据之间、间接证据与案件事实之间必须协调一致，依据间接证据形成的证明体系足以得出肯定的结论，对所认定的事实已经排除合理怀疑。

第四节　证据的收集、审查判断

一、证据的收集

(一)收集证据的概念

收集证据，也称证据收集，是指公安、检察、审判人员为查明案件事实真相，依照法定程序调查、发现、取得和保全一切与案件有关的情况和材料的活动。我国《刑事诉讼法》第50条规定，收集证据是指收集能够证实犯罪嫌疑人、被告人有罪或者无罪、犯罪情节轻重的各种证据。收集证据主要包括以下三个方面内容。

1. 收集证据只能由审判人员、检察人员、侦查人员进行

法律赋予审判人员、检察人员、侦查人员收集证据，可以采取勘验、检查、搜查、查封、扣押等各项专门调查工作和采取相应的强制性措施发现和取得证据材料。《刑事诉讼法》第50条、第113条、第162条赋予公安机关、人民检察院依法收集、调取证据的权力。《刑事诉讼法》第191条规定，人民法院有权对证据进行调查核实。最高院《解释》第62条规定，"审判人员应当依照法定程序收集、审查、核实、认定证据"，其中包括收集证据。

同时，《刑事诉讼法》第52条第1款规定，"人民法院、人民检察院、公安机关有权向有关单位和个人收集、调取证据。有关单位和个人应当如实提供证据"。第60条第1款规定，凡是知道案件情况的人，都有作证的义务。

在刑事诉讼中，法律授权辩护人或辩护律师在特殊情形下可以收集证据、收集与本案有关的材料。《刑事诉讼法》第40条规定，辩护人可以收集有关"犯罪嫌疑人不在犯罪现场、未达到刑事责任年龄、属于依法不负刑事责任的精神病人"的证据。第41条规定，"辩护律师经证人或者其他有关单位和个人同意，可以向他们收集与本案有关的材料……辩护律师经人民检察院或者人民法院许可，并且经被害人或者其近亲属、被害人提供的证人同意，可以向他们收集与本案有关的材料"。这两条规定中的文字表述需要在解释上予以厘清，第40条规定使用"证据"，是辩护人收集证据的法定权利；但是，第41条规定使用"与本案有关的材料"，解释上应该不属于"证据"，辩护律师需要申请人民检察院、人民法院收集、

调取证据。应当说，辩护人收集证据受到法律直接、严格的限制，但是学术界和律师实务界主张扩大律师调查取证权。

2. 收集证据的任务是发现、取得和保全证据

发现证据，是使用某种手段和方法观察到或者寻找到能够证明案件真实情况的事实材料的活动。发现证据是收集证据的首要任务，是收集证据的第一步工作，只有发现证据，才能取得证据。

取得证据，是在发现证据之后提取证据的活动。公安司法人员发现证据，必须采取一定的方法予以提取、固定。无论采取何种方法提取证据，都要保持其原状和真实性，使之不致因提取而发生变化。

保全证据，是指在提取证据之后进行的保管证据的活动。公安司法机关对于收集的证据，应当妥善保管、运输，使其不受毁损，为侦查终结、审查起诉，特别是法庭审理提供证据材料。侦查终结后移送人民检察院审查起诉，提起公诉时移送人民法院。

我国《刑事诉讼法》第 52 条第 2 款新增一种证据收集途径，行政机关在行政执法和查办案件过程中收集的几种证据材料，在刑事诉讼中可以作为证据使用。

3. 收集不同法定证据种类的方法或手段不同

对物证、书证、视听资料、电子数据的收集一般采取勘验、检查、搜查、查封、扣押、辨认、鉴定等方法，在法律规定的特殊案件和特殊情形下，可以采取技术侦查措施进行收集。收集、调取这些证据材料应当是原物，只有在法定的特殊情形下，可以采取拍照、录像、复印、影印等辅助方法，反映原物外形与内容，作为证据使用。

收集犯罪嫌疑人、被告人供述和辩解采取讯问方法，对证人证言、被害人陈述等其他言辞证据，采取询问方法。讯问和询问均应按照法定程序规范对陈述进行记录，转化为讯问笔录和询问笔录形式的书面证据材料。我国《刑事诉讼法》第 120 条、第 124 条规定了讯问笔录和询问笔录，在必要的时候，可以允许或要求犯罪嫌疑人亲笔书写供词，可以允许或要求证人、被害人亲笔书写证言、陈述。

收集鉴定意见采取鉴定的方法。鉴定是为了帮助公安司法机关判断特定证据问题，鉴定意见不能直接得出案件事实，其间需要公安司法机关的审查和判断。

法律规定的勘验、检查、辨认、侦查实验等侦查措施写成的笔录，属于收集证据的法定形式，此类证据具有特殊性。

4. 收集证据必须依据法定程序进行

收集证据是一种诉讼活动，其目的是为了查明刑事案件的事实，因此，作为一种诉讼活动，收集证据必须严格依照法律规定的诉讼程序进行。公诉案件的侦查程序中规定了各种法定侦查措施的程序规范。对于收集证据的方法，《刑事诉

讼法》第 50 条、第 54 条规定，严禁刑讯逼供、严禁以非法方法收集证据。进而，第 56 条规定，在法庭审理过程中审判人员可以启动对证据收集的合法性进行法庭调查，第 57 条规定，证据收集的合法性由人民检察院承担证明责任。

收集证据的法定程序还包括收集证据过程中的保密义务。《刑事诉讼法》第 52 条第 3 款规定，“对于涉及国家秘密、商业秘密、个人隐私的证据，应当保密”。

(二)收集证据的客观性义务

正确认定案件事实的前提，是所依据证据的客观性和真实性。只有坚持客观全面地收集证据，反对主观片面性，证据的真实性才会有保障。所谓收集证据要客观，是指必须从案件实际情况出发，尊重客观事实，按照客观证据的本来面目如实收集。我国《刑事诉讼法》第 53 条第 1 款第 1 句规定，“对一切案件的判处都要重证据，重调查研究，不轻信口供”。意味着从收集证据开始就应当重视客观性。所谓收集证据要全面，是指凡是与案件有关的证据内容，要全面调查，全面收集。公安司法机关既要收集不利于犯罪嫌疑人、被告人的证据，也要收集有利于犯罪嫌疑人、被告人的证据，对于被害人陈述以及被害人一方提供的证据和犯罪嫌疑人、被告人供述和辩解，要同样加以重视。《刑事诉讼法》第 50 条第 1 句规定的“收集能够证实犯罪嫌疑人、被告人有罪或者无罪、犯罪情节轻重的各种证据”就是全面性的体现。从理论上说，这是刑事诉讼国家追诉的客观义务。

(三)严禁刑讯逼供和以非法方法收集证据

严禁刑讯逼供和以非法方法收集证据，这是依照法定程序收集证据的必然要求。我国《刑事诉讼法》第 50 条、第 54 条等条文规定几种典型的非法收集证据的方法，其中所称“刑讯逼供”，最高检《规则(试行)》第 65 条第 2 款解释：“刑讯逼供是指使用肉刑或者变相使用肉刑，使犯罪嫌疑人在肉体或者精神上遭受剧烈疼痛或者痛苦以逼取供述的行为。其他非法方法是指违法程度和对犯罪嫌疑人的强迫程度与刑讯逼供或者暴力、威胁相当而迫使其违背意愿供述的方法。”最高院《解释》第 95 条解释：“使用肉刑或者变相肉刑，或者采用其他使被告人在肉体上或者精神上遭受剧烈疼痛或者痛苦的方法，迫使被告人违背意愿供述的，应当认定为《刑事诉讼法》第 54 条规定的‘刑讯逼供等非法方法’。”最高检《规则(试行)》第 65 条第 3 款解释：“其他非法方法是指违法程度和对犯罪嫌疑人的强迫程度与刑讯逼供或者暴力、威胁相当而迫使其违背意愿供述的方法。”

此外，非法方法收集证据中的“威胁”是指以使被讯问人或被询问人的人身或财产利益受到某种损害相恫吓，迫使其按照办案人员的要求进行陈述。“引诱”是指以满足被讯问人或被询问人的某种个人利益为诱饵，使其按照办案人员的愿望进行陈述。通过提问方式来诱导被讯问人或被询问人的诱导性提问，也属于引诱。“欺骗”是指用编造不能实现的情况或承诺的方法，对被讯问人或被询问人进行诱惑或施加心理压力，以使其按照办案人员的愿望进行陈述。从司法实践情况看，欺骗往往同威胁、引诱联系在一起。从一个角度看是引诱或威胁，从另一个角度看则是欺骗。关于收集证据的法定程序，《刑事诉讼法》侦查程序中对讯问犯罪嫌疑人，询问证人、被害人，勘验、检查，搜查，查封、扣押，鉴定，技术侦查措施等都作出明确规定。

(四)人民法院收集证据和辩护人收集证据问题的讨论

1. 人民法院收集证据

人民法院能否依职权或者依申请收集证据，在理论上可以讨论。从我国《刑事诉讼法》和相关司法解释的规定看，人民法院有权收集证据。但是在理论上，人民法院收集证据的范围和权限应当受到严格限制。因此，我们认为，我国《刑事诉讼法》第 50 条第一句以及最高院《解释》第 62 条规定人民法院收集证据，解释上应当限制在特殊情形。

2. 辩护人收集证据

我国《刑事诉讼法》第 39 条、第 40 条、第 41 条规定，辩护人，特别是辩护律师有收集证据或者申请调取证据的权利。但是，辩护人收集证据的权利究竟如何解释，侦查阶段是否赋予辩护律师收集证据的权利？学说上存在争议。我们同意学者主张，因为其可能破坏证据的原始状态，妨碍侦查机关的侦查；可能形成所谓的“双线调查”甚至“以调查反侦查”的局面等弊端，不宜赋予辩护律师在侦查阶段调查取证。①

二、证据的审查判断

(一)审查判断证据的概念、任务和意义

审查判断证据，是指公安司法工作人员对已经收集的证据进行分析研究，鉴别真伪，确定其对案件事实的证明作用并依据查证属实的证据对案件事实作出结论的诉讼活动。审查判断证据的实质是公安司法人员依照法定程序和方法，审查案件证据材料的证据能力(资格)和证明力，并据此认定案件事实的证明活动。通常认为，我国《刑事诉讼法》第 53 条规定的内容就是审查判断证据的一般规则，其在各个诉讼阶段的具体适用，分别是，第 160 条规定侦查终结，第 168 条、第 172 条规定审查起诉和提起公诉，第 195 条规定审判阶段的有罪判决等。与此相

---

① 参见高家伟：《律师在侦查阶段不能调查取证》，载《人民公安》1996 年第 21 期。

对，审查判断证据还包括三个方面的消极结果：收集证据违反法定程序；案件事实不清楚（第225条第3项）；证据不足（第195条第3项、第225条第3项等）或者证据不确实、不充分（第242条第2项）。

审查判断证据的任务包括两个方面：第一，审查每一个证据的真实可靠性。也就是说，要根据每个证据本身所具有的不同特点，有针对性地进行分析研究，查证核实。对所有影响定罪量刑的事实、情节都有查证属实的证据材料。第二，综合全案证据，审查所有证据组成的证明体系是否足以充分确实地证明案件事实，以排除合理怀疑。具体地说，就是要综合分析全案所有证据之间是否相互吻合，协调一致。

审查判断证据是诉讼证明的中心环节和决定性步骤，对正确运用证据查明案件事实具有重要意义。①在收集证据的过程中就伴随着审查判断。收集证据与审查、核实、认定证据是紧密联系的。在证据法学说上，收集证据与审查判断证据具有内在关联。最高院《解释》第62条规定中，"收集、审查、核实、认定"并列表述。②对已经收集到的证据，只有通过审查判断，才能鉴别真伪，去伪存真，排除与本案无关的证据，找出确实充分的证据，从而查明案件事实真相，为正确适用法律奠定基础。③审查判断证据对定案证据的查证属实的法律要求的实现。《刑事诉讼法》第53条规定，"对一切案件的判处都要重证据"，"证据确实充分"的条件之一是"据以定案的证据均经法定程序查证属实"。

（二）对法律规定的各种证据的审查判断

我国《刑事诉讼法》上没有规定对各种证据材料的审查判断。结合相关的司法解释，可以看到司法过程中审查判断证据的法律要求。最高院《解释》第61条规定，"认定案件事实，必须以证据为根据"。第62条规定，审判人员应当依照法定程序"审查、核实、认定证据"。最高检《规则（试行）》第62条规定，"证据的审查认定，应当结合案件的具体情况，从证据与待证事实的关联程度、各种证据之间的联系、是否依照法定程序收集等方面进行综合审查判断"。

在刑事诉讼"以审判为中心"的理念之下，审判阶段对证据的审查判断具有不同于其他诉讼阶段的要求，据此，最高院《解释》第104条及以下若干条明确规定了证据的综合"审查与运用"。规定"对证据的真实性，应当综合全案证据进行审查"。对证据的证明力、证据之间的内在联系，应当进行审查判断。除此之外，《解释》第69条起同时规定了各种证据材料的审查和认定。

1. 物证、书证的审查与认定

最高院《解释》第69条规定，对物证、书证进行审查的内容：

（1）物证、书证是否是原物、原件，是否经过辨认、鉴定。

（2）物证、书证的收集程序、方式是否符合法律、有关规定。

(3) 物证、书证在收集、保管、鉴定过程中是否受损或者改变。

(4) 物证、书证与案件事实的关联性。

(5) 物证、书证是否全面收集。

《解释》第 70 条至 73 条规定，对物证、书证的认定包括：

(1) 据以定案的物证、书证应当以原物、原件为原则，特殊情形下例外。

(2) 对于与案件事实可能有关联的生物样本、痕迹和物品，应当提取而没有提取，应当检验而没有检验，导致事实存疑的，人民检察院依法补充收集、调取或者作出合理说明。

(3) 对物证、书证的来源、收集程序有疑问，不能作出合理解释的，该物证、书证不能作为定案的根据。

2. 证人证言、被害人陈述的审查与认定

对证人证言应当审查以下内容：

(1) 证言内容是否被证人直接感知。

(2) 证人是否具备证人资格或能力。

(3) 证人与案件当事人、案件处理结果有无利害关系。

(4) 询问证人是否分别进行。

(5) 询问笔录的制作是否符合法律规定的程序。

(6) 询问未成年证人是否符合法律规定。

(7) 证人证言有无以暴力、威胁等非法方法获得。(《刑事诉讼法》第 54 条)

(8) 证言之间以及与其他证据之间是否存在矛盾。

《解释》第 75 条至 79 条规定，认定证人证言的有关规定可以概括以下几个方面：

(1) 处于明显醉酒、中毒、麻醉等状态下的证人所提供的证言，不得作为证据使用。

(2) 证人猜测性、评论性、推断性的证言，不得作为证据使用，但根据一般生活经验判断符合事实的除外。

(3) 询问证人违反程序规范的情形，不得作为定案的根据。(《解释》第 76 条)

(4) 询问证人存在程序瑕疵的情形，不得作为定案的根据。(《解释》第 77 条)

(5) 证人出庭作证的证言，经控辩双方质证、法庭查证属实的，应当作为定案的根据。证人拒绝出庭或拒绝作证，法庭无法确认证言真实性的证言，不得作为定案的根据。

被害人陈述的审查与认定，参照证人证言。

3. 被告人供述和辩解的审查与认定

根据最高院《解释》第80条规定，审查被告人供述和辩解应当注意以下几个问题。

(1)讯问时间、地点，讯问人身份、人数及讯问方式等是否符合法律和有关规定。

(2)讯问笔录制作、修改是否符合法律、有关规定。

(3)讯问未成年被告人的特别规定。

(4)被告人供述是否有刑讯逼供和以威胁、引诱、欺骗等方法收集，是否前后一致，是否存在反复。

(5)被告人辩解是否符合案情和常理，有无矛盾。

(6)被告人供述和辩解是否矛盾，同案被告人供述和辩解是否存在矛盾。

《解释》第81条至83条规定被告人供述和辩解的认定。

(1)被告人供述违反程序规范的情形的，不得作为定案的根据。(《解释》第81条)

(2)讯问笔录存在程序瑕疵的情形，不得作为定案的根据。(《解释》第82条)

(3)审查被告人供述和辩解应当结合全案证据进行。供述和辩解存在翻供或者反复的，区别情况予以采信。

4. 鉴定意见的审查与认定

最高院《解释》第84条规定，审查鉴定意见应当从以下几个方面进行。

(1)鉴定机构和鉴定人是否具有法定资质。鉴定人是否存在应当回避的情形。

(2)审查检材的来源、取得、保管、送检程序以及是否充足、可靠。所谓检材，就是鉴定所依据的事实材料。

(3)鉴定意见的形式要件是否完备。

(4)鉴定程序是否符合法律、有关规定。

(5)鉴定过程和方法是否符合相关专业的规范要求。

(6)鉴定意见是否明确，以及与案件待证事实有无关联。

(7)鉴定意见与其他相关证据有无矛盾，当事人对鉴定意见有无异议。

《解释》第85条至87条规定，鉴定意见的认定应当注意：

(1)出现规定情形之一的，不得作为定案的根据。(《解释》第85条)

(2)经人民法院通知，鉴定人拒不出庭作证的，鉴定意见不得作为定案的根据。

(3)没有法定司法鉴定机构，或者法律、司法解释规定可以进行检验的，检验报告可以作为定罪量刑的参考。

5. 勘验、检查、辨认、侦查实验等笔录的审查判断

最高院《解释》第 88 条规定审查勘验、检查笔录的内容，主要是审查勘验、检查笔录是否依法进行，笔录的制作是否符合法律、有关规定。审查勘验、检查笔录是否完整记录了勘验、检查的内容。

《解释》第 89 条规定，勘验、检查笔录的认定，凡是存在明显不符合法律、有关规定的情形，不能合理解释或者说明的，不得作为定案的根据。

我国《刑事诉讼法》第 190 条规定，在法庭审判过程中，勘验、检查笔录应当当庭宣读，并听取公诉人、当事人和辩护人、诉讼代理人的意见，才能作为定案的依据。

最高院《解释》第 90 条、第 91 条分别规定辨认笔录、侦查实验笔录的认定。

6. 视听资料、电子数据的审查与认定

最高院《解释》第 92 条规定对视听资料的审查，主要涉及的是提取过程和程序规范，以及与案件事实有无关联。对视听资料有疑问的，应当进行鉴定。

《解释》第 93 条规定，对电子邮件、电子数据交换、网上聊天记录、博客、微博客、手机短信、电子签名、域名等电子数据，应当审查其原始性、收集程序和方式、真实性、关联性等，存在疑问时，应当进行鉴定或者检验。

《解释》第 94 条规定，认定视听资料、电子数据的法律要求：①经审查无法确定真伪的；②制作、取得的时间、地点、方式有疑问，不能提供必要证明或者作出合理解释的，不得作为定案的根据。

第四节　刑事诉讼证明

刑事诉讼证明(proof)通常是指国家专门机关在刑事诉讼中运用证据认定案件事实的活动。具体地说，就是侦查、检察、审判人员依法收集证据，审查判断证据，运用证据认定是否发生犯罪，谁是犯罪人，犯罪人罪行轻重以及其他有关事实的活动。从广义上理解，刑事诉讼的证明包括当事人和其他诉讼参与人依法提供证据，运用证据证明自己诉讼主张的活动。刑事诉讼证明是运用证据的动态行为，从理论上说，通说认为，证据和证明是证据法学的两大基石。[①]

---

① 参见江伟主编：《证据法学》，法律出版社 1999 年版；卞建林主编：《证据法学》(第 3 版)，中国政法大学出版社 2007 年版；何家弘主编：《新编证据法学》，法律出版社 2000 年版。

根据我国《刑事诉讼法》第48条第1款规定，可以认为，证明就是运用一定的证据材料查明案件事实。作为一种具体的诉讼活动，在刑事诉讼中，查明不同的案件事实，对证明有不同要求。例如：第57条检察机关对证据合法性的证明，第79条第1款有关逮捕的证据条件；第114条有关预审的证明；第204条第2项和第3项有关自诉案件的证明；等等。

刑事诉讼证明主要包括以下三个方面的内容：第一，运用证据证明什么问题？这属于证明对象的范畴。第二，案件事实中一定的证明对象需要由谁来证明？这个问题由证明责任制度加以解决。第三，承担证明责任的人对证明对象的证明需要达到怎样的程度才算完成？这个问题由证明标准制度来解决。

一、证明对象

证明对象，又称待证事实或要证事实，是指刑事诉讼中需要用证据加以证明的案件事实。证明对象是刑事诉讼证明的方向，也是证据调查和审理裁判的范围。比较法上有不同称谓，例如德国刑诉法称为证明范围(Beweisumfang)或者证明必要性(Beweisbedürftigkeit)。我国《刑事诉讼法》没有规定证明对象的一般范围，但是第168条规定人民检察院审查起诉必须查明的内容，可以视为证明对象。此外，最高院《解释》第64条规定应当运用证据证明的案件事实，第225条关于量刑情节的规定，最高检《规则(试行)》第363条审查起诉需要查明的事实，公安部《规定》第65条对需要查明的事实范围，这些都属于证明对象。

证明对象的范围可以概括为实体法上的事实和程序法上的事实两大类。证据材料是否属于证明对象，学说上存在争议。

(一)刑事实体法上的事实

刑事实体法规定了各种罪行的构成要件和量刑情节，对于这些实体法上的事实作为证明对象我国法学界不存在争论。我国《刑事诉讼法》第53条第2款第1项中的“定罪量刑的事实都有证据证明”，概括了实体法上的证明范围。根据法律规定和司法实践经验，作为证明对象的实体法上的事实可以概括为几个方面。

(1)犯罪事实是否存在及其犯罪构成诸要件的事实。这是刑事诉讼的主要证明对象，是公安司法工作人员办理刑事案件首先需要查明的问题。在刑法上，英美国家证据理论将其概括成几个“W”，即who(何人)、when(何时)、where(何地)、why(为什么)、how(如何实施犯罪)、which(侵害何种对象)、what(产生何种危害后果)。结合我国《刑法》规定，实体法上的事实主要包括：①犯罪事实是否存在；②犯罪嫌疑人、被告人的身份情况；③犯罪嫌疑人、被告人是否实施犯罪行为，以及实施犯罪行为的具体情况，包括犯罪时间、地点、手段、后果和其他情节；④犯罪嫌疑人、被告人的责任能力；⑤犯罪故意、过失的罪过形态，犯罪目的、动机等；⑥是否共同犯罪及其在共同犯罪中的地位；⑦其他有关犯罪是否存在的情况。

(2)依法应当或者可以从重、加重、从轻、减轻或免除刑事处罚的事实。我国《刑法》总则和分则对量刑情节有具体规定，其有关理由和事实，在刑事诉讼过程中必须加以证明。

(3)有无附带民事诉讼。附带民事诉讼的发生是以犯罪行为引起被害人物质损失为前提的，因此，物质损失是否存在以及其具体情况，可以视为实体法事实。

(二)刑事程序法上的事实

我国法学界曾经认为，程序法上的事实不应当成为证明对象。但是，由于程序上的瑕疵也会影响诉讼进程或者裁判结果，因此，学界认为程序性事实也属于证明的对象。需要运用证据证明的程序法上的事实主要包括：

(1)关于管辖的事实。

(2)关于回避方面的事实。

(3)关于当事人耽误诉讼期间原因的事实。

(4)采取强制措施或者变更、解除强制措施的事实。

(5)违反法定诉讼程序的事实。例如《刑事诉讼法》第227条规定各种情形都是第二审程序中应当运用证据加以证明的对象。

(6)排除非法证据的理由以及证据收集合法性调查。第54条第1款、第57条第1款对此作了程序上的规定。

(7)执行中的某些事实。例如：第254条是否具备监外执行条件，第251条是否具备应当停止执行死刑的条件，第260条减免罚金条件等。

(三)免证事实

免证事实就是不需要证明的事实。免证事实的制度价值在于去除不必要的证明对象，加快诉讼进程，提高诉讼效率。理论上，所谓众所周知的事实、预决的事实、推定的事实不需要证明。

我国《刑事诉讼法》没有规定免证事实，但是最高检《规则(试行)》第437条规定六类事实：①为一般人知晓的常识性事实；②人民法院生效裁判所确认的并且未依审判监督程序重新审理的事实；③法律、法规的内容以及适用等属于审判人员履行职务所应当知晓的事实；④在法庭审理中不存在异议的程序事实；⑤法律规定的推定事实；⑥自然规律或者定律。

二、证明责任

证明责任，又称举证责任，是指对于被告人是否有罪以及罪行轻重，应当由谁提出证据并加以证实的责任。

证明责任制度的产生，本来是为了解决在案件事实查不清楚的时候，应当如何裁判的问题，始见于罗马法。罗马法确立“谁主张谁证明”的原则，法官在解释和运用这一原则时，将其确立为两条基本规则：第一，提出诉讼主张的一方当事人应当对其所主张的事实负有证明责任，否认的一方不负证明责任；第二，在双方都提不出足够的证据时，负证明责任的一方败诉。德国民事诉讼法学者将这一制度发展扩大为待证事实不明时法律效果如何分配。①

刑事诉讼的证明是围绕犯罪嫌疑人、被告人是否犯罪这一基本问题展开的。因此，刑事诉讼中证明责任的核心问题就是，由谁承担提出证据证明犯罪嫌疑人、被告人犯罪事实的责任，以及当该事实不能证明时，将导致怎样的法律后果。

确定一个人是否有罪，历史上存在两种截然不同的逻辑方法：一种是让被告人提出证明自己无罪的证据，如果他不能证明自己无罪，则被确定为有罪；另一种是由控方承担证明被告人有罪的证明责任，若控方提不出足够的证据证明被告人有罪，则该被告人被认定为无罪。前者被称为有罪推定，后者被称为无罪推定。

封建社会纠问式刑事诉讼实行有罪推定，被告人没有任何诉讼权利，却负有提出证据证明自己无罪的责任。资产阶级革命之后，有罪推定已经被当作一种野蛮的逻辑遭到抛弃，无罪推定得到绝大多数国家的认同。现代社会刑事诉讼中证明责任的分配方式就是以无罪推定为基础确立的。现代资本主义两大法系在证明责任分配上都贯彻无罪推定的精神。原则上由控方主动依照职权收集、提出证据，控诉犯罪，被告人不承担证明自己无罪的责任，如果控方不能以足够的证据证明被告人有罪，被告人便被宣告无罪。但是，大陆法系国家在刑事诉讼中实行职权主义，因此，有人认为，大陆法系国家的法官在审判阶段也负有证明责任。

我国《刑事诉讼法》第49条规定了举证责任。根据该条规定，我国刑事诉讼中证明责任分配原则可以分为三个方面。

第一，公诉案件中，被告人有罪的举证责任由人民检察院承担。如果人民检察院和公安机关提不出充分、确实的证据证明被告人有罪，根据第195条第3项规定，人民法院应当作出证据不足，指控罪名不能成立的无罪判决。

第二，自诉案件中，被告人有罪的举证责任由自诉人承担，如果自诉人提不出证据证明被告人有罪，根据第205条规定，人民法院应当说服自诉人撤回自诉或者裁定驳回自诉。

第三，被告人在一般情况下，不承担证明自己无罪的责任。我国《刑事诉讼

---

① See, Leo Rosenberg, Die Beweislast auf der Grundlage des Bürgerlichen Gesztzbuchs und der Zivilprozessordnung, 5. Aufl. München: C. H. Beck, 1965, S. 12.

法》第50条第2句规定，“不得强迫任何人证实自己有罪”。但在某些例外情况下，法律要求被告人承担一定的证明责任。比如我国刑法规定的巨额财产来源不明罪，规定当国家工作人员的财产或支出明显超过合法收入，差额巨大的，应当责令其说明来源，本人不能说明来源是合法的，差额部分以非法所得论。

但是，被告人原则上不承担证明责任，并不意味着被告人在刑事诉讼中不可以提供证据。刑事诉讼中，被告人为了证明自己无罪或罪轻，可以提出证据。我国《刑事诉讼法》第40条规定，法律赋予辩护律师可以收集三种无罪证据。

三、证明标准

1. 证明标准的概念

证明标准，也称证明要求、证明程度，是指法律所要求的运用证据证明案件事实必须达到的标准或者程度。

在现代刑事诉讼中，各国立法例上关于有罪裁判的证明标准存在差异，通常说来，大陆法系国家表述为“内心确信”，乃是从证据证明力方面赋予法官根据确信而自由判断的权力。英美法系国家表述为“排除合理怀疑”(proof beyond a reasonable doudt)，乃是基于已经获得的证据和已经查明的事实达到“排除否定”的程度，在对抗制诉讼结构中，“排除合理怀疑”的证明标准能够使控辩双方就案件事实达成认识上的一致或共识，所以是正确的。我国刑事诉讼证明标准的表述是“案件事实清楚，证据确实、充分”。

2. 我国刑事诉讼的证明标准

根据我国《刑事诉讼法》第195条第1项规定，刑事案件中证明被告人有罪的标准是“案件事实清楚，证据确实、充分”。这是一个主客观相结合的证明标准。对于何为“事实清楚”，《刑事诉讼法》没有明确规定，根据我国学者解释，所谓案件事实清楚，是指凡是与定罪量刑有关的事实和情节，都已经查清或者认识清楚，这是主观状态。所谓证据确实、充分，是对定案证据的质和量的综合要求，是实现对案件事实认识清楚的客观根据。根据《刑事诉讼法》第53条第2款规定，“证据确实、充分”的法定条件表现在三个方面：①“定罪量刑的事实都有证据证明”。这是对定案证据量的法定要求，对应于“充分”，表示犯罪构成的要件事实和量刑情节均有相应证据材料加以证明。②“据以定案的证据均经法定程序查证属实”。这是对定案证据质的法定要求，这是对证据真实性、客观性的要求，对应于“确实”，表示据以定案的所有证据材料必须依法查证属实，防止证据不足、证据不确实。③“综合全案证据，对所认定事实已排除合理怀疑”。这是我国刑事诉讼定案证明标准的综合要求。该项所谓的“所认定事实”，解释上应当与第1项“定罪量刑的事实”相同，结合第195条进行体系解释，应当不包括认定无罪的事实和证据不足的事实。因为在认定被告人无罪时，不需要证据确实、充分，只要认定被告人有罪的证据没有达到确实、充分的程度就应当认定被告人无罪或者证据不足、指控的犯罪不能成立而无罪。

3. 刑事诉讼证明标准的层次性

“案件事实清楚，证据确实、充分”是认定被告人构成犯罪的标准，但是整个刑事诉讼过程由立案、侦查、起诉、审判等不同阶段组成，因诉讼阶段的不同，法律要求达到的证明标准也不相同。刑事诉讼主要阶段的证明标准是：

（1）根据《刑事诉讼法》第110规定，决定立案与否的证明标准是“有犯罪事实，需要追究刑事责任”。

（2）第79条规定的“应当予以逮捕”的证明标准是“有证据证明有犯罪事实，可能判处徒刑以上刑罚，采用取保候审尚不足以防止发生特定社会危险性”。

（3）第160条侦查终结的证明标准是“犯罪事实清楚，证据确实、充分”。

（4）第172条提起公诉的证明标准则与认定被告人犯罪的标准表述相同，是“犯罪事实已经查清，证据确实、充分”。

【思考题】

1. 什么是采用非法方法收集证据？
2. 如何理解《刑事诉讼法》规定“证据确实、充分”的证明标准？

【案例分析】

2013年6月3日，犯罪嫌疑人周某，因涉嫌盗窃罪被公安机关刑事拘留；同年6月12日，被人民检察院批准逮捕；7月5日，被起诉至人民法院；7月30日，某区人民法院以周某犯盗窃罪，判处有期徒刑2年。周某上诉，第二审人民法院判决周某无罪。

周某的犯罪事实如下：2013年6月2日下午六时左右，周某在某市一次香港著名歌手文艺演出的检票口逗留。被害人王某夫妇和一个朋友身背尼康单反相机一台，准备检票入场观看演出，当时检票入场人数众多。王某等三人在经过塑料活动挡板的通道时，尼康相机的镜头被盗。王某妻子李某当场指认周某动手拧下，并快速传递给其同伙（未被抓获）。执勤公安民警立即将周某控制，并将其与被害人王某等四人带至附近派出所调查。

公安人员对周某进行讯问，对王某夫妇及朋友三人进行询问，获得该案主要证据材料如下：（1）周某称其是来看演出的，在检票口等朋友送票，没有盗窃王某的相机镜头。公安人员同时查明，周某有盗窃前科。（2）李某称其亲眼看见周某拧下镜头，传递给其同伙。（3）王某称其好像也看到周某对其相机动手，很有可能就是周某盗窃，并称相机镜头型号为尼克尔24－70，价值1.8万元。（4）王某同行的朋友武某称，虽然自己没有看到当前过程，但是认为周某具有非常大的嫌疑。(5)公安人员随后将其四人带至现场，对现场进行勘验、拍照，写成勘验笔录附卷。(6)公安人员到本市一家大型数码电子商店调取相机镜头价目表，并聘请该店专业人员出具一份价格鉴定意见书，认定被盗相机镜头的零售价格为15300元。

本案侦查终结后移送审查起诉，在审查起诉程序，周某没有供述自己盗窃行为。在法庭审理过程中，周某没有供述自己的盗窃行为。

请根据本案主要证据材料，分析周某盗窃案件证据在定罪中存在的问题。

第八章　强制措施

【本章引语】

凡告词讼，对问得实，被告已招服罪，原告人别无待对事理，随即放回。——《大明律·刑律·断狱》

人身保护令是质疑非法羁押的所有方式中伟大而有效的令状，是解除不正当限制个人自由的司法方法。——威廉·布莱克斯通

【学习目标】

通过本章学习，能够掌握：

1. 强制措施的概念和意义。
2. 我国刑事诉讼强制措施体系及其法定类型。
3. 逮捕的法定条件。

第一节　强制措施概述

一、强制措施的概念与特征

(一)强制措施的概念

《刑事诉讼法》中的强制措施，是指公安机关、人民检察院和人民法院为了保证刑事诉讼的顺利进行，依法对犯罪嫌疑人、被告人依法采取的暂时限制或剥夺人身自由的法定强制性方法。我国《刑事诉讼法》规定的强制措施类型包括拘传、取保候审、监视居住、拘留和逮捕五种。其中，拘传、取保候审和监视居住属非

羁押型强制措施，暂时限制人身自由；拘留和逮捕属羁押型强制措施，暂时剥夺人身自由。

强制措施是刑事诉讼过程中暂时限制和剥夺人身自由的强制方法，体现出明显的强制性，因而能够充分体现刑事诉讼的性质。强制措施紧密关联着国家权力和个人权利的内在冲突，涉及惩罚犯罪和保障人权的相互关系，因而历来是刑事诉讼理论和实践中富有争议的问题，具体表现在两个方面：其一，强制措施的合宪性。从理论上说，强制措施的目的是为了保证刑事诉讼顺利进行而采取的程序性保障措施。刑事强制措施的采用与人身权利和人身自由密切相关，而保障人身自由不受非法限制或剥夺是现代宪法确立的公民基本权利之一，因此，如何规定和适用刑事强制措施实质上关系到宪法基本权利及其保护。① 我国《宪法》第37条第2款规定，“任何公民，非经人民检察院批准或者决定或者人民法院决定，并由公安机关执行，不受逮捕。”这是《刑事诉讼法》规范强制措施的宪法基础。其二，强制措施的诉讼保障性。刑事强制措施的适用目的在于保障刑事诉讼的顺利进行，强制措施以限制或剥夺人身自由的方式实现对刑事诉讼的保障，而非对实施对象的实体惩罚。强制措施的诉讼保障性与刑罚的实体惩罚性在本质上存在差别。就刑事强制措施而言，它的适用既不具有“威慑和警戒”功能，也不具有“防止再犯”功能。

（二）强制措施的特征

我国刑事诉讼强制措施具有以下特征：

1. 主体法定

我国《刑事诉讼法》明确规定，有权采取强制措施的主体是公安机关（其他侦查机关）、人民检察院、人民法院。人民法院、人民检察院和公安机关对犯罪嫌疑人、被告人可以拘传、取保候审或者监视居住（《刑事诉讼法》第64条）。公安机关可以采取先行拘留的强制措施（《刑事诉讼法》第80条），人民检察院可以决定拘留（《刑事诉讼法》第163条）。人民检察院和人民法院有权批准或者决定逮捕，由公安机关执行（《刑事诉讼法》第79条）。其他任何机关、团体和个人无权行使这些权力（《刑事诉讼法》第3条），任意行使则构成对公民人身权利的侵犯，情节严重的，构成犯罪。

---

① 在德国《刑事诉讼法》中，通常称为“强制处分”（Zwangsmassnahmen），不仅针对人身权，还针对财产权。由此，有学者主张改名为“刑事诉讼中的基本权干预”（strafprozessuale Grundrechtseingriffe）或者“通过程序的基本权保障”（Grundrechtsschutz durch Verfahren），以精确表达该国家司法行为的特性。Knut Amelung, Die Entstehung des Grundrechtsschutzes gegen willkürliche Verhaftung, in：Jura 2005, S. 447ff.

2. 适用对象特定

强制措施的适用对象只能是犯罪嫌疑人、被告人，其中，犯罪嫌疑人包括“现行犯或者重大嫌疑分子”(《刑事诉讼法》第 80 条)。对其他诉讼参与人以及案外人不得适用强制措施，强制证人到庭(刑诉法第 188 条第 1 款)不属于强制措施。

3. 强制内容明确

根据《刑事诉讼法》规定，五种法定强制措施的内容均为干预人身自由权，手段上程度不同地限制或者剥夺人身自由。国外法律制度中有的涉及对物的强制处分或者对隐私权的干预，在我国法律上并不存在。

4. 适用时间的临时性

强制措施在期限上有严格的法律规定，例如《刑事诉讼法》第 77 条规定，取保候审最长不得超过 12 个月，监视居住最长不得超过六个月。拘留和逮捕的羁押期限也有严格限制。随着刑事诉讼程序的推进，公安司法机关应当及时变更或者解除强制措施。

5. 适用上的法定性

我国《刑事诉讼法》对强制措施的适用机关、条件、程序均作出明确规定，能够最大限度地防止滥用强制措施，以实现保障人权和宪法基本权利的目的。

二、强制措施的意义

刑事诉讼中强制措施的实施是为了保障刑事诉讼的顺利进行。具体而言，其主要意义体现在如下几个方面：

1. 防止犯罪嫌疑人、被告人逃避侦查和审判，保证刑事诉讼顺利进行

《刑事诉讼法》规定强制措施，公安机关和司法机关可以依法对犯罪嫌疑人、被告人限制或者剥夺人身自由，防止他们逃避侦查、起诉和审判，顺利地进行刑事诉讼。一般来说，犯罪嫌疑人在实施犯罪行为以后，总想逃避刑罚处罚，因恐惧被追究刑事责任而选择逃跑或藏匿。因此，当发现存在这种可能性时，应当及时采取相应措施以保证犯罪嫌疑人、被告人接受侦查、起诉和审判。

2. 防止和排除犯罪嫌疑人、被告人妨碍刑事诉讼

实施犯罪之后，犯罪嫌疑人、被告人可能使用各种手段妨碍诉讼，如串供，隐匿、毁灭或者伪造证据，利诱、威吓甚至杀害知情者等。因此，对犯罪嫌疑人、被告人采取相应强制措施，限制或剥夺其人身自由，能够保证侦查、起诉和审判活动的进行。

3. 防止发生犯罪嫌疑人或被告人自杀等意外事件发生

有的犯罪嫌疑人、被告人害怕法律的严厉制裁，有可能畏罪自杀或以自杀来

逃脱制裁或者解除思想负担。有的犯罪嫌疑人属犯罪组织的成员，由于揭发同伙的罪行，有可能遭到加害甚至灭口。采用强制措施，特别是采用羁押措施加以严格控制，能够有效防止自杀或他杀等事件发生。

4. 可以防止犯罪嫌疑人、被告人继续犯罪

许多犯罪人在实施犯罪之后，可能继续再犯新罪，一些惯犯不能停止作案，一些犯罪嫌疑人在被检举、揭发之后，会采取报复性手段继续犯罪，等等。因此，采取强制措施可以及时制止和有效防止犯罪嫌疑人、被告人继续犯罪。

三、强制措施与刑罚、其他强制手段的区别

(一)强制措施与刑罚的区别

强制措施与刑罚，都体现国家强制力，都具有限制或剥夺人身自由的特点，二者具有相似性。羁押型强制措施的适用，先行羁押可以依法折抵刑期，也体现出强制措施与刑罚的相互联系。但二者区别明显，不能混同。

1. 法律性质和适用目的不同

强制措施具有诉讼保障性，不具惩罚性，目的在于保障刑事诉讼的顺利进行。而刑罚具有实体惩罚性，目的在于惩罚犯罪、改造犯罪人和预防犯罪。

2. 适用机关和对象不同

公、检、法机关有权适用法律规定的不同种类的强制措施，但在适用对象上只限于刑事责任尚未确定的被追诉对象，即犯罪嫌疑人、被告人。而只有人民法院有权适用刑罚，对象是被判决确定有罪的犯罪人。

3. 适用的时间不同

强制措施的适用始于立案终于人民法院作出生效裁判，整个刑事诉讼的过程均可。而刑罚则始于生效裁判，即经过人民法院审判之后，确定有罪并处以刑罚才能适用。

4. 法律根据不同

强制措施的法律依据是《刑事诉讼法》规定的条件和程序。刑罚的法律依据则是刑法所规定犯罪构成和刑事责任。

5. 稳定性不同

强制措施是临时性措施，适用期限可能随着诉讼进展而变更或者解除。而刑罚则具有较强的稳定性，经依法裁判并生效，具有既判力，非经法定程序，不得随意变更或者撤销。

6. 法律后果不同

强制措施不属于刑事处罚，适用后不产生前科。刑罚则产生前科效力，例如累犯。

（二）强制措施与行政处罚的区别

行政处罚是国家行政管理机关对实施行政违法行为的公民、法人或者其他组织的行政制裁。具体方法有警告、罚款、没收违法所得、没收非法财物、责令停产停业、暂扣或者吊销许可证、暂扣或者吊销执照、行政拘留，以及法律、行政法规规定的其他行政处罚。刑事强制措施与行政处罚虽然在强制性上有相似之处，但是两者存在重大区别：

1. 性质不同

强制措施是在刑事诉讼中适用的保障性措施，不具制裁性质。行政处罚则是对行政违法人的一种行政制裁。

2. 适用机关和适用对象不同

强制措施的适用机关是公安司法机关，适用对象是被指控涉嫌犯罪的犯罪嫌疑人、被告人，只能是自然人。行政处罚的适用机关是行政机关，适用对象是行政违法行为人，包括自然人、法人或者其他组织。

3. 法律依据不同

强制措施的法律依据是《刑事诉讼法》，比较单一。行政处罚的法律依据是《行政处罚法》，以及《行政处罚法》第9条至14条规定的其他法规。

4. 稳定性不同

强制措施具易变性，可以根据案件诉讼程序进展而变更或者撤销。行政处罚作为一种制裁手段，具有相对稳定性。

（三）强制措施与其他强制性法律措施的区别

刑事诉讼强制措施与《民事诉讼法》上的"对妨碍民事诉讼的强制措施"不同；与《行政强制法》上的行政强制措施、行政强制执行不同；与《行政诉讼法》规定的妨碍诉讼的强制措施不同。强制措施与《刑事诉讼法》规定的其他带有强制性质的法律处理措施也不同，例如，《刑事诉讼法》第106条第1项规定侦查中的"有关的强制性措施"；第130条规定的"强制检查"；第188条规定的强制证人到庭；第五编规定的强制医疗程序，等等。

《民事诉讼法》规定的对妨碍民事诉讼的强制措施包括拘传、训诫、责令退出法庭、罚款和拘留五种。

《行政强制法》第 9 条规定行政强制措施包括：限制公民人身自由；查封场所、设施或者财物；扣押财物；冻结存款、汇款；其他行政强制措施。第 12 条规定的行政强制执行包括：加处罚款或者滞纳金；划拨存款、汇款；拍卖或者依法处理查封、扣押的场所、设施或者财物；排除妨碍、恢复原状；代履行；其他强制执行方式。

《行政诉讼法》第 59 条规定的妨碍行政诉讼的强制措施包括：训诫、责令具结悔过、罚款、拘留。

强制措施与上述法律中的强制性法律措施相比，在法律性质、采用机关、适用对象、适用时间、适用条件、适用程序等方面均存在不同，此不赘述。

第二节 拘传

一、拘传的概念

拘传，是指公安机关、人民检察院和人民法院对未被羁押的犯罪嫌疑人、被告人强制其到案接受讯问或者参与其他诉讼活动的一种强制方法。它是我国《刑事诉讼法》规定的强制措施中强度较轻的一种。《刑事诉讼法》第 64 条、第 117 条对拘传作了规定，最高院《解释》第 113 条至 115 条、第 280 条，最高检《规则(试行)》第 78 条至 82 条，公安部《规定》第 74 条至 76 条对拘传分别作出规定。

拘传是为了保证司法机关对未经羁押的犯罪嫌疑人、被告人到案接受讯问、审判，以保证刑事诉讼的顺利进行。使未经羁押的犯罪嫌疑人、被告人到案接受讯问和审判，可以采用拘传或传唤，但拘传与传唤是不同的。拘传具有强制性，要求强制到案；而传唤不具有强制性，是自动到案。① 作为强制措施之一的拘传所具有强制力表现在，如果被拘传人拒绝接受拘传，执行人员有权采用适当的强制手段；而因为传唤不具有直接的强制力，主要靠被传唤人自觉接受，如果拒绝接受传唤不到案，则改用其他方法。我国《刑事诉讼法》第 117 条将“传唤、拘传”并列规定，可见二者不能等同。

拘传与留置不同。《人民警察法》第 9 条第 1 款规定，“维护社会治安秩序，

---

① 传唤不属于强制措施，因为其强制性仅在到案“义务”。我国台湾学说认为，传唤为“间接之强制处分”，以区别于拘提、逮捕和羁押等使用直接强制力的“直接之强制处分”。参见林钰雄：《刑事诉讼法》(上册)，中国人民大学出版社 2005 年版，第 248 页。

公安机关的人民警察对有违法犯罪嫌疑的人员，经出示相应证件，可以当场盘问、检查；经盘问、检查，有下列情形之一的，可以将其带到公安机关，经该公安机关批准，对其继续盘问：被指控有犯罪行为的；有现场作案嫌疑的；有作案嫌疑身份不明的；携带的物品有可能是赃物的”。第2款规定，“对被盘问人的留置时间自带到公安机关之时起不超过24小时，在特殊情况下，经县级以上公安机关批准，可以延长至48小时，并应当留有盘问记录。对于批准继续盘问的，应当立即通知其家属或者其所在单位。对于不批准继续盘问的，应当立即释放被盘问人”。第3款规定，“经继续盘问，公安机关认为对被盘问人需要依法采取拘留或者其他强制措施的，应当在前款规定的期间作出决定；在前款规定的期间不能作出上述决定的，应当立即释放被盘问人”。

上述规定表明，留置是公安机关的人民警察为了维护社会治安，在紧急情况下采用的一种临时处置方法。其目的是为了核查有关人员的身份，初步查明是否存在违法或犯罪事实。因此，二者在性质、适用机关、适用对象、时间和适用期限上均有明显不同。①

二、拘传的对象和条件

根据我国《刑事诉讼法》规定，人民法院、人民检察院、公安机关具有拘传决定权，并且各自分别行使拘传执行权。

拘传的对象是未经拘留或逮捕之羁押措施，而有人身自由的犯罪嫌疑人、被告人。在刑事诉讼中，已被拘留或逮捕的犯罪嫌疑人、被告人，无需拘传就可直接运用提审的方法进行讯问或审判。未经羁押的犯罪嫌疑人、被告人，既可以是没有对其采用任何强制措施的犯罪嫌疑人、被告人，也可以是已经对其采用了取保候审或监视居住的犯罪嫌疑人、被告人。

关于拘传的适用条件，《刑事诉讼法》第64条作了原则性的规定，即由司法机关“根据案件情况”决定是否采用，通常是对犯罪嫌疑人、被告人经合法传唤无正当理由不到案的适用拘传，例如，最高院《解释》第114条规定，经过“依法传唤拒不到庭的被告人”，可以拘传；公安部《规定》第74条规定，“经过传唤没有正当理由不到案的犯罪嫌疑人”，可以拘传。公安司法机关也有权不经传唤而直接采用拘传，例如，最高检《规则(试行)》第78条。司法实践中，认为犯罪嫌疑人或者被告人有拒绝传唤可能的、无法传唤的或者情况比较紧急时，即可采用。

---

① 参见陈光中主编：《刑事诉讼法》(第5版)，北京大学出版社、高等教育出版社2013年版，第224－225页。

三、拘传的程序

根据《刑事诉讼法》，公安部《规定》，最高检《规则（试行）》和最高院《解释》的规定，拘传应按照下列程序进行：

(1)对犯罪嫌疑人或者被告人适用拘传时，由案件经办人申请，填写《呈请拘传报告书》，经本部门负责人审核后，必须经区、县级以上公安机关负责人、人民检察院检察长、人民法院院长批准。

(2)拘传犯罪嫌疑人或被告人应当使用《拘传证》（法院称为《拘传票》）。在《拘传证》上要记明被拘传人的姓名、性别、年龄、依据、籍贯、住址、案由、拘传理由、应押送处所及签发日期，并由签发人签名或盖章。

(3)执行拘传时，应当向被拘传人出示《拘传证》，执行拘传的公安人员或者司法人员不得少于2人。如果被拘传人抗拒拘传，执行拘传的人员可以使用适当的强制方法，例如使用械具，强制到案。

(4)将犯罪嫌疑人，被告人强制到案后，司法机关应立即着手对其进行讯问。一次拘传持续的时间，最长不得超过12小时，不得以连续拘传的形式变相拘禁犯罪嫌疑人，拘传持续的时间从犯罪嫌疑人到案时开始计算，如果在12小时的讯问结束后，司法机关认为需要再采取拘传措施进行讯问的，应间隔一定时间另行办理法律手续。案情特别重大、复杂，需要采取拘留、逮捕措施的，持续时间不得超过24小时。

(5)经过拘传，犯罪嫌疑人、被告人到案后，应当责令填写到案时间，讯问结束，如果无需采取其他强制措施的，应当将其放回，恢复人身自由。

(6)在拘传期间，应当保证犯罪嫌疑人的饮食和必要的休息时间。

第三节 取保候审

一、取保候审的概念和种类

取保候审，是指公安机关、人民检察院和人民法院责令犯罪嫌疑人、被告人提出保证人或者缴纳保证金，保证不逃避和不妨碍侦查、起诉和审判，并随传随到的一种强制方法。我国《刑事诉讼法》第64条至71条、第77条明确规定了取保候审，其他有关强制措施变更或解除的条款也涉及取保候审。六部门《规定》第

13 条、第 14 条；最高院《解释》第 113 条、第 116 条至 124 条、第 127 条、第 129 条、第 382 条；最高检《规则（试行）》第 83 条至 108 条；公安部《规定》第 77 至第 104 条，分别对取保候审作出全面规定。

我国法律规定的取保候审，名称上具有独特性，亦属独立的强制措施种类。但从内容上看，通过保证人担保与财产担保而免于被羁押或者解除羁押，在制度功能上类似于其他国家和地区的具保①或者保释制度。② 我国取保候审与国外保释制度有很大不同。取保候审可适用于被羁押者也可适用于未被羁押者，适用对象和条件依法规定；而保释是以羁押为前提的，适用对象和条件基于治安法官的裁量，多数国家除少数案件的被告人不许保释外，其他均允许保释。从立法意图看，我国取保候审是强制措施体系中的一种，而保释则是无罪推定原则下嫌疑人或被告人对抗羁押的一种权利。

我国《刑事诉讼法》第 66 条明文规定两种取保候审方式，即“提出保证人”或者“交纳保证金”，两种方式择一适用，不得同时适用。

其一，提出保证人，司法解释上称为保证人保证，实践中简称人保。保证人保证是基于人格担保而保证犯罪嫌疑人、被告人不逃避或者不妨碍诉讼活动，在传讯的时候及时到案。保证人的人格担保，不涉及金钱财物，应当是基于其与被保证人之间的特殊关系或者个人信誉而能监督被保证人，如果被保证人违反法律规定而致保证人为履行保证义务，保证人需要承担相应法律责任，对被保证人解除取保候审。

其二，交纳保证金，司法解释上称为保证金保证，实践中简称财保。保证金保证是基于经济利益担保而保证犯罪嫌疑人、被告人不逃避或者不妨碍诉讼活动，在传讯的时候及时到案。在保证金保证方式中，可以由犯罪嫌疑人、被告人本人自行交纳，也可以由他人作为出资人交纳，包括单位和组织。

二、取保候审的适用对象

作为限制而非剥夺人身自由的强制方法，取保候审属于一种强度较轻的强制措施，其适用对象依法确定。根据《刑事诉讼法》第 65 条规定，结合司法解释和其他法规的规定，公安司法机关适用取保候审的对象范围包括：

（1）可能判处管制、拘役或者独立适用附加刑的犯罪嫌疑人、被告人。这类

---

① 我国台湾地区有关法律上有相似制度，具保、责付、限制居住三种原因可停止羁押，其中具保、责付两种方法中含有保证人、保证金的成分。此种制度始见于 1928 年民国《刑事诉讼法》。参见林钰雄：《刑事诉讼法》（上册），中国人民大学出版社 2005 年版，第 292 – 295 页。

② 保释（bail）为英美法系的诉讼制度，是指“在被逮捕的人提供担保或者接受特定条件的情况下将其暂时释放候审的制度”。大约发源和形成于十二三世纪的英国，目前在英美法系国家刑事诉讼制度中存在，大陆法系国家几乎没有。

对象，由于案件可能判处的刑罚较轻，犯罪嫌疑人、被告人逃避或妨碍诉讼的可能性不大，没有必要拘留或逮捕。

(2)可能判处有期徒刑以上刑罚，采取取保候审不致发生社会危险性的犯罪嫌疑人、被告人。这类对象需要根据个案具体情况确定，属于公安司法机关的裁量范围。

(3)患有严重疾病、生活不能自理，怀孕或者正在哺乳自己婴儿的妇女，采取取保候审不致发生社会危险性的犯罪嫌疑人、被告人。这是基于人道主义考量而设置的对象范围。

(4)羁押期限届满，案件尚未办结，需要采取取保候审的犯罪嫌疑人、被告人。这是为了严格执行羁押期限，避免超期羁押，保障犯罪嫌疑人、被告人人权而设置的对象范围。

在上述对象范围之内，特殊情形下不能采取取保候审：①根据最高检《规则(试行)》第 84 条的规定，“人民检察院对于严重危害社会治安的犯罪嫌疑人，以及其他犯罪性质恶劣、情节严重的犯罪嫌疑人不得取保候审”。②根据公安部《规定》第 78 条的规定，“对累犯，犯罪集团的主犯，以自伤、自残办法逃避侦查的犯嫌疑人，严重暴力犯罪以及其他严重犯罪的犯罪嫌疑人不得取保候审”。但是具有以上第(3)和第(4)两项情形除外。

三、取保候审的程序

我国《刑事诉讼法》规定，取保候审在适用程序上分为两种情形：一是人民法院、人民检察院、公安机关根据案件情况直接主动决定取保候审，是依职权取保候审；二是根据犯罪嫌疑人、被告人及其法定代理人、近亲属或者其所委托的辩护人(侦查阶段的辩护律师)申请，决定取保候审。

根据《刑事诉讼法》第 64 条、第 65 条、第 66 条规定，依职权取保候审，人民法院、人民检察院、公安机关根据案件情况决定是否对犯罪嫌疑人、被告人采取取保候审，程序较为明确。可以是未羁押而径行决定采取，也可以是先行拘留、逮捕、羁押期限届满之后决定采取。决定采取取保候审，应当责令犯罪嫌疑人、被告人提出保证人或者交纳保证金。

申请取保候审的程序相对完整，也相对复杂，分述如下。

1. 取保候审的申请与决定

根据《刑事诉讼法》第 65 条、第 36 条、第 95 条的规定，犯罪嫌疑人、被告人及其法定代理人、近亲属或者辩护人有权申请取保候审，由人民法院、人民检察院、公安机关决定。在侦查阶段，犯罪嫌疑人被拘留或者被逮捕的，辩护律师可以为其申请取保候审。根据最高检《规则(试行)》第 85 条之规定，“被羁押或者监视居住的犯罪嫌疑人及其法定代理人、近亲属或者辩护人向人民检察院申请取保候审……经检察长决定，可以对犯罪嫌疑人取保候审”。第 86 条第 1 句规定，“被羁押或者监视居住的犯罪嫌疑人及其法定代理人、近亲属或者辩护人向人民检察院申请取保候审，人民检察院应当在三日内作出是否同意的答复。”

犯罪嫌疑人、被告人及其法定代理人、近亲属或者辩护人提出取保候审申请后，对于符合取保候审条件的，人民法院、人民检察院、公安机关应当责令犯罪嫌疑人、被告人提出保证人或者交纳保证金。

2. 保证人保证的取保候审程序

保证人保证与保证金保证择一适用。但是最高院《解释》第 117 条、最高检《规则(试行)》第 87 条第 3 款分别另行规定，对下列三种情况一般适用保证人保证：①无力交纳保证金的；②未成年人或者已经年满 75 周岁的；③不宜收取保证金的。

保证人的条件。根据《刑事诉讼法》第 67 条规定，保证人必须是符合下列条件：①与本案无牵连；②有能力履行保证义务；③享有政治权利，人身自由未受到限制；④有固定的住处和收入。

保证人的义务和责任。根据《刑事诉讼法》第 68 条规定，保证人应当履行以下义务和责任：①监督被保证人遵守本法第 69 条的规定。②发现被保证人可能发生或者已经发生第 69 条规定的行为的，应当及时向执行机关报告。③保证人未履行保证义务，对保证人处以罚款，构成犯罪的，依法追究刑事责任。根据最高人民法院司法解释的精神，保证人未履行保证义务，视其情节，可按《刑法》第 310 条窝藏罪追究刑事责任。①

实践做法是，如果保证人符合条件，进入对保程序。对保，是让保证人与被保证人互相确认担保候审的活动。对保先由犯罪嫌疑人、被告人在取保候审决定书上签字，并保证做到随传随到，候审不误，然后由保证人出具《保证书》，并声明自愿承担法定的保证人义务，最后，由承办人向双方告知应承担的法律责任。随后，决定机关将《取保候审决定书》《取保候审执行通知书》交给执行机关。

3. 保证金保证的取保候审程序

我国《刑事诉讼法》第 66 条、第 70 条、第 71 条规定保证金保证取保候审的相关内容和程序。

保证金数额。根据《刑事诉讼法》第 70 条规定，确定保证金的数额应当综合考虑几个因素：①保证诉讼活动进行的需要。②被取保候审人的社会危险性。③案件的性质、情节。④可能判处刑罚的轻重。⑤被取保候审人的经济状况。在司法实践中，根据最高检《规则(试行)》第 90 条、公安部《规定》第 83 条，犯罪嫌疑

---

① 参考 1989 年 7 月 3 日《最高人民法院关于取保候审的被告人逃匿如何追究保证人责任问题的批复》。

人、被告人保证金的起点数额是1000元，不设上限。未成年犯罪嫌疑人的保证金起点数额是500元。具体数额由决定机关裁量确定。

保证金交纳方式。《刑事诉讼法》第70条第2款规定，提供保证金的人应当将保证金存入执行机关指定银行的专门账户。“执行机关”是指公安机关。公安部《规定》第84条规定，县级以上公安机关在指定银行设立取保候审保证金专用账户，委托银行代为收取和保管。保证金应当一次性以人民币交纳。

保证金的退还。《刑事诉讼法》第71条规定，取保候审结束，依法解除取保候审的，退还保证金。最高院《解释》第124条对判决裁定生效后的保证金退还有特别规定。

没收保证金和重新交纳保证金。《刑事诉讼法》第69条第3款规定，被取保候审人违反前两款规定，已经交纳保证金的，没收部分或者全部保证金。区别违规情形，可以责令其重新交纳保证金。

当取保候审的决定机关作出以保证金形式取保候审时，责令取保候审人交纳保证金。决定机关在核实保证金已经交纳的凭证后，进入对保程序，在向被取保候审人明确其在取保候审期间应当遵守的法律规定及违反规定的法律后果后，将《取保候审决定书》《取保候审执行通知书》和银行出具的受款凭证等其他有关材料一并交给执行机关。

4. 取保候审的执行

我国《刑事诉讼法》第65条第2款规定，取保候审由公安机关执行。

人民法院、人民检察院决定的取保候审，应当将《取保候审决定书》和《执行取保候审通知书》送达公安机关，由公安机关执行。

5. 被取保候审人在取保候审期间应当遵守的规定

被取保候审人在取保审期间应当遵守的规定具体分为必须遵守和责令遵守两种情形。

第一种情形，根据《刑事诉讼法》第69条第1款规定，被取保候审的犯罪嫌疑人、被告人应当遵守的规定包括：①未经执行机关批准不得离开所居住的市、县；②住址、工作单位和联系方式发生变动的，在24小时以内向执行机关报告；③在传讯的时候及时到案；④不得以任何形式干扰证人作证；⑤不得毁灭、伪造证据或者串供。

第二种情形，根据《刑事诉讼法》第69条第2款规定，人民法院、人民检察院、公安机关可以根据案件情况，责令被取保候审的犯罪嫌疑人、被告人遵守的规定：①不得进入特定场所；②不得与特定的人员会见或者通信；③不得从事特定的活动；④将护照等出入境证件、驾驶证件交执行机关保存。

在取保候审期间，犯罪嫌疑人、被告人有正当理由需要离开所居住的市、县的，由执行机关批准，对于人民法院、人民检察院决定取保候审的，执行机关在决定前，应当征得原决定机关同意。对取保候审保证人是否履行了保证义务，由公安机关认定；对保证人的罚款决定，由公安机关作出。公安部《规定》第 99 条规定，如果保证人违反法律规定，经查实，可以对其处以 1000 元以上 20000 元以下的罚款。保证人不服罚款决定，可以申请复议和申请复核各一次。

6. 取保候审的变更和解除

取保候审的变更包括重新交纳保证金或者重新提出保证人、变更为监视居住、予以逮捕、先行拘留四种。《刑事诉讼法》第 69 条第 3 款、第 79 条第 3 款规定，取保候审期间，被取保候审人违反法律规定，除对已交纳保证金的没收保证金外，应区分情形，责令犯罪嫌疑人、被告人具结悔过，重新交纳保证金、提出保证人或者监视居住、予以逮捕。如果变更其他强制措施的，应当解除原取保候审。第 69 条第 4 款规定，违反取保候审规定，需要予以逮捕的，可以先行拘留。

《刑事诉讼法》第 77 条第 2 款规定，取保候审的解除包括两种情形：①取保候审期间，对于发现不应当追究刑事责任的，应当及时解除取保候审。②取保候审期限届满的，应当及时解除取保候审。

解除取保候审，应当及时通知被取保候审人和有关单位。如果是保证人保障，应当及时通知保证人解除保证义务。

7. 取保候审的期间

取保候审的最长不得超过 12 个月。取保候审即将到期的，执行机关应当在期满前 15 日书面通知决定机关。学说和实务上一般认为，侦查、起诉、审判三阶段分别计算。

第四节　监视居住

一、监视居住的概念

监视居住，是指人民法院、人民检察院和公安机关限令犯罪嫌疑人、被告人在规定的期限内不得离开住处或指定的居所，限制其人身自由，并对其活动予以监视和控制的一种强制方法。我国《刑事诉讼法》第 64 条规定监视居住的许可性。从通常意义上讲，监视居住限制犯罪嫌疑人、被告人的人身自由程度比取保候审严厉，但是，1996 年《刑事诉讼法》将监视居住的适用条件与取保候审等同，选择适用。2012 年新修《刑事诉讼法》规定二者分置适用条件更为科学，其中第 72 条规定监视居住适用对象的一般范围，第 73 条规定特殊情形下的指定居所监视居住。

监视居住可以作为逮捕的替代性强制措施，对符合逮捕条件的犯罪嫌疑人、被告人有法律规定的特殊情形而适用监视居住，设置该措施的主要目的是减少剥夺人身自由的强制措施，降低羁押率，保障人权。监视居住也可以作为取保候审的替代性强制措施，对于符合取保候审条件，有法定情形时也可以监视居住。

国外制度中有监视、监听等相似的侦查措施，但较少监视居住。我国台湾地区刑诉法上有“限制居住”制度，限制被告居住、活动于一定处所，而停止羁押。

关于监视居住司法适用的程序规范，我国《刑事诉讼法》第 64 条、第 72 至 77 条、第 96 条至 97 条，六部门《规定》第 13 条、第 15 条、第 40 条，最高院《解释》第 113 条、第 125 条至 127 条，最高检《规则(试行)》第 109 条至 128 条，公安部《规定》第 105 条至 119 条，对监视居住强制措施作出较为全面的规定。

二、监视居住的适用对象

作为逮捕和取保候审的替代性措施，监视居住适用的前提是符合逮捕条件或者符合取保候审条件，在法律规定的情形下不予逮捕或者不予取保候审。我国《刑事诉讼法》第 72 条第 1 款规定符合逮捕条件但采取监视居住的情形；第 72 条第 2 款规定符合取保候审但采取监视居住的情形。

根据《刑事诉讼法》第 72 条第 1 款规定，符合逮捕条件但可以监视居住的对象是：

(1)患有严重疾病、生活不能自理的犯罪嫌疑人、被告人。

(2)怀孕或者正在哺乳自己婴儿的妇女。

(3)系生活不能自理的人的唯一扶养人。最高检《规则(试行)》第 109 条对“扶养”解释为“父母、祖父母、外祖父母对子女、孙子女、外孙子女的抚养”“子女、孙子女、外孙子女对父母、祖父母、外祖父母的赡养”“配偶、兄弟姐妹之间的相互扶养”。

(4)因为案件的特殊情况或者办理案件的需要，采取监视居住措施更为适宜的。

(5)羁押期限届满，案件尚未办结，需要采取监视居住措施的。

根据《刑事诉讼法》第 72 条第 2 款规定，符合取保候审条件，但是犯罪嫌疑人、被告人不能提出保证人，也不交纳保证金的，可以监视居住。

三、监视居住的适用程序

1. 监视居住的决定

人民法院、人民检察院和公安机关对犯罪嫌疑人、被告人采用监视居住，应由案件承办人提出《监视居住意见书》，经办案部门负责人审核后，报请本机关主要负责人审批，由公安机关负责人、人民检察院检察长、人民法院院长批准。

批准后，案件承办人签发《监视居住决定书》和《监视居住通知书》，决定书中应写明监视居住的法律依据，案由，犯罪嫌疑人或被告人的姓名，在监视居住期间不得离开的居所，以及受委托监视居住的单位和个人。委托书中应写明委托监视居住的法律依据，犯罪嫌疑人、被告人的姓名，在监视居住期间不得离开的居所，以及监视居住执行单位或个人的任务。

2. 监视居住的执行

《刑事诉讼法》第72条第3款规定，监视居住由公安机关执行。

人民法院、人民检察院决定的监视居住，应当将《监视居住决定书》和《监视居住通知书》送达公安机关，由公安机关执行。如果监视居住是由人民检察院、人民法院决定的，公安机关在批准犯罪嫌疑人、被告人离开所居住的住处前，应当征得决定机关同意。

公安机关开始监视居住，应当向犯罪嫌疑人、被告人宣布《监视居住决定书》，由犯罪嫌疑人、被告人填写宣布时间并签名按印，同时，要明确告知他们在监视居住期间应当遵守的法律义务。

四、监视居住的场所

我国《刑事诉讼法》第73条第1款第1句规定，“监视居住应当在犯嫌疑人、被告人的住处执行；无固定住处的，可以在指定的居所执行”。这是监视居住场所的一般规定，由此看出监视居住的两种类别。一种是普通监视居住，在住处执行。一种是特殊监视居住，即指定居所监视居住，在指定的居所执行。

（一）普通监视居住之场所，法律规定为“住处”

“住处”并非是一个专门的法律概念，文义解释可以是自然人居住和生活的场所，扩大解释也适用工作场所（如固定的办公室等）。此外，还可以参照民法上关于“住所”和“居所”的规定。我国《民法通则》第15条规定，“公民以他的户籍所在地的居住地为住所，经常居住地与住所不一致的，经常居住地视为住所”①。民法理论上对“居所”的解释是，自然人为了特定目的暂时或者经常居住的处所。

① 最高人民法院解释第9条进一步说明，“公民离开住所地最后连续居住一年以上的地方，为经常居住地。但住医院治病的除外。公民由其户籍所在地迁出后至迁入另一地之前，无经常居住地的，仍以其原户籍所在地为住所”。

（二）指定居所监视居住之场所，法律规定为“指定的居所”

根据《刑事诉讼法》第 72 条第 1 款规定，指定居所监视居住分为两种情形：

（1）无固定住处的指定居所监视居住。指定居所监视居住的一般规定是犯罪嫌疑人、被告人无固定住处，对此最高检《规则（试行）》第 110 条第 2 款、公安部《规定》第 108 条分别规定，固定住处是指犯罪嫌疑人（被监视居住人）在办案机关所在地的市、县内工作、生活的合法居所。

（2）特殊案件案情的指定居所监视居住。《刑事诉讼法》第 73 条第 1 款第二句规定，三类特殊案件“涉嫌危害国家安全犯罪、恐怖活动犯罪、特别重大贿赂案件”，也可以适用指定居所监视居住。但是有严格的程序限制，包括：第一，案件的适用范围严格限制，不可任意扩大解释；第二，适用理由上严格限制，必须是在住处监视居住可能有碍侦查；第三，批准程序上严格限制，须经上一级人民检察院或者公安机关批准；第四，人民法院无权适用。

（三）“指定的居所”不能在羁押场所、专门的办案场所执行

“指定的居所”究竟是什么场所？法律法规没有明确规定和列举，最高检《规则（试行）》第 110 条第 5 款、公安部《规定》第 108 条规定了大致的条件：指定的居所应当符合下列条件：①具备正常的生活、休息条件；②便于监视、管理；③能够保证办案安全。实践中，大多是为了办案安全而建设或改造的专门场所。但是，这样的场所一旦变成长期性、专门性的监视场所，法律性质上就发生变化，成为准羁押场所，需要谨慎对待。

所谓羁押场所，就是我国《刑事诉讼法》第 83 条、第 91 条第 2 款规定的看守所，采取拘留、逮捕的强制措施后，应当立即送看守所羁押。“专门的办案场所”是指公安机关、人民检察院根据工作需要专门设置的办案区，用于讯问、询问、辨认违法犯罪嫌疑人，以及对违法犯罪嫌疑人进行安全检查和信息采集等，[①]例如候问室、讯问室、询问违法嫌疑人的询问室、辨认室、违法犯罪嫌疑人信息采集室、留置室等。

五、监视居住期间应当遵守的规定

我国《刑事诉讼法》第 75 条第 1 款规定了被监视居住的犯罪嫌疑人、被告人应当遵守的规定，包括：①未经执行机关批准不得离开执行监视居住的处所；②

① 参考 2010 年 10 月 25 日公安部以公通字〔2010〕56 号印发《公安机关执法办案场所设置规范》的相关规定，以及 2009 年 9 月 3 日最高人民检察院发布的《人民检察院办案工作区设置和使用管理规定》的相关规定。

未经执行机关批准不得会见他人或者通信；③在传讯的时候及时到案；④不得以任何形式干扰证人作证；⑤不得毁灭、伪造证据或者串供；⑥将护照等出入境证件、身份证件、驾驶证件交执行机关保存。

为了保证被监视居住人遵守上述规定，第 75 条第 2 款、第 79 条第 3 款规定了程序保障措施，对于违反上述规定的，可以予以逮捕。需要逮捕的，可以先行拘留。

除了对被监视居住人的常规监督手段，我国《刑事诉讼法》第 76 条规定了可以采取电子监控、不定期检查等监视方法；在侦查期间可以对通信进行监控。

六、监视居住的执行、变更和解除

《刑事诉讼法》第 72 条第 3 款规定，监视居住由公安机关执行，即监视居住的执行机关是公安机关。

根据《刑事诉讼法》第 73 条第 2 款规定，指定居所监视居住，除无法通知的以外，应当在执行监视居住后 24 小时内通知被监视人家属。“无法通知”的情形依据最高检《规则（试行）》第 114 条第 2 款、公安部《规定》第 109 条第 2 款。

如果监视居住是由人民检察院、人民法院决定的，公安机关在批准犯罪嫌疑人、被告人离开所居住的住处前，应当征得决定机关同意。

公安机关在执行监视居住时，如果发现被监视居住人违反规定，应当立即采取措施，情节严重的予以逮捕。根据公安部《规定》第 132 条规定，下列情形之一可以提请批准逮捕：①涉嫌故意实施新的犯罪行为的；②实施毁灭、伪造证据或者干扰证人作证、串供行为，足以影响侦查工作正常进行的；③对被害人、举报人、控告人实施打击报复的；④企图自杀、逃跑，逃避侦查的；⑤未经批准，擅自离开执行监视居住的处所，情节严重的，或者两次以上未经批准，擅自离开执行监视居住的处所的；⑥未经批准，擅自会见他人或者通信，情节严重的，或者两次以上未经批准，擅自会见他人或者通信的；⑦经传讯无正当理由不到案，情节严重的，或者经两次以上传讯不到案的。

《刑事诉讼法》第 77 条第 1 款规定，对于发现不应当追究刑事责任或者监视居住期限届满的，应当及时解除监视居住，并且应当及时通知被监视居住人和有关单位。

七、监视居住的期限

我国《刑事诉讼法》第 77 条规定，监视居住的最长时限为 6 个月。解释上，在刑事诉讼不同阶段，三个机关可以分别使用 6 个月。同时，第 74 条规定，指定居所监视居住的期限应当折抵刑期。被判处管制的，监视居住 1 日折抵 1 日；被判处拘役、有期徒刑的，2日折抵1日。

在监视居住期间，不能中断对案件的侦查、起诉和审判。

第五节 拘留

一、拘留概述

(一)拘留的概念和特点

拘留，是指公安机关、人民检察院在侦查过程中，遇有法定的紧急情况时，依法临时剥夺现行犯或重大嫌疑分子的人身自由而予以羁押的一种强制措施。刑事诉讼中的拘留是紧急情况下剥夺人身自由的强制措施，立法用语为"先行拘留"，是逮捕的前置措施，类似于国外制度中的无证逮捕。但是，我国台湾地区的有关法律对此种强制措施则用"逮捕"表述，术语不同，性质上归入无需令状的拘捕，包括所谓"通缉犯的逮捕""现行犯的逮捕"。此为沿袭民国立法之旧制。①

拘留有下列特点：

(1)有权采用拘留的机关一般是公安机关。人民检察院在自侦案件侦查过程中，依法有权决定拘留，并由公安机关执行。

(2)拘留是剥夺人身自由的一种紧急处置措施，只在侦查阶段采用。拘留是在紧急情况下才能采用的强制措施，如果没有法定紧急情况，公安机关和人民检察院有时间办理逮捕手续的，就不能先行拘留。

(3)拘留是临时性强制措施。期限较短，随着诉讼进程要发生变更，或者转为逮捕，或者采取取保候审或监视居住，或者释放被拘留的人。

拘留在刑事诉讼中具有重要意义，它使公安机关和人民检察院能够应付社会中严重的突发犯罪案件，迅速及时地对正在实施犯罪的人或重大嫌疑分子采取紧急措施，予以隔离或者消除其逃跑、毁灭证据或畏罪自杀的可能性，从而保证刑事诉讼活动的顺利进行。

(二)拘留的决定机关和执行机关

---

① 参见林钰雄：《刑事诉讼法》(上册)，中国人民大学出版社2005年版，第251页。比较陈瑾昆：《刑事诉讼法通义》，法律出版社2007年版，第125页。

1. 拘留的决定机关

拘留的决定机关是公安机关、人民检察院。国家安全机关办理危害国家安全的刑事案件，具有拘留决定权。人民法院没有拘留决定权。

我国《刑事诉讼法》第3条、第80条规定公安机关的拘留决定权。《刑事诉讼法》第163条规定人民检察院有权对犯罪嫌疑人作出拘留的决定。

2. 拘留的执行机关

拘留的执行机关是公安机关。国家安全机关也是拘留的执行机关。

（三）拘留的适用对象与适用条件

我国《刑事诉讼法》第80条规定，拘留的适用对象是现行犯或者重大嫌疑分子。所谓现行犯，是指正在犯罪或犯罪后即时被发现的人。所谓重大嫌疑分子，是指有证据证明具有实施犯罪重大可能性的人。

拘留的适用条件，是指根据《刑事诉讼法》第80条和第163条规定的紧急情形，包括：①正在预备犯罪、实行犯罪或者在犯罪后即时被发觉的；②被害人或者在场亲眼看见的人指认他犯罪的；③在身边或者住处发现有犯罪证据的；④犯罪后企图自杀，逃跑或者在逃的；⑤有毁灭、伪造证据或者串供可能的；⑥不讲真实姓名、住址，身份不明的；⑦有流窜作案、多次作案、结伙作案重大嫌疑的。

根据《刑事诉讼法》第163条的规定，人民检察院只能对上述第④、第⑤两种情形的对象适用拘留。

二、刑事拘留与行政拘留、司法拘留的区别

我国法律规定有三种不同的拘留：刑事诉讼中的拘留，称为刑事拘留；行政法规定的拘留，称为行政拘留；民事诉讼法、行政诉讼法及《刑事诉讼法》规定的司法处理中的拘留，称为司法拘留。此外，还有一种不具有处罚性质的拘留是行政强制措施性质的拘留。①

（一）刑事拘留与行政拘留

1. 法律性质和依据不同

刑事拘留是一种强制措施而不是处罚，是诉讼的保障性措施，是诉讼行为。它的法律依据是《刑事诉讼法》。行政拘留是治安管理中的一种处罚方法，是行政制裁，它的法律依据是《治安管理处罚法》和《行政处罚法》等行政法律、法规。

---

① 我国《外国人入境出境管理法》《集会游行示威法》《戒严法》等法律规定了依法现场立即予以拘留的方法，这是临时性的强制性拘留措施，公安机关经审查后再依法作出处理。

2. 适用对象不同

刑事拘留的适用对象是刑事诉讼中的现行犯或重大嫌疑分子。行政拘留的对象是有一般违法行为、尚未构成犯罪的违法人员。

3. 羁押期限不同

刑事拘留的羁押法定期限一般不超过 14 日，在特别规定的特殊刑事案件中，合计最长羁押期限不得超过 37 日。行政拘留的羁押期限为 1 日以上，15 日以下。

4. 适用机关不同

公安机关和人民检察院行使刑事拘留决定权，公安机关行使拘留执行权。行政拘留的决定权、执行权均为公安机关。

5. 羁押场所不同

刑事拘留应当在看守所羁押。行政拘留在拘留所羁押。

(二)刑事拘留与司法拘留

司法拘留，是指在刑事、民事、行政诉讼过程中，人民法院对于有严重妨碍诉讼进行的诉讼参与人以及其他人员采用的强制性处罚方法。我国《刑事诉讼法》第 188 条第 2 款、第 194 条第 1 款规定的拘留，就是司法拘留。同样，我国《民事诉讼法》《行政诉讼法》也规定了司法拘留的适用。司法拘留与刑事拘留比较，有以下特点：

(1)司法拘留是排除性的强制措施，同时兼有处罚性质，是为了排除已经出现的妨碍司法活动的严重行为而采取的。

(2)司法拘留的对象是实施了妨害刑事诉讼、民事诉讼或行政诉讼秩序行为的当事人、其他诉讼参与人或者案外人。

(3)司法拘留的目的在于惩戒妨害诉讼秩序的行为，以保证诉讼的顺利进行；司法拘留与判决结果不发生联系，被拘留人承认并改正错误，人民法院可以提前解除拘留。

(4)司法拘留的期限为 15 日以下。

(5)人民法院行使司法拘留权。根据《拘留所条例》第 2 条，人民法院决定司法拘留的人必须交公安机关代为关押，在拘留所执行。

三、拘留的程序

(一)拘留的决定

在司法实践中，拘留现行犯或者重大嫌疑人应由承办单位填写《呈请拘留报告书》，在报请县级以上公安机关的负责人批准后，签发《拘留证》，然后交批准拘留的机关负责执行。

人民检察院决定拘留的案件，应当由办案人员提出意见，经侦查办案部门负责人审核，由检察长决定。人民检察院应当将拘留决定书送交公安机关。

我国法律对拘留县级以上人大代表作了特殊程序的规定。①《中华人民共和国全国人民代表大会组织法》第44条规定，“全国人民代表大会代表如果因为是现行犯被拘留，执行拘留的公安机关应当立即向全国人民代表大会常务委员会报告”。《中华人民共和国地方各级人民代表大会和地方各级人民政府组织法》第19条规定，“县级以上的地方各级人民代表大会代表……如果认为是现行犯被拘留，执行拘留的机关必须立即报请该级人民代表大会常务委员会批准”。

决定对不享有外交特权和豁免权的外国人、无国籍人采取刑事拘留，需要报经有关部门审批，同时征求省、直辖市、自治区外事办公室和外国人主管部门的意见。

决定对外国留学生采取刑事拘留，在征求地方外事办和高教厅(局)意见后，报公安部或国家安全部审批。

(二)拘留的执行

拘留由公安机关执行。我国《刑事诉讼法》第81条、第83条、第84条、第89条、第164条以及六部门《规定》第16条、公安部《规定》第122条规定了执行拘留的程序规范。

(1)公安机关执行拘留的时候，必须出示《拘留证》，宣布拘留，并责令被拘留人在《拘留证》上签名或者盖章。被拘留人拒绝签名或者盖章的，应当加以注明。执行拘留时，如果遇到反抗，可以使用武器和戒具等强制方法，但应当适度。

(2)公安机关在异地执行拘留的时候，应当通知被拘留人所在地的公安机关，被拘留人所在地的公安机关应当予以配合。(《刑事诉讼法》第81条)

(3)拘留后，应当立即将被拘留人送看守所羁押，至迟不得超过24小时。(刑诉法第83条第2款第1句)

(4)拘留后，除无法通知或者涉嫌危害国家安全犯罪、恐怖活动犯罪通知可能有碍侦查的情形以外，应当在拘留后24小时以内，通知被拘留人的家属。有碍侦查的情形消失以后，应当立即通知被拘留人的家属。(《刑事诉讼法》第83条第2款第2句、第3句)

《律师法》第37条规定，律师在参与诉讼过程中因涉嫌犯罪被依法拘留，执

---

① 关于拘留乡镇人大代表以及同时担任不同级别人大代表的批准程序，最高检《规则(试行)》第132条作了具体规定。

行机关在24小时之内应当通知律师家属、所在律师事务所、所属律师协会。

拘留后“无法通知”的情形，与监视居住相同。依据最高检《规则(试行)》第133条第3款、公安部《规定》第123条第2款适用第109条第2款。

除涉嫌危害国家安全犯罪、恐怖活动犯罪的“有碍侦查”的情形依据公安部《规定》第123条第3款。

(5)公安机关、人民检察院对于被拘留的人，应当在拘留后的24小时以内进行讯问。在发现不应当拘留的时候，必须立即释放，发给释放证明。(《刑事诉讼法》第84条)

(6)公安机关对于被拘留的人，认为需要逮捕的，应当在拘留后的3日以内，提请人民检察院审查批准。特殊情况下可以延长1日至4日。对于流窜作案、多次作案、结伙作案的重大嫌疑分子，可以延长至30日。(《刑事诉讼法》第89条第1款、第2款)

(7)人民检察院对直接受理侦查的案件中被拘留的人，认为需要逮捕的，应当在14日内作出决定，特殊情况下可以延长1日至4日。(《刑事诉讼法》第165条)

(8)公安机关、人民检察院对于需要继续侦查，并且符合取保候审、监视居住条件的，依法取保候审或者监视居住。(《刑事诉讼法》第89条第3款第3句、第165条第3句)

四、拘留的期限

公安机关对于被拘留的人执行拘留，认为需要逮捕的，应当在拘留后的3日以内，提请人民检察院审查批准。在特殊情况下，提请审查批准的时间可以延长1日至4日。也就是说，公安机关的拘留时间一般为7日。

公安机关对于流窜作案、多次作案、结伙作案的重大嫌疑分子，提请审查批准的时间可以延长至30日。也就是说，公安机关拘留时间最长为30日。

人民检察院应当自接到公安机关提请批准逮捕书后的7日以内，作出批准逮捕或者不批准逮捕的决定。人民检察院审查批准的7日时间，犯罪嫌疑人仍然被拘留。也就是说，拘留犯罪嫌疑人的最长时限为37日。

人民检察院直接受理案件中被拘留人拘留时间一般为14日以内，特殊情况下，可以延长1日至3日，也就是说，最长时间为17日。

根据《刑事诉讼法》第95条规定的精神，对于超期拘留，被拘留人及其法定代理人、近亲属或者他们委托的律师及其他辩护人，有权申请变更强制措施。

第六节　逮捕

一、逮捕的概念和意义

1. 逮捕的概念

“逮捕”一词在今天属于常用词，但人们对其含义的理解和用法并不统一。现代汉语中的逮捕已经被当作法律专业用语使用，被赋予特定含义，其原本意义已经被人遗忘。在古代汉语转现代汉语的过程中，据《康熙字典》解释，“逮”的意思为“追”，“捕”的意思为“取”“擒捉”。近代学者将“逮捕”定义为“以强制力束缚人之身体之自由，而解送至一定之场所之谓也”①。民国刑事诉讼立法和理论上，也有以“羁押”或“勾留”用语者。② 在英语中，arrest 一词通常被译为“逮捕”，与中国法上的逮捕并不对应，实际上，arrest 是指所有剥夺人身自由的强制手段，包括无证逮捕和有证逮捕。

在我国现行《刑事诉讼法》上，逮捕，是指公安机关、人民检察院和人民法院，为了防止犯罪嫌疑人或者被告人逃避侦查、起诉和审判，实施妨碍刑事诉讼的行为，采取取保候审或者监视居住尚不足以防止发生法定的社会危害性，而依法完全剥夺犯罪嫌疑人、被告人的人身自由，予以羁押的一种强制措施。逮捕，不仅指逮捕行为本身，而且包括逮捕之后羁押状态。

我国《刑事诉讼法》第 78 条、第 79 条，第 81 条、第 85 条至 94 条、第 98 条明确规定了逮捕或逮捕措施；第 95 条至 97 条关于变更、解除强制措施的规定同样适用于逮捕措施。六部门《规定》第 13 条至第 17 条，最高院《解释》第 128 条至 136 条，最高检《规则(试行)》第 139 条至 146 条，公安部《规定》第 129 条至 143 条，也对逮捕的适用作出规定，属于刑事诉讼活动的程序规范。

2. 逮捕与拘留的区别

逮捕与拘留两种强制措施都是刑事诉讼中采用的剥夺人身自由的方法，由公安机关执行，对犯罪嫌疑人、被告人送看守所予以羁押。但两者具有显著区别：

---

① 汪翰章主编：《法律大辞典》，李秀清、陈颐校，上海人民出版社 2014 年版。

② 参见夏勤：《刑事诉讼法要论》，郭恒点校，中国政法大学出版社 2012 年版，第 79 页；冈田朝太郎口授、熊元襄整理：《刑事诉讼法》，吴宏耀点校，中国政法大学出版社 2012 年版，第 71 页。

第一，实施的对象和条件不同。逮捕是对有证据证明有犯罪事实，可能判处徒刑以上刑罚，具有法定社会危险性的犯罪嫌疑人、被告人采用的一种强制措施；拘留是对法律规定的现行犯或重大嫌疑人在紧急情况下采用的一种强制措施。第二，批准和决定的机关不同。逮捕的批准或决定权在人民检察院和人民法院；拘留的决定权在公安机关和人民检察院。第三，羁押期限不同。逮捕的羁押期限较长，虽然现行法律没有规定最长期限，但是逮捕羁押期限不能突破侦查羁押、审查起诉、审理期限(《刑事诉讼法》第 96 条)；拘留的羁押期限较短，人民检察院直接受理案件最长为 17 日，公安机关侦查案件最长不超过 37 日。

3. 逮捕的意义

逮捕，是《刑事诉讼法》规定的强制措施中强制性最严厉的一种。逮捕不仅完全剥夺了犯罪嫌疑人、被告人的人身自由，将被逮捕人和社会隔离，而且羁押的时间一般要到人民法院的判决生效为止，从而能有效地防止犯罪嫌疑人、被告人妨碍刑事诉讼进行的情况发生。但是，如果逮捕措施适用不当，错捕滥捕，则容易侵犯公民的人身自由，造成严重的后果，甚至引发国家赔偿。因此，公安司法机关必须依照法定的权限，准确把握逮捕的条件，严格遵循逮捕的程序规范，最大限度地防止任意逮捕、错误逮捕的发生，切实保障宪法规定的公民基本权利不受非法侵犯。

二、适用逮捕的机关和逮捕权限分配

为了确保逮捕的准确适用，我国《刑事诉讼法》对适用逮捕的机关和权限作了明确规定，不同于刑事诉讼中的其他强制措施。

根据我国《宪法》第 37 条规定，“中华人民共和国公民的人身自由不受侵犯。禁止非法拘禁和以其他方法非法剥夺或者限制公民的人身自由，禁止非法搜查公民的身体”。据此，《刑事诉讼法》第 78 条规定，“逮捕犯罪嫌疑人、被告人，必须经过人民检察院批准或者人民法院决定，由公安机关执行”。第 163 条规定，在人民检察院直接受理的案件中，需要逮捕犯罪嫌疑人的，由人民检察院作出决定，由公安机关执行。

逮捕权限由批准逮捕权、决定逮捕权和执行逮捕权构成，并且实行逮捕的批准或者决定权和执行权相分离的立法模式，不同权力分别由不同的国家机关行使。

1. 批准逮捕权

司法实践中称为“批捕权”，由人民检察院依法行使。公安机关在侦查中需要逮捕犯罪嫌疑人时，必须提请人民检察院批准。

2．决定逮捕权

决定逮捕权由人民检察院和人民法院行使。人民检察院在自行侦查或审查起诉中，认为应当逮捕犯罪嫌疑人的，可以自行决定。人民法院对于所受理的自诉案件，如果需要逮捕被告人时，或者对于人民检察院提起公诉的案件，如果认为应当逮捕尚未逮捕的被告人时，或者依审判监督程序再审时，若需要重新逮捕被告人时，均有权决定逮捕。

3．执行逮捕权

执行逮捕权由公安机关行使。不论是经人民检察批准逮捕的犯罪嫌疑人，还是经人民检察院或人民法院决定逮捕的犯罪嫌疑人或被告人，都由公安机关执行。国家安全机关承办的刑事案件，由国家安全机关执行逮捕。

逮捕的不同权力由不同机关行使，体现了国家对于适用逮捕权的慎重，也体现了司法机关之间分工负责、互相配合、互相制约的原则，有利于防止滥捕和错捕的发生。

根据《宪法》第74条和《中华人民共和国地方各级人民代表大会和地方各级人民政府组织法》第30条规定，全国人民代表大会和县级以上地方各级人民代表大会代表，在大会开会期间，非经本级人民代表大会主席团许可；在大会闭会期间，非经本级人民代表大会常务委员会同意，不受逮捕，只有在得到许可或同意后，才能批准或者决定逮捕。

三、逮捕的条件

根据我国《刑事诉讼法》第79条规定，犯罪嫌疑人、被告人应当予以逮捕的法定条件有三个：其一，有证据证明有犯罪事实；其二，可能判处徒刑以上刑罚；其三，法律规定的社会危险性条件。理论上分别称之为逮捕的“证据条件”“罪责条件”“社会危险性条件”。

与修改前的1996年《刑事诉讼法》相比，新法将原第60条中的“逮捕必要性条件”，即“采取取保候审、监视居住等方法，尚不足以防止发生社会危险性，而有逮捕必要”作了修改，从而更具有客观上的可操作性。

（一）逮捕的法定条件

1．证据条件

逮捕的证据条件，是有证据证明有犯罪事实。对此，《刑事诉讼法》没有明确规定。根据最高检《规则（试行）》第139条第2款和公安部《规定》第130条第1款规定，需要同时具备下列情形：①有证据证明发生了犯罪事实；②有证据证明犯罪事实是犯罪嫌疑人实施的；③证明犯罪嫌疑人实施犯罪行为的证据已经查证属实的。该条第2款进一步明确，“犯罪事实可以是犯罪嫌疑人实施的数个犯罪行为中的一个”。此外应注意，“有证据证明有犯罪事实”不是从案件的整体上要求证据充分、确凿，只要有一定证据证明逮捕的对象实施了某种犯罪行为即可。

2. 罪责条件

逮捕的罪责条件，是犯罪嫌疑人的犯罪事实可能判处徒刑以上的刑罚。这是逮捕的实体法因素，也就是说，逮捕所针对的是较严重的犯罪行为。在刑法中，刑罚轻重是衡量罪行轻重的尺度之一，所谓“可能判处徒刑以上的刑罚”，是指从已有证据证明，犯罪嫌疑人的实际罪行很有可能被判处有期徒刑以上的刑罚。司法实践中，对于可能判处有期徒刑缓刑的，一般也不采用逮捕。

3. 社会危险性条件

逮捕的社会危险性条件，即逮捕对象的人身危险性的程度因素，是指采取取保候审尚不足以防止法定的社会危险性，而应当予以逮捕。我国立法以“发生社会危险性”表示犯罪嫌疑人、被告人的“人身危险性”。

《刑事诉讼法》第79条第1款规定5项“发生社会危险性”的行为情形：①可能实施新的犯罪的；②有危害国家安全、公共安全或者社会秩序的现实危险的；③可能毁灭、伪造证据，干扰证人作证或者串供的；④可能对被害人、举报人、控告人实施打击报复的；⑤企图自杀或者逃跑的。

适用逮捕的三个条件必须同时具备，它采用层层限制的立法表达技术将适用的对象局限在一个特定范围内。

(二)逮捕条件的特别适用

对于不具备发生社会危险性的五项行为情形，根据犯罪事实和犯罪嫌疑人、被告人特殊的人身危险性，《刑事诉讼法》第79条第2款规定两种情况，应当予以逮捕：①有证据证明有犯罪事实，可能判处10年有期徒刑以上刑罚的；②有证据证明有犯罪事实，可能判处徒刑以上刑罚，曾经故意犯罪或者身份不明的。

根据《刑事诉讼法》第79条第3款，以及第69条第3款、第75条第2款，被取保候审、监视居住的犯罪嫌疑人、被告人违反取保候审、监视居住规定，情节严重的，可以予以逮捕。对于“情节严重”的解释，可以参照最高院《解释》第129条、最高检《规则(试行)》第139条第1款、公安部《规定》第131条相关条款。

最高检《规则(试行)》第144条规定了人民检察院可以作出不批准逮捕决定或者不予逮捕的六种情形：①属于预备犯、中止犯，或者防卫过当、避险过当的；②主观恶性较小的初犯，共同犯罪中的从犯、胁从犯，犯罪后自首、有立功表现或者积极退赃、赔偿损失、确有悔罪表现的；③过失犯罪的犯罪嫌疑人，犯罪后有悔罪表现，有效控制损失或者积极赔偿损失的；④犯罪嫌疑人与被害人双方根据《刑事诉讼法》的有关规定达成和解协议，经审查，认为和解系自愿、合法且已经履行或者提供担保的；⑤犯罪嫌疑人系已满14周岁未满18周岁的未成年人或者在校学生，本人有悔罪表现，其家庭、学校或者所在社区、居民委员会、村民委员会具备监护、帮教条件的；⑥年满75周岁以上的老年人。

四、逮捕的批准或者决定程序

（一）公安机关提请逮捕、人民检察院审查批准逮捕的程序

根据我国《刑事诉讼法》第85条和公安部《规定》第133条的规定，公安机关侦查的案件，要求逮捕犯罪嫌疑人的，应当提请人民检察院批准。人民检察院批准逮捕采取审查批准制，由人民检察院侦查监督部门办理（最高检《规则（试行）》第303条）。

公安机关提请逮捕和人民检察院审查批准逮捕的程序如下：

（1）公安机关要求逮捕嫌疑人的，应当经县级以上公安机关负责人批准，写出提请批准逮捕书，连同案卷材料、证据，一并移送同级人民检察院审查批准。

《提请批准逮捕书》是人民检察审查批准逮捕的依据。为有利于及时地作好审查工作，《刑事诉讼法》第85条第2句规定，人民检察院在必要的时候，可以派人参加公安机关对于重大案件的讨论。

《刑事诉讼法》第89条第1款规定，对于被拘留的人，认为需要逮捕的，应当在拘留后三日内提请批准逮捕，特殊情况下可以延长1日至4日。何为“特殊情况”？法律没有明确规定。但是，有三类特殊案件在《刑事诉讼法》第89条第2款作出规定，对于流窜作案、多次作案、结伙作案的重大嫌疑分子，提请审查批准的时间可以延长至30日。对此条款之解释，需注意“延长至”30日，即，拘留后公安机关提请批准逮捕的最长期限是30日。

（2）对于公安机关提请批捕的案件，人民检察院应进行审查。审查批准逮捕，由检察长决定。重大案件应当提交检察委员会讨论决定。

审查批准逮捕，主要根据公安机关移送的案卷材料、证据进行审查。根据《刑事诉讼法》第86条第1款、第2款规定，可以讯问犯罪嫌疑人，可以询问证人等诉讼参与人，可以听取辩护律师意见；辩护律师提出要求的，应当听取辩护律师的意见。

《刑事诉讼法》第86条第1款规定，当有下列三种情形之一时，应当讯问犯罪嫌疑人：①对是否符合逮捕条件有疑问的；②犯罪嫌疑人要求向检察人员当面陈述的；③侦查活动可能有重大违法行为的。

公安机关对犯罪嫌疑人已经适用拘留而提请批捕的案件，根据《刑事诉讼法》第89条第3款规定，人民检察院应当自接到提请批准逮捕书后的7日以内，作出

批准逮捕或不批准逮捕的决定。最高检《规则(试行)》第 316 条规定，对于未被拘留而提请批准逮捕的案件，应当在 15 日以内作出是否批准逮捕的决定，重大、复杂的案件，不得超过 20 日。

(3)人民检察院作出批准逮捕或者不批准逮捕的决定。

根据《刑事诉讼法》第 88 条规定，人民检察院对于公安机关提请批准逮捕的案件进行审查后，应当作出批准逮捕或者不批准逮捕的决定：①批准逮捕决定。公安机关应当立即执行，并且将执行情况及时通知人民检察院。②不批准逮捕决定。人民检察院应当说明理由，需要补充侦查的，应当同时通知公安机关。

人民检察院不批准逮捕决定的效力是，公安机关接到通知后立即释放犯罪嫌疑人，并且将执行情况及时通知人民检察院。

对于人民检察院不批准逮捕的理由，学理上看，首先是不符合法律规定的逮捕条件，例如，最高检《规则(试行)》第 143 条至第 145 条规定；其次可能是犯罪事实不清，或者证据不足。公安机关侦查活动的违法情况不构成不批准的理由，可以参见《刑事诉讼法》第 98 条的规定。

人民检察院在审查批准逮捕的时候，不能作出补充侦查的决定，需要补充侦查的，采取通知形式，由公安机关自行决定。

(4)不批准逮捕的复议和复核。

根据《刑事诉讼法》第 90 条规定，公安机关对人民检察院不批准逮捕的决定，认为有错误的时候，可以要求复议，但是必须将被拘留的人立即释放。如果意见不被接受，可以向上一级人民检察院提请复核。上级人民检察院应当立即复核，作出是否变更的决定，通知下级人民检察院和公安机关执行。

复议和复核，应当制作《复议决定书》和《复核决定书》，通知公安机关，以说明复议、复核的结果和作出的决定。

(5)人民检察院审查批准逮捕中的检察监督。

《刑事诉讼法》第 98 条规定，人民检察院在审查批准逮捕工作中，如果发现公安机关的侦查活动有违法情况，应当通知公安机关予以纠正，公安机关应当将纠正情况通知人民检察院。这是司法实践中人民检察院侦查监督职能的重要组成部分。

(二)人民检察院决定逮捕的程序

通说认为，人民检察院决定逮捕犯嫌疑人分两种情况：

(1)根据《刑事诉讼法》第 163 条规定，人民检察院直接受理的案件中，符合本法第 79 条、第 80 条第 4 项、第 5 项规定情形，由人民检察院决定逮捕。根据最高检《规则(试行)》第 327 条规定，省级以下(不含省级)人民检察院直接受理立案侦查的案件，需要逮捕犯罪嫌疑人的，应当报请上一级人民检察院决定。

具体程序是：在人民检察院直接受理的案件中，认为需要逮捕犯罪嫌疑人的时候，应当由侦查部门制作报请逮捕书，报检察长或者检察委员会审查批准后，连同案卷材料、讯问录音、录像一并报上一级人民检察院审查。

最高检《规则（试行）》第333条规定，上级人民检察院决定逮捕的，应当将逮捕决定书连同案卷材料一并交下级人民检察院，由下级人民检察院通知公安机关执行。必要时，下级人民检察院可以协助执行。第334条规定，决定不予逮捕的，应当将不予逮捕决定书连同案卷材料一并交下级人民检察院，同时书面说明不予逮捕的理由。

（2）人民检察院在审查移送起诉的案件时，认为应当逮捕犯罪嫌疑人，而公安机关或者人民检察院侦查部门尚未逮捕犯罪嫌疑人的，根据最高检《规则（试行）》第375条规定，应当移送侦查监督部门审查决定逮捕。

（三）人民法院决定逮捕的程序

刑事诉讼理论上认为，作为剥夺人身自由的强制措施的逮捕，应当由法官决定，发布令状或命令方能执行。比较法上，世界上大多数国家的立法例均持此立场。我国刑事诉讼立法采行检察院和法院批准或者决定逮捕的二元制。

我国《刑事诉讼法》第78条规定，人民法院有权决定逮捕。人民法院在直接受理的自诉案件中认为需要逮捕被告人时，经院长同意后，制作逮捕决定书，送同级公安机关执行逮捕。对于重大、疑难、复杂案件的被告人的逮捕，提交审判委员会讨论决定。人民法院对于检察机关提起公诉的案件，提起公诉时未予逮捕被告人，而人民法院认为符合逮捕条件应当予以逮捕的，也可以决定逮捕，具体程序同上，但是应当通知人民检察院。

人民法院决定逮捕的程序参见最高院《决定》第131条、第132条。

（四）对几种特殊犯罪嫌疑人逮捕的审批程序

根据最高人民检察院的《规则（试行）》第146条、第312条、第313条等规定，对几种特殊犯罪嫌疑人的逮捕应当经过有关部门批准或者报请有关部门备案。

（1）人民检察院对担任本级人民代表大会代表的犯罪嫌疑人批准或者决定逮捕，应当报请本级人民代表大会主席团或者常务委员会许可。

对担任上级人民代表大会代表的犯罪嫌疑人批准或者决定逮捕，应当层报该代表所属的人民代表大会同级的人民检察院报请许可。

对担任下级人民代表大会代表的犯罪嫌疑人批准或者决定逮捕，可以直接报请该代表所属的人民代表大会主席团或者常务委员会许可，也可以委托该代表所属的人民代表大会同级的人民检察院报请许可；对担任乡、民族乡、镇的人民代表大会代表的犯罪嫌疑人批准或者决定逮捕，由县级人民检察院报告乡、民族乡、镇的人民代表大会。

对担任两级以上的人民代表大会代表的犯罪嫌疑人批准或者决定逮捕，分别依照最高检《规则(试行)》第312条第1款至3款的规定报请许可。

对担任办案单位所在省、市、县(区)以外的其他地区人民代表大会代表的犯罪嫌疑人批准或者决定逮捕，应当委托该代表所属的人民代表大会同级的人民检察院报请许可；担任两级以上人民代表大会代表的，应当分别委托该代表所属的人民代表大会同级的人民检察院报请许可。

(2)外国人、无国籍人涉嫌危害国家安全犯罪的案件或者涉及国与国之间政治、外交关系的案件以及在适用法律上确有疑难的案件，认为需要逮捕犯罪嫌疑人的，按照《刑事诉讼法》第19条、第20条的规定，分别由基层人民检察院或者省、州、市人民检察院审查并提出意见，层报最高人民检察院审查。最高人民检察院经审查认为需要逮捕的，经征求外交部的意见后，作出批准逮捕的批复，经审查认为不需要逮捕的，作出不批准逮捕的批复。基层人民检察院或者省、州、市人民检察院根据最高人民检察院的批复，依法作出批准或者不批准逮捕的决定。层报过程中，上级人民检察院经审查认为不需要逮捕的，应当作出不批准逮捕的批复，报送的人民检察院根据批复依法作出不批准逮捕的决定。

基层人民检察院或者省、州、市人民检察院经审查认为不需要逮捕的，可以直接依法作出不批准逮捕的决定。

外国人、无国籍人涉嫌最高检《规则(试行)》第313条第1款规定以外的其他犯罪案件，决定批准逮捕的人民检察院应当在作出批准逮捕决定后48小时以内报上一级人民检察院备案，同时向同级人民政府外事部门通报。上一级人民检察院对备案材料经审查发现错误的，应当依法及时纠正。

(3)人民检察院办理审查逮捕的危害国家安全的案件，应当报上一级人民检察院备案。上一级人民检察院对报送的备案材料经审查发现错误的，应当依法及时纠正。需要注意，这是人民检察院对国家安全机关办理危害国家安全案件的审查批准逮捕，与最高检《规则(试行)》第327条规定的提级审查决定逮捕不同。

五、逮捕的执行程序

逮捕犯罪嫌疑人、被告人，一律由公安机关执行。公安机关在接到执行逮捕通知时，必须立即执行，并将执行情况通知人民检察院。公安机关释放被逮捕的人或将逮捕变更为其他强制措施的，应当通知作出批准决定的原人民检察院。

(一)执行逮捕的一般程序

(1)公安机关执行逮捕不得少于两人。

(2)公安人员执行逮捕，必须出示逮捕证。(《刑事诉讼法》第91条)逮捕证由县级以上公安机关负责人签发，应写明逮捕的批准或决定机关，指派何人对居住在何地的何人执行逮捕。执行逮捕时应当向被逮捕人宣布，并责令被逮捕人在逮捕证上签名或按手印，并注明具体时间(年、月、日、时)。如果被逮捕人拒绝签字或按手印，应在逮捕证上注明。公安人员在执行逮捕时，遇到抗拒，执行人员可依法使用武器,予以强制。①

(3)执行逮捕后，应当立即将被逮捕人送看守所羁押。

(4)执行逮捕之后，除无法通知的以外，应当在逮捕后24小时以内，通知被逮捕人的家属。

(5)执行逮捕后，提请批准逮捕的公安机关、决定逮捕的人民检察院、人民法院，都必须在逮捕后的24小时以内进行讯问，在发现不应当逮捕的时候，必须立即释放，发给释放证明。

(二)异地执行逮捕的特殊程序

异地执行逮捕，是跨越司法管辖区的诉讼活动，其手段有别于在本司法管辖区实施逮捕的手续，根据公安部《规定》第336条关于异地办案协作的规定，异地是县级以上公安机关的办案协作。

根据《刑事诉讼法》第81条规定，公安机关在异地执行逮捕时，应当通知被逮捕人所在地的公安机关，所在地公安机关应当予以配合。公安部《规定》第339条、第340条规定，异地执行逮捕应当履行以下手续：

(1)异地执行逮捕的，执行人员应当持逮捕证、办案协作函件和工作证件，与协作地县级以上公安机关联系，协作地公安机关应当派员协助执行。

(2)委托异地公安机关代为执行逮捕的，应当将逮捕证、办案协作函件送达协作地公安机关。

(3)已被决定逮捕的犯罪嫌疑人在逃的，可以通过网上工作平台发布犯罪嫌疑人相关信息、逮捕证。各地公安机关发现网上逃犯的，应当立即组织抓捕。

(4)协作地公安机关抓获犯罪嫌疑人后，应当立即通知委托地公安机关。委托地公安机关应当立即携带法律文书及时提解，提解的侦查人员不得少于2人。

(三)对人大代表、政协委员执行逮捕的特殊规定

(1)公安机关执行逮捕时，发现被执行人是县级以上人民代表大会代表的，应当暂缓执行，并报告决定或者批准机关。如果在执行后发现被执行人是县级以上人民代表大会代表的，应当立即解除，并报告决定或者批准机关。

---

① 根据《人民警察法》第10条针对"拒捕"的规定。

(2)公安机关依法对乡、民族乡、镇的人民代表大会代表执行逮捕的，应当在执行后立即报告其所属的人民代表大会。

(3)公安机关依法对政治协商委员会委员执行逮捕前，应当向该委员所属的政协组织通报情况；有情况紧急的，可在执行的同时或者执行以后及时通报。

六、逮捕后的羁押必要性审查

我国新《刑事诉讼法》第93条规定了人民检察院对逮捕后的羁押必要性审查，这是新《刑事诉讼法》第2条尊重和保障人权条款的一种具体体现，其核心价值在于减少羁押，保障犯罪嫌疑人、被告人的人身自由权。

羁押必要性审查是人民检察院对侦查活动进行监督的一种表现形式，在审查批准逮捕和审查决定逮捕的时候，可捕可不捕的，尽量不捕，是适用逮捕条件的严格性。在犯罪嫌疑人、被告人被逮捕之后，从保障人权的角度说，仍应对羁押的必要性进行审查。

在该制度实施过程中，对于人民检察院哪一个部门负责进行羁押必要性审查，法律并没有明确规定，从法律解释上看，由侦查监督部门进行审查更为适宜。公诉部门、监所检察部门不宜于或者不便于进行审查。

七、逮捕的变更、撤销、解除和救济

我国《刑事诉讼法》第94条至97条规定对逮捕等强制措施的变更、撤销、解除和救济程序。具体内容包括如下几种情形：

(1)人民法院、人民检察院和公安机关如果发现采取逮捕措施不当，应当及时撤销或者变更。公安机关释放被逮捕的人，应当通知原批准的人民检察院。

(2)犯罪嫌疑人、被告人及其法定代理人、近亲属或者辩护人有权申请变更强制措施。此处包括申请将被逮捕人变更为取保候审、监视居住。

(3)被采取逮捕的羁押期限届满的犯罪嫌疑人、被告人，应当予以释放。需要继续查证、审理的，可以采取取保候审或者监视居住的方式。

(4)对于采取强制措施法定期限届满的，犯罪嫌疑人、被告人及其法定代理人、近亲属或者辩护人有权要求解除强制措施。

八、扭送

扭送，是指公民将当场抓住的现行犯或者其他犯罪分子强制送交公安机关、人民检察院或者人民法院处理的行为。扭送不是一种独立的刑事强制措施，是我国《刑事诉讼法》赋予公民在紧急情况下协助公安司法机关同犯罪作斗争的一种特别权利，是在刑事诉讼中依靠群众，实行司法机关同群众相结合这一原则的体现。它有利于调动群众同犯罪作斗争的积极性，有利于公安机关抓获犯罪人。

扭送的适用情形及注意事项在《刑事诉讼法》第82条有明确规定，对于有下列情形的人，任何公民都可以立即扭送到公安机关、人民检察院或者人民法院处理：①正在实行犯罪或者在犯罪后即时被发觉的；②通缉在案的；③越狱逃跑的；④正在被追捕的。

公民扭送人犯应当注意两点：一是扭送的对象必须是法律规定所列举的四种人，这四种人基本上都属于现行犯范畴；二是公民在扭送这四种人后，必须立即送交公安机关、人民检察院或者人民法院处理，无权对扭送对象自行作出任何处置。对公民扭送来的人，公安司法机关不得推诿，或拒绝受理。应该先予受理，办好有关询问笔录，然后按照刑事立案管辖的规定，将扭送的人送至有管辖权的国家专门机关依法处理。

【思考题】

1. 指定居所监视居住的特殊性表现在哪些方面？
2. 人民检察院如何审查羁押的必要性？

【案例分析】

2013年10月8日下午16时左右，某市风城县梨花派出所接到群众报案，称在该派出所附近地区有人拦路抢劫。派出所干警迅速出动，根据被害人指认，当场将又欲实施抢劫的李某抓获。该派出所所长认为李某的抢劫行为属于现行犯，便签发《拘留证》，对李某实施拘留，并于当晚对李某进行了讯问。经过讯问，公安人员发现李某不仅有当日实施抢劫未遂的事实，而且供认以前曾有多次实施盗窃和抢劫的行为。

2013年10月13日，公安机关认为李某已经符合逮捕条件，提请县人民检察院审查批准逮捕。人民检察院经审查后认为，该案只有犯罪嫌疑人李某的供述和被害人的报案，证据不足，且发现派出所民警的侦查活动有违法情况，遂于10月21日决定不批准逮捕，同时作出退回补充侦查的决定。公安机关接到补充侦查的决定后，没有提出复议，但抓紧对继续关押的李某进行讯问，同时努力收集其他证据。10月28日再次提请审查批准逮捕，10月30日，人民检察院作出批准逮捕的决定，公安机关接到逮捕决定书之后，向李某出示《逮捕证》，并通知了李某的家属。

李某被逮捕之后，公安机关继续对其犯罪情况进行侦查，但是此时李某突然患上急性阑尾炎，需要紧急住院手术，李某的家属向公安机关申请取保候审，得到公安机关同意。公安机关要求李某的父母亲作为共同保证人，同时缴纳2000元保证金后被取保候审，解除羁押。

请问：本案强制措施的适用存在哪些问题？

第九章　附带民事诉讼

【本章引语】

在侵权行为同时构成犯罪行为的案件中，采用惩罚与赔偿混合并处的做法，是一种有理由的观念。——英国普通法

【学习目标】

通过本章学习，能够了解和掌握：

1. 附带民事诉讼的成立条件。
2. 刑事民事一并审判原则。

第一节　附带民事诉讼的概念与意义

一、附带民事诉讼的概念和特点

在我国《刑事诉讼法》上，附带民事诉讼是指公安司法机关在刑事诉讼过程中，在解决被告人刑事责任的同时，附带解决由被告人犯罪行为所引起的物质损失的赔偿而进行的民事诉讼活动。

我国《刑事诉讼法》第99条第1款规定，“被害人由于被告人的犯罪行为而遭受物质损失的，在刑事诉讼过程中，有权提起附带民事诉讼。被害人死亡或者丧失行为能力的，被害人的法定代理人、近亲属有权提起附带民事诉讼”。第99条第2款规定，“如果是国家财产、集体财产遭受损失的，人民检察院在提起公诉的时候，可以提起附带民事诉讼”。

附带民事诉讼作为一项诉讼制度，是有关附带民事诉讼当事人、赔偿范围、

提起和审理程序等问题的法律规范的总称。它是一种特殊的民事诉讼，依附在刑事诉讼之上，有刑事诉讼存在，才能提起附带民事诉讼。传统学说上，附带民事诉讼法律关系具有特殊性，其非为民事诉讼法上之权利义务关系，“乃谓刑事法院与原告及被告在《刑事诉讼法》上之权利义务关系”。[①] 在适用法律时，不仅适用《刑事诉讼法》的有关规定，也适用民事诉讼法的有关规定。

附带民事诉讼程序具有如下特点：

其一，附带民事诉讼性质的特殊性。附带民事诉讼的性质与民事诉讼的性质相同，是解决被害人遭受犯罪侵害的民事赔偿问题。由于物质损害的产生不是基于普通侵权行为，[②]而是由于被告人犯罪行为所引起，并且在刑事诉讼过程中提起，由审判刑事案件的审判组织审理，因此，附带民事诉讼程序有别于普通的民事诉讼程序。

其二，附带民事诉讼法律依据的复合性。由于附带民事诉讼解决的是由犯罪行为所造成的物质损失的民事赔偿问题，因此，在实体法方面，对损害事实的认定，不仅要遵循刑法有关具体案件犯罪构成的规定，而且要遵循民事法律规范的规定；在程序法方面，除了适用《刑事诉讼法》上的特殊规定之外，应当适用《民事诉讼法》的规定。最高法《解释》第 163 条规定，“人民法院审理附带民事诉讼案件，除刑法、《刑事诉讼法》以及刑事司法解释已有规定的以外，适用民事法律的有关规定”。

其三，附带民事诉讼审理程序的附属性。附带民事诉讼程序作为《刑事诉讼法》的一种特别程序，以刑事案件的成立为前提，它的启动必须在刑事诉讼过程中，并且，附带民事诉讼部分的判决不得与刑事部分的判决相抵触。同时，附带民事诉讼的起诉时效、上诉期限、管辖法院等都取决于刑事案件的情况。可见，附带民事诉讼在处理程序上依附于刑事诉讼，以刑事诉讼为依托。

二、附带民事诉讼的意义

附带民事诉讼是刑事诉讼中的一项重要制度，具有重要意义。

(1)附带民事诉讼制度有利于保障被害人财产利益。通过附带民事诉讼，在追究被告人刑事责任的同时，责令赔偿因犯罪行为而给被害人造成的物质损失，使被告人在经济上承担相应的法律责任，同时尽量减少被害人由于遭受犯罪行为侵害所造成的物质损失。

(2)附带民事诉讼有利于提高诉讼效率和效益。附带民事诉讼是在刑事诉讼

---

① 陈瑾昆：《刑事诉讼法通义》，法律出版社 2007 年版，第 409 页。

② 犯罪行为本质上属于严重的侵权责任。我国《侵权责任法》第 4 条第 1 款规定，“侵权人因同一行为应当承担行政责任或者刑事责任的，不影响依法承担侵权责任”。

过程中一并解决的，这就节约了司法资源，避免了公检法三机关重复工作。对于当事人，可以减轻诉累，避免重复涉诉，重复举证等麻烦。我国《刑事诉讼法》第102 条规定附带民事诉讼“一并审判”为优先原则。

(3)附带民事诉讼有利于客观、全面处理案件。附带民事诉讼程序的设立要求公安司法机关在查明刑事案件、落实刑事责任的同时，一并就犯罪行为给被害人造成的物质损失进行全面认定。这对于正确、全面的查明事实、定罪量刑具有重要意义。

(4)附带民事诉讼有利于预防和惩罚犯罪。附带民事诉讼在某种程度上否定了“打了不罚、罚了不打”的陈旧观念，意味着给他人造成物质损害的犯罪分子，一方面要承担刑事责任，另一方面要承担民事赔偿责任，这对于抑制犯罪有一定的作用。

(5)附带民事诉讼有利于保障人民法院审判工作的统一性和严肃性。由于审理附带民事诉讼的审判组织和审理刑事案件的审判组织相同，就避免了因不同的审判组织对证据有不同的认定而产生的相互矛盾的裁判结果，也就维护了法院工作的严肃性。

第二节　附带民事诉讼的成立条件

附带民事诉讼作为一种特殊的民事诉讼，在刑事诉讼程序中必须具备一定的成立条件和起诉条件。关于起诉条件，最高院《解释》第 145 条明确规定，“①起诉人符合法定条件；②有明确的被告人；③有请求赔偿的具体要求和事实、理由；④属于人民法院受理附带民事诉讼的范围”。关于附带民事诉讼的成立条件，根据《刑事诉讼法》第 99 条的规定，解释上应当具备下列四项。

一、附带民事诉讼必须以刑事诉讼的成立为前提

附带民事诉讼是在解决被告人刑事责任的同时，解决因被告人的犯罪行为造成的损失的赔偿问题，因此，附带民事诉讼是由刑事诉讼所派生出来的。如果刑事诉讼不成立，附带民事诉讼也就失去了存在的依据和基础。《刑事诉讼法》第99 条规定“被害人由于被告人的犯罪行为而遭受物质损失”，是附带民事诉讼成立的法律根据。

“犯罪行为”如何解释？在刑事诉讼过程中，立案、侦查、起诉程序中的“涉嫌犯罪行为”可能在审判中被确定无罪，此时，附带民事诉讼是否存在？可区分

为两种情形。

其一，刑事案件被告人的行为不是犯罪行为，而是排除社会危害性的正当行为和合法行为，例如正当防卫、紧急避险等，对此不能提起附带民事诉讼。这种情形，没有犯罪行为，也就没有刑事附带民事诉讼问题。正当防卫和紧急避险也无需承担侵权责任，我国《侵权责任法》第 30 条、第 31 条规定免除责任。

其二，刑事案件被告人的行为不构成犯罪，但是构成侵权行为，例如轻微伤害等，对此能否提起附带民事诉讼，学说上有不同意见。如果在侦查、起诉阶段作出撤销案件、不起诉的，案件的刑事问题有了明确结论，刑事诉讼终止，则不能提起附带民事诉讼，被害人可以单独提起民事赔偿诉讼。如果案件被起诉至人民法院，进入审判阶段，则被害人或者其法定代理人、近亲属可以提出附带民事诉讼，法庭审理后可以就案件刑事部分作出无罪的判决，就民事部分作出附带民事判决。在这种情形下，案件的刑事诉讼部分没有终止，附带民事诉讼的基础依然存在，因此可以提出附带民事诉讼。

二、附带民事诉讼的诉因是被告人犯罪行为给被害人造成物质损失

这里所说的诉因是指原告提起诉讼的原因，本书的解释是根据我国《刑事诉讼法》第 99 条的规定“由于……遭受物质损失的……有权提起附带民事诉讼”。究竟如何解释，学说和实务上意见分歧。对“物质损失”采取限制解释，那么本条的规定只限于“恢复损害”，即被害人遭受损害之前的原状，例如人身伤害赔偿、返还赃物等，不同于民法及侵权法上的“损害赔偿”。在被害人死亡的案件中，是否必须就死亡赔偿金提起诉讼，也成为一个难以解释的难题。最高人民法院 2000 年《关于刑事附带民事诉讼范围问题的规定》和 2002 年《关于人民法院是否受理刑事案件被害人提起精神损害赔偿民事诉讼问题的批复》都否认被害人提起精神损害赔偿的请求权。

首先，被害人所遭受的损失必须是物质性的。所谓物质损失，是指直接的金钱损失或者可以用金钱计算的物质性损失。比如在盗窃案件、抢劫案件中，被害人被盗窃抢走的钱物等，就属于物质损失的范畴。而非物质损失，如名誉损失或精神损失，能否提起附带民事诉讼，在我国《刑事诉讼法》中没有明确规定，在《民法通则》第 120 条中可以找到精神损失赔偿的法律依据。对此，刑事诉讼学界有不同意见。但是，最高院《解释》第 138 条第 2 款明确规定，“因受到犯罪侵犯，提起附带民事诉讼或者单独提起民事诉讼要求赔偿精神损失的，人民法院不予受理”。可见，我国现行法不支持犯罪侵犯引起精神损失的附带民事诉讼。

其次，被害人遭受的物质损失是由于被告人的犯罪行为直接造成的。也就是说，二者之间必须存在明确的直接因果关系。最高人民法院 2000 年《关于刑事附

带民事诉讼范围问题的规定》第 2 条规定,“被害人因犯罪行为遭受的物质损失,是指被害人因犯罪行为已经遭受的实际损失和必然遭受的损失”。这种由于犯罪行为直接造成的物质损失,并不单单指犯罪行为已经给被害人造成的物质损失,还包括被害人将来必然遭受的物质利益损失,但对于被害人将来可能得到的物质利益则不在赔偿的范围。在犯罪过程中由于被害人自身过错所造成的利益毁损,不能要求被告人予以赔偿。

再次,附带民事诉讼的赔偿范围依据法律和司法解释确定。《刑事诉讼法》没有规定赔偿范围,最高院《解释》第 155 条有规定,“对附带民事诉讼作出判决,应当根据犯罪行为造成的物质损失,结合案件具体情况,确定被告人应当赔偿的数额”。具体分为:①犯罪行为造成被害人人身损害的,应当赔偿医疗费、护理费、交通费等为治疗和康复支付的合理费用,以及因误工减少的收入。造成被害人残疾的,还应当赔偿残疾生活辅助具费等费用;造成被害人死亡的,还应当赔偿丧葬费等费用。②驾驶机动车致人伤亡或者造成公私财产重大损失,构成犯罪的,依照《中华人民共和国道路交通安全法》第 76 条的规定来确定赔偿责任。③附带民事诉讼当事人就民事赔偿问题达成调解、和解协议的,赔偿范围、数额不受第 2 款、第 3 款规定的限制。

此外,有两种特殊情形不能提起附带民事诉讼。其一,对于犯罪行为人非法占有和处置的被害人合法财产,不能提起附带民事诉讼,适用《刑法》第 64 条和《刑事诉讼法》第 234 条“及时返还”的规定。对于此类物质损失,按照追缴和退赔程序处理,最高院《解释》第 139 条规定,“被告人非法占有、处置被害人财产的,应当依法予以追缴或者责令退赔。被害人提起附带民事诉讼的,人民法院不予受理。追缴、退赔的情况,可以作为量刑情节考虑。”其二,职务犯罪的物质损害适用国家赔偿。最高院《解释》第 140 条规定,“国家机关工作人员在行使职权时,侵犯他人人身、财产权利构成犯罪,被害人或者其法定代理人、近亲属提起附带民事诉讼的,人民法院不予受理,但应当告知其可以依法申请国家赔偿”。

三、附带民事诉讼必须由具有权利能力和行为能力的原告提出

附带民事诉讼必须由具有权利能力和行为能力的原告提出,这是附带民事诉讼的程序条件,即最高院《解释》第 145 条第 1 项规定的“起诉人符合法定条件”。由于附带民事诉讼具有民事诉讼的一般性质,准用民事诉讼法,遵循不告不理的原则,因此,对于因犯罪侵害而遭受物质损失的被害人而言,是否提起附带民事诉讼是诉讼权利,可以行使,亦可放弃。人民法院在受理刑事案件后,可以告知被害人或者法定代理人、近亲属“有权”提起附带民事诉讼。放弃诉讼权利,法院应当准许,并记录在案。

根据《刑事诉讼法》第 99 条和最高院《解释》的规定,附带民事诉讼的原告包括:

第一，自然人作为被害人。即因为犯罪行为而遭受物质损失的自然人。

第二，“受损失的单位”作为被害人。也就是被犯罪侵害造成物质损失的企业、事业单位、机关、团体等，参见最高院《解释》第 142 条的规定。

第三，被害人的法定代理人、近亲属。《刑事诉讼法》第 99 条第 1 款第二句规定，被害人死亡或者丧失行为能力时，被害人的法定代理人、近亲属有权提起附带民事诉讼。司法实践中，包括被害人是未成年人或精神病人等无行为能力的人。

第四，人民检察院。《刑事诉讼法》第 99 条第 2 款规定，如果国家财产、集体财产遭受损失的，人民检察院在提起公诉的时候，可以提起附带民事诉讼。《解释》第 142 条规定，国家财产、集体财产遭受损失，受损失的单位未提起附带民事诉讼，人民检察院在提起公诉时提起附带民事诉讼的，人民法院应当受理。

四、附带民事诉讼必须有明确的被告人和具体的诉讼请求

首先，附带民事诉讼必须有明确的被告人。附带民事诉讼的被告人一般是刑事诉讼的被告人，但在某些情况下，应当赔偿物质损失的附带民事诉讼被告人与承担刑事责任的被告人并不必然一致。也就是说，附带民事诉讼的被告人可能不是承担刑事责任的刑事被告人。学说和立法例上有两种代表：一是附带民事诉讼的被告人就是刑事被告人，对被告人之外的其他人提起赔偿请求适用独立的民事诉讼；二是准许对刑事被告人及之外的其他人提起附带民事诉讼。我国《刑事诉讼法》第 99 条虽然采取明确的“被告人的犯罪行为”之用语，但在实务上采取扩张解释，因此，属于采行第二种学说，通称为附带民事诉讼中“依法负有赔偿责任的人”。

根据最高院《解释》第 143 条的规定，附带民事诉讼中依法负有赔偿责任的人包括：①刑事被告人以及未被追究刑事责任的其他共同侵害人；②刑事被告人的监护人；③死刑罪犯的遗产继承人；④共同犯罪案件中，案件审结前死亡的被告人的遗产继承人；⑤对被害人的物质损失依法应当承担赔偿责任的其他单位和个人。

上述规定的具体内容和解释尚需明确如下内容：

第一，刑事被告人以及没有被追究刑事责任的共同致害人。刑事被告人为立法明确规定。后者所指的“共同致害人”是民法概念，在刑事诉讼中是指自身行为致使被害人遭受物质损失但是在刑事诉讼过程中没有被追究刑事责任的人，包括没有立案，或者侦查程序中撤销案件，或者起诉程序中不起诉的致害人。

第二，刑事被告人的监护人。目前立法上，一般只适用于未成年人犯罪的刑事案件。对于依法不负刑事责任的精神病人实施暴力行为而使被害人遭受物质损失的，在强制医疗程序中能否提起附带民事诉讼，立法和理论上均没有定论。

第三，已被执行死刑的罪犯的遗产继承人和共同犯罪中案件审结前已死亡的被告人的遗产继承人。这两种情形属于刑事被告人的遗产清偿范围，适用继承法相关规定和解释。

第四，其他对刑事被告人的犯罪行为依法应当承担赔偿责任的单位和个人。对此，所谓单位是指发生在单位犯罪中的刑事被告人；所谓个人，是指刑事被告人和共同致害人之外的其他人，例如刑事被告人盗窃或抢劫的被害人财物被出卖或者变卖，如有善意买受人，则可以列为附带民事诉讼被告人。

其次，原告人提起附带民事诉讼，必须有具体的诉讼请求，即所请求赔偿的具体数额，同时，对犯罪行为或者加害行为造成的物质损失，要有证据和事实依据。最高院《解释》第151条规定，“附带民事诉讼当事人对自己提出的主张，有责任提供证据”。但是，基于刑事案件已有证据的存在，附带民事诉讼的举证责任是否与民事诉讼完全相同，遵循谁主张谁举证原则，学说上存有争议。

第三节　附带民事诉讼的提起和审判

一、附带民事诉讼的提起

（一）提起附带民事诉讼的期间

附带民事诉讼附属于刑事诉讼之本诉，根据《刑事诉讼法》第99条、第101条规定，附带民事诉讼发生“在刑事诉讼过程中”，且原则上应当同刑事案件一并审判。据此，附带民事诉讼的提起期间受刑事诉讼过程进行期间的限制。关于附带民事诉讼提起的起始时间和终结时间，学说上曾经存在争议，但现行司法解释已经比较明确地规定了起止时间，刑事案件立案之后，第一审宣判之前。

1. 附带民事诉讼提起的起始时间

根据《刑事诉讼法》第99条规定的“刑事诉讼过程”的期间限制，最高院《解释》第147条规定了起始时间，即“附带民事诉讼应当在刑事案件立案后及时提起”。

（1）被害人是公民个人的，刑事案件立案后，有权直接向人民法院提起附带民事诉讼，不论是公诉案件还是自诉案件。

（2）公诉案件中，被害人是公民个人的，侦查、审查起诉期间，有权提出赔偿要求，首先适用调解，如果有证据证明调解违反自愿、合法原则的，有权提起附带民事诉讼。

(3)国家、集体财产遭受损失的单位有权直接向人民法院提起附带民事诉讼，也可以在侦查、审查起诉阶段通过侦查、起诉机关提起。

(4)受损失的单位未提起附带民事诉讼的，人民检察院在提起公诉时，可以提起附带民事诉讼。

(5)《刑事诉讼法》第99条第2款规定，国家财产、集体财产遭受损失的，人民检察院在提起公诉的时候，可以提起附带民事诉讼。

2. 附带民事诉讼提起的终结时间

根据《刑事诉讼法》第99条规定的“刑事诉讼过程”期间限制，最高院《解释》第161条规定，附带民事诉讼的终结时间应当解释为刑事案件第一审宣判之时。如果刑事案件的第一审期间未提起附带民事诉讼，在第二审期间提起的，二审法院可以依法进行调解，调解不成的，可以另行提起民事诉讼。

有权提起附带民事诉讼的人在刑事判决生效后可以另行提起民事诉讼，但是，该民事诉讼不属于附带民事诉讼，与《刑事诉讼法》第102条中的“继续审理”不同。

(二)附带民事诉讼的提起方式

对于附带民事诉讼的提起方式，我国《刑事诉讼法》没有明文规定，可以准用《民事诉讼法》第120条，采取提交起诉状为原则，但书写起诉状确有困难的，可以口头起诉，由人民法院记入笔录。据此，最高院《解释》第147条和第150条规定，提起附带民事诉讼应当提交附带民事起诉状，或者可以口头起诉。

人民检察院在提起公诉时一并提起附带民事诉讼的，只能以书面方式，制作附带民事起诉状。

(三)附带民事诉讼的受理

最高院《解释》第149条规定，被害人或者法定代理人、近亲属提起附带民事诉讼的，人民法院应当进行审查，并在7日内决定是否立案，符合规定的，应当受理；不符合的，裁定不予受理。《解释》第150条规定，人民法院受理附带民事诉讼后，应当在5日内向附带民事诉讼被告人及其法定代理人送达附带民事诉讼诉状副本，或者将口头起诉的内容及时通知，并制作笔录。在送达起诉书副本时，人民法院还应当根据刑事案件的审理期限，确定被告人及其法定代理人提交民事答辩状的时间。

但是，《解释》第148条规定，刑事案件侦查、审查起诉期间，有权提起附带民事诉讼的人提出赔偿要求，经公安机关、人民检察院调解并已履行完毕，又提起附带民事诉讼的，人民法院不予受理。

二、附带民事诉讼的审判

(一)附带民事诉讼审判的一般原则

附带民事诉讼审判的一般原则是刑民一并审判原则。

我国《刑事诉讼法》第 102 条规定，“附带民事诉讼应当同刑事案件一并审判，只有为了防止刑事案件审判的过分迟延，才可以在刑事案件审判后，由同一审判组织继续审理附带民事诉讼”。

刑民“一并审判”原则包含三层含义：其一，附带民事诉讼和刑事诉讼同时进行；其二，同一审判组织进行审判；其三，“分开审理”是例外，且法定事由是防止刑事案件的审判过分迟延。

在分开审判时，需要注意：第一，只能首先审理刑事案件，然后审理附带民事诉讼，不能将顺序颠倒；第二，必须由审理刑事案件的同一审判组织继续审理附带民事部分，不得另行由独任审判员或者合议庭审理，特殊情形下，根据《解释》第 159 条；第三，附带民事诉讼判决对案件事实的认定不得同刑事判决相抵触；第四，附带民事诉讼的继续审理，不影响刑事判决的生效。

(二)附带民事诉讼的审判程序

审理附带民事诉讼案件除了必须按照一般刑事案件的审判程序进行以外，还应当按照其特有的程序进行。根据最高院《解释》的规定，附带民事诉讼的审判程序主要包括如下内容：

1. 审判程序的一般规范

(1)起诉权利及其告知。人民法院受理刑事案件，可以告知被害人或者法定代理人、近亲属有权提起附带民事诉讼。有权提起附带民事诉讼的人放弃诉讼权利的，应当准许，并记录在案。(《刑事诉讼法》第 99 条，《解释》第 141 条)

(2)举证责任。附带民事诉讼案件的当事人对自己提出的主张，有责任提供证据。(《解释》第 151 条)

(3)调解。人民法院审理附带民事诉讼案件，可以进行调解，或者根据物质损失情况作出判决、裁定。(《刑事诉讼法》第 101 条)调解根据自愿、合法的原则进行。经调解达成协议的，应当制作调解书。调解书经双方当事人签收后，即发生法律效力。调解协议即时履行完毕的，可以不制作调解书，但应当制作笔录。(《解释》第 153 条)

(4)调解不成。调解未达成协议或者调解书签收前当事人反悔的，附带民事诉讼应当同刑事诉讼一并判决。(《解释》第 154 条)

(5)撤诉和缺席审判。附带民事诉讼原告人经传唤，无正当理由拒不到庭，或者未经法庭许可中途退庭的，应当按撤诉处理。刑事被告人以外的附带民事诉讼被告人经传唤，无正当理由拒不到庭，或者未经法庭许可中途退庭的，附带民事部分可以缺席判决。(《解释》第158条)

(6)对量刑的影响。审理刑事附带民事诉讼案件，人民法院应当结合被告人赔偿被害人物质损失的情况认定其悔罪表现，并在量刑时予以考虑。(《解释》第157条)

(7)诉讼费。人民法院审理附带民事诉讼案件，不收取诉讼费。(《解释》第162条)

(8)提出上诉。《刑事诉讼法》第216条第2款规定，附带民事诉讼的当事人和他们的法定代理人，可以对地方各级人民法院一审判决、裁定中的附带民事部分，提出上诉。最高院《解释》第313条规定，只有附带民事诉讼当事人及其法定代理人上诉的，第二审人民法院应当对全案进行审查，经审查，第一审判决的刑事部分并无不当的，第二审人民法院只需就附带民事部分作出处理；第一审判决的附带民事部分事实清楚，适用法律正确的，应当以刑事附带民事裁定维持原判，驳回上诉。

此外，对判决的刑事部分提起上诉或者抗诉的案件，附带民事部分没有上诉的，民事部分的裁判不能生效，因为，刑事部分认定的案件事实适用附带民事诉讼，而刑事部分的事实认定有错误，就会影响民事部分的判决。

2. 审判程序的特别规范

(1)刑事案件无罪。人民法院认定公诉案件被告人的行为不构成犯罪，对已经提起的附带民事诉讼，经调解不能达成协议的，应当一并作出刑事附带民事判决。(《解释》第160条第1款)

(2)撤回公诉案件。人民法院准许人民检察院撤回起诉的公诉案件，对已经提起的附带民事诉讼，可以进行调解；不宜调解或者经调解不能达成协议的，应当裁定驳回起诉，并告知附带民事诉讼原告人可以另行提起民事诉讼。(《解释》第160条第2款)

(3)代为赔偿。附带民事诉讼被告人的亲友自愿代为赔偿的，应当准许。(《解释》第143条第2款)

(4)人民检察院提起附带民事诉讼的，人民法院经审理，认为附带民事诉讼被告人依法应当承担赔偿责任的，应当判令附带民事诉讼被告人直接向遭受损失的单位作出赔偿；遭受损失的单位已经终止，有权利义务继受人的，应当判令其向继受人作出赔偿；没有权利义务继受人的，应当判令其向人民检察院交付赔偿款，由人民检察院上缴国库。(《解释》第156条)

(5)另行提起民事诉讼。被害人或者其法定代理人、近亲属在刑事诉讼过程

中未提起附带民事诉讼，另行提起民事诉讼的，人民法院可以进行调解，或者根据物质损失情况作出判决。(《解释》第164条)

(6)刑事被告人暂缓送监。最高院《解释》第314条规定，刑事案件判决发生法律效力，应当送监执行的第一审刑事被告人是第二审附带民事诉讼被告人的，在第二审附带民事诉讼案件审结前，可以暂缓送监执行。

三、附带民事诉讼保全

附带民事诉讼保全，是指人民法院受理附带民事诉讼之后，为了保证将来发生法律效力的判决能够得以执行，在必要的时候，对被告人的财产予以查封、扣押或者冻结的民事诉讼保全措施。我国《刑事诉讼法》第100条和最高院《解释》第152条对此作出规定，并适用《民事诉讼法》的有关规定。

1. 采取保全措施的条件

《刑事诉讼法》规定的条件是“在必要的时候”，此为裁量条款，解释上由人民法院决定。但是，最高院《解释》第152条规定的条件是“对可能因被告人的行为或者其他原因，使附带民事判决难以执行”。《民事诉讼法》第100条规定的保全是“人民法院对于可能因当事人一方的行为或者其他原因，使判决难以执行或者造成当事人其他损害”。

2. 附带民事诉讼保全的申请

根据《刑事诉讼法》第100条第2句，附带民事诉讼原告人或者人民检察院可以申请采取保全措施。最高院《解释》进一步明确规定，附带民事诉讼原告人未提出申请的，必要时，人民法院可以采取保全措施。

3. 附带民事诉讼保全措施的形式

《刑事诉讼法》第100条第1句规定，包括三种形式的措施：查封、扣押或者冻结，不能采取其他保全措施。该三种形式的保全措施的适用参照“侦查”章节的相关规定。

4. 附带民事诉讼保全的期间

一般情形下，采取保全措施应当在提起附带民事诉讼之后，案件审理完毕之前。特殊情况下，最高院《解释》第152条第2款规定，紧急情况下，可以在提起附带民事诉讼之前。

【思考题】

1. 附带民事诉讼的提起主体有哪些？

2. 附带民事诉讼能否提起精神损害赔偿？为什么？

第十章　期间与送达

【本章引语】

所有法律均存续于一定时间中，都具有时间的属性。——吴经熊

【学习目标】

1.《刑事诉讼法》上特殊情况的期间计算。

2. 刑事诉讼中的送达方式。

第一节　期间

一、期间的概念与意义

（一）期间的概念

刑事诉讼隐含着迅速及时之原则，因此，在刑事诉讼中，国家专门机关和诉讼参与人进行刑事诉讼活动具有期限性，也由此而有诉讼期间制度，在《刑事诉讼法》上有明文规定。刑事诉讼中的期间，是指公安司法机关以及诉讼当事人和其他诉讼参与人进行刑事诉讼应当遵守的时间或期限。

刑事诉讼中的期间一般由法律直接规定，称为法定期间，个别情况下可以由公安机关、司法机关指定，称为指定期间。法定期间又分两类：一类是针对国家专门机关应当遵守的期间，如侦查机关对犯罪嫌疑人逮捕后的侦查羁押期限、审判期限等；一类是针对当事人以及其他诉讼参与人应当遵守的期间，如《刑事诉讼法》第219条规定的上诉期限等。

我国《刑事诉讼法》第 1 编第 8 章规定“期间”为刑事诉讼的总则规范，属于刑事诉讼基本制度。该基本制度由若干具体规范组成，规定在《刑事诉讼法》的不同条文中，具体刑事诉讼活动的进行时间采用不同的表述，但是有的属于期间问题，有的不属于期间问题。

其一，法条中多次出现的“期间”表述，应当根据不同的情形，作不同的解释。例如：①《刑事诉讼法》第 33 条第 1 款、第 36 条等条文中的“侦查期间”是指侦查程序阶段，不是期间。②第 33 条第 2 款中的“在押期间”是指侦查羁押期限之内，属于期间。③第 39 条中的“审查起诉期间”，根据第 169 条的规定有时间限制，则不能仅仅解释为程序阶段，也指诉讼期间。④第 71 条“取保候审期间”、第 77 条第 2 款“取保候审、监视居住期间”，都属于期间。⑤第 147 条规定的精神病鉴定的期间、第 188 条第 2 款、第 194 条第 1 款规定的“复议期间”、第 200 条第 2 款规定的“中止审理的期间”，属于期间。⑥第 250 条规定的“死刑缓期执行期间”、第 257 条中的“监外执行期间”、第 262 条中的“服刑期间”和“执行期间”等，都是指时间范围，均不属于期间。⑦第 281 条第 2 款规定的“公告期间”，属于期间。

其二，法条中的“期限”一般是指期间。例如：①《刑事诉讼法》第 65 条第 1 款第 4 项、第 72 条第 1 款第 5 项分别规定的“羁押期限”，属于期间。②第 74 条规定的“指定居所监视居住的期限”、第 77 条规定的“取保候审、监视居住的期限”、第 96 条规定的“侦查羁押、审查起诉、一审、二审期限”，属于期间。③第 97 条、第 115 条规定的“法定期限”、第 147 条规定的“办案期限”、第 149 条规定的“期限届满”等，属于期间。④《刑事诉讼法》在侦查程序、审查起诉程序、审判程序中规定刑事诉讼活动进行和完成的时间限制，均以“期限”表述，例如第 154 条的“侦查羁押期限”、第 169 条第 2 款的“审查起诉期限”、第 202 条和第 224 条的“审理期限”等。

其三，法条中表述为“时间”的一般是指期间。例如：①《刑事诉讼法》第 89 条第 1 款规定的“提请审查批准的时间”、第 117 条规定的“持续的时间”、第 165 条规定的“决定逮捕的时间”、第 224 条规定的“查阅案卷的时间”，属于期间。②但是，第 117 条第 3 款中的“休息时间”、第 155 条中的“较长的时间”、第 200 条中的“较长时间”，不属于期间。③第 182 条规定的“开庭的时间”，是指开庭的特定时间，属于期日。

(二)期间与期日

在《刑事诉讼法》上，进行诉讼活动或诉讼行为的时间，除了期间概念之外，还有期日概念。期日，是指专门机关和诉讼参与人共同(或会合)进行刑事诉讼活动的特定时间。我国《刑事诉讼法》没有规定期日问题，司法实践中，一般由公安司法机关指定或者由公安司法机关与诉讼参与人约定①。

期日与期间虽然属于刑事诉讼的时间问题，但二者存在区别：其一，期日（也称日期，termin）是特定时间，如某日、某时等；期间（frist）是时间段，如1日、1个月、6个月等。其二，期日为共同进行诉讼活动的时间要求；期间是分别进行刑事诉讼活动的时间期限。其三，期日由公安司法机关指定或者约定，遇到特殊情形时，可以更改；期间主要由法律规定，一般不能更改。其四，期日只有开始时间，没有终止时间；期间含有开始时间和终止时间，表现为期限。

（三）期间的意义

刑事诉讼中的期间对刑事诉讼活动具有重要意义，从理论上说，在法定的期间内所进行的诉讼活动，才具有法律效力。从实践上说，期间的意义主要表现在：首先，有利于增加司法人员的诉讼法制观念和责任心，提高办案效率，以保证诉讼活动的顺利进行，保证准确、及时、合法地处理案件。其次，能够有效地保护当事人和其他诉讼参与人的合法权益不受侵犯，特别是涉及犯罪嫌疑人、被告人强制措施时，规定期间制度能够抑制违法现象发生。再次，有利于维护国家法律的严肃性，保障法律的统一正确实施。

二、期间的计算

（一）期间的计算单位

我国《刑事诉讼法》第103条第1款规定，期间以时、日、月为计算单位。根据《刑事诉讼法》第103条及最高院《解释》等有关司法解释中关于期间的规定，公安司法机关发送通知和进行个别诉讼的期间以时为计算单位；大部分期间以日为单位；办案期限，包括一部分侦查羁押期限和审判期限，以月为计算单位。《刑事诉讼法》第280条有通缉一年的规定，宜解释为12个月。

（二）期间的计算方法

根据《刑事诉讼法》第103条第2款的规定，“期间开始的时和日不算在期间以内”。

以时为单位计算的期间，开始的时不算在期间内，从下一时开始计算。如6月6日上午9时拘传犯罪嫌疑人，拘传期限12小时，应从6月6日上午10时

① 通说为指定期日，但是实际上，司法实践中存在约定日期进行共同刑事诉讼活动的措施。我国《刑事诉讼法》第182条规定，开庭之前，审判人员“召集”公诉人、当事人和辩护人、诉讼代理人的庭前会议，应当可以采取约定日期的方法。

起算。

以日为单位计算的期间，开始的日不算在期间内，应当从次日起计算。如被告在5月8日接到判决书，上诉期限为10天，则应当从5月9日起算，至5月18日。

以月为单位计算的期间，根据最高院《解释》第165条等司法解释规定，有几种情形：①按照公历月计算，不分大小月，自本月某日至下月同日为一个月。如6月6日受理起诉书至7月6日为1个月审理期限。②以半月为期限的，不分大小月，一律按15日计算。③期限起算月为本月最后一日的，至下月最后一日为一个月。下月同日不存在的，自本月某日至下月最后一日为一个月。

（三）特殊情况的期间计算

《刑事诉讼法》第103条第3款规定，"法定期间不包括路途上的时间。上诉状或者其他文件在期满前已经交邮的，不算过期"。如果当事人的住处或工作地距离司法机关较远，则他们为参加诉讼在路途上花费的时间应当从法定期间内扣除；该规定同样适用于公安机关和司法机关，例如，公安机关在异地执行拘留后带回本地，则返回途中所需的时间就不能计算在拘留后应当在24小时内讯问的时间上。

《刑事诉讼法》第103条第4款规定，"期间的最后一日为节假日的，以节假日后的第一日为期满日期，但犯罪嫌疑人、被告人或者罪犯在押期间，应当至期满之日为止，不得因节假日而延长。"为了保证诉讼活动及时进行，节假日应当计算在期间以内。但是，期间届满之日为法定节假日的，应当顺延至法定节假日后的第一个工作日。但对于犯罪嫌疑人、被告人或罪犯在押期间，应当至期满之日为止，不得因节假日而延长，即不得使在押期限至节假日后的第一日。所谓"法定节假日"，是指根据法律规定的例假日和其他法定的重大节假日。

不计入办案期限的诉讼行为与期间重新计算的问题，具体包括：

（1）对犯罪嫌疑人作精神病鉴定的期间不计入办案期限。（第122条）

（2）犯罪嫌疑人的拘留期间不计入侦查羁押期限，只计算逮捕后的羁押期限。（第154条）

（3）侦查期间发现犯罪嫌疑人另有重要罪行的，自发现之日起依照《刑事诉讼法》第154条规定重新计算侦查羁押期限。（第158条第1款）

（4）查对犯罪嫌疑人真实姓名、住址、身份的时间不计入侦查羁押期限内，侦查羁押期限自查清其身份之日起计算。（第158条第2款）

（5）人民检察院审查起诉的案件，改变管辖的，从改变后的人民检察院收到案件之日起计算审查起诉期限；（第169条第2款）人民法院改变管辖的案件，从改变后的人民法院收到案件之日起计算审理期限。（第202条第2款）

(6)人民检察院退回公安机关补充侦查的案件，或者人民检察院自行补充侦查的案件，补充侦查完毕移送人民检察院后，人民检察院重新计算审查起诉期限。(第171条第3款)

(7)人民检察院补充侦查的案件，补充侦查完毕移送人民法院后，人民法院重新计算审理期限。(第202条第3款)

(8)第二审人民法院发回原审人民法院重新审判的案件，原审人民法院从收到发回的案件之日起，重新计算审理期限。(第230条)

三、期间恢复

期间恢复，是指刑事诉讼当事人因某种不能抗拒、不能预见或者其他正当原因未能在法定期间内进行特定的诉讼活动，经人民法院裁定，可以继续进行诉讼活动的法律规定。

期间恢复与期间耽误相关，所谓期间耽误，是指司法机关或者诉讼参与人没有在法定期限内完成应当进行的诉讼行为的情形。设立期间恢复制度针对刑事诉讼过程中的特殊情况，有利于司法机关完成其职责，有利于保护当事人的合法权益，保证刑事诉讼活动的顺利进行。

《刑事诉讼法》第104条规定，"当事人由于不能抗拒的原因或者其他正当理由而耽误期限的，在障碍消除后的5日以内，可以申请继续进行应当在期满以前完成的诉讼活动。前款申请是否准许，由人民法院裁定"。

根据这一规定，期间恢复的条件是：

(1)只有当事人才可以提出恢复诉讼期间的申请，其他诉讼参与人无权提出。

(2)当事人未能在法定期间完成特定的诉讼活动，是由于不能抗拒的原因或其他正当理由。如遭受自然灾害、患有严重疾病或未收到诉讼文书等。

(3)当事人的申请应当在妨碍其遵守法定期间的原因消除后5日以内，向审判本案的人民法院提出。

(4)必须经人民法院裁定准许，方可恢复期间。人民法院在接到当事人的申请后，经审查，认为当事人申请中所述情况确实属于不能抗拒的原因或其他正当理由的，应当裁定准许。如果认为当事人不是因为不能抗拒的原因或其他正当理由而耽误期限的，则裁定驳回。

四、诉讼活动的法定期间

法定期间是指法律明确规定的诉讼期间。我国《刑事诉讼法》对刑事诉讼活动期间有具体明确的规定，不可变更。主要包括：

(一)强制措施与侦查羁押期限

1. 传唤、拘传期限

《刑事诉讼法》第 117 条第 2 款规定，传唤、拘传持续的时间不得超过 12 小时；案情特别重大、复杂，需要采取拘留、逮捕措施的，传唤、拘传持续的时间不得超过 24 小时。

2. 取保候审和监视居住的期限

《刑事诉讼法》第 77 条规定，对犯罪嫌疑人、被告人取保候审最长不得超过 12 个月，监视居住最长不得超过 6 个月。

3. 拘留期限

《刑事诉讼法》第 89 条规定，公安机关对被拘留的人，认为需要逮捕的，应当在拘留后的 3 日以内，提请人民检察院审查批准。在特殊情况下，可以延长 1 日至 4 日。对于流窜作案、多次作案、结伙作案的重大嫌疑分子，提请审查批准逮捕的时间可以延长至 30 日。人民检察院应当自接到公安机关提请批准逮捕书的 7 日之内，作出批准逮捕或者不批准逮捕的决定。

《刑事诉讼法》第 165 条规定，“人民检察院对直接受理的案件中被拘留的人，认为需要逮捕的，应当在 14 日以内作出决定。在特殊情况下，决定逮捕的时间可以延长 1 日至 3 日”。但是，最高检《规则(试行)》第 329 条第 1 款规定与此不同，人民检察院对直接受理的案件中对已被拘留的人，认为需要逮捕的，下级人民检察院侦查部门应当在拘留后 7 日以内报请上一级人民检察院审查逮捕。上一级人民检察院应当在收到报请逮捕书后 7 日以内作出是否逮捕的决定。特殊情况下，决定逮捕的时间可以延长 1 日至 3 日。犯罪嫌疑人未被拘留的，上一级人民检察院应当在收到报请逮捕书后 15 日以内作出是否逮捕的决定，重大、复杂的案件，不得超过 20 日。

4. 侦查羁押期限

侦查羁押期限是指犯罪嫌疑人被逮捕后的侦查羁押期限。《刑事诉讼法》根据刑事案件的不同情形分别作出规定如下：

(1)一般侦查羁押期限。《刑事诉讼法》第 154 条第 1 句规定，侦查羁押期限不得超过 2 个月。这是基本的侦查羁押期限。

(2)延长侦查羁押期限。《刑事诉讼法》第 154 条第 2 句规定，案情复杂、期限届满不能终结的案件，可以经上一级人民检察院批准延长 1 个月。“案情复杂、期限届满不能终结”是侦查实践中较为常见的情形，六部门《规定》第 21 条规定，提请延长羁押期限的，应当在期限届满七日前提出，由上一级人民检察院批准延长 1 个月。延长后实际是 3 个月。

(3)重大复杂案件的侦查羁押期限。《刑事诉讼法》第156条规定，四种重大复杂案件在第154条规定的一般侦查羁押期限届满不能侦查终结的，经省、自治区、直辖市人民检察院批准或者决定，可以延长2个月。案件范围包括：交通十分不便的边远地区的重大复杂案件；重大的犯罪集团案件；流窜作案的重大复杂案件；犯罪涉及面广，取证困难的重大复杂案件。”省级人民检察院直接受理立案侦查的案件，可以直接决定延长2个月。延长后实际羁押期限是5个月。

(4)再延长侦查羁押期限。《刑事诉讼法》第157条规定，对犯罪嫌疑人可能判处10年以上有期徒刑刑罚，按照第156条规定延长期限届满，仍不能侦查终结的，经省、自治区、直辖市人民检察院批准或决定，可以再延长2个月。延长后实际侦查羁押期限可达7个月。此外，最高检《规则(试行)》第277条规定，最高人民检察院直接立案侦查的案件，需要延长犯罪嫌疑人侦查羁押期限的，直接决定因此侦查羁押期限。

(5)特殊期限。我国《刑事诉讼法》第155条规定，“因为特殊原因，在较长时间内不宜交付审判的特别重大复杂的案件，由最高人民检察院报请全国人民代表大会常务委员会批准延期审理”。这是一种特殊期限，该特殊期限是否属于侦查羁押期限，解释上有争议。因为条文中写明“在较长时间内”“不宜交付审判”，且报请批准“延期审理”，因此，可能包含了已经侦查终结或者不能侦查终结两种情形，我们称之为特殊期限。

(6)重新计算侦查羁押期限。根据《刑事诉讼法》第158条第1款规定，在侦查期间，发现犯罪嫌疑人另有重要罪行的，自发现之日起依照本法154条的规定重新计算侦查羁押期限。本条第2款规定，犯罪嫌疑人不讲真实姓名、住址，身份不明的，应当对其身份进行调查，侦查羁押期限自查清其身份之日起计算，但是不得停止对其犯罪行为的侦查取证。

根据法律规定，逮捕犯罪嫌疑人之后，侦查羁押期限一般最长是7个月，但是结合以下法条，可能超过7个月：其一，根据《刑事诉讼法》第147条的规定对犯罪嫌疑人作精神病鉴定的；其二，侦查过程中发现犯罪嫌疑人另有重要罪行的；其三，犯罪嫌疑人不讲真实姓名、住址，身份不明的。

(二)审查起诉期限

《刑事诉讼法》第169条第1款规定，审查起诉期限应当在1个月以内作出决定，重大、复杂的案件，可以延长半个月。改变管辖的案件，从改变管辖后的人民检察院收到案件之日起计算审查起诉期限。

《刑事诉讼法》第171条第3款规定，对于补充侦查的案件，无论是人民检察院自行补充侦查还是退回公安机关补充侦查，都应该在一个月内补充侦查完毕，而且补充侦查以二次为限。补充侦查完毕，人民检察院重新计算审查起诉期限。

《刑事诉讼法》第176条第2句规定，被害人对于人民检察院作出的不起诉决定不服，可以自收到决定书后7日内向上一级人民检察院申诉，请求提起公诉。本法第177条规定，被不起诉人如果不服人民检察院不起诉决定，可以自收到决定书后7日内向作出决定的人民检察院申诉。

（三）审理程序期限

1. 公诉案件一审程序期限

（1）人民法院审查受理案件期限。根据最高院《解释》第181条第2款，对公诉案件是否受理，应当在7日内审查完毕。受理公诉案件，意味着人民法院决定开庭审判。

（2）开庭前的准备工作期限。这是指人民法院决定受理案件后，准备开庭的各项工作期限。《刑事诉讼法》第182条第1款规定，人民法院决定开庭审判后，应当确定合议庭的组成人员，将人民检察院的起诉书副本至迟在开庭10日以前送达被告人及其辩护人。第182条第3款规定，人民法院确定开庭日期后，应当将开庭的时间、地点通知人民检察院，传唤当事人，通知辩护人、诉讼代理人、证人、鉴定人和翻译人员，传票和通知书至迟在开庭3日以前送达。公开审判的案件，应当在开庭3日以前先期公布案由、被告人姓名、开庭时间和地点。

（3）审理期限。《刑事诉讼法》第202条第1款规定，人民法院审理公诉案件，应当在受理后2个月以内宣判，最迟不得超过3个月。对于可能判处死刑的案件或者附带民事诉讼的案件，以及有本法第156条规定情形之一的，经上一级人民法院批准，可以延长3个月；因特殊情况还需要延长的，报请最高人民法院批准。本条"受理"是指人民法院审查决定受理案件之日，"宣判"是指根据《刑事诉讼法》第196条第2款的宣告判决之日，当庭宣告判决的，宣告之日为宣判之日；定期宣告判决的，送达判决书之日为宣判之日。

2. 自诉案件审理期限

《刑事诉讼法》第206条第2款规定，被告人被羁押的，适用上述规定。未被羁押的，应当在受理后6个月以内宣判。期限计算参照公诉案件一审程序审理期限。

3. 简易程序审理期限

《刑事诉讼法》第214条规定，人民法院审理简易程序案件的期限是受理后的20天。对于可能判处的有期徒刑超过3年的，可以延长至一个半月。也就说，简易程序审理的最长时限是一个半月。期限计算参照公诉案件一审程序审理期限。

4. 上诉和抗诉期限

《刑事诉讼法》第219条规定，不服第一审判决的上诉、抗诉的期限为10日，不服第一审裁定的上诉、抗诉的期限为5日。被害人及其法定代理人不服地方各级人民法院第一审的判决的，自收到判决书后5日以内，有权请求人民检察院提出抗诉。人民检察院自收到被害人及其法定代理人的请求后5日以内，应当作出是否抗诉的决定，并且答复请求人。

5. 二审程序期间

(1)受理上诉的期限。《刑事诉讼法》第220条规定，被告人、自诉人、附带民事诉讼的原告人和被告人通过原审人民法院提出上诉的，原审人民法院应当在3日以内将上诉状连同案卷、证据移送上一级人民法院，同时将上诉状副本送交同级人民检察院和对方当事人。被告人、自诉人、附带民事诉讼的原告人和被告人直接向第二审人民法院提出上诉的，第二审人民法院应当在3日以内将上诉状交原审人民法院送交同级人民检察院和对方当事人。

(2)二审审理期限。《刑事诉讼法》第232条规定，第二审人民法院受理上诉、抗诉案件，应当在2个月以内审结。对于可能判处死刑的案件或者附带民事诉讼的案件，以及有本法第156条规定情形之一的，经省、自治区、直辖市高级人民法院批准或者决定，可以延长2个月；因特殊情况还需要延长的，报请最高人民法院批准。最高人民法院受理上诉、抗诉案件的审理期限，由最高人民法院决定。

6. 审判监督程序期间

《刑事诉讼法》第247条规定，人民法院按照审判监督程序重新审判的案件，应当在作出提审、再审决定之日起的3个月以内审结；需要延长期限的，最多不得超过6个月。

(四)通知、送达期限

通知、送达期限，是指公安司法机关发送通知或者送达诉讼文书应当遵守的期限。通知、送达期限决定一定诉讼活动的程序有效性。

对犯罪嫌疑人、被告人执行拘留、逮捕、指定居所监视居住，除了法律规定的特殊情形之外，公安机关应当在24小时以内通知家属。所谓"法律规定的特殊情形"包括《刑事诉讼法》第73条第2款的"无法通知"、第83条第2款第2句的"无法通知或者涉嫌危害国家安全犯罪、恐怖活动犯罪通知可能有碍侦查"、第91条第2款的"无法通知"。

我国《刑事诉讼法》还规定了其他的通知、送达期限，例如，上述一审公诉案件开庭前的通知，第253条规定罪犯被交付执行的法律文书送达，等等。

(五)其他诉讼期限

1. 委托律师及其他辩护人、诉讼代理人的期限

《刑事诉讼法》第 33 条规定，犯罪嫌疑人自被侦查机关第一次讯问或者采取强制措施之日起，有权委托律师担任辩护人。人民检察院自收到移送审查起诉的材料之日起 3 日以内，应当告知犯罪嫌疑人有权委托辩护人。人民法院自受理案件之日起 3 日以内，应当告知被告人有权委托辩护人。

2. 移送案件材料期限

根据《刑事诉讼法》第 220 条的规定，当事人通过原审人民法院提出上诉的，原审人民法院应当在 3 日内将上诉状连同案卷、证据移送上一级人民法院，同时将上诉状副本送交同级人民检察院和对方当事人。当事人直接向第二审人民法院提出上诉的，第二审人民法院应当在 3 日以内将上诉状交原审人民法院送交同级人民检察院和对方当事人。

3. 死刑执行期限

《刑事诉讼法》第 252 条第 1 款规定，下级人民法院接到最高人民法院执行死刑的命令后，应当在 7 日以内交付执行。

4. 执行监督的相关期限

《刑事诉讼法》第 256 条规定，人民检察院认为暂予监外执行不当的，应当自接到通知之日起 1 个月以内将书面意见送交决定或者批准暂予监外执行的机关，决定或者批准暂予监外执行的机关接到人民检察院的书面意见后，应当立即对该决定进行重新核查。

《刑事诉讼法》第 263 条规定，人民检察院认为人民法院减刑、假释的裁定不当，应当自收到裁定书副本后 20 日以内，向人民法院提出书面纠正意见，人民法院应当在收到纠正意见后的 1 个月内重新组成合议庭进行审理，作出最终裁决。

5. 申请恢复诉讼活动的期限

《刑事诉讼法》第 104 条规定，当事人由于不能抗拒的原因或者有其他正当理由而耽误期限的，在障碍消除后 5 日以内，可以申请继续进行应当在期满以前完成的诉讼活动。

第二节　送达

一、送达的概念和意义

1. 送达的概念和特征

刑事诉讼中的送达，是指公安机关、人民检察院和人民法院按照法定程序和方式，将有关诉讼文件(文书)送交诉讼参与人和有关单位的诉讼活动。送达是一种有法律意义的活动，其实质意义是公安司法机关履行法定告知行为，形式意义是依法定程序送交法律文件。学理上说，送达(Zustellung)乃是依据法定程序履行送交行为后，诉讼活动发生法律效力，相反，如果送交程序不合法，则诉讼活动不发生法律效力。例如，一审判决的上诉期限，自送达后起算，如果签收程序不合法，则不发生法律效力。

送达具有以下特征：

第一，送达的主体只是制作诉讼文件的公安司法机关，而送达的对象可以是诉讼参与人，也可以是有关的单位，包括公安司法机关。因此，诉讼参与人向司法机关递交或者提交的诉讼法律文书或其相互之间传递诉讼文书的行为，不是刑事诉讼中的送达。

第二，送达的程序和方式法律有明确规定。实施送达行为，必须严格按照法律规定的程序和方式进行，否则不能产生送达的法律效力。

第三，送达的内容是有关的诉讼文件。作为送达内容的诉讼文件是公安司法机关依照法定职权制作的，如传票、通知书、起诉意见书、起诉书、不起诉决定书、判决书、裁定书等。除此之外，诉讼参与人自行制作的诉讼法律文书副本，也要通过人民法院送达才产生法律效力。

2. 送达的意义

诉讼法律文件的送达是一项严肃的诉讼活动，是诉讼程序和诉讼活动的组成部分，直接关系到整个刑事诉讼活动能否顺利进行。只有按照《刑事诉讼法》规定的期间、程序和方式，将有关诉讼文件送达诉讼参与人和有关单位，才能使诉讼参与人和有关单位及时了解其中的内容，按照规定参加诉讼活动，行使诉讼权利，履行诉讼义务。

第一，送达保证刑事诉讼程序合法、有序、顺利进行。

第二，送达体现刑事诉讼中的国家专门机关依法履行法定职权和职责。

第三，送达保障诉讼参与人依法参加刑事诉讼活动，保障诉讼参与人诉讼权利。

二、送达回证

送达回证，是指公安司法机关制作的以证明送达行为及其结果的诉讼文件。送达回证是送达行为产生法律效力的证明文件。我国《刑事诉讼法》第105条中规定的“送达证”，就是送达回证。有关司法解释要求，送达诉讼文件必须有送达回证，例如最高院《解释》第167条第2款规定，收件人或者代收人在收到或者送达回证上签收的日期为送达日期。在司法实践中，送达回证有固定的格式，其主要内容包括：送达机关和送达文件的名称；被送达人姓名(名称)、职业及职务、住地或经常居住地；送达方式；送达人和被送达人签名、盖章；签收日期；等等。

送达回证是送达人完成送达任务的凭证，具有重要的法律意义，它是被送达人接收或者拒收送达的诉讼文件的证明，是计算期间的根据；同时，送达回证也是确认公安司法机关是否按照法定程序和方式送达诉讼文件，认定当事人及其他诉讼参与人的诉讼行为是否有效的依据。在送达诉讼文件时，必须使用送达回证，并且将送达回证入卷归档，放进卷宗。

三、送达的方式和期限

(一)送达的方式和程序

根据《刑事诉讼法》第105条和相关司法解释的规定，送达的方式有直接送达、留置送达、委托送达、邮寄送达和转交送达五种方式。无论采取哪一种送达方式，送达人都应当按照法律规定的方式和程序进行送达。如果送达人不按法律规定送达，为不合法送达，由此引起的法律后果则应由送达人负责；如果送达人依法送达后，收件人不按诉讼文件的要求行使诉讼权利或履行诉讼义务，由此产生的法律后果则应由收件人自行负责。

1. 直接送达

直接送达是指公安司法机关派员将诉讼文书直接送交给收件人的送达方式。

送达以直接送达为原则，《刑事诉讼法》第105条第1款规定，送达传票、通知书和其他诉讼文件应当交给收件人本人；如果收件人本人不在，可以交给他的成年家属或者所在单位的负责人员代收。从程序上说，收件人本人在送达回证上签收，表示完成送达。收件人签收的日期为送达的日期。一般来说，代收人应当在送达回证上记明代收理由和收到的日期，并签名或盖章。所在单位的负责人员，是指所在单位负责收件的人员。

2. 留置送达

留置送达是指收件人本人或者代收人拒绝接收诉讼文件或者拒绝签名、盖章时，送达人员将诉讼文件留在收件人或者代收人住处的一种送达方式。

留置送达是有条件的，只有当收件人本人或者代收人拒绝接收诉讼文件或者拒绝签名、盖章时，才能使用留置方式。如果找不到收件人或者代收人时，不能采用留置送达。我国《刑事诉讼法》第 105 条第 2 款规定留置送达的程序是，在收件人本人或者代收人拒绝接收或者拒绝签名或者盖章的情况下，送达人可以邀请他的邻居或其他见证人到场，说明情况，把文件留在他的住处，在送达证上记明拒绝的事由、送达的日期，由送达人签名，即认为已经送达。最高院《解释》第 167 条第 3 款进一步明确留置送达程序，留置诉讼文书可以由送达人、见证人签名或者盖章；也可以采用拍照、录像等方式记录送达过程。

留置送达是我国《刑事诉讼法》规定的送达方式，与直接送达具有同样的法律效力和诉讼效果。

3. 委托送达

委托送达是指在直接送达有困难的情况下，承办案件的司法机关委托收件人所在地的司法机关代为送达的一种方式。

根据最高院《解释》第 168 条、第 169 条规定，委托送达应当将委托函、委托送达的诉讼文件及送达回证寄送收件人所在地的人民法院，即受托人民法院。受托人民法院收到委托送达的诉讼文件，应当登记，并在 10 日内由专人及时送交收件人，然后将送达回证及时退回委托送达的人民法院。无法送达时，应当将不能送达的原因及时告知委托的人民法院，并将诉讼文件及送达回证退回。

4. 邮寄送达

邮寄送达是指公安司法机关将诉讼文件用挂号方式邮寄给收件人的一种送达方式。

邮寄送达包括但不限于在直接送达有困难时所采用的送达方式。随着现代社会生活的复杂化和快节奏，邮寄送达成为一种稳妥而便捷的送达方式，正在逐步扩展。最高院《解释》第 170 条规定，邮寄送达的程序是，司法机关应当将诉讼文件、送达回证挂号邮寄给收件人。收件人在挂号回执上签收后即认为已经送达，收件人在挂号回执上所注明的日期为送达的日期。

5. 转交送达

转交送达是指对特殊的收件人由有关部门代收诉讼文件之后再转交收件人的送达方式。

根据最高院《解释》第 171 条规定，特殊的收件人包括诉讼文件的收件人是军人的，可以通过其所在部队团级以上单位的政治部门转交。收件人正在服刑的，可以通过所在执行机关转交。收件人正在被采取强制性教育措施的，可以通过强制性教育机构转交。

代为转交的有关部门、单位收到诉讼文书后，应当立即交收件人签收，并将送达回证及时寄送到人民法院。

(二)送达的期限

送达是有期限规定的。严格按照法律规定的期限送达，是合法送达的要求之一，它与按照法定手续送达同等重要。我国《刑事诉讼法》对某些诉讼文书的送达，明确规定了期限。例如，《刑事诉讼法》第 182 条第 1 款、第 3 款规定，人民法院将人民检察院的起诉书副本至迟在开庭 10 日以前送达被告人及其辩护人。人民法院至迟在开庭 3 日以前送达传票和通知书。《刑事诉讼法》第 196 条第 2 款规定，当庭宣告判决的，应当在 5 日以内将判决书送达当事人和提起公诉的人民检察院；定期宣告判决的，应当在宣告后立即将判决书送达当事人和提起公诉的人民检察院。判决书应当同时送达辩护人、诉讼代理人。

【思考题】

1. 期间与期日有何区别？
2. 什么是留置送达？

第二编　分论

第十一章 立案

【本章引语】

每一桩犯罪，一旦在现实中发生，立刻就变为完全特殊的案件；有时变为和从前所发生的毫无相似之处的案件。——陀思妥耶夫斯基

【学习目标】

通过本章学习，能够了解和掌握：

1. 刑事诉讼中的国家专门机关及其职权。
2. 刑事案件的立案标准。

第一节 刑事诉讼中的国家专门机关

刑事诉讼作为国家司法活动，是国家专门机关(特别是刑事审判机关)行使并实现国家刑罚权的活动，在刑事诉讼程序进行中解决犯罪嫌疑人、被告人的刑事责任问题。法律赋予国家专门机关参加刑事诉讼的权力和职责。我国《刑事诉讼法》第3条明确规定，“除了法律特别规定的以外，其他任何机关、团体和个人都无权行使这些权力”。国家专门机关根据法律赋予的职权对刑事案件进行立案、侦查、起诉、审判和执行等活动，构成了刑事诉讼程序的主要内容。

从立案程序开始，各法定的国家专门机关之具体职权职责开始呈现，体现在立案管辖范围之中。刑事诉讼中的国家专门机关，是指依照法定职权进行刑事诉讼活动的国家机关，主要包括人民法院、人民检察院、公安机关，以及法律规定的其他机关。其中，人民法院和人民检察院是国家司法机关。

一、人民法院

（一）人民法院性质与职权

根据我国《宪法》第 123 的条规定，人民法院是国家的审判机关。根据《宪法》，以及 1979 年 7 月 1 日通过、1983 年 9 月 2 日修订的《人民法院组织法》第 1 条规定，“人民法院是国家的审判机关”。这两部法律指出了人民法院作为国家专门机关的性质。

关于人民法院的职权，我国《宪法》第 126 条规定，人民法院依照法律规定独立行使审判权，不受行政机关、社会团体和个人的干涉。根据《宪法》规定，《人民法院组织法》第 4 条作出了同样规定。根据 1995 年 2 月 28 日通过、2001 年 6 月 30 日修正的《法官法》第 2 条规定，“法官是依法行使国家审判权的审判人员”。

依据宪法和法律规定的法定职权，《人民法院组织法》第 3 条进一步规定人民法院的任务，其第 1 款规定，“人民法院的任务是审判刑事案件和民事案件，并且通过审判活动，惩办一切犯罪分子，解决民事纠纷，以保卫无产阶级专政制度，维护社会主义法制和社会秩序，保护社会主义的全民所有的财产、劳动群众集体所有的财产，保护公民私人所有的合法财产，保护公民的人身权利、民主权利和其他权利，保障国家的社会主义革命和社会主义建设事业的顺利进行”。

（二）人民法院在刑事诉讼中的职权

我国《刑事诉讼法》第 3 条第 1 款第 3 句规定，“审判由人民法院负责”。根据该条规定，人民法院在刑事诉讼中行使审判权，其职权是对刑事案件进行刑事审判。第 12 条规定，“未经人民法院依法判决，对任何人都不得确定有罪”。

根据《刑事诉讼法》的相关规定，人民法院行使刑事审判权的具体范围包括：①对犯罪嫌疑人、被告人决定逮捕、拘传、取保候审和监视居住；②在法庭审理过程中，人民法院调查核实证据，可以进行勘验、检查、查封、扣押、鉴定和查询、冻结；③对查封、扣押、冻结的赃款赃物及其孳息进行处理；④直接受理自诉案件；⑤刑事案件审理和判决的职权，包括与审理和判决相关的管理职权；⑥行使法律规定的某些判决和裁定的执行权；⑦司法建议权。

（三）人民法院组织体系与监督机制

1. 人民法院组织体系

根据《宪法》和《人民法院组织法》的规定，我国人民法院是一个完整的组织体系，分为普通人民法院和专门人民法院两个系统。

（1）普通人民法院

普通人民法院的组织体系分为最高人民法院和地方各级人民法院，共四级，基本上与我国行政区划同步设计，分级别设置。但是，自 2014 年 12 月开始，根据中央全面深化改革领导小组第七次会议审议通过的《设立跨行政区划人民法院、人民检察院试点方案》，我国目前司法改革开始设置跨行政区划人民法院。

最高人民法院是中华人民共和国最高审判机关。最高人民法院以维护宪法法律尊严为己任，秉持司法为民之理念，致力于构筑法治社会基础，构建公正高效权威的司法制度。最高人民法院设在首都北京，成立于 1949 年 10 月 22 日。最高人民法院由院长 1 人，副院长、庭长、副庭长和审判人员若干人组成，目前内设立案庭、刑事审判第一庭、刑事审判第二庭、刑事审判第三庭、刑事审判第四庭、刑事审判第五庭、民事审判第一庭、民事审判第二庭、民事审判第三庭、民事审判第四庭、环境资源审判庭、行政审判庭、审判监督庭、第一巡回法庭、第二巡回法庭等审判庭，负责进行案件审判。最高人民法院同时监督地方各级人民法院和专门人民法院的审判工作，对于在审判过程中如何具体适用法律的问题，进行司法解释。

地方各级人民法院包括高级人民法院、中级人民法院、基层人民法院，简要介绍如下：

①高级人民法院。高级人民法院包括省、自治区、直辖市高级人民法院。高级人民法院内设刑事审判庭、民事审判庭、行政审判庭、根据需要设置的其他审判庭等，负责进行案件审判。依法审判下列案件：a. 法律、法令规定由其管辖的第一审案件；b. 下级人民法院移送审判的第一审案件；c. 对下级人民法院判决和裁定的上诉案件和抗诉案件；d. 人民检察院按照审判监督程序提出的抗诉案件。

②中级人民法院。中级人民法院包括在省、自治区内按地区设置的中级人民法院，在直辖市内设置的中级人民法院，省、自治区辖市的中级人民法院，以及自治州中级人民法院。中级人民法院内设刑事审判庭、民事审判庭、行政审判庭、根据需要设置的其他审判庭，负责进行案件审判。依法审判下列案件：a. 法律、法令规定由其管辖的第一审案件；b. 基层人民法院移送审判的第一审案件；c. 对基层人民法院判决和裁定的上诉案件和抗诉案件；d. 人民检察院按照审判监督程序提出的抗诉案件。中级人民法院对所受理的刑事和民事案件，认为案情重大应当由上一级人民法院审判的时候，可以请求移送上一级人民法院审判。

（2）基层人民法院

基层人民法院包括县人民法院，市人民法院，自治县人民法院，市辖区的人民法院。基层人民法院根据地区、人口和案件情况可以设立若干人民法庭。人民法庭是基层人民法院的组成部分，其判决和裁定是基层人民法院的判决和裁定。

基层人民法院可以设刑事审判庭、民事审判庭、行政审判庭等，负责案件审判。基层人民法院审判刑事和民事的第一审案件，但是法律、法令另有规定的案件除外。对所受理的刑事和民事案件，认为案情重大应当由上一级人民法院审判的时候，可以请求移送至上一级人民法院审判。除审判案件外，我国基层人民法院还依法处理不需要开庭审判的民事纠纷和轻微的刑事案件；依法指导人民调解委员会的工作。

跨行政区划人民法院的设置及其职权行使正在试点之中，目前尚无全国统一模式。

(3)专门人民法院

专门人民法院是人民法院体系中的一个组成部分，它和地方各级人民法院共同行使审判权。我国目前设置的专门人民法院包括军事法院、海事法院等，以前的铁路运输法院已经转入地方人民法院系统。专门人民法院与地方人民法院的区别有：①专门人民法院是按特定的组织或特定范围的案件建立的审判机关；②专门人民法院管辖的案件具有专门性，其所审理的案件性质不同于地方人民法院，受理管辖案件的范围具有特定性；③专门人民法院的产生及其人员任免不同于地方人民法院，例如中国人民解放军军事法院院长并不是经过人民代表大会选举产生的，而是由最高人民法院连同中央军事委员会任命的。

2. 人民法院监督机制

在人民法院组织体系之内，所谓人民法院监督机制，就是人民法院上下级之间的监督关系，是法律规定的内部监督。《宪法》第127条第2款规定，最高人民法院监督地方各级人民法院和专门人民法院的审判工作，上级人民法院监督下级人民法院的审判工作。《人民法院组织法》第17条第2款规定，下级人民法院的审判工作受上级人民法院的监督。

根据《刑事诉讼法》和《人民法院组织法》规定，上下级人民法院的监督关系是依法通过二审程序、审判监督程序、死刑复核程序维持下级人民法院的正确判决和裁定，纠正错误的判决和裁定进行监督。从法律规定和司法实践来看，上下级人民法院之间的监督不能通过个案监督实现，上级人民法院不能对具体案件的审判工作进行指导，不能对下级人民法院正在进行审判的案件作出处理，也不能指令或命令下级人民法院执行自己的处理意见。根据《宪法》第126条、《人民法院组织法》第4条、《刑事诉讼法》第5条规定，各级人民法院依照法律规定和法定职权独立行使审判权。

从外部监督关系看，人民法院监督机制还包括人民代表大会对人民法院工作的监督，是法律规定的外部监督。我国《宪法》和《人民法院组织法》规定，最高人民法院院长由全国人民代表大会产生，最高人民法院对全国人民代表大会及其常务委员会负责并报告工作。地方各级人民法院由本级人民代表大会产生，对本级人民代表大会及其常务委员会负责并报告工作。全国人民代表大会常务委员会监督最高人民法院的工作。地方各级人民代表大会常务委员会监督本级人民法院的工作。

二、人民检察院

（一）人民检察院的性质、任务和职权

根据我国《宪法》第129条规定，人民检察院是国家的法律监督机关。根据《宪法》制定，1979年7月1日通过，1983年9月2日修订的《人民检察院组织法》第1条规定，“人民检察院是国家的法律监督机关”。据此，人民检察院的性质是国家法律监督机关。同时，根据《宪法》第131条和《人民检察院组织法》第9条规定，人民检察院依照法律规定独立行使检察权，不受行政机关、社会团体和个人的干涉。由此可以看出，人民检察院的性质也可表述为国家检察机关。人民检察院既不同于人民法院，也不同于行政机关，具有自身独立的法律地位。

人民检察院的任务来自《人民检察院组织法》第4条，“人民检察院通过行使检察权，镇压一切叛国的、分裂国家的和其他反革命活动，打击反革命分子和其他犯罪分子，维护国家的统一，维护无产阶级专政制度，维护社会主义法制，维护社会秩序、生产秩序、工作秩序、教学科研秩序和人民群众生活秩序，保护社会主义的全民所有的财产和劳动群众集体所有的财产，保护公民私人所有的合法财产，保护公民的人身权利、民主权利和其他权利，保卫社会主义现代化建设的顺利进行”。

根据《人民检察院组织法》第5条规定，人民检察院的职权包括：①对于叛国案、分裂国家案以及严重破坏国家的政策、法律、法令、政令统一实施的重大犯罪案件，行使检察权。②对于直接受理的刑事案件，进行侦查。③对于公安机关侦查的案件，进行审查，决定是否逮捕、起诉或者免予起诉；对于公安机关的侦查活动是否合法，实行监督。④对于刑事案件提起公诉，支持公诉；对于人民法院的审判活动是否合法，实行监督。⑤对于刑事案件判决、裁定的执行和监狱、看守所、劳动改造机关的活动是否合法，实行监督。

根据《刑事诉讼法》第3条第1款第2句和第8条规定，在刑事诉讼过程中，人民检察院的具体职权是“检察、批准逮捕、检察机关直接受理的案件的侦查、提起公诉”和“依法对刑事诉讼实行法律监督”。结合《刑事诉讼法》第18条第2款关于人民检察院立案管辖的规定，在刑事诉讼中，人民检察院的职权包括如下内容：

第一，人民检察院行使侦查权。人民检察院虽然不是刑事案件的专门侦查机关，但是负责法律规定由检察机关直接受理案件的侦查，并由此派生出刑事案件

的补充侦查权。人民检察院自行侦查案件，实务中简称“自侦案件”，由法律明确规定，不得扩大。

第二，人民检察院行使国家公诉权。自诉案件之外的其他案件，必须由人民检察院向人民法院提起公诉，并派出检察官出庭支持公诉。公诉权包括审查起诉权（《刑事诉讼法》第 167 条）、提起公诉决定权（第 172 条）、不起诉决定权（第 173 条、第 271 条）。人民检察院行使这些职权的诉讼活动包括审查起诉、提起公诉、不起诉、出庭支持公诉等方面。

第三，批准或者决定逮捕权。人民检察院对于公安机关（根据安全机关）提请批准逮捕的案件，进行审查，决定批准逮捕或者不批准逮捕。对于人民检察院直接受理的案件，决定逮捕。同时，《刑事诉讼法》第 93 条规定，在犯罪嫌疑人、被告人被逮捕后，人民检察院仍应当对羁押必要性进行审查，有权建议解除羁押。

第四，诉讼监督权。诉讼监督权就是人民检察院对刑事诉讼实行法律监督的职权，贯穿于刑事诉讼过程，包括《刑事诉讼法》明确规定立案监督（第 111 条）、侦查监督（第 168 条第 5 项、第 115 条第 2 款）、审判监督（第 203 条、第 243 条第 3 款和第 4 款等）、执行监督（第 265 条）。此外，《刑事诉讼法》第 289 条规定，人民检察院对强制医疗的决定和执行实行监督。

（二）人民检察院组织体系和领导机制

1. 人民检察院的组织体系

根据《宪法》和《人民检察院组织法》的规定，我国人民检察院是一个完整的组织体系。分为普通人民检察院和专门人民检察院两个系统。

普通人民检察院的组织体系分为最高人民检察院和地方各级人民检察院，共四级，基本上与我国行政区划同步设计，分级别设置。但是，2014 年 12 月开始，根据中央全面深化改革领导小组第七次会议审议通过的《设立跨行政区划人民法院、人民检察院试点方案》，我国目前的司法改革开始设置跨行政区划人民检察院。

最高人民检察院是中华人民共和国最高检察机关。最高人民检察院领导地方各级人民检察院和专门人民检察院依法履行法律监督职能，保证国家法律的统一和正确实施。最高人民检察院设在首都北京，成立于 1954 年。最高人民检察院内设办公厅，政治部，反贪污贿赂总局，侦查监督厅，渎职侵权检察厅，职务犯罪预防厅，刑事执行检察厅，公诉厅，控告检察厅，刑事申诉检察厅，民事行政检察厅，铁路运输检察厅，死刑复核检察厅等检察业务部门，负责检察业务工作。最高人民检察院同时领导地方各级人民检察院和专门人民检察院的工作，对在检察工作开展过程中如何具体适用法律的问题，进行司法解释。

地方各级人民检察院的设置包括：①省、自治区、直辖市人民检察院；②省、自治区、直辖市人民检察院分院，自治州、省辖市人民检察院；③县、市、自治县和市辖区人民检察院。

根据《人民检察院组织法》第2条第3款规定，省一级人民检察院和县一级人民检察院，根据工作需要，提请本级人民代表大会常务委员会批准，可以设置工矿区、农垦区、林区等区域人民检察院，作为派出机构。

人民检察院派驻监所和看守所检察室，是人民检察院的派出机构。

跨行政区划人民检察院的设置及其职权行使正在试点之中，目前尚无全国统一模式。

专门人民检察院是人民检察院组织体系中的一个组成部分，它和地方各级人民检察院一样行使检察权。我国目前设置的专门人民检察院包括军事检察院和铁路运输检察院，但是铁路运输检察院多数已经转入地方人民检察院系统。海事法院没有刑事案件管辖权，因此没有对应的检察院。

2. 人民检察院的领导机制

人民检察院的上下级之间是领导关系。根据《宪法》第132条、《人民检察院组织法》第10条第2款规定，最高人民检察院领导地方各级人民检察院和专门人民检察院的工作，上级人民检察院领导下级人民检察院的工作。《人民检察院组织法》第3条第1款规定，人民检察院实行检察长统一领导检察院的工作。

我国《宪法》和《人民检察院组织法》规定，最高人民检察院检察长由全国人民代表大会选举产生，最高人民检察院对全国人民代表大会及其常务委员会负责并报告工作。地方各级人民检察院对本级人民代表大会及其常务委员会负责并报告工作。全国人民代表大会常务委员会监督最高人民检察院的工作。地方各级人民代表大会常务委员会监督本级人民检察院的工作。

三、公安机关

1. 公安机关的性质和职权

根据我国《宪法》第89条第8项规定，国务院领导和管理公安工作。可见，公安机关是国家行政机关之一，是国务院和地方各级人民政府的组成部分。公安机关在各级人民政府中专门负责治安、保卫工作，是具有武装性质的行政执法机关。根据国务院颁布的《公安机关组织管理条例》第2条规定，“公安机关是人民民主专政的重要工具，人民警察是武装性质的国家治安行政力量和刑事司法力量，承担依法预防、制止和惩治违法犯罪活动，保护人民，服务经济社会发展，维护国家安全，维护社会治安秩序的职责”。

在刑事诉讼中，公安机关是主要的刑事侦查机关，同时是刑罚执行机关之一。根据《人民警察法》第2条第1款规定，“人民警察的任务是维护国家安全，维护社会治安秩序，保护公民的人身安全、人身自由和合法财产，保护公共财产，预防、制止和惩治违法犯罪活动”。其中包括公安机关的人民警察。

根据《刑事诉讼法》第3条第1款第1句、第18条等规定，公安机关在刑事诉讼中的职权包括“对刑事案件的侦查、拘留、执行逮捕、预审”。除此之外，公安机关在刑事诉讼中担负刑罚执行职权，主要包括：承担着对判处拘役、剥夺政治权利的刑罚的执行；对判处死刑缓期两年执行、无期徒刑、有期徒刑的罪犯，送交监狱执行；必要的时候，会同人民法院执行没收财产的判决。

2. 公安机关的组织体系

公安机关由公安部和地方各级公安机关组成。公安部是国家的公安领导机关，负责领导和指挥全国公安工作，以及根据国际协议与国际刑警组织和国外、境外警察机构合作，共同打击跨国、跨境的犯罪活动。地方各级公安机关按照行政区划设置，在省、自治区人民政府设置公安厅，直辖市人民政府设置公安局；在省、自治区下辖的地区、自治州、市设人民政府设置公安处(局)；在县、县级市、自治县人民政府设置公安局；在直辖市和中等城市的市辖区人民政府设置公安分局。在乡、镇、城市街道和其他地方所设公安派出所，是基层公安机关的派出机构，行使基层公安机关的部分职权，履行基层公安机关的部分职责。

按照行业系统设置的铁路、交通、民航、森林、海关缉私等保卫和公安部门，是公安机关的组成部分。

公安机关接受国务院和地方政府领导，公安机关上下级之间是领导关系。公安机关实行行政首长负责制。在刑事诉讼中，上级公安机关可以直接领导和指挥下级公安机关侦查工作，不同地区和系统的公安机关互不隶属，在办案过程中是配合、协作的关系。《刑事诉讼法》第81条规定，公安机关在异地执行拘留和逮捕，应当通知被拘留、逮捕人所在地的公安机关，被拘留、逮捕人所在地的公安机关应当予以配合。

四、刑事诉讼中的其他国家专门机关

根据我国《刑事诉讼法》规定，在刑事诉讼中依法享有职权、履行职责的其他国家专门机关还有国家安全机关、军队保卫部门、监狱等。

(一)国家安全机关

国家安全机关是国家安全的主管机关，担负着与危害国家安全的违法犯罪作斗争，保卫国家安全，巩固人民民主专政，维护社会主义制度的任务和职能。

1983年7月1日，国家安全部成立，作为国务院的职能部门，负责领导和管理全国的国家安全工作。1983年全国人民代表大会常务委员会通过《关于国家安全机关行使公安机关的侦查、拘留、预审、执行逮捕的职权的决定》规定，国家安全机关承担原由公安机关主管的间谍、特务案件的侦查工作，是国家公安机关的性质，因而国家安全机关可以行使宪法和法律规定的公安机关的侦查、拘留、预审和执行逮捕的职权。1993 年 2 月 22 日，全国人民代表大会常务委员会通过《国家安全法》，确定国家安全机关是国家安全的主管机关。2014 年 11 月 1 日，全国人民代表大会常务委员会通过《反间谍法》，该法第 3 条规定，国家安全机关是反间谍工作的主管机关。第 8 条规定，国家安全机关在反间谍工作中依法行使侦查、拘留、预审和执行逮捕以及法律规定的其他职权。该法第 40 条规定，同时废止 1993 年通过的《国家安全法》。

2015 年 7 月 1 日，第十二届全国人民代表大会常务委员会第十五次会议通过《中华人民共和国国家安全法》，这是不同于 1993 年《国家安全法》的新法律。该法第 42 条规定，“国家安全机关、公安机关依法搜集涉及国家安全的情报信息，在国家安全工作中依法行使侦查、拘留、预审和执行逮捕以及法律规定的其他职权”。

由此可见，国家安全机关在刑事诉讼中的职权主要由《反间谍法》和新《国家安全法》所规定，结合《刑事诉讼法》第 4 条，办理危害国家安全的刑事案件。

（二）军队保卫部门、监狱

根据《刑事诉讼法》第 290 条规定，军队保卫部门负责军队内发生的刑事案件的侦查工作。监狱负责对罪犯在监狱内犯罪的案件进行侦查。军队保卫部门、监狱办理刑事案件，行使与公安机关相同的职权，适用《刑事诉讼法》规定的程序。

1993 年 12 月 29 日，全国人民代表大会常务委员会通过《关于中国人民解放军保卫部门对军队内部发生的刑事案件行使公安机关的侦查、拘留、预审和执行逮捕的职权的决定》规定，中国人民解放军保卫部门承担军队内部发生的刑事案件的侦查工作，同公安机关对刑事案件的侦查工作性质是相同的，因此，军队保卫部门对军队内部发生的刑事案件，可以行使宪法和法律规定的公安机关的侦查、拘留、预审和执行逮捕的职权。

（三）海关走私犯罪侦查部门

我国《海关法》第 4 条规定，国家在海关总署设立专门侦查走私犯罪的公安机构，配备专职缉私警察，负责对其管辖的走私犯罪案件的侦查、拘留、执行逮捕、预审。海关侦查走私犯罪公安机构履行侦查、拘留、执行逮捕、预审职责，按照《刑事诉讼法》的规定办理。

1999 年 1 月 5 日，海关总署走私犯罪侦查局在北京成立，缉私警察由海关总署和公安部双重领导，以海关领导为主。2003 年起，国务院将海关总署走私犯罪侦查局更名为缉私局。

2013 年国务院机构改革将缉私局海上缉私队伍和职能划入中华人民共和国海警局。

(四)刑罚执行机关

监狱、未成年犯管教所、看守所等机构承担刑罚执行职权和职责，是刑事诉讼中的国家专门机关。我国《监狱法》第 15 条规定，罪犯在被交付执行刑罚前，剩余刑期在 3 个月以下的，由看守所代为执行。原有的拘役所在 2005 年被公安部发文撤销。

第二节　立案概述

一、立案的概念与特点

(一)立案的概念

刑事诉讼中的立案，是指公安机关、人民检察院或人民法院对报案、举报、控告或自首以及自诉人的起诉等材料进行审查后，判明是否有犯罪事实存在和应否追究刑事责任，并决定是否将案件交付侦查或审判的诉讼活动。

立案是刑事诉讼程序开始的标志，是每一个刑事案件都必须经过的法定阶段，是决定是否开展侦查或审判的程序步骤，只有经过立案程序，侦查和审判活动才有法律依据。根据我国《刑事诉讼法》的规定，立案是一个独立的诉讼阶段，不隶属于侦查或者审判程序，它具有特定的诉讼任务，独立的诉讼法律关系和相应的诉讼法律文书。在国外立法例中，有的国家将立案作为独立程序阶段，例如俄罗斯《刑事诉讼法》上的“刑事案件提起”程序；有的国家规定刑事诉讼程序的启动需要履行一定的程序，但并未将其列为独立阶段，例如日本、意大利、法国等；有的国家将侦查开始视为刑事诉讼程序的启动，例如英国、美国等。

在刑事诉讼中，立案有广义和狭义之分。广义的立案是与侦查、起诉、审判和执行相并列的独立的诉讼程序阶段，是刑事诉讼必经的最初程序。而狭义的立案是指公安机关、人民检察院或者人民法院对于自行发现的犯罪材料，或者接受报案、控告、举报和自首的材料，按照职能管辖规定，迅速进行审查，认为有犯罪事实需要追究刑事责任，按照一定的程序作出的将案件交付侦查或审判的诉讼决定。狭义的立案是与不立案相对应的一种具有特定含义的诉讼决定，是一种具体的刑事诉讼活动。

立案不同于破案。立案是刑事诉讼的开始，只要有一定的证据证明有犯罪事实发生和需要追究刑事责任，决定立案，该阶段的任务就基本完成。破案则不同，它是在立案以后，经过侦查不仅收集了足以证明犯罪事实的证据，而且查获了犯罪人。前者属于立案，后者属于侦查，不能混为一谈。

（二）立案的特点

根据我国《刑事诉讼法》的规定，立案具有如下三个特点：

1. 立案是刑事诉讼程序的开始和必经阶段

根据我国《刑事诉讼法》第2编、第3编、第4编规定以及刑事诉讼学说，刑事诉讼程序分为立案、侦查、起诉、审判、执行五个诉讼阶段。诉讼活动必须按先后次序严格进行，只有前一诉讼阶段任务完成之后，才能进行下一阶段的诉讼活动，不能跳越任何一个阶段，也不能将先后次序颠倒。一些特殊的刑事案件并不必然经过这五个诉讼阶段，例如，有些事实清楚、情节轻微的案件，不经过侦查阶段，直接由人民法院依法进行审判；有些刑事案件，由于存在法定情形只进行到某一诉讼阶段即告终结，例如在审查起诉阶段，对于没有犯罪事实、依法不需要判处刑罚或者可以免除刑罚的，人民检察院作出不起诉决定，而无须经过审判和执行阶段。但是任何刑事案件都必须从立案阶段开始，其他诉讼阶段才能依次进行。

2. 立案是刑事诉讼中的独立诉讼阶段

立案不仅是刑事诉讼的开始，而且也是刑事诉讼过程中的一个独立阶段，刑事诉讼中的立案不隶属于其他任何诉讼阶段而独立存在。立案阶段有自己的法律依据，我国《刑事诉讼法》第2编第1章对立案作了专章规定，同时立案有自己特定的诉讼任务，独立的诉讼法律关系和相应的诉讼文书。立案阶段的独立性一定程度上体现了它的必经性，不经过立案阶段，其他诉讼阶段就无法进行，公安机关不能侦查未经立案的案件；人民检察院不能起诉未经立案的刑事案件中的犯罪嫌疑人；人民法院也不能审理未经立案的案件。

3. 立案是法定的立案机关进行的一种诉讼活动

刑事立案是法律赋予公安机关、人民检察院和人民法院的职权，其他任何机关、团体或个人，都无权决定立案或不立案。《刑事诉讼法》第107条规定，“公安机关或者人民检察院发现犯罪事实或者犯罪嫌疑人，应当按照管辖范围，立案侦查”。第110条规定，“人民法院、人民检察院或者公安机关对于报案、控告、举报和自首的材料，应当按照管辖范围，迅速进行审查，认为有犯罪事实需要追究刑事责任的时候，应当立案”。第112条规定，“对于自诉案件，被害人有权向人民法院直接起诉。被害人死亡或者丧失行为能力的，被害人的法定代理人、近亲属有权向人民法院起诉。人民法院应当依法受理”。

二、立案的任务

惩罚犯罪和保障人权是我国《刑事诉讼法》的两大根本任务。但在不同的刑事诉讼阶段，刑事诉讼活动的任务各有侧重的具体内容。立案阶段的任务是对报案、举报、控告和自首等有关材料进行审查，确定是否存在犯罪事实和犯罪嫌疑人，以决定是否进行侦查或者审判。具体来说，立案阶段主要有下列三项任务：

第一，接受报案、举报、控告和自首，按照职能管辖范围，确定管辖。《刑事诉讼法》第108条第3款、第4款规定，公安机关、人民检察院和人民法院对于报案、控告、举报或者犯罪人自首，都应当接受。对于不属于自己管辖的案件则应当移送主管机关处理，并通知报案人、控告人、举报人或者自首人。

第二，通过审查，确定是否具备立案条件。这是人民法院、人民检察院、公安机关在立案阶段的核心任务，就是通过迅速审查，确定是否有犯罪事实需要追究刑事责任。在作出立案决定之前，立案机关只能对材料进行审查，不允许使用侦查手段。人民检察院在立案之前有一种特殊的制度，称为初查，可以视为一种案件审查活动。

第三，作出立案或者不予立案的决定，做好不立案的复议工作。立案的任务，就是公检法机关依据事实和法律，对是否有犯罪事实以及是否需要追究刑事责任作出准确的判断，从而决定立案或不予立案。对于认为没有犯罪事实或犯罪事实显著轻微，不需要追究刑事责任，决定不予立案的，应当依法将不立案的原因及时通知举报人或者控告人。控告人不服，申请复议的，应当依法做好复议工作，答复申请人。

三、立案的意义

立案作为刑事诉讼中的一个独立的诉讼阶段，具有自身的重要意义。

第一，立案程序使公安司法机关能够及时、准确地发现和惩罚犯罪。人民法院、人民检察院、公安机关通过对报案、举报、控告或自首、自诉人起诉等各种有关材料的审查，发现有犯罪事实或犯罪嫌疑人的，应当及时立案，使案件进入侦查程序或者审判，有利于发现和惩罚犯罪。

第二，立案程序保障公民的合法权利不受非法侵犯，保障无罪的人不受刑事追究。《刑事诉讼法》第2条所确立的保障无罪的人不受刑事追究，保护公民的人身权利、财产权利、民主权利和其他权利的任务，体现在立案阶段，就是要求公安司法机关通过立案前的审查，准确、及时立案，从程序上保障无罪的人不受刑事追究，从而切实地保护了公民的合法权益不受侵犯。

第三，立案程序有利于准确评价社会治安形势，分析研究犯罪的特点和规律，预防犯罪，维护社会治安秩序。公安司法机关通过对立案材料的接受和审查，经过科学的司法统计，能够发现和掌握特定时期和地域的刑事案件的发案情况，研究犯罪的特点和规律，及时反馈给国家决策和立法机关，这对于正确指导司法实践，制定相应的刑事法律和刑事政策，都具有重要意义。

第三节　立案的材料来源和条件

一、立案的材料来源

立案的材料来源，是指公安机关、人民检察院、人民法院自行发现或者单位和个人报告或者提交有关犯罪事实或者犯嫌疑人的线索材料。它是公安机关、人民检察院、人民法院进行审查、决定是否立案的事实材料，其中可能包含证明事实材料的相关证据材料。根据我国《刑事诉讼法》的规定，刑事立案材料主要有以下几种来源：

（一）单位和个人的报案或者举报

《刑事诉讼法》第108条第1款规定，“任何单位和个人发现有犯罪事实或犯罪嫌疑人，有权利也有义务向公安机关、人民检察院或人民院报案或者举报”。这里的“个人”包括被害人。报案，是指单位和个人将其在工作和生活中所发现的犯罪事实向公安机关、人民检察院、人民法院予以报告的行为。举报，是指单位或者个人将所发现的犯罪事实和犯罪人向公安机关、人民检察院、人民法院予以报告的行为。

报案和举报的区别在于，报案只是报告刑事案件的发生，提供的案件事实、证据材料比较简单，不能明确指出犯罪嫌疑人。而举报不仅检举、揭发犯罪事实的发生及其主要内容，而且指出了具体的犯罪嫌疑人，提供的犯罪事实和证据材料相对具体和详细。此外，举报人是当事人以外的知情人，不包括当事人。

向司法机关报案或举报犯罪事实或犯罪嫌疑人，既是任何单位和个人依法享有的权利，也是其依法应当履行的义务。任何犯罪，既是对国家、单位安全和利益的破坏，也是对公民个人人身权利、财产权利、民主权利及其他权利的侵犯。

因此，任何单位包括国家机关、团体、企事业单位等，任何个人包括我国公民，外国公民和无国籍的人，为了保护国家、单位和自己的利益，发现了犯罪事实和犯罪嫌疑人，都有权利向公安司法机关报案或者举报。同时，他们也应根据法定的义务，积极主动地履行职责和义务，向公安机关、人民检察院或人民法院报案或举报犯罪事实及犯罪嫌疑人，使犯罪分子受到应得的惩罚。

2001 年 7 月国务院通过《行政执法机关移送涉嫌犯罪案件的规定》，要求具有行政处罚权的行政执法机关，如工商、税务等在查处违法行为的过程中，发现违法事实涉及的金额、违法事实的情节、违法事实造成的后果等，涉嫌构成犯罪，依法需要追究刑事责任的，必须依照规定移送至公安机关。这使行政执法机关移送涉嫌犯罪案的规范化、法制化。

（二）被害人的报案、控告

《刑事诉讼法》第 108 条第 2 款规定，“被害人对侵犯其人身、财产权利的犯罪事实或者犯罪嫌疑人，有权向公安机关、人民检察院或者人民法院报案或者控告”。从法律解释角度看，被害人死亡或丧失行为能力的，被害人的法定代理人、近亲属也有权报案或者控告。

被害人（包括被害单位）是受犯罪行为直接侵害的人，既具有追究犯罪的强烈愿望和积极主动性，又能提供比较具体的有关犯罪事实和犯罪嫌疑人的情况。他们为了保护自己的合法权益并及时制止犯罪，尽快挽回损失，都能积极主动地向公安司法机关报案和控告。这里的报案，是指被害人或其法定代理人将其人身、财产权利遭受侵害的犯罪事实报告给公安司法机关的行为。控告，是指被害人或其法定代理人、近亲属向司法机关揭发犯罪嫌疑人及其犯罪事实，并要求依法处理的行为。

控告与举报有区别，首先，控告人是受犯罪行为侵害的人或其法定代理人；举报人一般是与案件无直接牵连的知情人。其次，控告的目的是为了维护自身的合法权益而要求依法处理；举报一般是出于为了维护公共利益或其他公民的利益或者伸张正义而提出关于处理犯罪嫌疑人的要求。

报案、举报、控告是司法实践中最常见最重要的立案材料来源，其目的是为了及时揭露和惩罚犯罪，保护国家和人民的利益。因此，不论单位或公民个人，在举报或控告犯罪时，都必须实事求是，不能捏造事实，伪造证据，诬告或陷害他人。如果故意捏造事实，伪造证据，陷害他人，情节严重的，要受到刑罚处罚

（三）犯罪人自首

根据《刑事诉讼法》第 108 条第 4 款的规定，犯罪人向公安机关、人民检察院或者人民法院自首的，都应当接受。对于不属于自己管辖的，应当移送主管机关

处理；对于不属于自己管辖而又必须采取紧急措施的，应当先采取紧急措施，然后移送主管机关。

我国《刑法》第67条第1款规定，“犯罪后自动投案，如实供述自己的罪行的，是自首”。在刑事诉讼中，自首是指犯罪分子作案后，在罪行未被公安司法机关发现前，自动投案，如实交代罪行，接受公安司法机关处理和审判的行为。《刑事诉讼法》将犯罪人的自首确立为重要的立案材料来源之一，司法机关只有对自首的材料查证属实后，才能予以立案。

（四）公安机关、检察机关自行发现犯罪事实或犯罪嫌疑人

我国公安机关、人民检察院是享有侦查权的国家专门机关。它们在履行职务的过程中，应当积极主动地发现、获取犯罪线索，或者常常会发现或获得一些犯罪的事实或者线索。这是立案材料来源一个不可缺少的方面。我国《刑事诉讼法》第107条规定，“公安机关或者人民检察院发现犯罪事实或者犯罪嫌疑人，应当按照管辖范围，立案侦查。”公安机关在日常巡逻值勤、执行任务和办理日常治安管理工作中发现的犯罪；人民检察院在查办各种渎职、贪污贿赂等违法行为过程中发现的犯罪事实或者犯罪嫌疑人，都是立案的重要根据。

（五）自诉

根据《刑事诉讼法》第112条的规定，自诉人的自诉是人民法院立案的根据和材料来源。

（六）其他途径

在司法实践中，立案的根据常见的还有以下几种：①上级机关交办的案件；②公民扭送，《刑事诉讼法》第82条规定的四种情形；③党的纪检部门查处后移送追究刑事责任的案件；④行政执法机关移送的案件。

二、立案的条件

立案的条件，是指进入刑事诉讼程序，确定刑事案件成立必须具备的法定要件，即立案的理由和根据。立案必须有一定的事实材料为依据，司法实践中，具有立案材料，仅仅给立案提供了事实上的依据，但究竟能否立案，还要看是否符合立案的法定条件。《刑事诉讼法》第110条规定，“人民法院、人民检察院或者公安机关对于报案、控告、举报和自首的材料，应当按照管辖范围，迅速进行审查，认为有犯罪事实需要追究刑事责任的时候，应当立案；认为没有犯罪事实，或者犯罪事实显著轻微，不需要追究刑事责任的时候，不予立案，并且将不予立案的原因通知控告人”。据此，立案必须同时具备两个实质条件，一是认为有犯

罪事实，二是需要追究刑事责任。同时，立案还必须符合一个程序条件，就是符合管辖范围。

(一)有犯罪事实

立案的事实条件是“认为有犯罪事实”，就是有刑法规定的犯罪事实的发生，并且犯罪事实有一定的证据证明，这是立案的首要条件。具备这一条件，立案才具有客观的事实根据。

其一，认为有犯罪事实，包括已经发生的或者正在发生的犯罪事实。公安司法机关认为有犯罪事实，是指依照刑法规定构成犯罪的行为，而非一般违法、违反党纪、政纪、违反社会主义道德的行为，这意味着，立案审查需要划清罪与非罪的界限。

其二，认为有犯罪事实，必须有一定的证据证明犯罪事实确已发生和存在，不是基于主观想象、猜测或者凭空捏造。这意味着，立案时要有能够足以证明犯罪事实已经发生的证据。

其三，认为有犯罪事实，仅仅是公安司法人员通过对立案材料的审查，并根据法律规定所确认存在的犯罪事实，只是程序意义上的事实，而不是实体上确认的犯罪事实。

(二)需要追究刑事责任

需要追究刑事责任，作为立案的法律条件，是指根据刑事法律的有关规定，其行为已经构成犯罪，需要追究刑事责任。也就是说，认为发生的犯罪事实，根据刑法规定，应当受刑罚处罚。如果该犯罪事实是属于法律规定不需要追究刑事责任的，则不应立案。所谓法律规定不追究刑事责任，主要是指《刑事诉讼法》第15 条规定的六种情形。

(三)应当按照管辖范围

应当按照管辖范围，迅速进行审查，是立案的程序条件。有犯罪事实和需要追究刑事责任是刑事立案的实体条件，这两个条件适用于所有刑事案件，具体到各个具体的案件，还应当分清究竟由哪个机关管辖处理。《刑事诉讼法》和其他有关规定明确要求公安司法机关立案的案件是属于自己的管辖范围，对于不属于自己管辖的案件，应当移送给有管辖权的机关处理。但是《刑事诉讼法》第 108 条第 3 款规定，对于不属于自己管辖范围而又必须采取紧急措施的，应当先采取紧急措施，然后移送主管机关。

自诉案件由自诉人直接向人民法院起诉，如果符合起诉条件，人民法院应当受理，直接进入审判程序。根据最高院《解释》第 259 条的规定，人民法院受理自诉案件的条件是：①属于自诉案件范围，符合《刑事诉讼法》第 204 条的规定；②属于受理的该人民法院管辖；③被害人告诉；④有明确的被告人、具体的诉讼请求和证明被告人犯罪事实的证据。

三、立案标准

为了统一执行国家的刑事法律，司法实践中还存在立案标准。立案标准，是指公安司法机关对于具体案件决定是否立案，所应掌握的确定性准则和尺度。立案标准是立案条件的具体化。立案条件只是原则性规定，在具体操作中，究竟达到何种程度应当立案，何种程度不应当立案，就很难掌握。因此，客观上需要有一个统一而具体的立案标准，以符合刑法分则对具体罪名确定的最低要求。

立案标准有的是定性的，有的是定量的。定量的立案标准如最高人民法院、最高人民检察院、公安部、国家安全部、司法部 2013 年联合发布的《人体损伤鉴定标准》就是故意伤害罪的立案标准。最高人民法院、最高人民检察院 2016 年 4 月发布的《关于办理贪污贿赂刑事案件适用法律若干问题的解释》中就包含了贪污贿赂罪的立案标准。刑法分则许多犯罪都是定性的立案标准。

制定具体而明确的立案标准，使立案条件具体化，能够使公安司法机关的工作人员掌握一个明确而统一的立案尺度，使罪与非罪的界限更清晰，罪行轻重的程度更明确。同时，立案标准的制定，能够弥补刑法对某些犯罪的构成要件未作具体规定的不足。但是，有两个问题应引起注意：一是立案标准并不等于定罪量刑的标准，不能将两者混同；二是随着国家政治、经济、社会发展，立案标准可能作出相应补充和修改，而不是一成不变的。

第四节　立案的程序

立案的程序，是立案阶段各种诉讼活动的应当遵循的程序规范。我国《刑事诉讼法》第 107 条、第 108 条和第 109 条分别作出了具体的规定。

一、立案材料的接受

对立案材料的接受，是指公检法机关对于报案、控告、举报和犯罪人自首的接待及对材料依法进行接受的活动。根据《刑事诉讼法》第 108 条第 3 款和第 4 款的规定，公安机关、人民检察院或者人民法院对于报案、控告、举报和犯罪人自首，都应当接受，并进行登记，既不能随意加以拒绝，也不能故意拖延，更不允许以管辖不明为借口而相互推诿和扯皮。对不属于自己管辖的，应当移送主管机关，并通知报案人、控告人、举报人、自首人(投案人)；对不属于自己管辖而又必须采取紧急措施的，应当先采取措施，然后移送主管机关。这是保证侦查、起诉、审判顺利进行的需要。

根据《刑事诉讼法》规定和司法实践经验，对报案、控告、举报和自首材料的接受工作主要包括以下主要内容：

第一，公安机关、人民检察院和人民法院对于报案、控告、举报或者自首的材料，不论是否属于自己管辖都应及时接受，不得推诿或拒绝。依照我国法律规定，公安机关、人民检察院和人民法院是接受报案、控告、举报和犯罪人自首的机关。一切机关、团体、企业、事业单位和公民发现有犯罪事实或者犯罪嫌疑人时，应当按照《刑事诉讼法》规定的管辖范围，及时向公安机关、人民检察院和人民法院报案、控告、举报。但是，由于报案人、控告人和举报人公安司法机关管辖的具体分工不一定清楚，或者由于情况紧急，来不及向有管辖权的机关提出，因此，《刑事诉讼法》规定，公安机关、人民检察院和人民法院对于报案、控告、举报和犯罪人的自首都应当接受，再根据管辖犯罪进行案件移送。

第二，积极诚恳地接待报案人、控告人、举报人或自首人，并依法制作笔录。为了方便有关单位和个人进行报案、控告、举报和自首，《刑事诉讼法》第 109 条规定，报案、控告、举报、自首可以用书面或口头提出，即口头和书面两种形式具有同等的法律效力。对口头提出的报案、控告和举报，接待人员应当认真做好笔录，经宣读或交本人阅读无误后，由报案人、控告人、举报人签名或者盖章。对于书面的报案、控告和举报，要注意是否具备具体的内容，必要时可找其本人核对或作出口头补充。无论采取何种形式，报案、控告和举报所应包含的内容应当包括：报案人、控告人、举报人的基本情况；报案、控告、举报的事实和对象；报案、控告、举报的目的和要求；报案、控告和举报的时间等；并包含签名或者盖章的附属要件。

第三，为了确保控告、举报的真实，保障无辜的人不受刑事追究，同时又不挫伤控告人、举报人揭发犯罪的积极性，接受控告、举报的人员，应当向控告人、举报人说明诬告应负的法律责任，这是《刑事诉讼法》第 109 条第 2 款的规定。但是，应当区分：诬告不同于与事实有出入的控告、举报，不同于错告。后者属于认识上的错误而致使所告之事与事实有出入。对于错告的，只要不是故意诬告陷害他人的，都应当向其讲明情况，让其接受教训，不应追究法律责任。

第四，保障报案人、控告人、举报人及其近亲属安全。《刑事诉讼法》第 109 条第 3 款规定，公安机关、人民检察院或者人民法院应当保障报案人、控告人、举报人及其近亲属的安全。报案人、控告人、举报人如果不愿公开自己的姓名和报案、控告、举报的行为，应当为他们保守秘密。这是为了防止报案人、控告人、举报人及其近亲属遭受打击报复，确保其安全。例如，最高检《规则(试行)》第162条规定，控告检察部门或者举报中心对于不愿公开姓名和举报行为的举报人，应当为其保密。

第五，公安机关接受案件时，根据公安部《规定》第168条的规定，应当制作《接受刑事案件登记表》，并出具回执，作为公安机关管理刑事案件的原始材料妥善保管，存档备查。最高检《规则(试行)》第161条第1款规定，人民检察院举报中心负责统一管理犯罪案件线索。《规则(试行)》第163条第1款规定，人民检察院对于直接受理的要按线索实行分级备案的管理制度。县、处级干部的要案线索一律报省级人民检察院备案，其中涉嫌犯罪数额特别巨大或者犯罪后果特别严重的，层报最高人民检察院举报中心备案；厅、局级以上干部的要案线索一律报最高人民检察院举报中心备案。

二、对立案材料的审查和处理

对立案材料的审查，是指人民法院、人民检察院、公安机关对已经接受的报案、控告、举报和自首的材料，按照管辖范围，进行核对和必要的调查。对立案材料的处理，是指人民法院、人民检察院、公安机关通过对立案材料的审查，根据事实和法律作出处理决定。

我国《刑事诉讼法》第110条规定，“人民法院、人民检察院或者公安机关对于报案、控告、举报和自首的材料，应当按照管辖范围，迅速进行审查，认为有犯罪事实需要追究刑事责任的时候，应当立案；认为没有犯罪事实，或者犯罪事实显著轻微，不需要追究刑事责任的时候，不予立案，并且将不立案的原因通知控告人”。

人民法院、人民检察院、公安机关对于接受的立案材料进行审查核实，是正确及时立案的关键。因为立案或不立案，取决于人民法院、人民检察院、公安机关对立案材料审查的结果，而审查材料的过程，是根据法律所规定的立案条件，确认有无犯罪事实和分析、评断这种犯罪事实是否需要追究刑事责任的过程。因此，对立案材料的审查，也是对立案材料处理的前提。

人民法院、人民检察院、公安机关对于立案材料审查的内容，概言之，就是案件是否符合法定的立案条件。而对立案材料的审查方法通常是，根据已经掌握的立案材料和相关证据，认为有犯罪事实存在，依法应当追究刑事责任的，应当迅速作出立案决定。对于经过审查认为证据不足，不能判明犯罪事实是否发生的，或者对立案材料有疑问的，可以要求报案人、控告人、举报人补充材料或者进一步说明情况。

公安机关和人民检察院在审查立案材料时，可以进行初查。公安部《规定》第

171 条规定，公安机关在审查立案中发现案件事实或者线索不明的，必要的时候，经办案部门负责人批准，可以进行初查，可以依法采取询问、查询、勘验、鉴定和调取证据材料等方法，但是只能采取不限制被查对象人身、财产权利的措施。最高检《规则(试行)》第 173 条规定，“在初查过程中，可以采取询问、查询、勘验、检查、鉴定、调取证据材料等不限制初查对象人身、财产权利的措施。不得对初查对象采取强制措施，不得查封、扣押、冻结初查对象的财产，不得采取技术侦查措施”。

对于自诉案件，由于法律要求自诉人在起诉时，应当提出证明犯罪事实发生的各种证据，因此人民法院在立案审查过程中，如果认为自诉人提出的证据不充分，可以要求自诉人提出补充证实有关犯罪事实的材料，在立案前，法院不能进行调查。

根据《刑事诉讼法》第 110 条规定，对立案材料的处理可分为立案和不立案两种。

(一)立案

公安机关、人民检察院、人民法院经过审查，认为有犯罪事实需要追究刑事责任的时候，应当作出立案的决定。决定立案的，应当先由承办人员写出立案报告书、立案决定书等法律文书。

最高院《解释》第 263 条规定，人民法院对自诉案件审查之后，认为符合受理条件的，应当决定立案；具有司法解释列举的七种情形不予受理的，应当说服自诉人撤回起诉或者裁定不予受理，驳回起诉。

最高检《规则(试行)》第 183 条规定，人民检察院对于直接受理的案件，经审查认为有犯罪事实需要追究刑事责任的，应当制作立案报告书，经检察长批准后予以立案。在决定立案之日起 3 日以内，将立案备案登记表、提请立案报告和立案决定书一并报送上一级人民检察院备案。

公安部《规定》第 175 条规定，公安机关接受案件后，经审查，认为有犯罪事实需要追究刑事责任，且属于自己管辖的，经县级以上公安机关负责人批准，予以立案。

对于人民法院、人民检察院、公安机关受理报案、控告、举报和自首的材料，经审查，不属于自己的管辖范围的，应当根据《刑事诉讼法》和相关司法解释和其他规定将案件移送至有管辖权的机关。

(二)不予立案

接受立案材料的人民法院、人民检察院、公安机关，经审查，认为没有犯罪事实或犯罪事实显著轻微，不需要追究刑事责任的时候，应当作出不予立案的决定。决定不予立案的，应当制作不立案通知书，将不立案的原因通知控告人。例如，公安部《规定》第175条规定，公安机关接受案件后，经审查，认为没有犯罪事实，或者犯罪事实显著轻微不需要追究刑事责任，或者具有其他依法不追究刑事责任情形的，经县级以上公安机关负责人批准，不予立案。

三、控告人对不立案决定的申请复议和上诉

我国《刑事诉讼法》第110条规定，控告人对公安机关、人民检察院、人民法院不予立案的决定不服，可以申请复议。根据有关司法解释和其他规定，控告人对于人民检察院和公安机关的不予立案决定，可以申请复议。被害人作为控告人向人民法院提起自诉，人民法院不予受理或者驳回起诉的，自诉人可以提起上诉。

最高检《规则（试行）》第184条规定，人民检察院决定不予立案的，如果是被害人控告的，应当制作不立案通知书，写明案由和案件来源、决定不立案的原因和法律依据，由侦查部门在15日以内送达控告人，同时告知本院控告检察部门。控告人如果不服，可以在收到不立案通知书后10日以内申请复议。对不立案的复议，由人民检察院控告检察部门受理。

对于公安机关不予立案的决定，控告人可以复议、复核。根据公安部《规定》第176条的规定，控告人对不予立案决定不服的，可以在收到不予立案通知书后7日以内向作出决定的公安机关申请复议；公安机关应当在收到复议申请后7日以内作出决定，并书面通知控告人。控告人对不予立案的复议决定不服的，可以在收到复议决定书后7日以内向上一级公安机关申请复核；上一级公安机关应当在收到复核申请后7日以内作出决定。对上级公安机关撤销不予立案决定的，下级公安机关应当执行。

最高院《解释》第265条规定，自诉人对不予受理或者驳回起诉的裁定不服的，可以提起上诉。

《刑事诉讼法》第111条规定，“人民检察院认为公安机关对应当立案侦查的案件而不立案侦查的，或者被害人认为公安机关对应当立案侦查的案件而不立案侦查，向人民检察院提出的，人民检察院应当要求公安机关说明不立案的理由。人民检察院认为公安机关不立案理由不能成立的，应当通知公安机关立案，公安机关接到通知后应当立案”。第204条规定，被害人有证据证明对被告人侵犯自己人身、财产权利的行为应当依法追究刑事责任，而公安机关或者人民检察院不予追究被告人刑事责任的案件，可以作为自诉案件提起起诉。

但是，《刑事诉讼法》没有规定公安机关、司法机关是否应将立案或不立案的决定通知举报人，也没有赋予举报人申请复议的权利。对此，各地司法实践做法不一。

四、人民检察院的刑事立案监督

立案监督，是指人民检察院依法对公安机关的立案活动是否合法进行的监督，学说上也有称其为“立案备查”。① 人民检察院对整个刑事诉讼活动实行法律监督，立案是刑事诉讼程序中的独立阶段，因而对立案活动实行法律监督，是人民检察院刑事诉讼法律监督的重要内容之一。我国《刑事诉讼法》第111条和最高检《规则（试行）》第552条至563条有明确规定。

立案监督是人民检察院依法对公安机关应当立案而不立案侦查的行为实行监督，也包括对于行政机关不移送犯罪案件的执法活动的监督。

第一，要求公安机关说明不立案的理由。《刑事诉讼法》第111条规定，“人民检察院认为公安机关对应当立案侦查的案件而不立案侦查的，或者被害人认为公安机关对应当立案侦查的案件而不立案侦查，向人民检察院提出的，人民检察院应当要求公安机关说明不立案的理由”。人民检察院控告检察部门经审查认为需要公安机关说明不立案或者立案理由的，交由侦查监督部门办理。

第二，通知公安机关立案或者撤销案件。人民检察院侦查监督部门经过审查，认为公安机关不立案或者立案理由不能成立的，经检察长或者检察委员会讨论决定，应当通知公安机关立案或者撤销案件。

第三，经审查，人民检察院侦查监督部门认为公安机关不立案或者立案理由成立的，应当通知控告检察部门，由其在10日以内将不立案或者立案的理由和根据告知被害人及其法定代理人、近亲属或者行政执法机关。

第四，人民检察院通知公安机关立案或者撤销案件的，应当依法对执行情况进行监督。

第五，对于由公安机关管辖的国家机关工作人员利用职权实施的重大犯罪案件，人民检察院通知公安机关立案，公安机关不予立案的，经省级以上人民检察院决定，人民检察院可以直接立案侦查。

【思考题】

1. 立案的材料来源有哪些？
2. 人民检察院如何进行立案监督？

① 徐静村主编：《刑事诉讼法学》（第三版），法律出版社2012年版，第214页。

第十二章　侦查

【本章引语】

排除一切不可能，剩下的形即使再不可能，那也是真相。——福尔摩斯

从刑事侦查上来说，这四根支柱是现场，物证，人证，还有运气。没有这四根支柱，案件就很难侦破。——李昌钰

【学习目标】

通过本章学习，能够了解、掌握：

1. 侦查的任务。
2. 侦查措施及其分类。
3. 侦查终结的条件。

第一节　侦查概述

一、侦查的概念与特征

(一)侦查的概念

侦查，也称刑事侦查(criminal investigation)，是指法定的侦查机关或者侦查部门对已经立案的刑事案件进行专门调查，以查明案件事实，以及采取有关的强制性措施抓获犯罪人的诉讼活动。刑事诉讼理论上所说的侦查，有两种基本含义：一为侦查行为，也称侦查措施，重在表示侦查是收集证据形成案件事实的各种措施；二为侦查程序，重在表示侦查作为提起公诉的准备程序。我国《刑事诉

讼法》第 106 条第 1 项规定，“侦查”是指公安机关、人民检察院在办理案件过程中，依照法律进行的专门调查工作和有关的强制性措施。这是对侦查行为的法律解释。

侦查机关依法对刑事案件进行的专门调查工作，也称侦查行为、侦查措施等。我国《刑事诉讼法》第 116 条至 153 条规定的法定侦查措施包括：讯问犯罪嫌疑人，询问证人、被害人，勘验、检查，搜查，查封、扣押物证、书证，技术侦查措施，鉴定，通缉等。“有关的强制性措施”是指侦查机关在采取侦查措施的时候，可以依法强制进行，同时可以采取强制措施，对现行犯或者重大嫌疑分子依法先行拘留，对符合逮捕条件的犯罪嫌疑人，应当依法逮捕。

《刑事诉讼法》第 113 条规定，侦查中专门调查工作的主要内容是收集、调取犯罪嫌疑人有罪或者无罪、罪轻或者罪重的证据材料。“收集、调取”是指侦查人员发现、提取、固定、保全证据材料的各种专门活动，体现侦查程序收集和保全证据的功能。“有罪或者无罪、罪轻或者罪重”意味着，侦查机关应当客观地收集和调取证据，发现犯罪事实和证据，排除无罪证据，发挥侦查的“筛选”功能。① 同时，《刑事诉讼法》第 3 条、第 114 条规定了侦查机关的预审。预审，是指侦查机关经过侦查，对有犯罪事实的案件，进行审查，对收集、调取的证据材料予以核实。过去，我国公安机关对刑事案件的侦查通常分为前期侦查和后期预审两个阶段，其中前期侦查由刑事侦查部门负责，主要任务是收集、调取证据和查获犯罪嫌疑人；后期预审由预审部门负责，主要任务是对已经查获的犯罪嫌疑人进行讯问，以核实证据材料，调查其他犯罪事实。1997 年全国刑事侦查工作会议提出“侦审一体化”的刑事侦查改革总体思路之后，公安机关逐步取消了预审部门，但是，刑事侦查实践中的前期侦查和后期预审工作仍然存在，全国大多数地区由公安刑警部门全部承担。

（二）侦查的特征

1. 侦查只能由法定的专门机关进行

侦查是一种刑事诉讼行为，是法定的专门机关行使侦查权的诉讼活动。侦查权是国家司法权的重要组成部分，我国《刑事诉讼法》规定它只能由国家专门机关行使。除了公安机关和人民检察院之外，根据《刑事诉讼法》第 4 条、第 290 条规定，国家安全机关、军队保卫部门、监狱等有关部门，在法定职权范围内享有并行使侦查权。

在我国，人民法院是国家审判机关，不享有侦查权。审判阶段，合议庭为了

---

① 参见克劳思·罗科信：《刑事诉讼法》，吴丽琪译，法律出版社 2003 年版，第 354 页。

调查核实证据，可以进行勘验、检查、查封、扣押、鉴定和查询、冻结，但这些活动不具有侦查性质。

在实践中，有关机关、团体和单位的保卫部门对本单位发生的刑事案件，可以协助公安机关调查取证，所收集的证据材料如果符合法律规定，在刑事诉讼中就具有法律效力。但是保卫部门无权单独对刑事案件进行侦查。

2. 侦查机关的侦查活动具有特定内容

《刑事诉讼法》规定侦查的内容有两个方面：其一，专门调查工作。这是侦查机关和部门，为发现和收集证据，查明案件事实所进行的诉讼活动，包括讯问犯罪嫌疑人，询问证人，询问被害人，勘验、检查，搜查，查封、扣押物证、书证，鉴定，技术侦查措施，通缉等。其二，有关的强制性措施。侦查机关为了保障专门调查工作的顺利进行，为了实现侦查任务，可以采取强制性手段，包括对人身、行为的约束。强制措施中的先行拘留和逮捕当然是侦查强制性措施。其他具有强制性的侦查行为，如搜查、查封、扣押物证、书证等行为，也是强制性措施。

强制措施和强制性措施具有共同点，即两者对适用对象都具有强制力，限制其选择自由但两者存在区别：第一，适用的诉讼阶段不同。强制性措施是为了保证专门调查工作的顺利进行，主要在侦查阶段适用；而强制措施是为了保障诉讼活动的顺利进行，在诉讼过程的各个阶段都适用。第二，强制对象不同。强制措施主要体现为人身的强制，而强制性措施既包括对人身的强制和约束，也包括对财物的强制，例如强制搜查、强制扣押等。

3. 侦查活动必须严格依法进行

《刑事诉讼法》第106条第1项规定，侦查活动“依照法律进行”，就是坚持侦查法制原则。侦查活动的专门调查工作和有关的强制性措施，大多具有强制力，如果依法准确适用，它可以有效地揭露犯罪，如果适用不当，就容易对公民的人身权利、财产权利和其他权利造成侵犯。在刑事诉讼过程中，为了实现惩罚犯罪和保障人权的统一，《刑事诉讼法》既从总体上规定侦查机关必须严格依法行使侦查权，防止侦查违法行为发生，保障公民权利不受侵害。也对各种具体侦查措施的条件、方式、方法、步骤等方面规定了具体而明确的程序规范。公安机关、人民检察院以及其他享有侦查权的机关都应当严格遵守。

侦查活动的依法进行涉及国家权力与公民权利的关系，侦查不依法进行，国家权力就容易侵犯个人权利，公民的人身、财产、自由等宪法基本权利就将流于形式。

4. 侦查是我国刑事诉讼的独立程序阶段

我国刑事诉讼程序分为立案、侦查、起诉、审判、执行五个阶段。侦查作为一个诉讼程序，它是公诉案件的必经程序，是公诉案件在立案之后，提起公诉程序之前的一个独立程序阶段。侦查有独立的诉讼任务，并由此产生侦查机关、侦查人员和诉讼参与人之间特定的诉讼法律关系。侦查程序的终结，以对案件作出撤销或者移送审查起诉为标志。国外立法例上，侦查程序并非都是独立程序，例如德国，侦查是起诉的准备程序，为检察机关决定是否起诉做准备工作。

二、侦查的原则

侦查作为刑事诉讼的重要程序，必须遵守刑事诉讼的基本原则，但是侦查又有自己特定的原则。从理论上说，侦查的原则是侦查人员在侦查过程中必须遵守的基本准则。对于侦查原则，学说上有不同的观点，[①] 我们认为，刑事侦查特有的原则包括：

（一）迅速及时原则

迅速及时是对侦查工作的基本要求，这是由侦查任务所决定的。犯罪事件发生后，收集证据、查获犯罪嫌疑人的活动具有很强的时间性。如果拖延时间，犯罪现场可能被破坏，与犯罪有关的物品可能损毁或者丢失，犯罪现场痕迹可能消失，犯罪嫌疑人可能逃跑或者继续犯罪，目击证人可能难以找到，等等。因此，为了能够收集充分的证据，为了能够抓获犯罪嫌疑人，需要侦查人员迅速而及时地采取侦查措施，开展侦查工作。

（二）客观全面原则

客观全面原则是对侦查人员收集证据、分析案件事实的要求。根据《刑事诉讼法》第 48 条第 1 款、第 113 条的规定，证据是用于证明案件事实的材料，收集、调取证据材料是侦查的基本任务。因此，侦查人员收集证据应当遵循客观性和全面性原则，要求在收集证据时应当克服主观性和片面性，既要收集对犯罪嫌疑人不利的证据，也要收集对犯罪嫌疑人有利的证据。我国《刑事诉讼法》第 50 条、第 53 条对侦查过程收集证据的客观全面原则有具体规定。

（三）侦查法制原则

侦查法制原则，也可称为侦查法治原则、侦查法定原则，是指侦查机关和侦查人员应当根据法定职权、依照法定程序、采取法定措施、运用法定方法开展侦查行为，依法收集和调取证据。《刑事诉讼法》要求侦查人员在适用侦查措施时，必须严格遵守法律规定，在收集证据时，严禁刑讯逼供或以威胁、引诱、欺骗以

---

① 参见王国枢主编：《刑事诉讼法学》，北京大学出版社 1999 年版，第 235 页。

及其他非法方法收集证据。在侦查过程中，要始终坚持“依法进行”，禁止刑讯逼供和以非法方法收集证据。侦查法制原则由国家追诉主义所决定。

(四)侦查秘密原则

侦查秘密表示侦查不公开，与审理公开形成对比。侦查秘密包括侦查措施的秘密进行，侦查过程获得的证据材料不公开。侦查秘密原则具有的意义包括：其一，保证侦查机关侦破案件，顺利收集证据和保全证据；其二，保障犯罪嫌疑人的权利，特别是隐私权、名誉权；其三，保护案件的举报人、控告人、报案人、证人及其向侦查机关提供的情况。侦查秘密原则是否包括对辩护人保密的问题，是一个有争议的问题，我国《刑事诉讼法》在总则“辩护与代理”章中采取适度公开案件情况的立法模式，侦查程序中，辩护律师不能查阅案卷材料。

三、侦查的任务

侦查作为刑事诉讼的一个基本程序，不仅有自己特定的行为方式和诉讼法律关系，而且有自己相对独立的任务。根据《刑事诉讼法》第 2 条和第 113 条、第 114 条的规定，侦查的主要任务包括：

(一)收集证据，查明犯罪事实，查获犯罪嫌疑人

首先，犯罪行为和犯罪证据是同时发生的。《刑事诉讼法》赋予侦查机关侦查权，同时要求侦查机关在侦查程序中，通过实施法定侦查行为，收集、调取能够证明犯罪嫌疑人有罪或者无罪、犯罪情节轻重的各种证据。在刑事司法实践中，侦查机关应当通过采取侦查措施收集证明犯罪行为性质、犯罪时间和地点、犯罪动机和目的、犯罪手段、犯罪结果以及犯罪嫌疑人的有关情况，如国籍、民族、文化、责任年龄、责任能力、有无前科、悔改表现如何、有无立功等。概言之，侦查机关的侦查应当达到案件事实清楚，证据确实充分。

其次，通过侦查活动应当查获实施犯罪的人，使犯罪人到案接受侦查、起诉和审判。因此，侦查的任务包括采取强制性措施，对现行犯或者重大嫌疑分子采取先行拘留，对符合逮捕条件的犯罪嫌疑人依法逮捕。

(二)保障无罪的人不受刑事追究，尊重和保障人权，保障犯罪嫌疑人和其他诉讼参与人的诉讼权利

我国《刑事诉讼法》第 2 条规定，“保障无罪的人不受刑事追究”，“尊重和保障人权”，人民检察院和公安机关应当保障诉讼参与人依法享有的诉讼权利。在侦查过程中，侦查机关应当收集犯罪嫌疑人无罪的证据，如果发现犯罪嫌疑人无罪或者不应对犯罪嫌疑人追究刑事责任的，侦查机关就应当撤销案件；犯罪嫌疑

人被逮捕的，应当立即释放。同时，在侦查活动中必须保障犯罪嫌疑人的辩护权和其他诉讼权利，保障其他诉讼参与人的各种诉讼权利。

(三)教育公民同犯罪行为作斗争

公民参与侦查活动，是公民社会责任的表现形式之一，侦查机关在开展对案件侦查工作中，可以通过已经侦破的案件事实教育群众，使其敢于揭露犯罪，同犯罪行为作斗争。《刑事诉讼法》第 50 条第 3 句规定，必须保证一切与案件有关或者了解案情的公民，有客观的充分的提供证据的条件，除特殊情况外，可以吸收他们协助调查。第 82 条规定的公民扭送，也是公民参与侦查的重要形式。

四、侦查的意义

(一)侦查是提起公诉和审判的基础和前提

凡是公诉案件，都需要经过侦查程序，提起公诉和对公诉案件进行审判，主要依据侦查程序收集的证据材料和所认定的案件事实。侦查程序终结才能进入提起公诉程序和审判程序。从这个意义上说，侦查是公诉案件整个诉讼程序的基础。

(二)侦查是揭露犯罪的重要手段

只有通过侦查活动采用专门调查工作和有关的强制性措施，才能发现和收集犯罪证据，查明犯罪事实，查获犯罪嫌疑人，实现揭露犯罪的目的。

(三)侦查是预防犯罪、进行社会治安综合治理的重要措施

任何犯罪得逞，都有预防机制方面的弱点，使罪犯有机可乘。通过侦查活动，不仅可以查明犯罪事实，而且可以分析犯罪原因，并据此预防犯罪，加强社会治安综合治理。侦查活动还能威慑企图进行犯罪活动的人。

第二节 侦查措施

在刑事侦查学上，侦查措施这一术语的使用并不统一，不同学者有不同称谓，例如：侦查措施也称侦查的对策手段；侦查措施是侦查手段和方法的总和；侦查措施是依法采用的公开侦查方法，与之并列的是作为侦查手段的秘密侦查方

法；侦查措施是各种侦查活动和方法，区别于作为侦查手段的秘密侦查措施；等等。[①] 有学者将侦查措施称为侦查方法，“是指由法定侦查权的机关为查明案情，依法进行专门调查和采用有关强制措施的方法”。这与我国民国时期使用“实施侦查之方法”的术语有相似之处。[②] 在刑事诉讼法学上，侦查措施，通说称为侦查行为，是指侦查机关在办理刑事案件过程中依照法律进行的各种专门调查工作或者调查活动。[③]

我国《刑事诉讼法》第 106 条第 1 项规定，侦查包括专门调查工作和有关的强制性措施两类侦查措施。其中，专门的调查工作是指专门用于查明案件事实的侦查活动，一般不需要强制实施，例如勘验、检查、询问证人、鉴定等；有关的强制性措施是指带有人身强制性的侦查措施，包括法定的强制措施和强制侦查措施，后者如讯问、搜查、扣押等。

我国《刑事诉讼法》规定的侦查措施包括：讯问犯罪嫌疑人；讯问证人、询问被害人；勘验、检查；搜查；查封、扣押物证、书证；鉴定；技术侦查措施；通缉。

一、讯问犯罪嫌疑人

（一）讯问犯罪嫌疑人的特点和意义

讯问犯罪嫌疑人，是指犯罪嫌疑人到案后，侦查人员依照法定程序，以言辞方式，就案件事实和其他与案件相关的问题，对犯罪嫌疑人进行提问并要求其回答的一种侦查措施。

讯问犯罪嫌疑人，也称侦查讯问，是收集犯罪嫌疑人供述和辩解作为证据材料的法定侦查措施，在我国《刑事诉讼法》规定的侦查措施体系中排列第一位。

在侦查程序中，讯问犯罪嫌疑人的意义主要体现在：其一，讯问犯罪嫌疑人是侦查程序的必经阶段，它的最为重要的意义是，侦查机关通过侦查讯问确定犯罪嫌疑人的身份及其真实性。其二，通过讯问犯罪嫌疑人，获得犯罪嫌疑人供述和辩解，能够用于查证其他证据材料是否属实。我国《刑事诉讼法》第 114 条规

---

① 可以分别参见韩志人主编：《刑事侦察学教程》，中国人民公安大学出版社 1990 年版，第 229 页；公安部教材编审委员会：《刑事侦查学》，中国人民公安大学出版社 1999 年版，第 355 页；瞿丰：《侦查论》，中国人民公安大学出版社 2002 年版，第 111 页；高春兴、阮国平主编：《侦查对策》，中国人民公安大学出版社 2003 年版，第 11 页。

② 分别参见张玉镶、文盛堂：《当代侦查学》（第三版），中国检察出版社 2010 年版，第 30 页；夏勤：《刑事诉讼法要论》，中国政法大学出版社 2012 年版，第 125 页。

③ 可以参见陈光中主编：《刑事诉讼法》（第五版），北京大学出版社、高等教育出版社 2013 年版，第 284 页；徐静村主编：《刑事诉讼法学》（第三版），法律出版社 2012 年版，第 220 页；陈卫东主编：《刑事诉讼法学原理与案例教程》，中国人民大学出版社 2008 年版，第 316 页；张建伟：《刑事诉讼法通义》，清华大学出版社 2007 年版，第 510 页。

定，“公安部机关经过侦查，对有证据证明有犯罪事实的案件，应当进行预审，对收集、调查的证据材料予以核实”。预审的主要内容和基本方法就是讯问。其三，讯问犯罪嫌疑人有利于保障犯罪嫌疑人行使辩护权，通过辩解、认罪认罚等活动获得从宽处理的机会，同时能够有针对性地进行法律教育。

(二)讯问犯罪嫌疑人的程序规范

我国《刑事诉讼法》第116条至121条对讯问犯罪嫌疑人的程序进行规定，六部门《规定》第19条、公安部《规定》第193条至204条、最高检《规则(试行)》第192条至202条对讯问的程序有相关的具体规定。

1. 讯问人员及人数

在侦查程序中，讯问犯罪嫌疑人必须由公安机关或者人民检察院的侦查人员(检察人员)进行。讯问的时候，侦查人员不得少于2人。讯问是侦查机关的专有职权，2人以上同时参加讯问，有利于讯问工作进行，有利于提高工作效率；有利于相互进行监督、防止违法行为发生；有利于保障侦查人员安全，防止行凶报复，防止犯罪嫌疑人的诬陷；等等。

2. 讯问的地点和时间

(1)讯问的地点

第一，根据《刑事诉讼法》第116条第2款的规定，犯罪嫌疑人被送交看守所羁押以后，侦查人员应当在看守所内进行讯问。第二，《刑事诉讼法》第117条第1款第1句规定，对于不需要逮捕、拘留的犯罪嫌疑人，可以传唤到犯罪嫌疑人所在市、县内的指定地点或者到他的住处进行讯问，但是应当出示人民检察院或者公安机关的证明文件。第117条第1款第2句规定，对在现场发现的犯罪嫌疑人，经出示工作证，可以口头传唤，但应当在讯问笔录中注明。

(2)讯问的时间

《刑事诉讼法》第84条、第92条规定，对于被拘留或者逮捕的犯罪嫌疑人，应当在拘留或者逮捕后的24小时以内进行讯问。

《刑事诉讼法》第117条第2款规定，对于不需要逮捕、拘留的犯罪嫌疑人，适用传唤或者拘传，持续时间不得超过12小时；案情特别重大、复杂，需要采取拘留、逮捕措施的，持续时间不得超过24小时。第117条第3款规定，不得以连续传唤、拘传的形式变相拘禁犯罪嫌疑人。最高检《规则(试行)》第195条规定，两次传唤间隔时间一般不少于12小时。

3. 讯问步骤和方法

(1)侦查人员讯问犯罪嫌疑人身份

一般来说，第一次讯问时应当查明犯罪嫌疑人的基本情况，包括体现其身份的姓名、别名、曾用名、出生年月日、户籍所在地、暂住地、籍贯、出生地、民族、职业、文化程度、家庭状况、社会经历、是否受过刑事处分或者行政处分等情况。

（2）讯问前的权利告知

《刑事诉讼法》没有规定讯问前的诉讼权利告知条款，但是学理和实务中均认为应当告知权利，否则讯问不合法，因此，最高院《解释》第82条第3项规定，首次讯问笔录没有记录告知被讯问人相关权利和法律规定的，属于瑕疵证据。

最高检《规则（试行）》第197条规定，"告知犯罪嫌疑人在侦查阶段的诉讼权利，有权自行辩护或委托律师辩护，告知其如实供述自己罪行可以依法从宽处理的法律规定"。

《刑事诉讼法》第118条第2款规定，讯问时应当告知犯罪嫌疑人如实供述可以从宽处理的法律规定。这是2011年《刑法修正案（八）》在《刑法》第67条第3款增加的规定在刑事诉讼中的实现。

讯问时，应当告知，对于与本案无关的问题，犯罪嫌疑人有拒绝回答的权利。

（3）讯问的步骤和方法

《刑事诉讼法》第118条规定，侦查人员应当首先讯问犯罪嫌疑人是否有犯罪行为，让他陈述有罪的情节或者无罪的辩解，然后向他提出问题。犯罪嫌疑人对侦查人员的提问，应当如实回答。侦查人员对犯罪嫌疑人的提问，限于与本案有关的问题。对于与本案无关的内容，犯罪嫌疑人有权拒绝回答。对于什么是"与本案无关"，应当根据已经查明的案件事实进行判断，由侦查人员判断决定。

对于共同犯罪案件的同案犯罪嫌疑人，应当分别讯问，个别进行，未被讯问的犯罪嫌疑人，不得在讯问现场。侦查阶段一般不能相互对质，必要时才能相互对质。

4. 讯问特殊犯罪嫌疑人的特殊要求

根据《刑事诉讼法》第119条、公安部《规定》第199条、最高检《规则（试行）》第198条规定，讯问特殊犯罪嫌疑人时，有特殊规定，主要包括：讯问聋、哑的犯罪嫌疑人，应当有通晓聋、哑手势的人参加；讯问不通晓当地语言文字的犯罪嫌疑人，应当为他们提供翻译人员；讯问不通晓中文的外国人和无国籍人，应当配备翻译人员。

讯问未成年犯罪嫌疑人，适用未成年人刑事案件特别程序。

5. 讯问的禁止性规定

根据《刑事诉讼法》第50条、第54条规定，侦查人员必须依法定程序讯问犯罪嫌疑人，"严禁刑讯逼供和以威胁、引诱、欺骗以及其他非法的方法收集证据"。最高检《规则（试行）》第197条第4款规定，禁止通过非法方法获取供述。

6. 讯问笔录与讯问过程的录音录像

(1)讯问笔录的制作

讯问犯罪嫌疑人时应当制作讯问笔录，由此形成的犯罪嫌疑人供述和辩解是法定证据种类之一。讯问笔录应当不失原意地记录侦查人员的提问和犯罪嫌疑人供述和辩解的内容，《刑事诉讼法》第120条规定，讯问笔录应当交给犯罪嫌疑人核对，对于没有阅读能力的，应当向他宣读。犯罪嫌疑人如果认为讯问笔录有遗漏或者差错，可以提出补充或改正。犯罪嫌疑人承认笔录没有错误后，应当在笔录上签名或盖章。侦查人员也应当在笔录上签名。

如果犯罪嫌疑人请求自行书写供述，应当准许。必要的时候，侦查人员也可以要犯罪嫌疑人亲笔书写供词。

(2)讯问过程的录音或者录像

《刑事诉讼法》第121条规定，侦查人员在讯问犯罪嫌疑人的时候，可以对讯问过程进行录音或者录像。就是说，在对讯问制作笔录的同时，根据需要可以对讯问过程进行录音或者录像。录音或者录像应当全程进行，保持完整性。

对于可能判处无期徒刑、死刑的案件或者其他重大犯罪案件，应当对讯问过程进行录音或者录像。也就是说，这些案件必须全程进行录音或者录像。公安部《规定》第203条对案件范围进行了具体解释。

最高检《规则(试行)》第201条规定，人民检察院在侦查职务犯罪案件中，每次讯问犯罪嫌疑人都应当进行全程录音、录像，并在讯问笔录中注明。

二、询问证人、询问被害人

(一)询问证人

1. 询问证人的概念和意义

询问证人，是指侦查人员为了查明案件事实，用言辞的方式，向知道案件情况并能辨别是非、正确表达的人进行询问，调查了解与案件有关事实的侦查措施。

证人是知道案件情况的人。《刑事诉讼法》第60条规定，凡是知道案件情况的人，都有作证的义务。询问证人是侦查中广泛使用的、常用的侦查行为。询问证人的意义在于：

第一，揭露犯罪、证实犯罪的基本手段之一。通过询问证人，能够获得他们看到或听到的与案件相关的情况，从而查明案情、查获犯罪人，完成侦查任务。

第二，询问证人是获得证人证言的方法。证人是刑事案件的目击者或者知情者，依法对其进行询问，能够收集获得证人证言，用于正确认定案件事实。

第三，询问证人是核实案件事实或者核实犯罪嫌疑人情况的手段之一。发现和询问证人，有助于获得案件线索、查明案件事实、查获犯罪嫌疑人。

2. 询问证人的程序

根据《刑事诉讼法》第 122 条至 124 条规定，询问证人遵守下列程序，依法进行：

(1)询问的主体。询问证人应当由侦查人员进行。最高检《规则(试行)》第 204 条规定，询问证人，应当由检察人员进行。询问的时候，检察人员不得少于 2 人。

(2)询问证人的地点。询问证人可以在现场进行，也可以到证人所在单位、住所或者证人提出的地点进行，在必要的时候，也可以通知证人到人民检察院或者公安机关提供证言。无论在什么地点询问，都必须出示工作证件或者人民检察院或者公安机关的证明文件。

(3)询问方式。《刑事诉讼法》第 122 条第 2 款规定，询问证人应当个别进行。所谓个别进行，就是分别询问，未进行询问的证人不得同时在询问地点，或其他可以听到询问情况的地方。

(4)告知法律责任。侦查人员询问证人，应当首先向证人清楚地表示所要了解的情况，并告知《刑事诉讼法》第 123 条规定的内容，使证人明确应当如实地提供证据、证言和有意作伪证或者隐匿罪证要负的法律责任。证人如实作证是证人义务的组成部分。

(5)询问证人的特殊规定。参照适用《刑事诉讼法》第 119 条关于讯问的规定，即询问聋、哑证人，应当有懂得聋哑手势的人参加，作为解释。高检《规则(试行)》第 207 条对此作了规定。

(6)询问证人的禁止性规定。与讯问犯罪嫌疑人的禁止性程序规定相同。

(7)询问证人应当制作笔录。证人证言是法定证据，询问证人的目的就是要获得证人证言，询问证人笔录是对证言的固定。询问证人制作笔录适用《刑事诉讼法》第 120 条规定。

(二)询问被害人

询问被害人，是指侦查人员对人身、财产遭受犯罪行为直接侵害的人，就其受害情况及犯罪嫌疑人有关情况，进行调查询问的侦查措施。询问被害人的目的在于，收集被害人陈述这一证据，查明案件事实。

我国《刑事诉讼法》第 125 条规定，询问被害人适用询问证人的程序规则。

但是，被害人和证人在刑事诉讼中地位不同，被害人是刑事诉讼当事人，与案件处理存在利害关系，因此，询问被害人还应当考虑到被害人的特点，在询问方法和技巧上应当有所区别。

三、勘验、检查

(一)勘验、检查的概念和意义

勘验、检查，是指侦查人员对于与犯罪有关的场所、物品、人身、尸体进行勘察、检查和检验，以发现和收集与犯罪有关的物质和痕迹，或者确定被害人、犯罪嫌疑人的某些特征、伤害情况或者生理状况的法定侦查措施。

勘验和检查实质上是两种侦查措施，我国《刑事诉讼法》合并规定，但是二者对象不同。勘验对象主要是犯罪现场、物品；检查对象是人的身体，包括犯罪嫌疑人、被害人的身体，必要时，可以对证人的听觉和视觉进行检查，确定其视力和听力情况，以判断作证能力。

勘验、检查分为现场勘查、物品检验、尸体检验、人身检查。《刑事诉讼法》第 133 条规定，侦查实验被列入勘验、检查之中。

勘验、检查是取得第一手证据资料的重要途径，一般是对犯罪现场进行的侦查，因此对于收集、固定原始证据，查明和证实犯罪，具有重要意义。首先，通过现场勘验，可以判断案情，确定侦查方向和侦查范围，进一步收集第一手证据材料。其次，通过对物品、尸体、场所的勘验，能够获得有证明价值的实物证据，从中推断犯罪人的犯罪手段、犯罪过程、犯罪结果等案件事实，结合言辞证据相互核实，有助于查明案件事实。再次，通过勘验、检查与犯罪有关场所、物品、人身、尸体，并结合有专门知识的人进行鉴定，可以获得间接证据，结合直接证据相互核实，有助于查明案件事实。

勘验、检查的主要任务是发现、固定、收集物证，包括物品和痕迹；通过勘验、检查活动，获得勘验、检查笔录，作为证据材料；通过勘验、检查活动，可以判断案件性质，分析犯罪嫌疑人及其犯罪行为的特点。

(二)勘验、检查的内容及其程序规范

根据《刑事诉讼法》第 126 条至 133 条规定，勘验、检查可以分为现场勘查、物品检验、人身检查、尸体检验和侦查实验。

勘验、检查的基本程序规范是：①勘验、检查由侦查人员进行，在必要的时候，可以指派或者聘请有专门知识的人在侦查人员主持下进行；②侦查人员执行勘验、检查，必须持有公安机关或者人民检察院的证明文件；③勘验、检查的情况应当写成笔录，由参加勘验、检查的人和见证人签名或者盖章；④人民检察院审查案件的时候，认为需要进行复验、复查的，可以要求公安机关复验、复查，并且可以派员参加。

1. 现场勘验

现场勘验，也称勘查现场，是指侦查人员对刑事案件的犯罪现场依法进行勘查和检验，以收集并获得现场物证的一种侦查措施。犯罪现场是实施犯罪行为的地点或者场所，其中存在着与犯罪人以及犯罪行为有关的物品、痕迹，都是有价值的证据材料。大部分刑事案件都有犯罪现场，需要侦查人员进行勘验，收集现场遗留物、现场痕迹等作为证据。

现场勘验由侦查人员进行。在必要的时候，需要指派或者聘请有专门知识的人参加，例如法医、刑事侦查技术人员或者其他专门技术人员，在侦查人员主持下，协助正确认识犯罪现场，提取物证。

《刑事诉讼法》规定的现场勘验的程序要求包括：

(1)接到报案后，侦查人员应当迅速赶赴案发现场，进行现场保护、现场勘验工作，妥善保护证据，控制犯罪嫌疑人。《刑事诉讼法》第127条规定，任何单位和个人，都有义务保护犯罪现场，并且立即通知公安机关派员勘验。

(2)《刑事诉讼法》第128条规定，侦查人员执行现场勘验，必须持有人民检察院或公安机关的证明文件。公安部《规定》第210条规定，公安机关对案件现场的勘查不得少于2人。应当邀请与案件无关的公民作为见证人。

(3)进行现场勘验，由县级以上公安机关侦查部门负责。一般案件的现场勘验，由侦查部门负责人指定的人员在现场指挥；重大、特别重大案件的现场勘验由侦查部门负责人在现场指挥；必要时，发案地公安机关负责人应当亲自到现场指挥。

(4)进行现场勘验，首先应向发现人、报案人、现场保护人了解现场原始情况，然后固定勘验范围，由外向内，有计划、有步骤进行；对现场情况，应当仔细观察、认真分析、研究，并采取各种技术手段提取和保全证据；在案发现场，如果有受伤的被害人，应及时送往医院抢救。对尸体应当进行尸表检查，必要时，由法医进行检验；在计算机犯罪现场，应当立即停止计算机应用，并采取措施保护计算机及相关设备，复制电子数据。

(5)现场勘验应当写成勘验笔录，并由参加现场勘验的人和见证人签名。公安部《规定》第211条规定，勘查现场应当拍摄现场照片、绘制现场图，制作笔录。对重大案件的现场，应当录像。现场勘验笔录是证据的一种，照片、现场图、录像仍然属于勘验笔录的组成部分，不属于视听资料。

2. 物品检验

物品检验，是指侦查人员对已经收集的物品和痕迹进行检查、验证和分析、研究，以确定其对案件有无联系，有无证明意义的侦查措施。在刑事侦查实践中也称物证检验。

物品检验的基本程序规范与现场勘验基本相同，主要包括：①侦查人员负责检查、验证物品和痕迹的特征及其形成原因，并通过分析，弄清痕迹、物品与案件事实是否存在联系；②侦查人员难以判明的问题，可以指派或者聘请具有专门知识的人参加检验，需要进行鉴定的，应当指派或者聘请鉴定人就专门问题进行鉴定；③侦查人员进行物证检验，应当有见证人在场；④物品检验应当写成检验笔录。检验笔录应该写明物品来源、检验过程、物品及痕迹的特征等，由参加物品检验的人和见证人签名或者盖章。

3. 人身检查

人身检查，是指侦查人员为了确定被害人、犯罪嫌疑人的某些特征、伤害情况或者生理状态，对其身体进行查看、检验，并且可以提取指纹信息，采集血液、尿液等生物样本的侦查措施。人身检查笔录属于勘验、检查笔录范围，是法定证据种类。《刑事诉讼法》第126条、第130条等规定人身检查及其程序规范。

在从事诉讼学理和刑事侦查实践上看，人身检查范围极其广泛，从检查的深入程度看，包括一般性地对人的身体外部特征、生理状态、身着衣物等进行的外部检查；进一步地对人的裸身进行的观察、检验；更进一步地进入身体内部的检查，例如深入体内检查或者采集血液等。

不同的人身检查形式涉及不同层面的人身权利的干预及其保护，因此，应该严格遵守法律规定的程序要求：①人身检查作为侦查措施，必须由侦查人员进行，必要时可以指派或者聘请法医或者医师等具有专门知识的人，在侦查人员主持下依法进行；②对犯罪嫌疑人拒绝人身检查的，侦查人员认为必要的时候，可以强制进行，但对被害人的人身检查，应征求其本人同意，不得强制进行；③检查妇女的身体，应当由女工作人员或者医师进行；④人身检查应根据案情确定检查的部位，不得任意扩大范围，不得侮辱被检查人的人格；⑤被害人死亡的，应当通过被害人近亲属辨认、提取生物样本鉴定等方式确定被害人身份；⑥人身检查应当写成笔录。笔录中应当记明检查的情况和结果，由参加人身检查的侦查人员、法医、医师或者见证人签名或盖章，并注明时间。

4. 尸体检验

尸体检验，是在侦查人员的主持下，由法医或医生对死因不明的尸体进行检验和解剖的侦查措施，包括尸表检验和尸体解剖检验。尸体检验的目的是查明死亡原因，包括死亡时间、致死原因、致死工具、手段和方法等，通过分析和研究达到认定案件性质，决定是否立案，或者为侦查破案提供线索。尸体检验也是收集证据和固定证据的侦查措施。

尸表检验，也称尸体表皮检验，是对尸体外表进行外部查看和查验，查明尸体姿势、位置、衣着、血迹、斑痕以及尸体的开口部位（如口、鼻、眼、指甲、腋下、阴部等）有无附着物或异物等内容的活动。

尸体解剖，也称尸体解剖检验，是指对死因不明的尸体内部器官进行生理解剖和病理检验，为查明死因作出医学解释的活动。《刑事诉讼法》第 129 条规定，“对于死因不明的尸体，公安机关有权决定解剖，并且通知死者家属到场”。公安部《规定》第 213 条规定，尸体解剖并且通知死者家属到场，并在解剖尸体通知书上签名。尸体解剖只能在侦查机关和医院附设的法医室（科）进行。

进行尸体检验的程序包括：①侦查人员要了解案情，并做记录；②首先进行尸表检验，如果不能确定死亡时间或死因，再进行尸体解剖；③对于死因不明的尸体，公安机关有权决定解剖，并通知死者家属到场；④尸体检验应当写成检验笔录，笔录应当记明检验中所见的全部情况及作出的结论，然后由参加检验的人员、法医或医生，死者的家属或者见证人签名或盖章，并注明时间。

5. 侦查实验

侦查实验，是指侦查人员为了查明案情，确定或者判断与案件有关的某一事件、事实或者行为，在一定条件下能否发生或者如何发生，而按照原来的条件进行模拟实验的一种侦查措施。我国《刑事诉讼法》第 133 条第 1 款规定，“为了查明案情，在必要的时候，经公安机关负责人批准，可以进行侦查实验。”公安部《规定》第 216 条、最高检《规则（试行）》第 216 条分别作出规定。

侦查实验是一种特殊的侦查措施，不是每个案件都采用，凡是能够收集到有关证据查明的事实或者行为，不应进行侦查实验。采用侦查实验一般是由于下列情况：①确定在一定条件下能否实施完成某种行为；②确定在一定条件下能否看到或听到某种情况；③确定在某种条件下能否发生某种现象；④确定在某种情况下，某种行为和某种痕迹是否吻合；⑤确定在某种情况下，使用某种工具是否可能留下特殊痕迹；⑥确定某种物品或者痕迹在一定条件下如何发生变异；⑦确定特定事实的发生过程或者结果。

侦查实验的程序要求是：①进行侦查实验，必须经县级以上的公安机关负责人批准，并且由侦查人员进行；在进行侦查实验时应当邀请见证人在场；如果需要某种专门知识，应当聘请有关专业人员参加。必要时，也可以要求犯罪嫌疑人、被害人、证人参加。公安机关进行侦查实验，可以商请人民检察院派员参加。人民检察院进行侦查实验，经检察长批准。②侦查实验可以在现场勘查过程中进行，也可以单独进行。如果原来的条件不具备，应当在最相近似的条件下进行实验，并且应当在相同情况下多次实验，判断结果，防止偶然性。③进行侦查实验，应当禁止一切足以造成危险、侮辱人格或者有伤风化的行为。④侦查实验应当写成笔录。多次实验的，每次都应制作笔录。笔录包括记录实验时间、地点、实验目的和要求；记录侦查实验的条件、经过和结果；记录侦查实验侦查人员、参加人员、见证人，分别在笔录上签名或者盖章，并注明时间。侦查实验的照片、绘图等资料应当附入侦查实验笔录。必要时，应当对侦查实验过程进行录音或者录像。

四、搜查

(一)搜查的概念和意义

搜查，是指侦查人员为收集证据、查获犯罪人，依法对犯罪嫌疑人以及可能隐藏罪犯或者犯罪证据的人的身体、物品、住处和其他有关地方进行搜寻和检查的侦查措施。根据《刑事诉讼法》第 134 条的规定，搜查是法定的侦查措施，同时可以在收集电子数据的证据时采用搜查措施。国外立法例中，德国将搜查列入强制措施或者强制处分。

搜查具有以下特征：其一，强制性。搜查是具有强制性的侦查措施，为了收集物证、书证、视听资料等证据，以及查获犯罪人，侦查机关必须对有关的物品、人身、场所进行强制性搜寻检查。其二，公开性。搜查是依法公开进行的侦查措施，搜查时，要让被搜查人或者其家属、邻居或者其他见证人在场。其三，广泛性。与其他侦查措施相比，搜查的对象较为广泛，对人的搜查不限于犯罪嫌疑人的人身，也可搜查第三人；对物的搜查也不限于犯罪嫌疑人的物品、场所和其他有关的地方。其四，合法性。搜查必须依法进行，有严格的程序规范要求。

搜查的任务是发现和收集犯罪证据，查获犯罪人。《刑事诉讼法》第 135 条规定，“任何单位和个人，有义务按照人民检察院和公安机关的要求，交出可以证明犯罪嫌疑人有罪或者无罪的物证、书证、视听资料等证据”。搜查的意义在于，通过搜查可以抓获隐藏的犯罪嫌疑人，查获赃款、赃物以及其他实物证据，同时能够防止犯罪嫌疑人逃跑或者毁灭证据、转移赃款赃物。

(二)搜查的程序规范

《刑事诉讼法》第 134 条至 138 条和公安部《规定》第 217 条至 221 条、最高检《规则(试行)》第 219 条至 230 条对搜查程序作出规定，在刑事诉讼中采取搜查措施时，应当严格遵守。

(1)搜查应当由侦查机关负责人批准，签发搜查证，并由侦查人员进行，执行搜查的侦查人员不得少于 2 人。

(2)进行搜查时，必须出示搜查证，这是合法搜查与非法搜查的区分标志。《刑事诉讼法》第 136 条第 2 款规定，在执行逮捕、拘留的时候，遇有紧急情况，不另用搜查证也可以进行搜查。所谓“紧急情况”，公安部《规定》第 219 条、最高检《规则(试行)》第 224 条分别规定，①可能随身携带凶器的；②可能隐藏爆炸、剧毒等危险物品的；③可能隐匿、毁弃、转移犯罪证据的；④可能隐匿其他犯罪嫌疑人的；⑤其他突然发生的紧急情况。

(3)在搜查时，应当有被搜查人或者他的家属，邻居或者其他见证人在场。执行搜查的侦查人员应当对被搜查人或者其家属说明阻碍、妨碍公务应负的法律责任。搜查时，如果遇到阻碍，可以强制进行搜查。

(4)搜查妇女的身体，应当由女工作人员进行。

(5)搜查的情况应当写成笔录，有侦查人员和被搜查人或者其家属、邻居、其他见证人签名或者盖章。如果被搜查人或者他的家属在逃或者拒绝签名、盖章，侦查人员应当在笔录上注明。

对搜查中发现的对案件有证明意义的赃款、赃物、违禁品，以及其他实物证据，应当依法扣押，并开列扣押清单。在清单中写明物品的名称、型号、特征、规格、数量以及发现的地方。清单与实物核对无误后，搜查人、被搜查人或其家属、见证人都应在清单上签名或盖章或按指印，并写明时间。清单一式二份，一份交给被搜查人或其家属，一份存入案卷。

五、查封、扣押物证、书证

(一)查封、扣押物证、书证的概念和意义

查封、扣押物证、书证，是指侦查人员对于在侦查过程中发现的可用以证明犯罪嫌疑人有罪或者无罪的各种财物和文件，依法强行封存、扣留和提存的侦查措施。我国《刑事诉讼法》第139条第1款规定查封、扣押的适用范围是财物、文件。[①] 查封、扣押必须针对能证明犯罪嫌疑人有罪或者无罪的财物、文件，换言之，必须针对与案件有关的财物、文件，包括不动产、物品、文件、视听资料等。收集电子证据，也可以采用扣押措施。最高检《规则(试行)》第9章将查封、扣押分别规定为“调取、查封、扣押物证、书证和视听资料、电子数据”和“查询、冻结”，较为全面。公安部《规定》第8章将查封、扣押与查询、冻结分别规定。

扣押犯罪嫌疑人的邮件、电报是扣押物证、书证的特殊形式之一，《刑事诉讼法》第141条对此作出特殊规定。扣押邮件、电报涉及对犯罪嫌疑人通信秘密和隐私权的干预，因此在程序上应当更严格。

查询、冻结犯罪嫌疑人的存款、汇款、债券、股票、基金份额等财产，是针对特殊存在形式的财物和文件的查封、扣押，《刑事诉讼法》第142条、第143条对

---

① 这是2012年新《刑事诉讼法》所作的修改，1996年《刑事诉讼法》规定的是“物品、文件”。可参见杨开湘、王静：《新〈刑事诉讼法〉查封扣押侦查措施的修改及其规范解读》，载《中南大学学报》(社会科学版)2014年第6期，第126－132页。

此作出规定。学界通常将其单独列为一种侦查行为，①从立法体系的解释角度说，并不准确。

在侦查过程中，查封、扣押物证、书证具有重要意义。首先，查封、扣押是获得对案件具有证明意义的各种物品和文件的必要手段，是收集和保存物证、书证的重要措施；其次，查封、扣押能够保证物证、书证不致于损毁和灭失，能够保证在随后的起诉、审判程序中审查和出示物证、书证，发挥对案件的证明作用，证实犯罪；再次，查询、冻结这种特殊的查封、扣押手段既能够证实犯罪，也能够一定程度上挽回犯罪所造成的财产损失。

(二)查封、扣押物证、书证的程序规范

查封、扣押物证、书证是一种带有强制性的侦查措施。一方面，查封、扣押关系到揭露犯罪、证实犯罪事实；另一方面，该侦查措施关系到受到宪法保护的公民财产权利和其他合法权益的保障问题。因此必须认真处理好两者关系，严格依照法定程序规范进行。《刑事诉讼法》第139条至143条和公安部《规定》第222条至238条、最高检《规则(试行)》第231条至246条对查封、扣押物证、书证作出严格的程序规范要求。查封、扣押的基本程序规范概述如下：

(1)查封、扣押物证、书证，须由侦查机关负责人批准，并制作决定书，由侦查人员进行。人民检察院查封、扣押财物和文件，应当经检察长批准。查封、扣押物证、书证必须持有侦查机关的证明文件。在查封、扣押过程中，侦查人员可以责令持有人主动交出；对于拒绝交出的，侦查人员可以依法强行查封、扣押。

(2)执行查封、扣押的侦查人员不得少于2人。《刑事诉讼法》第140条规定，应有见证人在场，并会同被查封、扣押财物、文件持有人查点清楚，当场开列清单一式二份，由侦查人员、见证人、持有人签名或者盖章。一份交持有人，一份附卷备查。②

(3)查封、扣押的财物、文件，只限于可以用以证明犯罪嫌疑人有罪或者无罪的财物、文件，财物包括各种形式，不动产或者动产财物，文件包括邮件、电报、照片、可疑字迹等，与案件无关的财物、文件不得查封、扣押。对于与案件是否有关暂时不易分清的，可以先行查封、扣押，经查明确实与案件无关的，予以退还。

(4)侦查人员对于作为犯罪证据的应当扣押，但不便提存的财物、文件、不

① 参见，陈光中主编：《刑事诉讼法》(第五版)，北京大学出版社、高等教育出版社2013年版，第296页；徐静村主编：《刑事诉讼法学》(第三版)，法律出版社2012年版，第230页；张建伟：《刑事诉讼法通义》，清华大学出版社2007年版，第525页。

② 公安部《规定》第226条要求一式三份；最高检《规则(试行)》第236条要求一式四份。

动场所，经登记、拍照或者录像、估价后，可以交财物、文件持有人保管或者封存，侦查人员对此应当制作查封、扣押清单，一式两份，由侦查人员、持有人和见证人分别签名或者盖章，一份交持有人，一份附卷备查。对扣押物品要妥善保管，不得使用、毁坏或者丢弃。属于内容反动的材料或者淫秽图片、书刊等，要加封后由专人保管，不得扩散，对于涉及国家秘密内容的文件、资料，要严加保管，不得泄密。

(5)查封、扣押应当制作笔录。查封、扣押的情况应当制作笔录，由执行查封、扣押的侦查人员、持有人和见证人签名或者盖章，对于无法确认持有人或者持有人拒绝签名的侦查人员应当在笔录中注明。查封、扣押笔录具有证据意义。

(三)扣押物证、书证应当注意的特殊问题

1. 扣押犯罪嫌疑人的邮件、电报

扣押邮件、电报应当严格依法进行。《刑事诉讼法》第141条第1款规定，“侦查人员认为需要扣押犯罪嫌疑人的邮件、电报的时候，经公安机关或者人民检察院批准，即可通知邮电机关将有关的邮件、电报检交扣押”。该条的“邮件、电报”和“邮电机关”可以进行扩大解释，涉及电子邮件、快递邮件、快递物品等通信、物流中的物品和文件，可以检交扣押。

不需要继续扣押的时候，经县以上公安机关负责人批准，签发解除扣押犯罪嫌疑人邮件、电报通知书，立即通知邮电机关、网络服务单位或者其他单位执行，停止检交扣押。如果查明与案件无关或者案件情况发生变化，应当在3日内解除扣押，并将邮件和电报立即退还原主或者原邮电机关或网络服务单位。

2. 查询、冻结犯罪嫌疑人的存款、汇款、债券、股票、基金份额等财产

查询、冻结犯罪嫌疑人的存款、汇款、债券、股票、基金份额等财产，简称“查询、冻结”，是指人民检察院、公安机关根据侦查犯罪的需要，依法向银行或者其他金融机构、邮电机关查询犯罪嫌疑人的存款、汇款、债券、股票、基金份额等财产，在必要时予以冻结的特殊侦查措施。根据《刑事诉讼法》第142条和第143条的规定，人民检察院或者公安机关根据侦查犯罪需要，可以依照规定进行查询、冻结。其性质应当属于查封、扣押。

查询、冻结的程序规范如下：

(1)查询、冻结应经县以上人民检察院检察长或者公安机关负责人批准，办理相应的法律手续。通知有关单位和个人执行，有关单位和个人应当配合。

(2)对于犯罪嫌疑人的存款、汇款、债券、股票、基金份额等财产，已经被冻结的，侦查机关不得重复冻结。

(3)冻结犯罪嫌疑人的存款、汇款、债券、股票、基金份额等财产应当有一定

期限。目前，公安部《规定》第236条规定，冻结犯罪嫌疑人的存款、汇款等财产的期限为6个月，冻结债券、股票、基金份额等证券的期限为2年。有特殊原因需要延长的，公安机关应当在冻结期满前办理继续冻结手续。每次冻结存款、汇款等财产的期限最长不得超过6个月；冻结债券、股票、基金份额等证券的期限最长不得超过2年。逾期不办理继续冻结手续的，视为自动解除冻结。

(4)对于冻结的存款、汇款、债券、股票、基金份额等财产应当书面告知当事人或者其法定代理人、委托代理人有权申请出售。具体程序参见公安部《规定》第237条、最高检《规则(试行)》第244条。

(5)对于已经冻结的存款、汇款、债券、股票、基金份额等财产，经查明与案件无关，侦查机关应当在3日以内解除冻结，并通知被冻结财产的所有人。

六、鉴定

(一)鉴定的概念和意义

鉴定，是指侦查机关为了查明案情，需要解决案件中某些专门性问题，指派、聘请具有专门知识的人进行比对、分析和鉴别，作出推断结论的一种活动。刑事诉讼中的鉴定属于司法鉴定。《刑事诉讼法》第144条至第147条规定鉴定的基本程序规范，因此，鉴定是为了查明案情而设置的法定侦查措施，鉴定的主体应当是侦查机关，负责“指派、聘请有专门知识的人进行鉴定”。作为一种重要的侦查措施，世界各国都有鉴定制度，鉴定人在英美法系称为专家证人；在大陆法系称为鉴定人。

广义的鉴定，是指具有专门知识的人对专门性问题进行检验、鉴别、审查、判断、评定的活动。司法鉴定属于狭义的鉴定，根据2005年2月28日全国人大常委会制定的《关于司法鉴定管理问题的决定》规定，“司法鉴定是指在诉讼活动中鉴定人运用科学技术或者专门知识对诉讼涉及的专门性问题进行鉴别和判断并提供鉴定意见的活动”。

鉴定在侦查中具有重要意义，表现在：其一，鉴定是取得鉴定意见的唯一途径，是运用科学技术和专门知识收集证据的一种重要方法；其二，通过鉴定获得的鉴定意见，能够与案件有关的各种物品、文件、痕迹、尸体等实物证据相结合进行审查判断，有利于证实案件事实；其三，鉴定能帮助侦查人员清晰地了解案件有关专门性问题，有利于正确认定案件事实，揭露犯罪、证实犯罪。

(二)鉴定人的条件与鉴定对象

在刑事侦查程序中，凡是需要采用鉴定查明案件事实中的专门问题的，应当指派或者聘请鉴定人。侦查机关内部配备了解决案件中专门问题的刑事技术人员的，应当指派刑事技术人员对案件中的专门问题进行鉴定。需要聘请经过核准登记的司法鉴定机构的鉴定人进行鉴定的，应当依法办理委托鉴定手续，聘请其就案件中的专门性问题进行鉴定。

鉴定人应当具备以下条件：①鉴定人必须具有解决案件中专门问题的知识和技能，是具有鉴定资格的人。具有专门知识和技能，一般是指具有中级以上技术职称或者技师职称的人，鉴定资格是指侦查机关内部从事鉴定的人员和核准登记的社会鉴定人；②鉴定人必须与案件及其当事人没有利害关系，不具有法律规定的回避条件的情形，能够客观公正地作出鉴定意见；③鉴定人必须是获得侦查机关指派或聘请的人。

鉴定对象是指进行鉴定的范围，也就是案件中的某些专门性问题。在侦查程序中，鉴定范围就是与案件有联系的物品、文件、痕迹、人身和尸体等。根据2000年11月29日制定的《司法鉴定执业分类规定（试行）》的规定，司法鉴定分为法医病理鉴定、法医临床鉴定、法医精神病鉴定、法医物证鉴定、法医毒物鉴定、司法会计鉴定、文书司法鉴定、痕迹司法鉴定、微量物证鉴定、计算机司法鉴定、建筑工程司法鉴定、声像资料司法鉴定、知识产权司法鉴定。除此之外，“尚未确定具体类别称谓的司法鉴定由省级司法行政机关确定，报司法部备案”。

刑事案件的一般性问题或者法律问题，无需进行司法鉴定，由侦查人员进行分析判断。超出其分析判断能力之外的专门性问题，应当进行鉴定。

（三）鉴定程序

鉴定程序，是指侦查机关的侦查人员采用鉴定来查明案件事实的程序规范和法律要求。根据《刑事诉讼法》和公安部《规定》第239条至248条、最高检《规则（试行）》第247条至256条的规定，鉴定的基本程序包括：

（1）选择鉴定人。刑事技术鉴定由县级以上公安机关、人民检察院指派其刑事技术部门的专职人员或者其他专职人员进行。必要的时候，其他专门性问题需要聘请社会鉴定人进行鉴定的，制定鉴定聘请书，予以聘请。侦查机关聘请鉴定人，应当征得其所在单位的同意。

（2）侦查机关应当向鉴定人提供必要的条件，及时送交足够的有关鉴定材料，包括对比样本，介绍必要的案情，并明确提出需要通过鉴定解决的专门性问题，但不得暗示或者强迫鉴定人作出某种意见或者结论。

（3）鉴定人进行鉴定，应当按照鉴定规则，运用科学方法独立进行鉴定。鉴定后，应当及时出具明确的鉴定意见，并在鉴定意见书上签名。提交鉴定意见书时，应当同时附上鉴定机构和鉴定人的资格证明或者其他证明文件。如果是多人鉴定，意见一致的，共同作出鉴定意见，分别在鉴定意见书上签名；如果意见不一致，应当注明，或者分别制作鉴定意见书。

(4)侦查机关的办案人员，对于鉴定意见应当进行审查。根据《刑事诉讼法》和公安部《规定》，在特殊情形下经公安机关负责人批准或者犯罪嫌疑人、被害人提出申请，可以补充鉴定或者重新鉴定。对犯罪嫌疑人作精神病鉴定的，不计入办案期限。

(5)公诉人、当事人或者辩护人、诉讼代理人对鉴定意见有异议，经人民法院依法通知的，公安机关鉴定人应当出庭作证。鉴定人故意作虚假鉴定的，应当承担法律责任。

(6)公诉人、当事人或者辩护人、诉讼代理人可以申请法庭通知有专门知识的人出庭，就鉴定人作出的鉴定意见提出意见。这是《刑事诉讼法》第192条第2款的规定，学界通称为专家辅助人，目的是为了更为客观公正地认定鉴定意见。

为了规范司法鉴定机构和司法鉴定人员的司法鉴定活动，司法部2007年制定、2016年修订《司法鉴定程序通则》，对司法鉴定的委托与受理、司法鉴定的实施司法鉴定意见书的出具、司法鉴定人出庭作证等问题进行较为全面的规范。

七、技术侦查措施

(一)技术侦查措施的概念和意义

技术侦查措施，是指侦查机关为了侦查法律规定的犯罪案件，根据法律和其他有关规定，经过严格的批准手续而运用特定技术手段实施的侦查措施。技术侦查措施是2012年《刑事诉讼法》新增的法定侦查措施，过去更多的是在侦查理论中讨论的问题。

我国1993年制定的《国家安全法》和1995年制定的《人民警察法》中规定，侦查机关因为侦查犯罪的需要，根据国家有关规定，经过严格的批准手续，可以采取技术侦察(侦查)措施。但是，一直以来，技术侦查措施究竟包括哪些手段，并无定论。有学者认为，所谓技术侦查，是指利用现代科学知识、方法和技术的各种侦查手段的总称。① 侦查实践中，技术侦查通常包括电子侦听、电话监控、电子监控、秘密拍照、录像、电子邮件检查等秘密的专门技术手段。2012年公布的公安部《规定》第255条较为明确地规定，“技术侦查措施是指由设区的市一级以上公安机关负责技术侦查的部门实施的记录监控、行踪监控、通信监控、场所监控等措施”。技术侦查措施适用的对象是犯罪嫌疑人、被告人以及与犯罪活动直接关联的人员。

技术侦查措施在侦查中具有重要意义。首先，技术侦查措施是侦破案件的重

① 参见宋英辉：《刑事程序中的技术侦查研究》，载《法学研究》2000年第3期，第73－86页。

要技术手段，特别是打击严重犯罪，需要新的技术手段；其次，科技化和信息化发展过程中，犯罪分子的犯罪活动已经越来越复杂，因此，必然要求侦查手段的现代化和科技化；再次，技术侦查措施在进行过程中可能涉及对公民个人隐私和其他公共利益的干涉，因此，单独规定技术侦查措施，特别是对其程序规范加以专门规定，能防止该侦查措施的滥用；最后，技术侦查措施也是预防和打击跨国犯罪的需要。

(二)技术侦查措施的程序规范

1. 采取技术侦查措施的主体

公安机关、人民检察院、国家安全机关等侦查机关是采取技术侦查措施的主体。其他任何机关、团体和个人无权采取。

2. 技术侦查措施的适用范围

根据《刑事诉讼法》第 148 条规定和公安部《规定》第 254 条，最高检《规则(试行)》第 263 条、第 264 条的规定，技术侦查措施适用于三类犯罪案件。

(1)公安机关对于危害国家安全犯罪、恐怖活动犯罪、黑社会性质的组织犯罪、重大毒品犯罪或者其他严重危害社会的犯罪案件，可以采取技术侦查措施。"危害国家安全犯罪、恐怖活动犯罪、黑社会性质的组织犯罪、重大毒品犯罪"是明确列举的犯罪案件，分别由国家安全机关和公安机关采取技术侦查措施。所谓"其他严重危害社会的犯罪案件"包括：①故意杀人、故意伤害致人重伤或者死亡、强奸、抢劫、绑架、放火、爆炸、投放危险物质等严重暴力犯罪案件；②集团性、系列性、跨区域性重大犯罪案件；③利用电信、计算机网络、寄递渠道等实施的重大犯罪案件，以及针对计算机网络实施的重大犯罪案件；④其他严重危害社会的犯罪案件，依法可能判处 7 年以上有期徒刑的。

(2)人民检察院对于重大的贪污、贿赂犯罪案件以及利用职权实施的严重侵犯公民人身权利的重大犯罪案件，可以采取技术侦查措施，按照规定交有关机关执行。最高检《规则(试行)》第 263 条规定，包括：①涉案金额在 10 万元以上、采取其他方法难以收集证据的重大贪污、贿赂犯罪案件。所称"贪污、贿赂犯罪"包括《刑法》分则第 8 章规定的贪污罪、受贿罪、单位受贿罪、行贿罪、对单位行贿罪、介绍贿赂罪、单位行贿罪、利用影响力行贿罪。②利用职权实施的严重侵犯公民人身权利的重大犯罪案件，包括有重大社会影响的、造成严重后果的或者情节特别严重的非法拘禁、非法搜查、刑讯逼供、暴力取证、虐待被监管人、报复陷害等案件。人民检察院决定采取技术侦查措施，但不能自己执行，应当按照规定由公安机关执行。

(3)追捕被通缉或者批准、决定逮捕的在逃的犯罪嫌疑人、被告人，可以采取追捕所必需的技术侦查措施。此类案件的执行主体是公安机关。

3. 技术侦查措施的批准

公安机关、人民检察院对法律规定的案件和对象采取技术侦查措施，必须经过严格的批准手续。《刑事诉讼法》第148条只规定“经过严格的批准手续”，并未规定何种手续。《刑事诉讼法》第149条规定，批准决定应当根据侦查犯罪的需要，确定采取技术侦查措施的种类和适用对象。根据公安部《规定》第256条、第257条等规定，需要采取技术侦查措施的，应当制作呈请采取技术侦查措施报告书，报设区的市一级以上公安机关负责人批准，制作采取技术侦查措施决定书。批准采取技术侦查措施的决定自签发之日起3个月以内有效。

对于不需要采取技术侦查措施的，应当及时解除。对于复杂、疑难案件，经批准机关负责人批准，有效期可以延长。批准延长期限，每次不得超过3个月。

4. 技术侦查措施的执行

《刑事诉讼法》第150条规定了技术侦查措施执行的具体程序规范。

(1)采取技术侦查措施，必须严格按照批准的措施种类、适用对象和期限执行。

(2)保密规定。侦查人员对采取技术侦查措施过程中知悉的国家秘密、商业秘密和个人隐私，应当保密；对于与案件无关的材料，必须及时销毁。

(3)采取技术侦查措施获取的材料，只能用于对犯罪的侦查、起诉和审判，不得用于其他用途。所谓“其他用途”，可以包括行政管理、民事纠纷、商业用途等不属于刑事诉讼程序的用途。

(4)公安机关采取技术侦查措施，有关单位和个人应当配合，并对有关情况予以保密。也就是说，有关单位和个人不得阻碍、妨碍公安机关执行技术侦查，同时有义务给予应有的协助。有关单位和个人有义务对有关情况保守秘密，包括对技术侦查措施的具体内容、执行过程、获取证据等情况保守秘密。

(三)隐匿身份侦查与控制下交付

我国《刑事诉讼法》第151条在“技术侦查措施”一节中明文规定“隐匿身份侦查”和“控制下交付”两种侦查措施。该条与第148条关于技术侦查措施基本条款之间的关系以及如何进行解释和适用，刑事诉讼法学界有不同学说。有的认为特殊侦查措施包括并列的三种措施，即技术侦查、秘密侦查(隐匿身份侦查)、控制下交付；有的认为隐匿身份实施侦查和控制下交付是技术侦查的特殊问题；有的认为隐匿身份实施侦查应称为“陷阱侦查”；等等。①

① 分别参见陈光中主编:《刑事诉讼法》(第五版)，北京大学出版社、高等教育出版社2013年版，第299－303页；徐静村主编:《刑事诉讼法学》(第三版)，法律出版社2012年版，第237页；易延友:《刑事诉讼法——规则、原理与应用》(第四版)，法律出版社2013年版，第231页。

从2012年新《刑事诉讼法》的立法体系看，隐匿身份侦查和控制下交付可以被视为两种特殊的技术侦查措施，有别于第148条作为一般条款的技术侦查措施，因此，可以特别予以讨论。

1. 隐匿身份侦查

《刑事诉讼法》第151条第1款、公安部《规定》第262条规定，为了查明案情，在必要的时候，经县级以上公安机关负责人决定，可以由有关人员隐匿其身份实施侦查。据此，所谓隐匿身份侦查，是指公安机关基于侦查的必要，派出有关人员隐匿其身份进行秘密的侦查活动，收集案件证据的侦查措施。在学理和实践中，通常有卧底侦查、化装侦查、诱惑侦查等，我国刑事侦查实践中的刑事特情在性质上也可纳入隐匿身份侦查。

根据《刑事诉讼法》和公安部《规定》的相关条款，隐匿身份侦查的程序要求如下：

第一，采用隐匿身份侦查措施，应当为了查明案情，且在必要的时候实施。所谓必要的时候，可以解释为，在侦查过程中，已经收集到犯罪行为的相关证据，但是在采取其他侦查措施难以进一步获得证据侦破案件的时候。相反，如果常规侦查措施和一般的技术侦查措施能够获得证据时，不应采用隐匿身份侦查。

第二，采用隐匿身份侦查必须经公安机关负责人决定，实际是县级以上公安机关负责人决定。这表明，案件侦查人员或其他人员不能自行决定实施该侦查措施。

第三，由有关人员隐匿其身份实施侦查。这里的"有关人员"可以是侦查人员以卧底、线人、乔装等形式实施，也可以由侦查人员之外的其他人接受公安机关的指派的合适人员实施。专案特情人员进行专案内线侦查，应该属于这里所说的有关人员。

第四，隐匿身份侦查不得诱使他人犯罪，不得采用可能危害公共安全或者发生重大人身危险的方法。所谓"不得诱使他人犯罪"主要是指不得故意诱惑他人产生犯罪意图或者实施犯罪行为。所谓"发生重大人身危险"主要是指保证隐匿身份的有关人员的人身安全。

第五，公安部《规定》第264条规定，隐匿身份侦查收集的材料可以作为证据使用。作为证据使用时，可能危及隐匿身份人员的人身安全或者可能产生其他严重后果的，应当采取不暴露有关人员身份的保护措施。

2. 控制下交付

控制下交付(controlled delivery)是国际法文件中使用的犯罪调查措施，例如2000年11月15日通过的《联合国打击跨国有组织犯罪公约》(*U. N. Convention Against Transnational Organized Crime*)第2条第9项所解释的，"控制下交付系指在主管当局知情并由其进行监测的情况下允许非法或可疑货物运出、通过或运入一国或多国领土的一种做法，其目的在于侦查某项犯罪并辨认参与该项犯罪的人员”。

我国《刑事诉讼法》第151条第2款和公安部《规定》第263条规定控制下交付作为一种特殊的技术侦查措施，对涉及给付毒品等违禁品或者财物的犯罪活动，公安机关根据需要可采取该侦查措施。对于“涉及给付毒品等违禁品或者财物的犯罪”究竟包括哪些犯罪，解释上并不明确，我国侦查实践中通常在侦查毒品买卖、走私、制售假币、倒卖文物等犯罪活动中采用。是否实施控制下交付，由公安机关负责人决定。侦查实施程序要求可以参照隐匿身份侦查措施。

八、通缉

（一）通缉的概念与意义

通缉，是指公安机关对依法应当逮捕而在逃的犯罪嫌疑人，以发布通缉令的方式，通报有关地区的公安机关和广大群众，追捕其归案的一种侦查措施。

通缉是各地公安机关协同打击犯罪的重要形式，也是公安机关积极发动群众同犯罪作斗争的重要手段，是缉拿在逃犯罪嫌疑人的有效措施。通缉是特殊的侦查措施，只能由公安机关采用，公安机关协同追捕在逃犯罪嫌疑人。通缉在法律上具有强制性，任何公民发现通缉对象，有权将其扭送到公安机关。追捕被通缉的犯罪嫌疑人、被告人，经过批准，可以采取技术侦查措施。

在一定范围发布通缉令，是公安机关合作侦查，并依靠群众追捕在逃犯罪嫌疑人归案的重要侦查措施；执行通缉令，具有威慑力，使在逃犯罪嫌疑人忙于躲藏，失去继续作案条件，可以有效防止其继续犯罪。

（二）通缉的对象和条件

根据《刑事诉讼法》第153条的规定，通缉的对象是应当逮捕而在逃的犯罪嫌疑人。具体说，可以是下列人员：已经批准或决定逮捕而在逃和在采取取保候审、监视居住期间逃跑的犯罪嫌疑人；已经决定拘留而在逃的重大嫌疑分子；从被羁押场所逃跑的犯罪嫌疑人；在讯问或者押解期间逃跑的犯罪嫌疑人。此外，对于越狱逃跑的被告人或者罪犯也可以通缉。

通缉应当具备两个条件：实质条件是按照犯罪嫌疑人所犯罪行依法应当逮捕；形式条件是有证据证明犯罪嫌疑人确已逃跑。

（三）通缉的程序

根据《刑事诉讼法》第153条和公安部《规定》第265条至273条的规定，通缉应当按照下列程序进行：

1. 决定通缉

侦查机关发现犯罪嫌疑人在逃，如果需要通缉的，应当报经县级以上侦查机关负责人决定。

2. 制作通缉令

通缉令是公安机关根据本机关或者其他侦查机关的通缉决定，向本系统或者全社会发布的缉拿在逃犯罪嫌疑人的特殊命令。通缉令由公安机关制作，应当尽可能写明被通缉人的姓名、别名、曾用名、绰号、性别、年龄、民族、籍贯、出生地、户籍所在地、居住地、职业、身份证号码、衣着和体貌特征、口音、行为习惯，并附被通缉人近期照片，可以附指纹及其他物证的照片。除了必须保密的事项以外，通缉令应当写明发案的时间、地点和简要案情。通缉令须加盖发布机关公章，写明时间、联系电话、地址等。

3. 发布通缉令

县级以上的公安机关可以在本辖区内发布通缉，超出辖区范围的，应层报到省、直辖市、自治区公安机关，或者公安部发布通缉令。毗邻地区有固定协作关系的公安机关，可按协作规定互相抄发通缉令，并报上级公安机关备案。在通缉令发出后，侦查机关如果发现新的重要情况，可以补发通缉通报。在通缉通报中，应写明通缉令的编号、时间，以便联系起来去发现、捉拿被通缉案犯。需要采取边控措施的，应当按照有关规定制作边控对象通知书。公安机关可以发布悬赏通告。

4. 执行通缉令

通缉令是一种特殊命令，应当认真执行，协助部门应当通力协助。接到通缉令后，有关部门应当认真部署，采取有效措施控制被通缉者可能出入或者可能隐藏的地方，并在一定范围发动群众提供线索，尽快将被通缉人缉拿归案。

5. 撤销通缉令

通缉令是动员有关部门和群众缉拿在逃犯罪嫌疑人的，当被通缉人已被抓获、投案或者死亡，发布通缉令的机关应当在原发布通缉令的范围内，发布撤销通缉令、边控通知和悬赏通告。

九、辨认

(一)辨认的概念和意义

辨认，是指在侦查人员的主持下，由被害人、证人或者犯罪嫌疑人对与犯罪有关的物品、文件、尸体、场所或者犯罪嫌疑人进行识别和确认的一种侦查活动。我国《刑事诉讼法》未将辨认列入侦查措施，但是在第 48 条证据种类中列举了辨认笔录，由此可以认为，辨认实质上是侦查措施的一种。根据公安部《规定》第 249 条至 253 条和最高检《规则(试行)》第 257 条至 262 条规定，辨认是侦查活动中的一项重要措施。

辨认对于查明和证实犯罪嫌疑人，审查和核实与案件相关的证据材料具有重要意义。此外，通过辨认还能够为犯罪侦查提供重要线索。

(二)辨认的基本程序要求

(1)辨认应当由侦查人员进行，主持辨认的侦查人员不得少于 2 人。人民检察院在侦查中组织对犯罪嫌疑人的辨认，应当经检察长批准。

(2)辨认前，侦查人员应当向辨认人详细询问辨认对象的具体特征，禁止辨认人见到辨认对象。同时，应该告知辨认人有意做假辨认应负的法律责任。

(3)几名辨认人对同一辨认对象进行辨认时，应当由辨认人个别进行。

(4)辨认时，侦查人员应当将辨认对象混杂在特征相类似的其他对象中，不得给辨认人任何暗示。辨认犯罪嫌疑人，被辨认人的人数，公安机关不得少于 7 人；人民检察院为 5 ~ 10 人。辨认犯罪嫌疑人的照片，公安机关不得少于 10 张；人民检察院 5 ~ 10 张。辨认物品的，混杂的同类物品不得少于 5 件，照片不得少于 5 张。

(5)对犯嫌疑人的辨认，辨认人不愿意公开进行时，可以在不暴露辨认人的情况下进行，并且应当为其保密。

(6)辨认经过和结果，应当制作辨认笔录，由侦查人员、辨认人、见证人签名或盖章，并注明时间。对辨认对象应当拍照，必要时可以对辨认过程进行录音或者录像。人民检察院组织进行辨认，可以商请公安机关参加或者协助。

第三节 侦查终结

一、侦查终结的概念和意义

侦查终结，是指侦查机关对于立案侦查的案件，经过系列的侦查活动，认为案件事实已经查清，需要收集的证据都已经收集，足以认定犯罪嫌疑人是否犯罪以及应否对其追究刑事责任，决定结束侦查程序，并依法对案件作出处理或者提出处理意见的一项诉讼活动。

侦查终结是侦查程序的结束，是侦查程序必经的一个独立程序阶段。侦查终结分为两种处理情况：一是通过侦查，认为犯罪事实已经查清，证据确实、充分，依法应当追究刑事责任的，可以结束侦查活动，写出起诉意见书，连同案卷材料、证据一并移送人民检察院审查决定。二是在侦查过程中，发现不应对犯罪嫌疑人追究刑事责任的，应当撤销案件；犯罪嫌疑人被逮捕的，应当立即释放，侦查结束。

侦查终结具有重要意义，主要表现在：其一，侦查终结标志着侦查任务的完成，或者终止本案诉讼活动，或者把案件移送起诉程序。其二，通过侦查活动，查明案件事实，对没有实施犯罪行为的犯罪嫌疑人，或者具有《刑事诉讼法》第15条规定的六种情形之一的及时撤销案件，如果犯罪嫌疑人在押，应当立即释放。其三，侦查终结，认为犯罪事实清楚，证据确实、充分，依法应当追究刑事责任的案件，及时移送给人民检察院审查决定，为提起公诉打下基础。

二、侦查终结的条件

根据我国《刑事诉讼法》第160条和公安部《规定》第274条的规定，侦查终结的案件必须同时符合下列条件：

1. 犯罪事实清楚

查明案件事实是侦查程序的任务，只有完成这个任务，才具备侦查终结的基本条件。侦查终结之犯罪事实清楚，是指犯罪嫌疑人有罪或者无罪的全部事实、情节都已经查清，侦查机关认定的有关犯罪的时间、地点、行为手段、行为过程以及行为结果等都已查清，有关犯罪线索也全部查清，没有遗漏罪行，也没有遗漏其他应当追究刑事责任的犯罪嫌疑人。

2. 证据确实、充分

通过侦查活动，收集确实、充分的证据，既是侦查程序的任务，也是侦查终结的第二个条件。证据确实、充分，要求通过采取侦查措施所获得的证据是真实可靠的，能够足以证明所认定的有罪或者无罪的案件事实。《刑事诉讼法》第160条规定的“证据确实、充分”是否与第53条第2款规定作相同解释，学说上并不统一。

3. 犯罪性质和罪名认定正确

侦查终结，根据已经查明的案件事实和刑事实体法的规定，足以对犯罪嫌疑人所犯罪行的性质和罪名作出正确的认定。从《刑法》规定和刑法学说上看，罪名就是刑法分则规定的犯罪名称，是对具体犯罪本质或犯罪性质的高度概括。侦查终结的案件应当写出起诉意见书，正确地引用刑法条款，准确地认定罪名，概括地描述犯罪性质。

4. 法律手续完备

侦查人员采取侦查措施，进行侦查活动，必须有相应的法律手续，使用诉讼文书，这是依法侦查的法律要求。在侦查终结时，侦查人员应当对诉讼文书进行清理、核对，检查各种应当附卷的诉讼文书是否齐备、是否符合法律规定，如拘留证、逮捕证、搜查证、搜查笔录等。法律手续完备是侦查终结必不可少的程序条件。

5. 依法应当追究刑事责任

根据侦查机关已经查明的案件事实，依照《刑法》和《刑事诉讼法》的规定，认为应当对犯罪嫌疑人追究刑事责任的，依法作出移送人民检察院审查决定。认为对犯罪嫌疑人不应当追究刑事责任，依法作出撤销案件的决定。

三、侦查终结案件的处理

根据我国《刑事诉讼法》第 160 条和第 161 条和公安部《规定》第 275 条至 280 条规定，侦查终结的案件，根据案件的不同情况，作出移送起诉或者撤销案件的决定。公安部《规定》第 276 条规定，侦查终结案件的处理，由县级以上公安机关负责人批准；重大、复杂、疑难的案件应当经过集体讨论。

1. 移送起诉

公安机关侦查终结的案件，如果认为案件事实清楚，证据确定、充分，依法应当追究刑事责任的，应当写出起诉意见书，连同案卷材料、证据一并移送同级人民检察院审查决定。同时将案件移送情况告知犯罪嫌疑人及其辩护律师。

2. 撤销案件

公安机关在侦查过程中，发现犯罪嫌疑人的行为不构成犯罪，或者依法不应追究刑事责任的，应当撤销案件。犯罪嫌疑人已被逮捕的，应当立即释放，发给释放证明，并通知原批准逮捕的人民检察院。

3. 程序处理

侦查终结的案件，侦查人员应当制作结案报告，写明犯罪嫌疑人基本情况、是否采取强制措施及其理由、案件事实和证据、法律依据和处理意见。侦查终结后，应当将全部案卷材料按照要求装订立卷。向人民检察院移送案件时，只移送诉讼卷，侦查卷由公安机关存档备查。涉案财物与文件作为证据使用，应当随案移送。对于实物不宜移送的，应当将清单、照片或者其他证明文件随案移送。

除此之外，在案件侦查过程中，如果被害人依法提出附带民事诉讼的，应当记录在案，移送人民检察院审查起诉的，应在起诉意见书末页注明。

第四节　人民检察院对直接受理的案件的侦查

根据《刑事诉讼法》第 3 条、第 18 条第 2 款的规定，人民检察院对贪污贿赂等部分刑事案件行使侦查权，实践中简称自侦案件，由人民检察院侦查部门进行侦查。人民检察院对直接受理的刑事案件的侦查，适用《刑事诉讼法》第 162 条至 166 条的规定。

《刑事诉讼法》第 162 条规定，人民检察院对直接受理的案件的侦查，适用公安机关侦查措施和侦查程序规范。但是，《刑事诉讼法》和最高检《规则（试行）》关于强制措施的适用和侦查终结后对案件的处理等，有特别规定。

一、人民检察院自侦案件适用强制措施的特别规定

1. 对犯罪嫌疑人拘留的条件与公安机关不同

根据《刑事诉讼法》第 163 条规定，人民检察院对符合《刑事诉讼法》第 80 条规定的第 4 项、第 5 项拘留条件，需要拘留犯罪嫌疑人的，由人民检察院作出决定，由公安机关执行。具体说，就是“犯罪后企图自杀、逃跑或者在逃的”“有毁灭、伪造证据或者串供可能的”。对其他情况，不能行使拘留权。

人民检察院依法决定拘留的人，应当在拘留后 24 小时内进行讯问。在发现不应当拘留的时候，必须立即释放，并发给释放证明。

2. 人民检察院决定逮捕的时间与公安机关不同

人民检察院对直接受理的案件中被拘留的人，认为需要逮捕的，应当在 14 日以内作出决定。在特殊情况下，决定逮捕的时间可以延长 1 日至 3 日。对不需要逮捕的，应当立即释放；对于需要继续侦查，并且符合取保候审、监视居住条件的，依法取保候审或者监视居住。

二、人民检察院对侦查终结案件的处理

根据《刑事诉讼法》第 166 条的规定，人民检察院侦查终结的案件，应当作出提起公诉、不起诉或者撤销案件的决定。与公安机关侦查终结的案件的处理不同，人民检察院有作出不起诉决定的权力。

1. 提出起诉意见并移送审查起诉部门审查

人民检察院侦查终结的案件，对于符合提起公诉条件的案件，由侦查人员写

出侦查终结报告，并且制作起诉意见书，由侦查部门负责人审核，经检察长批准。侦查部门应当将起诉意见书，查封、扣押、冻结的犯罪嫌疑人的财物及其孳息、文件清单以及对查封、扣押、冻结的涉案款物的处理意见和其他案卷材料，一并移送本院公诉部门审查。

2. 提出不起诉意见并移送审查起诉部门审查

人民检察院侦查终结的案件，对于符合最高检《规则（试行）》第286条第2款规定情形的，由侦查部门写出侦查终结报告，并制作不起诉意见书，由侦查部门负责人审核，检察长批准。侦查部门应当将起诉意见书，查封、扣押、冻结的犯罪嫌疑人的财物及其孳息、文件清单以及对查封、扣押、冻结的涉案款物的处理意见和其他案卷材料，一并移送本院公诉部门审查。

3. 提出撤销案件意见并报请检察长或者检察委员会决定

人民检察院直接受理的案件，在侦查过程中发现犯罪嫌疑人的行为不构成犯罪，或者依法不应追究刑事责任的情形，应当撤销案件的，由侦查部门制作撤销案件意见书，报请检察长或者检察委员会决定。

人民检察院侦查终结撤销案件的法定情形是：①具有《刑事诉讼法》第15条规定情形之一的；②没有犯罪事实的，或者依照刑法规定不负刑事责任或者不是犯罪的；③虽有犯罪事实，但不是犯罪嫌疑人所为的。

最高检《规则（试行）》第291条规定，检察长或者检察委员会决定撤销案件的，侦查部门应当将撤销案件意见书连同本案全部案卷材料，在法定期限届满7日前报上一级人民检察院审查；重大、复杂案件在法定期限届满10日前报上一级人民检察院审查。

上一级人民检察院侦查部门应当对案件事实、证据和适用法律进行全面审查，必要时可以讯问犯罪嫌疑人。上一级人民检察院侦查部门经审查后，应当提出是否同意撤销案件的意见，报请检察长或者检察委员会决定。

人民检察院决定撤销案件的，应当告知控告人、举报人，听取其意见并记明笔录。人民检察院撤销案件的决定，应当分别送达犯罪嫌疑人所在单位和犯罪嫌疑人。犯罪嫌疑人死亡的，应当送达犯罪嫌疑人原所在单位。如果犯罪嫌疑人在押，应当制作决定释放通知书，通知公安机关依法释放。

人民检察院侦查终结撤销案件的其他有关程序问题，在最高检《规则（试行）》第291条至302条有具体规定。

第五节　补充侦查

一、补充侦查的概念和意义

补充侦查，是指侦查机关在原来侦查工作的基础上对犯罪事实、情节继续补充调查、补充收集证据的侦查活动。我国《刑事诉讼法》规定的补充侦查，是由于某种原因没有完成法定的侦查任务，或者是案件事实不清，或者是案件证据不足，需要由侦查机关继续侦查的一种侦查形式。从本质上说，补充侦查是原来侦查工作的继续，因此，无论发生在起诉程序或者审判程序，均应回复至侦查程序，恢复进行侦查措施。日本刑事诉讼中有“起诉后的侦查”制度，但基于审判中心主义观点，学说上认为不能进行起诉后侦查。

实行补充侦查，可以及时地补充收集证据，查明全部案件事实，达到侦查的目的和要求，为起诉和审判奠定基础；补充侦查对于保证案件质量，正确区分有罪与无罪、罪轻与罪重，保证刑事诉讼的公正性，具有显著的意义。

二、不同诉讼阶段的补充侦查

根据我国《刑事诉讼法》第 88 条、第 171 条第 2 款和第 3 款、第 198 条和第 199 条的规定，补充侦查从诉讼程序阶段上分为三种：审查逮捕阶段的补充侦查、审查起诉阶段的补充侦查和审判阶段的补充侦查。

（一）审查逮捕阶段的补充侦查

根据《刑事诉讼法》第 88 条的规定，人民检察院对公安机关提请批准逮捕的案件进行审查后，应当根据情况分别作出批准逮捕或者不批准逮捕的决定。作出不批准逮捕的决定，人民检察院应当说明理由，需要补充侦查的，应当同时通知公安机关。《刑事诉讼法》第 163 条规定的决定逮捕，根据最高检《规则（试行）》第 334 条第 2 款的规定，同样应当适用通知补充侦查。

该阶段的补充侦查，人民检察院应当通知公安机关，但是不对案件进行补充侦查。所谓“需要补充侦查”，需要参照《刑事诉讼法》第 79 条关于逮捕条件的规定，或者是证据不能证明有犯罪事实，或者是证据不能证明犯罪嫌疑人可能判处徒刑以上刑罚，或者是证据不能证明法定的社会危险性。公安部《规定》第 134 条规定，人民检察院不批准逮捕并通知补充侦查的，公安机关应当按照人民检察院的补充侦查提纲补充侦查。补充侦查完毕，认为符合逮捕条件的，应当重新提请批准逮捕。

（二）审查起诉阶段的补充侦查

根据《刑事诉讼法》第 168 条第 1 项规定，人民检察院在审查案件的时候，必须查明犯罪事实、情节是否清楚，证据是否确实、充分，犯罪性质和罪名的认定是否正确。第 171 条第 2 款和第 3 款规定，人民检察院审查案件，对于需要补充侦查的，可以退回公安机关补充侦查，也可以自行侦查。这就是审查起诉阶段的补充侦查。

根据最高检《规则（试行）》第 380 条和第 381 条的规定，人民检察院认为需要补充侦查的原因是，犯罪事实不清、证据不足或者遗漏罪行、遗漏同案犯罪嫌疑人等情形。程序上，对于需要补充侦查的，人民检察院应当提出具体的书面意见，连同案卷材料一并退回到公安机关或者人民检察院侦查部门补充侦查；人民检察院也可以自行侦查，必要时可以要求公安机关或者人民检察院侦查部门提供协助。

《刑事诉讼法》第 171 条第 3 款和最高检《规则（试行）》第 382 条规定，对于补充侦查的案件，应当在 1 个月内补充侦查完毕。补充侦查以二次为限。最高检《规则（试行）》第 383 条规定，人民检察院决定自行侦查的，应当在审查起诉期限内侦查完毕。

审查起诉的刑事案件，经二次补充侦查后，不能再退回或者自行补充侦查。《刑事诉讼法》第 171 条第 4 款规定，对于二次补充侦查的案件，人民检察院仍然认为证据不足，不符合起诉条件的，可以作出不起诉的决定。

但是，在不退回案件、不增加诉讼期限、不恢复侦查程序的情况下，最高检《规则（试行）》第 377 条规定，在法院作出生效判决之前，认为需要补充提供法庭审判所必需的证据的，人民检察院可以书面要求侦查机关提供。这与补充侦查是并不相同的。

（三）法庭审判阶段的补充侦查

根据《刑事诉讼法》第 198 条的规定，在法庭审判过程中，检察人员发现提起公诉的案件需要补充侦查，提出建议的，人民法院可以延期审理。从学理上说，该条列举了三种情形，结合起来看，“可以延期审理”解释上应该是“应当延期审理”。最高院《解释》第 223 条规定，在庭审过程中，公诉人发现案件需要补充侦查，提出延期审理建议的，合议庭应当同意。

人民检察院建议补充侦查，是在法庭审理过程中，出庭支持公诉的检察人员

(公诉人)向法庭提出建议而启动的补充侦查。根据《刑事诉讼法》第 198 条第 2 项、第 199 条、第 202 条第 3 款规定，诉讼程序顺序上表现为，公诉人在法庭审理过程中提出补充侦查的建议、人民法院决定延期审理，同意补充侦查、补充侦查由人民检察院进行，应在 1 个月内完成；补充侦查完毕移送人民法院后，人民法院重新计算审理期限。

从不告不理的审判原则以及我国《刑事诉讼法》规定上看，在审判过程中，人民法院不能主动建议或者要求案件退回补充侦查。但是，六部门《规定》第 30 条规定，“人民法院审理公诉案件，发现有新的事实，可能影响定罪的，人民检察院可以要求补充起诉或者变更起诉，人民法院可以建议人民检察院补充起诉或者变更起诉”。最高院《规定》第 226 条第 2 款规定，审判期间，被告人提出新的立功线索的，人民法院可以建议人民检察院补充侦查。上述规定显然在理论上会产生争议，学界认为，该规定有利于被告人，因此人民法院应有“建议”的职责，①其实未必正确。

三、补充侦查的方式

我国刑事诉讼中的补充侦查有两种方式。

(一)退回补充侦查

退回补充侦查，是指人民检察院审查案件的时候，认为需要补充侦查而将案件退回公安机关或者人民检察院侦查部门所进行的补充侦查。《刑事诉讼法》第 171 条第 2 款规定，人民检察院认为需要补充侦查的，可以将案件退回公安机关补充侦查。这类案件必须是公安机关侦查终结，移送起诉审查的案件。最高检《规则(试行)》第 381 条规定，人民检察院侦查部门侦查终结的案件，人民检察院公诉部门认为需要补充侦查的，退回侦查部门补充侦查。

(二)自行补充侦查

自行补充侦查分两种情形，第一种是根据《刑事诉讼法》第 171 条第 2 款规定的自行侦查，即人民检察院审查公安机关侦查终结移送起诉的案件，“对于需要补充侦查的，可以退回公安机关补充侦查，也可以自行侦查”。这是对公安机关移送审查起诉的案件，由人民检察院进行补充侦查，是补充侦查的特殊形式。第二种是《刑事诉讼法》第 199 条规定的人民检察院补充侦查，是指在审判过程中，人民检察院建议延期审理的补充侦查。最高检《规则(试行)》第 457 条规定，在

① 参见陈光中主编：《刑事诉讼法》(第五版)，北京大学出版社、高等教育出版社 2012 年版，第 311 页。

审判过程中需要补充侦查的，人民检察院应当自行收集证据和进行侦查，必要时可以要求侦查机关提供协助。人民检察院自行侦查由侦查部门进行。

第六节　侦查监督

一、侦查监督的概念与意义

侦查监督，就是人民检察院依法对侦查机关及其侦查人员的侦查活动是否合法进行的法律监督。侦查监督专指人民检察院对侦查活动进行的法律监督，其他社会监督不在此列。

我国《刑事诉讼法》第 8 条规定，人民检察院依法对刑事诉讼实行法律监督。侦查监督是人民检察院法律监督的组成部分。通过侦查监督，人民检察院发现和纠正侦查机关及其侦查人员的违法行为，保证侦查活动依法进行，防止和纠正侦查活动中的违法行为，并据此保障当事人和其他诉讼参与人的诉讼权利，保证刑事诉讼案件依法得到正确处理。

二、侦查监督的内容

侦查监督的内容，就是《刑事诉讼法》和最高检《规则(试行)》中所规定的侦查活动中已经存在或者可能存在的违法行为，人民检察院通过采取相应的纠正和预防措施履行监督职责。

根据《刑事诉讼法》规定的侦查监督包括以下内容：①第 98 条规定，在审查批准逮捕工作中发现公安机关有违法情况，应当予以纠正；②第 115 条规定，人民检察院对在侦查过程中发现法律规定的五种违法活动，有权受理申诉，并作出相应处理；③第 154 条至 157 条规定，侦查羁押期限的延长由人民检察院批准或者决定；④第 168 条规定，在人民检察院审查决定起诉的过程中，必须查明侦查活动是否合法；等等。

最高检《规则(试行)》第 565 条规定侦查监督的内容更为明确细致，包括侦查活动监督主要发现和纠正以下违法行为是：①采用刑讯逼供以及其他非法方法收集犯罪嫌疑人供述的；②采用暴力、威胁等非法方法收集证人证言、被害人陈述，或者以暴力、威胁等方法阻止证人作证或者指使他人作伪证的；③伪造、隐匿、销毁、调换、私自涂改证据，或者帮助当事人毁灭、伪造证据的；④徇私舞弊，放纵、包庇犯罪分子的；⑤故意制造冤、假、错案的；⑥在侦查活动中利用职务之便谋取非法利益的；⑦非法拘禁他人或者以其他方法非法剥夺他人人身自由的；⑧非法搜查他人身体、住宅，或者非法侵入他人住宅的；⑨非法采取技术侦查措施的；⑩在侦查过程中不应当撤案而撤案的；⑪对与案件无关的财物采取查封、扣押、冻结措施，或者应当解除查封、扣押、冻结不解除的；⑫贪污、挪用、私分、调换、违反规定使用查封、扣押、冻结的财物及其孳息的；⑬应当退还取保候审保证金不退还的；⑭违反《刑事诉讼法》关于决定、执行、变更、撤销强制措施规定的；⑮侦查人员应当回避而不回避的；⑯应当依法告知犯罪嫌疑人诉讼权利而不告知，影响犯罪嫌疑人行使诉讼权利的；⑰阻碍当事人、辩护人、诉讼代理人依法行使诉讼权利的；⑱讯问犯罪嫌疑人依法应当录音或者录像而没有录音或者录像的；⑲对犯罪嫌疑人拘留、逮捕、指定居所监视居住后依法应当通知家属而未通知的；⑳在侦查中有其他违反《刑事诉讼法》有关规定的行为的。

三、侦查监督的程序

根据《刑事诉讼法》和最高检《规则（试行）》的规定，人民检察院侦查监督的程序主要包括：对侦查违法行为的发现、对侦查违法行为的处理、侦查违法行为的救济措施。

（一）对侦查违法行为的发现

人民检察院发现侦查机关以及侦查人员的违法行为包括：其一，根据《刑事诉讼法》规定，人民检察院在审查逮捕、审查起诉中发现侦查活动是否合法；其二，最高检《规则（试行）》第 567 条规定，人民检察院根据需要可以派员参加公安机关对于重大案件的讨论和其他侦查活动，发现违法行为；其三，最高检《规则（试行）》第 568 条规定，人民检察院对于公安机关执行人民检察院批准或者不批准逮捕决定的情况，以及释放被逮捕的犯罪嫌疑人或者变更逮捕措施的情况，发现有违法情形；其四，最高检《规则（试行）》第 569 条规定，人民检察院发现侦查机关或者侦查人员决定、执行、变更、撤销强制措施等活动中有违法情形；其五，根据《刑事诉讼法》第 14 条第 2 款、第 47 条、第 55 条、第 115 条第 2 款等，人民检察院通过受理诉讼参与人提出的申诉或者控告，从中发现违法行为；等等。

（二）对侦查违法行为的处理

根据《刑事诉讼法》和最高检《规则（试行）》的规定，人民检察院发现侦查机关及其侦查人员的侦查活动存在违法情况，可以根据情形作出处理。

（1）口头通知纠正违法行为。人民检察院口头通知纠正违法行为主要针对情节较轻的情形，一般不要求书面回复或者答复，但是应当记录在案。例如最高检

《规则(试行)》第566条、第567条、第569条等。

(2)书面通知纠正违法行为。人民检察院对于违法行为情节较重的，应当报请检察长批准后，发出纠正违法通知书。侦查机关应当回复，没有回复的，应当督促其回复。对于人民检察院提出的纠正意见，侦查机关可以要求复查，经过复查后，维护正确的纠正意见，撤销错误的纠正意见。例如《刑事诉讼法》第98条、最高检《规则(试行)》第566条、第567条、第569条等。

(3)调查核实并依法处理。人民检察院对于某些侦查行为的违法情形，应当报经检察长批准，及时进行调查核实。调查完毕后应当制作调查报告，根据查明的情况提出处理意见，报请检察长批准后依法处理。

(4)人民检察院发现侦查人员的违法行为情节严重，构成犯罪的，应当立案侦查；对于不属于人民检察院管辖的，应当移送有管辖权的机关处理。例如，《刑事诉讼法》第55条，最高检《规则(试行)》第572条、第573条等。

(三)侦查违法行为的救济措施

侦查违法行为的救济措施，是指在侦查过程中，当事人和辩护人、诉讼代理人、利害关系人在自己的诉讼权利或者其他合法权益受到侵害时要求有关机关予以纠正或者处理的补救措施。侦查违法行为的救济措施在我国《刑事诉讼法》第115条和最高检《规则(试行)》第574条作出规定。侦查人员有下列违法行为的，依法可以获得救济：①采取强制措施法定期限届满，不予以释放、解除或者变更的；②应当退还取保候审保证金不退还的；③对与案件无关的财物采取查封、扣押、冻结措施的；④应当解除查封、扣押、冻结不解除的；⑤贪污、挪用、私分、调换、违反规定使用查封、扣押、冻结的财物的。

【思考题】

1. 讯问过程的录音录像有何程序要求？
2. 侦查终结应当符合什么条件？
3. 不同诉讼阶段如何进行补充侦查？

【案例分析】

2014年6月4日15时许，驾驶人兰某驾驶小型越野客车，由西向东行驶在杭瑞高速公路常吉段1076公里处时，车辆突然失控，兰某采取措施不及，车辆与右侧护栏相撞后冲到护坡下侧翻，造成乘车人胡某当场死亡，兰某和乘车人吴某受伤，车辆及公路设施不同程度受损的道路交通事故。

接警后高支队常吉大队桃花中队事故民警赶赴事故现场处置，并对事故现场进行勘查，调查事故原因，采集相关证据。

事故初步认定后，6 月 9 日高支队常吉大队桃花中队受理为刑事案件立案侦查，并报请刑事案件管辖单位某县公安局审查。经县公安局审查，于当日立为交通肇事案侦查。

7 月 11 日，承办单位高支队常吉大队桃花中队呈请侦查终结。经现场勘查、调查取证、集体讨论，对该事故认定嫌疑人兰某驾驶机件不符合技术标准的机动车驶入高速公路超速行驶的行为，是导致此次事故发生的根本原因，承担此次事故的全部责任。犯罪嫌疑人兰某的行为涉嫌交通肇事罪。7 月 11 日，县公安局将此案移送县人民检察院审查起诉。

请问：交警部门在行政执法过程中是否具有侦查犯罪案件的权力？其所获得的证据在刑事诉讼中该如何处理？

第十三章　起诉

【本章引语】

公诉之目的，即刑事诉讼之目的，乃在确定刑罚权之存否及范围。——陈瑾昆

检察官是国家法律意志的代言人，不是政府意志的传声筒。——艾贝哈特·施密特

【学习目标】

通过本章学习，能够掌握：

1. 审查起诉的内容。
2. 提起公诉的实体条件和程序条件。
3. 不起诉及其分类。

第一节　起诉概述

一、起诉的概念及分类

在刑事诉讼中，起诉是指法定的国家机关或者个人，根据法律规定向有管辖权的法院提出控诉，要求法院对被指控的被告人进行审判，追究其刑事责任的诉讼活动或者诉讼程序。我国刑事诉讼中的起诉，是指人民检察院或者自诉人根据法律规定向有管辖权的人民法院提出控诉，要求人民法院对被告人进行审判，追究其刑事责任的诉讼活动或者实施程序。起诉，就是提起诉讼，以起诉主体为标准，起诉分为公诉和自诉两种。我国刑事诉讼实行国家追诉原则，《刑事诉讼法》规定的起诉两种方式，以公诉为主，以自诉为辅。

1. 公诉

公诉是提起诉讼的两种方式之一。所谓公诉，即提起公诉，是指由依法享有刑事追诉权的国家专门机关或者专门机关官员向法院提出起诉主张，要求法院对被指控的被告人进行审判，并追究其刑事责任的诉讼活动。我国《刑事诉讼法》第3条第1款第2句、第167条、第172条规定，提起公诉由人民检察院负责，人民检察院是我国唯一的公诉机关。

现代刑事诉讼中的公诉制度起源于法国，以现代检察官正式出现为重要标志。现代检察官制度诞生于法国1789年大革命，正式奠基于1808年拿破仑治罪法典，后来为德意志帝国接收改制。

中国古代并没有真正的检察官和检察制度，现代检察制度在中国的建立是“洋为中用”的结果。立法史上，乃是通过日本转折效仿德意志立法例，制定法院编制法，引入检察官制。今日在我国台湾地区的有关法律仍有体现。①

2. 自诉

与公诉相对应的自诉，是指由被害人、法定代理人以及法律规定享有起诉权的其他个人或团体，依法直接向法院提出控诉要求追究被告人刑事责任的诉讼活动。

在刑事诉讼发展历史上，以被害人提起控诉为特征的自诉是最早的诉讼方式，称为“弹劾式诉讼”。随着控诉制度的进一步发展，控诉权人由被害人扩大至被害人的亲属，再扩大到一般民众，有所谓的“公众诉讼”形式。

中国古代有三种控诉方式：一是被害人告诉；二是一般人告诉，即被害人及其亲属以外的人就所知的犯罪提出控诉，本质上不属于公诉；三是官吏举劾，一般指没有审判职权的官吏对犯罪和犯罪人所作举报和告劾。

现代刑事诉讼存在多种控诉形式，许多国家承认被害人提出追诉的自诉制度，例如德国等；英美法系有大陪审团听证之后的起诉制度；日本实行检察官起诉独占原则，不承认自诉。

二、起诉的任务和意义

起诉的任务在于，通过享有起诉权的机关和个人依据事实和法律向有管辖权的法院提出请求，并提供相关证据证明，支持其诉讼请求，要求法院追究被告人刑事责任。根据我国《刑事诉讼法》规定，以公诉案件为例，可以看出起诉的任务有：其一，对具体案件进行审查起诉，决定是否提起公诉，提请人民法院进行审

① 参见林钰雄：《检察官论》，法律出版社2008年版，第4－6页。

理；其二，人民检察院代表国家出庭支持公诉，承担举证责任，证明被告人有罪；其三，根据法律规定提出量刑建议，请求人民法院对被告人进行必要的刑罚处罚。

在现代刑事诉讼中，起诉具有重要意义，具体表现在：

第一，发动审判程序。

现代刑事诉讼的一项基本原则是“不告不理”，或者说，“无起诉即无审判”，审判以起诉为前提和基础，没有起诉主体提起起诉，法院不能主动追究犯罪。只有起诉主体提起起诉之后，法院才能在诉讼请求及其事实和证据的基础上，根据法律作出裁判。历史上曾经存在的纠问式诉讼控诉和审判不分，不符合诉讼规律，现代国家已经不再采用。

第二，行使控诉职能。

从刑事诉讼职能上讲，起诉是现代刑事诉讼的三大基本职能之一。具体地说，起诉是控诉职能的履行，控诉和辩护、审判一起共同构成现代刑事诉讼的三角结构。如果缺乏控诉职能的行使，这个基本结构就不科学，刑事诉讼活动就不能在公平条件下完成。起诉主体行使控诉职能不仅包括提出诉讼请求，还包括履行举证责任。

第三，限定审判范围。

起诉形式上限制了法院对案件的审判范围，这是不告不理原则的内涵之一。法院不得审理未经起诉的被告人，不得审理未经起诉的犯罪行为，审判范围只能与起诉范围保持一致。学说上有所谓的“诉讼拘束(Rechtshängigkeit)”理论，认为起诉具有三项法律效力：起诉之后，法院必须作出裁判；起诉之后，统一案件事实不得重新起诉；起诉之后能否撤回，由法律规定，但是法院不得主动要求退回。

第二节　审查起诉

一、审查起诉概念和意义

审查起诉，是指人民检察院对公安机关侦查终结或者人民检察院侦查部门自行侦查终结移送起诉的案件进行审查后，决定是否提起公诉的诉讼活动。审查起诉是我国刑事诉讼起诉程序的一个独立诉讼阶段。《刑事诉讼法》第 167 条规定，

“凡需要提起公诉的案件，一律由人民检察院审查决定”。我国刑事诉讼中的审查起诉，不仅审查决定是否向人民法院提起公诉，将被告人提交人民法院审判，而且审查侦查机关的侦查活动是否合法以及对侦查结果进行审查和监督，其中包含对案件事实的补充侦查。因此，我国刑事诉讼中的审查起诉是一种实质审查。

审查起诉是连接侦查和审判的诉讼中间环节。审查起诉的主要任务是，对侦查终结移送起诉案件材料和证据进行全面审查，并收集、审查、判断证据，认为犯罪嫌疑人的犯罪事实是否已经查清，证据是否确实、充分，依法是否应当追究刑事责任的，作出起诉或者不起诉决定。审查起诉作为独立的诉讼阶段，是我国公诉制度的特色之一。

从域外刑事诉讼立法例来看，凡是以“审判中心主义”构建本国诉讼制度和诉讼法框架的，审前诉讼活动与审判活动的关系被视为从属关系，没有截然分开的诉讼阶段划分，大陆法系国家《刑事诉讼法》规定，由检察官领导、指挥和监督警察进行案件侦查，侦查终结与决定是否起诉大致同时进行，因此侦查终结和检察官审查起诉往往合而为一。英美国家刑事诉讼活动将侦查和审查起诉视为审判的准备阶段，审查起诉一般不是独立诉讼阶段。

我国《刑事诉讼法》将审查起诉规定为一个独立诉讼阶段，具有重要意义。

首先，审查起诉能够保证办案质量，人民检察院通过审查起诉，可以发现侦查工作中的瑕疵和漏洞，纠正侦查活动中的错误，保证提起公诉的案件真正达到“犯罪事实清楚，证据确实、充分”的起诉条件和证明标准。

其次，为刑事诉讼程序提供一个过滤机制，通过审查起诉，查清案件事实，符合起诉条件的依法起诉，不符合条件的依法不起诉，避免将事实不清、证据不足的案件提交审判，反复退回补充侦查，导致司法资源的浪费。

再次，审查起诉为提起公诉做准备，审查决定提起公诉的案件进入审判程序，能够为后续的审判活动提供更为明确的事实和证据基础。我国《刑事诉讼法》第 2 编第 3 章规定“提起公诉”，实际上包括审查起诉和决定是否提起公诉两个阶段。

二、审查起诉的内容

审查起诉是对侦查终结的案件进行审查，人民检察院在形式上承担“法官角色”，对案件事实、证据和法律问题进行全面审查和判断，并依法作出相应的处理决定。根据我国《刑事诉讼法》第 168 条和最高检《规则（试行）》第 363 条的规定，审查起诉的内容可以概括为事实审查、证据审查和法律审查三个方面。

（一）事实审查

事实审查是指人民检察院对侦查机关指控的犯罪事实和情节进行的实质性审

查。具体地说，就是对刑法规定的犯罪构成事实、犯罪嫌疑人情况、影响定罪量刑的具体情节进行审查，决定是否提起起诉。审查起诉中的事实审查主要包括如下内容：

(1)犯罪嫌疑人的身份状况是否清楚，包括姓名、性别、国籍、出生年月日、职业和单位等；单位犯罪的，单位的相关情况是否清楚。

(2)犯罪事实、情节是否清楚；实施犯罪的时间、地点、手段、犯罪事实、危害后果是否明确。指控犯罪的事实应当符合犯罪构成要件，满足《刑事诉讼法》第181条规定"起诉书中有明确的指控犯罪事实"。

(3)有无法定的从重、加重、从轻、减轻或者免除处罚的情节及酌定从重、从轻情节；共同犯罪案件的犯罪嫌疑人在犯罪活动中的责任的认定是否恰当。

(4)有无遗漏罪行和其他应当追究刑事责任的人。

(5)是否属于不应当追究刑事责任，即是否为《刑事诉讼法》第15条规定情形之一的。

(6)有无附带民事诉讼；对于国家财产、集体财产遭受损失的，是否需要人民检察院提起附带民事诉讼。

(二)证据审查

证据审查是指人民检察院对于侦查程序收集并移送的证据材料进行审查，确定证据材料是否随案移送，证据是否确实、充分，是否依法收集，有无应当排除的非法证据。证据审查包括如下内容：

(1)证明犯罪事实的证据材料包括采取技术侦查措施的决定书及证据材料是否随案移送；证明相关财产系违法所得的证据材料是否随案移送；不宜移送的证据的清单、复制件、照片或者其他证明文件是否随案移送。

(2)证据是否确实、充分，是否依法收集，有无应当排除的非法证据的情形。证据是认定犯罪事实和情节的基础和依据，犯罪事实清楚是建立在证据确实、充分的基础之上的。人民检察院审查起诉。首先，应当对证据材料的客观性、真实性进行审查；其次，应当审查证据材料是否与案件事实具有相关性，有无证明力，证据是否全面充分；再次，应当审查收集证据的主体、程序、方法是否合法；最后，应当审查已经收集的证据是否兼顾有罪或者无罪、罪重或者罪轻。

(三)法律审查

法律审查是指人民检察院对于侦查机关或者侦查部门移送起诉的案卷材料和证据是否符合《刑事诉讼法》要求。法律审查的主要内容包括：

(1)认定犯罪性质和罪名的意见是否正确。

(2)采取的强制措施是否适当，对于已经逮捕的犯罪嫌疑人，有无继续羁押的必要。

(3)侦查活动是否合法。侦查的各种法律手续和诉讼文书是否完备。

(4)涉案款物是否查封、扣押、冻结并妥善保管，清单是否齐备；对被害人合法财产的返还和对违禁品或者不宜长期保持的物品的处理是否妥当，移送的证明文件是否完备。

在审查起诉阶段，上述三方面的审查内容并非完全分立，有些审查内容有相互交叉和重合之处，例如：对量刑情节的审查既有事实要素也有法律要素；对非法证据的审查既有证据要素也有法律要素。

三、审查起诉的程序

人民检察院受理移送审查起诉案件，应当指定检察员或者经检察长批准代行检察员职务的助理检察员办理，也可以由检察长办理。《刑事诉讼法》和最高检《规则(试行)》规定审查起诉的基本步骤和方法是：

(一)全面审阅案卷材料

审阅案卷材料，简称阅卷，是办案人员接受任务后的第一步工作，是全面阅卷时掌握案情的基础。最高检《规则(试行)》第360条第2款规定，办案人员应当全面审阅案卷材料，必要时制作阅卷笔录。

(二)讯问犯罪嫌疑人

《刑事诉讼法》第170条和最高检《规则(试行)》第364条规定，人民检察院审查案件，应当讯问犯罪嫌疑人。讯问犯罪嫌疑人应当由2名以上办案人员进行，并应当制作笔录。审查起诉阶段讯问犯罪嫌疑人是必经程序，能够直接收集犯罪嫌疑人供述和辩解，据此核实案件证据，查明犯罪事实。

(三)听取辩护人、被害人及其所属代理人的意见

《刑事诉讼法》第170条和最高检《规则(试行)》第364条规定，人民检察院审查案件，应当……听取辩护人、被害人及其诉讼代理人的意见，并记录在案。辩护人、被害人及其诉讼代理人提出书面意见的，应当附卷。最高检《规则(试行)》第373条等规定，听取被害人的意见应当由2名以上办案人员进行，并应当制作笔录附卷。

根据法律规定，这是审查起诉的必经程序。对本条规定的解释，是否应当听取法定代理人的意见或者接收书面意见，法律上没有明确规定，但是解释应当扩张适用，以保障犯罪嫌疑人、被害人的诉讼权利。

(四)询问鉴定人、询问证人

《刑事诉讼法》没有规定。最高检《规则(试行)》第 368 条第 1 款、第 371 条规定,人民检察院审查案件时,对鉴定意见有疑问、对证人证言笔录存在疑问或者认为对证人的询问不具体或者有遗漏的,可以询问鉴定人、询问证人。

(五)要求公安机关提交证据材料、补充侦查

《刑事诉讼法》第 171 条第 1 款规定,人民检察院审查案件,可以要求公安机关提供法庭审判所必需的证据材料。最高检《规则(试行)》第 377 条规定,人民检察院对侦查机关移送的案件进行审查后,在法院作出生效判决之前,认为需要补充提供法庭审判所必需的证据的,可以书面要求侦查机关提供。

《刑事诉讼法》第 171 条第 2 款和最高检《规则(试行)》第 380 条、第 381 条规定,人民检察院审查案件,认为需要补充侦查的,可以退回至公安机关或者侦查部门补充侦查,也可以自行侦查。

(六)证据合法性审查

《刑事诉讼法》第 171 条第 1 款和最高检《规则(试行)》第 378 条、第 379 条规定,人民检察院审查案件,认为可能存在《刑事诉讼法》第 54 条规定的以非法方法收集证据情形的,可以要求其对证据收集的合法性作出说明或者提供相关证明材料。

(七)其他审查方法

除了上述各种审查方法之外,人民检察院审查案件还可以:①根据最高检《规则(试行)》第 366 条、第 367 条、第 368 条等的规定,应当进行鉴定,也可以补充鉴定或者重新鉴定,如果发现犯罪嫌疑人可能患有精神病的,应当进行鉴定。②根据《刑事诉讼法》第 132 条和最高检《规则(试行)》第 369 条的规定,对侦查机关的勘验、检查,认为需要复验、复查时,可以要求复验、复查。③最高检《规则(试行)》第 374 条规定,对于随案移送的录音、录像,应当审查相关内容;对于重大、疑难、复杂的案件,必要时可以审查全部内容。④最高检《规则(试行)》第 370 条规定,人民检察院审查案件,对物证、书证、视听资料、电子数据及勘验、检查、辨认、侦查实验等笔录存在疑问的,可以要求侦查人员提供获取、制作的有关情况,必要时也可以询问提供笔录的人员和见证人并制作笔录附卷,对物证、书证、视听资料、电子数据进行技术鉴定。

四、审查起诉后的处理

根据我国《刑事诉讼法》第172条、第173条和最高检《规则(试行)》第390条、第401条的等规定，人民检察院审查起诉后，对案件作出如下处理：

1. 作出起诉决定

《刑事诉讼法》第172条规定，经审查，人民检察院认为犯罪嫌疑人的犯罪事实已经查清，证据确实、充分，依法应当追究刑事责任的，应当作出起诉决定，按照审判管辖的规定，向人民法院提起公诉。人民检察院提起公诉，应当将案卷材料、证据移送人民法院。最高检《规则(试行)》第400条规定，对提起公诉的案件提出量刑建议的，可以制作量刑建议书，与起诉书一并移送人民法院。

2. 作出不起诉决定

《刑事诉讼法》第173条规定，经审查，认为犯罪嫌疑人没有犯罪事实，或者有《刑事诉讼法》第15条规定的情形之一的，人民检察院应当作出不起诉决定。对于犯罪情节轻微，依照刑法规定不需要判处刑罚或者免除刑罚的，人民检察院可以作出不起诉决定。并立即释放在押嫌疑人。

3. 作出补充侦查决定

根据《刑事诉讼法》第171条第2款、第3款的规定，经审查，凡是认为需要补充侦查的，可以退回补充侦查，也可以自行侦查。补充侦查以二次为限，补充侦查完毕，人民检察院重新计算审查起诉期限，进行审查。二次补充侦查的案件，人民检察院仍然认为证据不足，不符合起诉条件的，应当作出不起诉决定。

《刑事诉讼法》第173条第3款规定，人民检察院决定不起诉的案件，应当同时对侦查中查封、扣押、冻结的财物解除查封、扣押、冻结。对被不起诉人需要给予行政处罚、行政处分或者需要没收其违法所得的，人民检察院应当提出检察意见，移送有关主管机关处理。有关主管机关应当将处理结果及时通知人民检察院。

五、审查起诉期限

《刑事诉讼法》第169条规定，人民检察院对于移送起诉的案件，应当在1个月内作出决定；重大、复杂的案件，可以延长半个月。人民检察院审查起诉的案件，改变管辖的，从改变后的人民检察院收到案件之日起计算审查起诉期限。

对于补充侦查的案件，应当在1个月以内补充侦查完毕。补充侦查完毕移送审查起诉后，审查起诉部门重新审查起诉期限。在审查起诉过程中中止审查后又恢复审查的，审查起诉期限应当累计计算。最高检《规则(试行)》第383条规定，人民检察院在审查起诉中决定自行侦查的，应当在审查起诉期限内侦查完毕。

第三节 提起公诉

提起公诉，是指人民检察院经过审查起诉后认为案件符合起诉条件，代表国家将犯罪嫌疑人提交人民法院，要求人民法院通过审判追究其刑事责任的一种诉讼活动。提起公诉是启动刑事审判程序的途径之一，依照法定的程序进行。人民检察院提起公诉的案件，在审查起诉阶段已经根据刑法进行实体判断，因此，提起公诉，只要符合法定程序要求，即具有启动审判程序的法律效力，至于提起公诉的案件是否真正符合实体标准，是审判程序所要审查和确认进而进行裁判的任务。人民检察院作出起诉决定，提起公诉之后，犯罪嫌疑人的诉讼地位转变为被告人。

根据《刑事诉讼法》第 172 条和最高检《规则(试行)》第 390 条的规定，提起公诉的条件包括实体条件和程序条件两个方面。

一、提起公诉的实体条件

我国《刑事诉讼法》第 172 条规定，“人民检察院认为犯罪嫌疑人的犯罪事实已经查清，证据确实、充分，依法应当追究刑事责任的，应当作出起诉决定，按照审判管辖的规定，向人民法院提起公诉”。这是提起公诉的实体条件。但是，“按照审判管辖的规定”是提起公诉的程序条件。

(一)犯罪事实已经查清

所谓犯罪事实已经查清，是指人民检察院经过审查，认为犯罪嫌疑人全部犯罪事实，即犯罪的行为、手段、情节、过程、后果以及犯罪的时间、地点、动机、目的等事实都已经查清。最高检《规则(试行)》第 390 条第 2 款规定，确认犯罪事实已经查清表现为下列情形：①属于单一罪行的案件，查清的事实足以定罪量刑或者与定罪量刑有关的事实已经查清，不影响定罪量刑的事实无法查清的，应当以已经查清的罪行起诉；②属于数个罪行的案件，部分罪行已经查清并符合起诉条件，其他罪行无法查清的，应当以已经查清的罪行起诉；③无法查清作案工具、赃物去向，但有其他证据足以对被告人定罪量刑的；④证人证言、犯罪嫌疑人供述和辩解、被害人陈述的内容中主要情节一致，只有个别情节不一致且不影响定罪的。

（二）证据确实、充分

所谓证据确实、充分，是指对提起公诉所依据的证据材料都已经达到法律规定的基本要求。参照《刑事诉讼法》第 53 条第 2 款，所谓“证据确实”就是“据以定案的证据均经法定程序查证属实”，所有证据材料都具备客观性、真实性。所谓“证据充分”就是“定罪量刑的事实都有证据证明”，据以证明犯罪事实的证据与犯罪构成要件事实之间相互对应，没有缺漏，形成具备完整性的证据体系。“证据确实、充分”还要求“综合全案证据，对所认定事实已排除合理怀疑”，也就是说，全案证据与案件事实之间具有客观的内在联系，证据与证据之间的矛盾以及证据与案件事实之间的矛盾都已排除，认定有罪的事实已经排除合理怀疑。

（三）依法应当追究刑事责任

人民检察院决定起诉的案件，不但认定犯罪嫌疑人的行为已构成犯罪，而且依法应当追究刑事责任。判断是否应当追究刑事责任建立在两个基础上，一是事实基础，二是法律基础。我国《刑事诉讼法》第 173 条第 1 款规定的“犯罪嫌疑人没有犯罪事实”、第 2 款规定的“犯罪情节轻微”是不应当追究刑事责任的事实基础，第 171 条第 4 款规定的“证据不足”在解释上应当纳入“没有犯罪事实”的范围。《刑事诉讼法》第 173 条第 1 款规定的“有本法第 15 条规定的情形之一”和第 2 款“依照刑法规定不需要判处刑罚或者免除刑罚”是不应当追究刑事责任的法律基础。第 171 条第 4 款规定的“证据不足，不符合起诉条件”同样属于不应当追究刑事责任的法律基础。

除此之外，应当认为犯罪嫌疑人应当追究刑事责任，达到提起公诉的必备条件。

《刑事诉讼法》第 173 条规定提起公诉的条件中的“人民检察院认为”，在解释上应当区别于第 195 条，可以从两方面理解：其一，结合第 12 条解释，只有人民法院才能依法判决确定有罪；其二，审查起诉阶段，案件事实和证据未经质证，虽然辩护人和被害人可以发表意见，但是没有辩论，因此，事实和证据是人民检察院单方面的认识。

二、提起公诉的程序条件

提起公诉的程序条件，是指人民检察院提起公诉必须满足法律所规定的形式规范和程序要求。提起公诉是否符合法定程序，是人民法院进行开庭前对公诉案件进行审查的内容。程序条件一般包括法定的诉讼用语、诉讼文件和送达等，我国《刑事诉讼法》第 172 条规定人民检察院作出起诉决定，按照审判管辖的规定，向人民法院提起公诉，并将案卷材料、证据移送人民检察院。最高检《规则（试行)》第 393 条规定，人民检察院决定起诉的，应当制作起诉书。《刑事诉讼法》第 181 条规定，“人民法院对提起公诉的案件进行审查后，对于起诉书中有明确的指控犯罪事实的，应当决定开庭审判”。

根据上述规定，提起公诉的程序条件分三个方面：①符合审判管辖的规定；②制作起诉书，起诉书中有明确的指控犯罪事实；③移送案卷材料、证据。其中，起诉书的制作是提起公诉程序条件中最核心的要素。

起诉书是人民检察院代表国家控诉被告人并将其交付审判，提出追究其刑事责任的规范性诉讼文书，是启动审判程序的钥匙。起诉书是人民检察院提起公诉的书面依据，在审判中心主义的视角下，起诉书是人民法院进行审判的前提，也是法庭调查和法庭辩论的基础。没有起诉书或者起诉书没有明确的指控犯罪事实的，不能开庭审判。根据最高检《规则(试行)》第 393 条第 2 款的规定，起诉书的结构和内容包括以下几个部分：

(一)被告人的基本情况

被告人的基本情况包括姓名、性别、出生年月日、出生地和户籍地、身份证号码、民族、文化程度、职业、工作单位及职务、住址，是否受过刑事处分及处分的种类和时间，采取强制措施的情况等；如果是单位犯罪，应当写明犯罪单位的名称和组织机构代码、所在地址、联系方式，法定代表人和诉讼代表人的姓名、职务、联系方式；如果还有应当负刑事责任的直接负责的主管人员或其他直接责任人员，应当按上述被告人基本情况的内容叙写。

(二)案由和案件来源

公诉案件中的案由，是指审查起诉中认定的犯罪嫌疑人及其罪名。案件来源，是指提起公诉的案件是由公安机关侦查终结移送起诉，还是人民检察院侦查部门移送起诉。

(三)案件事实

案件事实包括犯罪的时间、地点、经过、手段、动机、目的、危害后果等与定罪量刑有关的事实要素。起诉书叙述的指控犯罪事实的必备要素应当明晰、准确。被告人被控有多项犯罪事实的，应当逐一列举，对于犯罪手段相同的同一犯罪可以概括叙写。

(四)起诉的根据和理由

起诉的根据和理由包括被告人触犯的刑法条款、犯罪的性质及认定的罪名、处罚条款、法定从轻、减轻或者从重处罚的情节，共同犯罪各被告人应负的罪责等。

除了上述主要内容之外，起诉书还包括首部、尾部和附注等内容，首部载明制作文书的人民检察院名称、文书编号等。尾部写明起诉书送达的人民法院名称、案件承办人的姓名和职务、制作时间，并加盖人民检察院公章。附注应当附有被告人现在处所，证人、鉴定人、需要出庭的有专门知识的人的名单，需要保护的被害人、证人、鉴定人的名单，涉案款物情况，附带民事诉讼情况以及其他需要附注的情况。证人、鉴定人、有专门知识的人的名单应当列明姓名、性别、年龄、职业、住址、联系方式，并注明证人、鉴定人是否出庭。

三、起诉书和案卷材料、证据的移送

根据最高检《规则(试行)》第394条的规定，人民检察院提起公诉的案件，应当向人民法院移送起诉书、案卷材料和证据。第400条规定，对提起公诉的案件提出量刑建议的，可以制作量刑建议书，与起诉书一并移送人民法院。

(一)移送起诉书

起诉书应当一式八份，每增加一名被告人增加起诉书五份。

关于被害人姓名、住址、联系方式，被告人被采取强制措施的种类、是否在案及羁押处所等问题，人民检察院应当在起诉书中列明，不再单独移送材料；对于涉及被害人隐私或者为保护证人、鉴定人、被害人人身安全，而不宜公开证人、鉴定人、被害人姓名、住址、工作单位和联系方式等个人信息，可以在起诉书中使用化名替代证人、鉴定人、被害人的个人信息，但是应当另行书面说明使用化名等情况，并标明密级。

(二)移送案卷材料、证据

人民检察院提起公诉，一并移送案卷材料是指移送案件的所有诉讼文书与其他材料，包括侦查阶段的诉讼文书、审查起诉阶段的诉讼文书、照片、录音录像等全部案卷材料；移送证据是指诉讼文书之外的物证、书证、视听资料、电子数据等实物证据材料。

我国1979年《刑事诉讼法》确立卷证移送主义，人民检察院在提起公诉时必须将案卷材料和证据移送人民法院。1996年第一次修改《刑事诉讼法》之后，人民检察院在移送起诉时只要移送“证据目录、证人名单和主要证据复印件或者照片”，2012年第二次修改《刑事诉讼法》恢复1979年的卷证移送制度，人民检察院在提起公诉时应当将全部案卷材料、证据移送人民法院。

(三)移送量刑建议书

最高检《规则(试行)》第399条规定，人民检察院对提起公诉的案件，可以向人民法院提出量刑建议。第 400 条规定，人民检察院制作的量刑建议书，应当一并移送人民法院。

四、变更起诉、追加、补充起诉和撤回起诉

提起公诉在法律上产生法定效力或者拘束力，从实体法效力看，人民法院受理提起公诉的案件之后，必须就案件的实体问题——是否构成犯罪以及是否判处刑罚——作出裁判。从程序法效力看，人民检察院提起公诉在形式上限制人民法院对案件的审判范围。从理论上说，变更起诉、追加起诉、补充起诉、撤回起诉有不同学说，即使认为其可以存在的，也认为应当由法律明确规定，否则不成立。

我国《刑事诉讼法》上并没有对此作出规定，但是六部门《规定》第 30 条，最高检《规则（试行）》第 458 条、第 459 条对此作出规定。变更起诉，是指提起公诉后对起诉书上的罪名、适用法律作出变更的情形。追加起诉是指起诉之后追加被告人的情形。补充起诉是指起诉之后补充被告人的犯罪行为事实的情形。

对此，最高检《规则（试行）》第 458 条规定，在人民法院宣告判决前，人民检察院发现被告人的真实身份或者犯罪事实与起诉书中叙述的身份或者指控犯罪事实不符的，或者事实、证据没有变化，但罪名、适用法律与起诉书不一致的，可以变更起诉；发现遗漏的同案犯罪嫌疑人或者罪行可以一并起诉和审理的，可以追加、补充起诉。

撤回起诉，是指人民检察院提起公诉之后，发现不存在犯罪事实、犯罪事实不是被告人所为或者不应当追究被告人刑事责任而撤回原来的起诉的情形。对此，最高检《规则（试行）》第 459 条规定，在人民法院宣告判决前，人民检察院发现具有下列情形之一的，可以撤回起诉：①不存在犯罪事实的；②犯罪事实并非被告人所为的；③情节显著轻微、危害不大，不认为是犯罪的；④证据不足或证据发生变化，不符合起诉条件的；⑤被告人因未达到刑事责任年龄，不负刑事责任的；⑥法律、司法解释发生变化导致不应当追究被告人刑事责任的；⑦其他不应当追究被告人刑事责任的。

对于撤回起诉的案件，没有新的事实或者新的证据，人民检察院不得再行起诉。新的事实是指原起诉书中未指控的犯罪事实。该犯罪事实触犯的罪名既可以是原指控罪名的同一罪名，也可以是其他罪名。新的证据是指撤回起诉后收集、调取的足以证明原指控犯罪事实的证据。

第四节　不起诉

一、不起诉的概念

不起诉，是指人民检察院对公安机关侦查终结移送起诉的案件或者人民检察院侦查部门侦查终结移送起诉的案件，进行审查后，认为犯罪嫌疑人没有犯罪事实，或者有《刑事诉讼法》规定的不符合起诉条件，或不应当追究刑事责任，依法决定终止追诉，从而不将犯罪嫌疑人提交法院审判的一项处理决定。

不起诉是人民检察院在审查起诉阶段对案件审查后依法作出的处理结果之一。不起诉的性质是，人民检察院对于不应追究、不需要追究或者无法追究刑事责任的犯罪嫌疑人所作的一种程序上的处理决定。对犯罪嫌疑人来说，不起诉决定确认其行为在法律上是无罪的。

不起诉制度是起诉法定主义与起诉便宜主义二者之间的调节性制度，是刑事诉讼程序法定与法律赋予人民检察院起诉裁量权的结合，符合现代法治原则。我国1979年《刑事诉讼法》曾经规定不起诉和免于起诉两种制度，由于免于起诉是对有罪不罚的处分，未经人民法院审判而由人民检察院对犯罪嫌疑人进行实体处分、不予追诉，学者们认为其有违现代法治原则，因而在1996年《刑事诉讼法》修改时予以废除，扩大了不起诉的适用范围。2012年再修改时，进一步将证据不足不起诉规定为"应当作出不起诉的决定"。

比较法上，域外有相似的立法例，规定侦查终结的案件由检察官分情况作出起诉和不起诉处分。例如：德国《刑事诉讼法》第170条第2项有基于诉讼要件欠缺而为之不起诉处分或者诉讼中止(Einstellung des Verfahrens)；法国《刑事诉讼法》第6条规定公诉基于法定原因而消灭的"不起诉"制度；日本《刑事诉讼法》第248条规定的起诉便宜主义，法律赋予检察官裁量权，认为没有必要追诉时，可以不提起公诉；韩国《刑事诉讼法》第247条规定有"不提起公诉"的制度；等等。

二、不起诉的种类

我国《刑事诉讼法》第171条和第173条分别规定不起诉，学理上通常将其分为三种：法定不起诉、酌定不起诉、证据不足不起诉。特别程序中，第271条规定未成年人刑事案件的附条件不起诉。

(一)法定不起诉

法定不起诉，也称绝对不起诉，是指适用《刑事诉讼法》第 173 条第 1 款规定情形的不起诉。法律用语是“应当作出不起诉决定”，适用条件是，犯罪嫌疑人没有犯罪事实，或者有《刑事诉讼法》第 15 条规定的六种情形之一的，人民检察院应当作出不起诉决定，对此，人民检察院没有起诉裁量权。具体地说，包括下列七种情形：

(1)犯罪嫌疑人没有犯罪事实。可以有两种情况：一是根据刑法，犯罪嫌疑人的行为不构成犯罪；二是有确实、充分的证据证明犯罪嫌疑人没有犯罪事实。

(2)情节显著轻微、危害不大，不认为是犯罪的。根据《刑事诉讼法》第 15 条第 1 项，来自《刑法》第 13 条“但书”规定，学说和实务上对“情节”的解释根据案件具体情况综合考虑。①

(3)犯罪已过追诉时效期间的。根据《刑法》第 87 条、第 88 条、第 89 条的规定。

(4)经特赦令免除刑罚的。

(5)依照刑法告诉才处理的犯罪，没有告诉或者撤回告诉的。

(6)犯罪嫌疑人、被告人死亡的。

(7)其他法律规定免于追究刑事责任的。解释上实际是“法律规定的其他适用免于追究刑事责任的情形”。例如《刑法》第 17 条规定未达到刑事责任年龄、第 18 条规定的精神病人的危害行为等。

(二)酌定不起诉

酌定不起诉，也称相对不起诉、裁量不起诉，是指适用于《刑事诉讼法》第 173 条第 2 款规定情形的不起诉。“对于犯罪情节轻微，依照刑法不需要判处刑罚或者免除刑罚的，人民检察院可以作出不起诉决定”。法律用语是“可以作出不起诉决定”，适用条件是，在符合法定情形时，人民检察院衡量案件的具体情况，或者作出起诉决定，或者作出不起诉决定，人民检察院行使起诉裁量权。

酌定不起诉的适用条件应该依照刑法规定，解释上可以分为两个层次：一是犯罪嫌疑人的行为符合构成要件，依照刑法应当负刑事责任；二是犯罪情节轻微，依照刑法规定不需要判处刑罚或者免除刑罚。《刑法》第 37 条规定，对于犯罪情节轻微不需要判处刑罚的，可以免除刑事处罚。

酌定不起诉的法定情形在《刑法》上包含“可以免除处罚”和“应当免除处罚”的内容。根据《刑法》和《刑事诉讼法》规定，具体包括下列几种：

---

① 参见张明楷：《刑法学》(第四版)，法律出版社 2011 年版，第 92－93 页。

(1)《刑法》第 10 条规定，凡在中华人民共和国领域外犯罪，刑法规定应当负刑事责任，但在国外已受过刑事处罚，可以免除或者减轻处罚。

(2)《刑法》第 19 条规定，又聋又哑的人或者盲人犯罪，可以从轻、减轻或者免除处罚。

(3)《刑法》第 20 条第 2 款规定，正当防卫明显超过必要限度造成重大损害的，应当负刑事责任，但是应当减轻或者免除处罚。

(4)《刑法》第 21 条第 2 款规定，紧急避险超过必要限度造成不应有的损害的，应当负刑事责任，但是应当减轻或者免除处罚。

(5)《刑法》第 22 条第 2 款规定，对于预备犯，可以比照既遂犯从轻、减轻处罚或者免除处罚。

(6)《刑法》第 24 条第 2 款规定，对于中止犯，没有造成损害的，应当免除处罚。

(7)《刑法》第 27 条第 2 款、第 28 条分别规定，对于从犯，应当从轻、减轻处罚或者免除处罚；对于被胁迫参加犯罪的，应当按照他的犯罪情节减轻处罚或者免除刑罚。

(8)《刑法》第 67 条、第 68 条规定，对于自首的犯罪分子，犯罪较轻的，可以免除处罚；犯罪分子有重大立功表现的，可以减轻处罚或者免除处罚。

(9)《刑事诉讼法》第 279 条规定，双方当事人达成刑事和解协议的案件，对于犯罪情节轻微，不需要判处刑罚的，可以作出不起诉的决定。

酌定不起诉并非没有限制，在司法实践中，人民检察院应当根据具体案件中犯罪嫌疑人的年龄、犯罪动机和目的、手段、危害后果、认罪态度、悔罪表现等方面情况综合考虑，在确认没有追诉必要时，认为不起诉比起诉更为有利的情况下，适用不起诉决定，不能随意扩大不起诉的范围，防止执法不严的情况。

(三)证据不足不起诉

证据不足不起诉，也称存疑不起诉，是指适用于《刑事诉讼法》第 171 条第 4 款规定情形的不起诉，即"对于二次补充侦查的案件，人民检察院仍然认为证据不足，不符合起诉条件的，应当作出不起诉的决定"。证据不足不起诉，实质上是一种特殊的法定不起诉，人民检察院"应当"不起诉。与 1996 年《刑事诉讼法》第 140 条第 3 款规定"可以作出不起诉的决定"相比，更为明确，更具有可操作性。

证据不足不起诉的适用包含两个条件：一是案件已经经过二次补充侦查；二是证据不足，不符合起诉条件。根据最高检《规则(试行)》第 404 条规定，属于证据不足，不符合起诉条件的情形包括：①犯罪构成要件事实缺乏必要的证据予以证明的；②据以定罪的证据存在疑问，无法查证属实的；③据以定罪的证据之间、证据与案件事实之间的矛盾不能合理排除的；④根据证据得出的结论具有其他可能性，不能排除合理怀疑的；⑤根据证据认定案件事实不符合逻辑和经验法则，得出的结论明显不符合常理的。

三、不起诉的程序

（一）不起诉决定

1. 应当作出不起诉决定或者建议撤销案件

（1）根据《刑事诉讼法》第 173 条第 1 款、最高检《规则（试行）》第 401 条的规定，人民检察院对于公安机关移送审查起诉的案件，发现犯罪嫌疑人没有犯罪事实，或者符合《刑事诉讼法》第 15 条规定的情形之一的，经检察长或者检察委员会决定，应当作出不起诉决定。

（2）最高检《规则（试行）》第 402 条规定，人民检察院公诉部门对于本院侦查部门移送审查起诉的案件，符合上述情形的，应当退回本院作出部门，建议作出撤销案件的处理。

（3）根据《刑事诉讼法》第 171 条第 4 款、最高检《规则（试行）》第 403 条第 1 款的规定，对于二次退回补充侦查的案件，认为证据不足，不符合起诉条件的，经检察长或者检察委员会决定，应当作出不起诉决定。

2. 可以作出不起诉决定

（1）根据《刑事诉讼法》第 173 条第 2 款、最高检《规则（试行）》第 406 条的规定，对于犯罪情节轻微，依照刑法规定不需要判处刑罚或者免除刑罚的，经检察长或者检察委员会决定，可以作出不起诉决定。

（2）最高检《规则（试行）》第 403 条第 2 款规定，人民检察院对于经过一次退回补充侦查的案件，认为证据不足，不符合起诉条件，且没有退回补充侦查必要的，可以作出不起诉决定。

（二）制作不起诉决定书

人民检察院决定不起诉的案件，应当制作不起诉决定书，作为案件终止刑事诉讼的标志和决定性诉讼文书，产生法律效力。根据最高检《规则（试行）》第 408 条的规定，不起诉决定书的主要内容包括：

（1）被不起诉人基本情况，包括姓名、性别、出生年月日、出生地和户籍地、身份证号码、民族、文化程度、职业、工作单位及职务、住址，是否受过刑事处分，采取强制措施的情况以及羁押处所等；如果是单位犯罪，应当写明犯罪单位的名称和组织机构代码、所在地址、联系方式，法定代表人和诉讼代表人的姓名、职务、联系方式。

（2）案由和案件来源。

（3）案件事实，包括否定或者指控被不起诉人构成犯罪的事实以及作为不起诉决定根据的事实。

（4）不起诉的法律根据和理由，写明作出不起诉决定适用的法律条款。

（5）查封、扣押、冻结的涉案款物的处理情况。

（6）有关告知事项。

（三）不起诉决定书的宣布和送达

根据《刑事诉讼法》第 174 条、第 175 条、第 176 条的规定，不起诉的决定，应当公开宣布，并且将不起诉决定书送达被不起诉人和他的所在单位。如果被不起诉人在押，应当立即释放。对于公安机关移送起诉的案件，人民检察院决定不起诉的，应当将不起诉决定书送达公安机关。对于有被害人的案件，决定不起诉的，人民检察院应当将不起诉决定书送达被害人。最高检《规则（试行）》第 413 条规定，不起诉决定书还应当送达辩护人的近亲属及诉讼代理人、被不起诉人的辩护人。

（四）决定不起诉案件对被不起诉人和涉案财物的处理

根据《刑事诉讼法》第 173 条第 3 款、最高检《规则（试行）》第 409 条至 411 条的规定，人民检察院决定不起诉的案件，应当同时对被不起诉人和涉案财物作出处理意见。

人民检察院可以根据案件的不同情况，对被不起诉人予以训诫或者责令具结悔过、赔礼道歉、赔偿损失。对被不起诉人需要给予行政处罚、行政处分或者需要没收违法所得的，人民检察院应当提出检察意见，连同不起诉决定书一并移送有关主管机关处理。有关主管机关应当将处理结果及时通知人民检察院。

人民检察院决定不起诉的案件，需要对侦查中查封、扣押、冻结的财物解除查封、扣押、冻结的，应当书面通知作出查封、扣押、冻结决定的机关或者执行查封、扣押、冻结决定的机关解除查封、扣押、冻结。

（五）对不起诉决定的法律救济

对于人民检察院作出不起诉决定的案件，有关机关或者当事人有获得法律救济的权利，主要救济方式包括申诉、复查、复议、复核。

1. 对不起诉决定的申诉和复查

（1）被害人申诉。有被害人的案件，如果被害人对不起诉的决定不服，可以自收到决定书后 7 日以内向上一级人民检察院申诉，请求提起公诉。对于被害人申诉，由上一级人民检察院刑事申诉检察部门立案复查。被害人不服不起诉决定，在7日以后提出申诉的，由作出决定的人民检察院刑事申诉检察部门决定是否立案复查。

人民检察院应当将复查决定告知被害人。

对于人民检察院维持不起诉决定的，被害人可以向人民法院起诉。被害人也可以不经申诉，直接向人民法院起诉。

(2)被不起诉人申诉和复查。被不起诉人如果对不起诉决定不服，可以自收到决定书后7日以内向人民检察院提出申诉。由作出决定的人民检察院刑事申诉检察部门受理立案复查；在7日以后提出申诉的，由刑事申诉检察部门审查后决定是否立案复查。

2. 公安机关要求复议和提请复核

根据《刑事诉讼法》第175条的规定，对于公安机关移送起诉的案件，人民检察院决定不起诉的，公安机关认为不起诉的决定有错误的时候，可以要求复议，如果意见不被接受，可以向上一级人民检察院提请复核。

(1)要求复议。公安机关认为不起诉决定有错误，要求复议的，人民检察院公诉部门应当另行指定检察人员进行审查并提出审查意见，经公诉部门负责人审核，报请检察长或者检察委员会决定。人民检察院30日以内作出复议决定，通知公安机关。

(2)提请复核。上一级人民检察院收到公安机关对不起诉决定提请复核的意见书后，应当交由公诉部门办理。公诉部门指定检察人员进行审查并提出审查意见，经公诉部门负责人审核，报请检察长或者检察委员会决定。人民检察院应当在30日以内作出决定，制作复核决定书送交提请复核的公安机关和下级人民检察院。改变下级人民检察院决定的，应当撤销或者变更下级人民检察院作出的不起诉决定，交由下级人民检察院执行。

【思考题】

1. 起诉书应当包含哪些基本内容？
2. 证据不足不起诉的“证据不足”该如何认定？

【案例分析】

2014年5月18日，陈某因涉嫌聚众斗殴罪被天美市公安局月柳分局刑事拘留。5月21日，陈某的朋友刘某欲为其办理取保候审，通过许某认识了犯罪嫌疑人甄某。甄某谎称认识公安局领导，答应帮忙并索要2万元作为活动费用。当日，陈某妻子贾某交给甄某2万元人民币。5月22日，甄某以买烟送给天美市公安局月柳分局副局长为由，向刘某骗取2千元人民币；5月23日，甄某以招待公安局民警为由在月柳辉煌酒店开了两个房间，并以请领导唱歌为由骗取2千元人民币；5 月 25 日，甄某在月柳区商业城办了一张假的陈某保释金收据，在天美市公安局月柳分局办公楼一楼交给刘某、贾某，以交保释金的名义要贾美支付 1 万元，贾某称人放出后再付款，故该笔款没交给甄某。之后，甄某与刘某、贾某失去联系。2014 年 6 月 6 日，刘某到公安机关报案。甄某骗取的以上款项共计 24000 元已挥霍一空。

2014 年 10 月 16 日，甄某到天美市公安局月柳分局刑侦大队投案。2014 年 10 月 9 日，甄某退还赃款 28000 元。贾某于 2014 年 11 月 1 日领款 28000 元，并表示不再追究甄某的一切法律责任。

犯罪嫌疑人甄某涉嫌诈骗罪一案，由刘某于 2014 年 6 月 6 日报案至天美市公安局月柳分局刑警大队，经过审查于当日立案进行侦查。犯罪嫌疑人甄某于 2014 年 10 月 16 日到天美市公安局月柳分局刑警大队投案。

天美市月柳区公安局侦查终结后，移送月柳区人民检察院审查起诉。经依法讯问犯罪嫌疑人，听取犯罪嫌疑人、被害人委托的人的意见，并审阅全部案件材料，核实案件事实与证据。月柳区人民检察院于 2014 年 11 月 13 日作出对犯罪嫌疑人甄某以涉嫌诈骗罪相对不起诉决定。

请问：本案相对不起诉决定的事实依据和法律依据是什么？

第十四章 第一审程序

【本章引语】

平出于公，公出于道。——《吕氏春秋》

一次不公正的审判，其恶果甚至超过十次犯罪。因为犯罪虽是无视法律，好比污染了水流，而不公正的审判则毁坏法律，好比污染了水源。——弗朗西斯·培根

【学习目标】

通过本章学习，能够了解和掌握：

1. 审判组织的概念及其类别。
2. 公诉案件第一审程序的法庭审判阶段。
3. 简易程序的适用范围。

第一节 审判概述

一、审判的概念

公诉案件经人民检察院提起公诉或者自诉案件经自诉人起诉，人民法院立案后，刑事诉讼进入审判阶段。审判程序是刑事诉讼程序的中心环节，因为起诉的目的是开启审判程序，并经过审判程序解决刑事案件的刑事责任问题。刑事审判是司法审判的一种形式，由于人民检察院代表国家提起公诉是引起刑事审判的主要形式，因此，较之行政审判、民事审判而言，刑事审判活动更为特殊。

在我国《刑事诉讼法》上，审判是指人民法院在控诉、辩护双方以及其他诉讼参与人参加下，依照法定的权限和程序，对于依法向其提出诉讼请求的刑事案件

进行审理和裁判的诉讼活动。审判由审理和裁判两部分组成，审理是人民法院在人民检察院、当事人及其他诉讼参与人的参加下，通过法庭调查、法庭辩论，在控、辩双方质证的基础上，查实各种证据，查明案件事实。裁判是人民法院在对案件审理的基础上，根据事实和证据，依照法律对被告人的刑事责任作出处理决定。审理是裁判的前提和基础，裁判是审理的目的和结果，两者辩证统一，构成审判活动之整体。

刑事审判具有以下主要特征：

其一，刑事审判是控辩审三方参与的诉讼活动。控辩对抗，审判中立。

其二，刑事审判是以确定刑事责任为内容的诉讼活动。虽然刑事审判需要解决案件的实体问题和程序问题，但其核心内容是通过审理确定被告人是否承担刑事责任。

其三，人民法院独立行使审判权。宪法、人民法院组织法和《刑事诉讼法》对此均有规定。人民法院的审判权由法官代表国家具体行使，人民法院作为国家审判机关对审判的案件拥有最终决定权。

刑事审判有狭义与广义之分。狭义的审判专指法庭审理和裁判过程而言。广义的审判包括狭义的审判以及为审判做准备阶段所开展的活动，如确定独任法官或者合议庭组成人员、庭前的程序审查、通知当事人、公布案由等。

二、刑事审判的任务

刑事审判程序的核心任务是人民法院通过审理和裁判正当行使国家刑罚权。具体地说，人民法院通过行使审判权，要完成下列主要任务：

(1) 人民法院独立行使审判权，在审判程序中依法查实案件证据、查明案件事实真相，在对证据有疑问时进行调查核实，依法作出裁判，决定被告人是否构成犯罪，并确定有罪的被告人的刑事责任和相应的刑事处罚，正确实现国家刑罚权，维护社会秩序。

(2) 人民法院在审判程序中保障被告人的诉讼权利。被告人的诉讼权利是刑事诉讼活动必须保障的一种利益，是刑事诉讼程序正当性的重要体现。在审判过程中，法律赋予被告方享有与控诉方平等的诉讼权利和相对的诉讼手段，使控、辩双方都能够就案件的事实和法律各自发表意见，法官居中审判，查明案件真相，正确作出裁判。

(3) 人民法院通过刑事审判发挥法律教育作用。审判程序中的法律教育包括对被告人及其他诉讼参与人在法庭审理和裁判中的法律教育，也包括通过公开审判和宣告对社会大众的法律教育，并获得社会大众对刑事审判的信赖。

三、审判的基本原则

审判的原则是贯穿于整个刑事审判过程的，对法院进行审判活动具有指导意义的基本规范和准则。审判的原则属于刑事诉讼理论的组成部分，学说上对审判原则的范围和分类有不同的观点，一般认为，审判程序应当遵循以下基本原则。

（一）不告不理原则

不告不理，是指法院对于未经起诉的案件，一律不予受理和审理的诉讼原则。不告不理是控审分离的表现形式，是现代刑事诉讼中起诉权同审判权分离的产物，是法院审理第一审刑事案件所适用的基本原则。

不告不理原则的主要含义：①案件只有经过提起公诉或者自诉之后，法院才能开启审判程序，进行审理和裁判；②在审判过程中，审判的范围应当与起诉的范围相一致，变更起诉或者补充起诉应当由法律规定，换言之，法院应当按照起诉书载明的控诉范围进行审理，作出裁判；③法院不能主动追诉犯罪，也不能主动裁定驳回起诉。

（二）公开审判原则

公开审判原则，也称审判公开原则，就是审判活动对社会公开，即法院在审理案件和宣告判决时都要公开进行。我国宪法和《刑事诉讼法》将其作为一项基本原则加以确认，但是，学说上也有认为，审判公开不是原则，而是制度。

审判公开原则的内容包括审判信息公开、审判过程公开、审判结果公开三个方面。审判信息公开就是开庭前先期公布案由、被告人姓名、开庭时间、地点，允许参加旁听，允许新闻记者进行采访和报道。审理过程公开就是法院审理案件的活动，包括证据的提出、调查与认定等，一律在公开的法庭上进行。审判结果公开就是宣判公开，以及宣判之后，判决书及其据以裁判的事实和理由以公开形式发布。

但是，审判公开原则也有例外，主要表现在两个方面：一是法庭或者法官对案件的评议过程不公开；二是涉及国家秘密、个人隐私以及未成年人犯罪的案件，一般采取不公开审理或不完全公开审理的方式。

（三）直接、言辞审理原则

直接、言辞审理原则是直接审理原则和言辞审理原则的合称。所谓直接审理原则，也称在场原则，要求法官必须亲自参加案件审理，尤其是法庭调查证据程序必须在场，以直接方式进行，只有直接调查并经衡量评价后而采取的证据，才能作为判决的依据。

所谓言辞审理原则，又称口头主义，是指法庭审理采取言辞陈述的方式进行。被告人、被害人进行口头陈述，证人、鉴定人进行口头作证，检察官、辩护人进行口头质证和辩论，法官进行口头宣判。该原则要求，除法律有特别规定者外，凡是未经当庭以言辞方式调查的证据资料，视同未曾发生或不存在，或者属于传闻证据(hearsay)，不可作为判决的依据。

我国《刑事诉讼法》没有明确规定直接言辞原则。从诉讼理论上说，该原则要求法官应做到以下两点：第一，对于证据的调查核实和认定，必须亲自进行，不得由其他法院或其他法官进行，不得仅就文书卷宗资料，进行间接认定；第二，法官必须在法庭上亲自听取被告人和被害人的陈述、证人和鉴定人的作证，以及检察官与辩护人的质证、调查和辩论，据此认定的证据，才能作为判决的依据。

(四)集中审理原则

集中审理原则，也称不间断审理原则、持续审理主义，是指刑事案件的审判原则上应是持续而无间断地进行，审理完毕即行判决。集中审理原则包含两层含义：一是整个审判阶段以庭审为中心，所有的事实、证据和法律观点都在庭审中一并提出，审判结论应在庭审中形成，并在审理完毕后作出；二是对具体案件应该一次性连续审理完毕，即使对需要进行两天以上审理的复杂案件，也应当于次日连续审理，直至审理完毕为止。在此期间，法官不得审理其他案件。如果法官因故不能继续审理，需要另换法官，就得重新进行审判。

我国立法上没有明确规定该原则，但是司法实践基本贯彻该原则，但是，仍然在某些复杂案件中实行多次开庭审理的不连续做法。因此，在我国借鉴该原则，对于实现公正裁判、诉讼效率具有重要意义。

四、我国法定的审判制度

(一)人民陪审员制度

从普通公民中产生一定代表参与法院对案件的审理的制度，是所谓的陪审制度或者参审制度，例如英美法系的陪审团制度，大陆法系德国的荣誉法官(陪审法官)参审制度等。我国的人民陪审员制度，在功能上与此相当，它是人民法院在审判第一审刑事案件时，根据法律规定吸收人民陪审员作为合议庭组成人员，参加对案件的审判并作出裁判的一种制度。

人民陪审员参加审判是司法民主的体现，是群众路线的体现，也是公民参与司法审判的一种法定形式。人民陪审员由基层人民法院根据审判案件的需要，提请同级人民代表大会常务委员会确定并任命，由人民法院聘任。人民陪审员的任期是5年。

公民担任人民陪审员，应当具备法定条件：①拥护宪法；②年满 23 周岁；③品行良好、公道正派；④身体健康。人民陪审员一般应当大学专科毕业以上文化程度。人民代表大会常委会组成人员，执业律师，因犯罪受过刑事处罚的人员，被开除公职的人员等不得担任人民陪审员。

2004 年 8 月 28 日全国人民代表大会常务委员会通过的《关于完善人民陪审员制度的决定》对人民陪审员的任职条件、任免程序、审案范围、名单挑选、权利义务、任职保障等方面作出较为全面的规定。2015 年 4 月最高人民法院和司法部发布《人民陪审员制度改革试点方案》，涉及新一轮改革的主要内容包括：改革人民陪审员选任条件；完善人民陪审员选任程序；扩大人民陪审员参审范围；完善人民陪审员参审案件机制；探索人民陪审员参审案件职权改革；完善人民陪审员的退出和惩戒机制；完善人民陪审员履职保障制度。

（二）两审终审制

两审终审制是我国的审级制度，体现人民法院审判活动的内部监督机制。《刑事诉讼法》第 10 条规定，“人民法院审判案件，实行两审终审制”。所谓两审终审制，就是一个案件经过两级法院的两次审判即告终结的审判制度。我国的两审终审制，也可称为四级两审终审制。与两审终审制相关的一个问题是上诉不加刑，这是否单独构成一项审判制度，学说上有争议，通常认为，这是关于从程序上保障上诉人权利的一项具体规范。

两审终审制的具体内容是，除最高人民法院以外的地方各级人民法院，按照第一审程序对案件审理后所作出的判决、裁定，尚不发生法律效力；在法定期限内，享有上诉权的人没有提出上诉，同级人民检察院也没有提出抗诉，一审的判决、裁定发生法律效力并交付执行。

我国的两审终审制有两个例外形式，一是死刑案件，经过二审终审后，还需经过死刑复核程序。二是在法定刑以下判处刑罚的案件，应当报请最高人民法院核准。

五、审判组织

审判组织，是指人民法院审理案件的具体组织形式。《刑事诉讼法》第 178 条规定，人民法院审判刑事案件的法定审判组织有独任审判和合议庭两种形式。根据第 180 条的规定，审判委员会对一些疑难、复杂、重大的案件有讨论决定权，因此也具有审判组织的性质。对此，学说上有不同见解。

人民法院内部，根据《人民法院组织法》规定而设置的其他机构，例如刑事审判庭、民事审判庭、行政审判庭、告诉申诉庭、执行局等业务职能部门，以及政治部、办公室、政策研究室、案件管理中心等行政工作部门，不属于审判组织，与审判组织的性质和任务不同。

(一)独任庭

独任庭，是指案件由审判员一人独任审判的审判组织形式。以独任庭审判案件的制度，称为独任审判制。根据《刑事诉讼法》第 178 条第 1 款规定，独任庭必须符合三个基本条件：第一，基层人民法院的第一审程序；第二，基层人民法院适用简易程序的案件；第三，可以由审判员一人独任审判，是选择条件。

适用简易程序的第一审刑事案件包括：①案件事实清楚、证据充分的；②被告人承认自己所犯罪行，对指控的犯罪事实没有异议的；③被告人对适用简易程序没有异议的。

但是，并不是所有适用简易程序的案件都由审判员一人独任审判。

(二)合议庭

合议庭，是指依法由数名审判员或者由数名审判员和人民陪审员组成，对案件实行集体审判的基本审判组织形式。以合议庭审判案件的制度，称为合议审判制，简称合议制。

合议庭是审判组织的主要形式。除了法律规定可以适用独任庭审判之外，其他案件的审判都必须适用合议庭进行审理并作出判决。

1. 合议庭的组成

根据《刑事诉讼法》第 178 条的规定，合议庭组成人数因人民法院级别和审级不同而不同，但是，所有合议庭的组成人员应当是单数。

(1)基层人民法院、中级人民法院审判第一审刑事案件，应当由审判员 3 人或者由审判员和人民陪审员共 3 人组成合议庭进行。

(2)高级人民法院、最高人民法院审判第一审刑事案件，应当由审判员 3 人至 7 人或者由审判员和人民陪审员共 3 人至 7 人组成合议庭进行。

(3)第二审人民法院审判上诉和抗诉案件，由审判员 3 人至 5 人组成合议庭进行。

(4)《刑事诉讼法》第 245 条规定，审判监督程序合议庭的组成按照生效裁判的审级确定。如果生效裁判为第一审判决，按第一审合议庭组成开庭；如果原生效裁判为第二审判决，即按第二审合议庭的组成开庭。

(5)《刑事诉讼法》第 238 条规定，最高人民法院复核死刑案件，高级人民法院复核死刑缓期执行案件，应当由审判员 3 人组成合议庭进行。

合议庭由审判员、助理审判员或者人民陪审员随机组成，人民陪审员参加合议庭，应当从人民陪审员名单中随机抽取产生。

2. 合议庭履行审判职责

合议庭的内部构成分为审判长、承办法官、参审法官或者人民陪审员。合议庭全体成员共同参加案件的审理、评议和裁判，依法享有平等参与案件审判的权利，依法共同履行审判职责。人民陪审员在人民法院执行职务，同审判员有同等的权利，但是不能担任审判长和承办人。最高院《解释》第 175 条规定，审判长由审判员担任。

《刑事诉讼法》第 178 条第 6 款规定，合议庭由院长或者庭长指定审判员 1 人担任审判长。院长或者庭长参加审判案件的时候，自己担任审判长。

合议庭的工作主要是担任案件的审理工作，主要包括：主持或者指导审查公诉做好开庭前的准备、主持开庭审理案件、经过评议后作出裁判。

3. 合议庭对案件的评议和裁判

根据《刑事诉讼法》第 179 条和第 180 条、最高院《解释》第 176 条和第 178 条的规定，合议庭负责对案件进行评议，并作出判决。

开庭审理和评议案件，应当由同一合议庭进行。合议庭的评议如果有意见分歧，按“少数服从多数”的原则表决，应当按照多数人意见作出决定，但是少数人的意见应当写入笔录。根据《刑事诉讼法》第 180 条的规定，合议庭开庭审理并且评议后，应当作出判决。对于疑难、复杂、重大的案件，合议庭认为难以作出决定的，由合议庭提请院长决定提交审判委员会决定。对于审判委员会的决定，合议庭应当执行。

合议庭评议案件应当写成评议笔录。评议笔录由合议庭的组成人员签名。

(三)审判委员会

审判委员会是人民法院内部设立的，对审判工作实行集体领导的组织形式。《人民法院组织法》第 10 条规定，各级人民法院设立审判委员会，试行民主集中制。审判委员会由院长提名，由同级国家权力机关任免。

审判委员会一般由院长、副院长，各庭庭长以及资深审判员组成，各级人民法院应当配备若干名审判委员会专职委员。院长是审判委员会的主持者。同级人民检察院检察长可以列席审判委员会的讨论会议，作为法律监督的代表可发表意见和建议，但不能参加表决。

1. 审判委员会的职责

第一，讨论决定疑难、复杂、重大案件。这是审判委员会日常工作的重点部分。刑事诉讼中，最高院《解释》第 178 条规定，下列疑难、复杂、重大的案件，合议庭应当或者可以提请院长决定提交审判委员会讨论决定：①拟判处死刑的案件、人民检察院抗诉的，合议庭应当提请院长决定提交审判委员会讨论决定；②合议庭成员意见有重大分歧的案件、新类型案件、社会影响重大的案件以及其他疑难、复杂、重大的案件，合议庭认为难以作出决定的，可以提请院长提交审判委员会讨论决定；③人民陪审员可以要求合议庭将案件提请院长决定是否提交审判委员会讨论决定；④独任审判的案件，审判员认为有必要的，也可以提请院长决定提交审判委员会讨论决定。

第二，总结审判工作经验。通过总结审判工作经验，不断提高审判水平保证人民法院审判工作的正确性和权威性。

第三，讨论和决定有关审判工作的其他问题。比如：对本院的生效判决或者裁定，发现确有错误，必须提交审判委员会处理；决定本院院长是否回避等问题。

第四，听取审判业务部门的工作汇报，或者讨论决定指导性案例。

2. 审判委员会与合议庭的关系

根据《刑事诉讼法》第 180 条的规定，“审判委员会的决定，合议庭应当执行”。这表明，审判委员会与合议庭之间存在着领导与被领导的关系。但是二者实际上存在区别。

第一，二者性质不同。合议庭为审判案件的基本组织形式，直接审判案件；审判委员会是人民法院内部对审判工作实行集体领导的最高组织形式，审判委员会有权讨论合议庭认为难以作出判决的案件，有权改变合议庭的决定，合议庭应当执行，但它不直接审理案件。

第二，二者组成形式不同。对于合议庭组成人员，法律有明确规定，他们负责具体案件审判工作，案件审判结束就自动解散；审判委员会是法院内部常设机构，组成人员较多，不因具体案件而设，有相对固定的任期。

第三，二者成员获得资格不同。合议庭成员由庭长或院长指定；审判委员会成员是由院长提名、同级人大常委会任命的。

六、判决、裁定和决定

在审判程序中，人民法院经过审理之后应当作出判决或者裁定。判决或者裁定，是审判的结果，是人民法院终结审判程序的意思表示。我国《刑事诉讼法》第 195 条规定，第一审审理程序之后，合议庭根据已经查明的事实、证据和有关的法律规定，分别作出判决。除了判决之外，刑事诉讼程序中人民法院还有权作出裁定、决定两种处理方式和司法文书。人民法院作出的判决、裁定，以判决书、裁定书形式出现，在司法实践中通常称为裁判文书。

公安机关、人民检察院、人民法院在刑事诉讼过程中依据事实和法律对案件的程序问题或者一些实体问题作出处理，称为决定。这三种处理决定对刑事诉讼中的国家专门机关、诉讼参与人或者其他机构和个人具有一定范围和一定程度的约束力。

判决、裁定和决定是公安机关、人民检察院、人民法院具体刑事诉讼活动的载体。公安机关、人民检察院、人民法院动态的诉讼活动通过静态的诉讼文书得以体现。

(一)判决

1. 判决的概念

判决，是人民法院通过审理案件，就案件有关定罪量刑的实体问题所作出的处理决定。具体地说，就是人民法院根据法庭调查，核实证据，在听取控辩双方质证和辩论的基础上，对被告人的刑事责任以及损害赔偿等问题进行评议，并作出处理决定。判决是人民法院代表国家行使审判权，在具体案件中适用法律的裁判形式和裁判公告。判决是执行机关的执行依据。

从刑事诉讼理论上说，判决具有强制性、稳定性、排他性三个特点。

第一，判决具有强制性。判决的强制性表现在，判决一经生效，执行机关就应当按照判决内容强制执行，不仅当事人应当遵守，任何机关、团体和个人都应当遵守，体现审判权和国家司法的严肃性。执行机关强制执行，拒不执行判决的行为，情节严重的，构成犯罪，追究刑事责任。

第二，判决具有稳定性。判决的稳定性，从理论上说就是判决的既判力，表现为生效判决内容与效力维持不变。判决一经作出，尤其是生效判决，任何其他机关、团体、企事业单位和公民个人都无权变更或者撤销，这是判决的形式效力。如果判决在认定事实或者适用法律上确有错误，只有人民法院依照审判监督程序进行再审，才能变更或者撤销原判决。判决的稳定性体现国家审判权的权威和司法公信力。

第三，判决具有排他性。判决的排他性表现为，人民法院对同一案件的事实通过判决确认之后，不能再行起诉，再行审理，这是判决的实质效力。换言之，同一案件不得同时有两个结论，两个判决。英美法有“禁止双重危险”原则，大陆法有“一事不再理”原则，体现判决具有排他性。

根据《刑事诉讼法》第195条的规定，人民法院作出判决分为有罪判决和无罪判决两种。

人民法院对于事实清楚、证据确实和充分的案件，依据法律认定被告人有罪的，作出有罪判决。有罪判决分为两种，一种是有罪判处刑罚的判决，一种是有罪免除刑罚的判决。

人民法院对于事实清楚、证据确实和充分的案件，依据法律认定被告人无罪的，作出无罪判决。无罪判决分为两种，一种是被告人无罪的判决，一种是证据不足、指控的犯罪不能成立的无罪判决。后一种无罪判决依据《刑事诉讼法》第

195 条第 3 项的规定，“如果证据不足，不能认定被告人有罪的，合议庭应当作出证据不足、指控的犯罪不能成立的无罪判决”。这是“罪疑从无”在审判程序中的体现。

2. 判决书

判决书是判决的书面表现形式，是人民法院行使国家审判权处理案件的重要法律文书。判决书是人民法院将案件的判决意见以及形成判决的理由制作成诉讼文书格式，送达相关机关和诉讼当事人，并对外公布。

判决书由合议庭或者独任审判员负责制作。制作判决书，要求叙述事实清楚，证据充分，引用法律条文正确，判决结论明确；同时应当逻辑严密，繁简得当，通俗易懂，标点符号正确，切忌语言和词句模棱两可。

根据最高人民法院发布的《法院刑事诉讼文书样式》（样本）的规定格式，刑事判决书的内容应当包括：

（1）首部。写明审理案件的人民法院名称，判决书类别、案号；公诉机关及公诉人、当事人、辩护人、诉讼代理人的基本情况；案由和案件来源；开庭审理的时间、地点、审判组织的情况，是否公开审理的情况等。

（2）事实部分。事实是判决的基础，是判决理由和判决结果的根据。事实部分包括四个方面：人民检察院指控被告人犯罪的事实和证据材料；被告人供述和辩解、辩护人辩护意见；经法庭审理查明的事实；据以定案的证据。

（3）理由部分。理由是判决的核心，是联系案件事实和判决结果的逻辑纽带，是法院判决具有权威的基础，因此，理由部分必须具有说服力。判决书的理由部分应当阐明控诉方的指控是否成立，被告人的行为是否构成犯罪，构成什么犯罪，犯罪情节，依法应当如何处理等实体法事项；应当写明法庭经过审理之后，据以作出判决的理由和法律依据。

（4）结论部分。结论部分写明判决结果，依据法律具体规定，对被告人作出定性处理的结论。判决书的结论部分应当明确表达对被告人的判决结果，有罪判决要写明判决的罪名、刑罚种类、刑期或者免于刑事处罚的意见；数罪并罚应当分别写明数罪罪名以及判处刑罚和决定执行的刑罚；被告人被羁押的，写明刑期折抵情况和实际执行刑罚的起止时间；缓刑的应写明缓刑考验期间；附带民事诉讼，应当写明调解或者判决处理情况；有涉案财物的，应写明涉案财物的处理情况。无罪判决应写明认定被告人无罪的事实和法律根据。

（5）尾部。第一审判决书应当写明被告人享有上诉权利，写明上诉期限、上诉法院、上诉方式和途径；写明合议庭组成人员或独任审判员和书记员姓名；宣告判决日期，判决书制作日期；判决书应当加盖审判案件的人民法院印章。

(二)裁定

裁定，是人民法院在审理案件过程中或者判决执行过程中，对诉讼程序问题和部分实体问题所作的决定。裁定的法律性质和特点与判决基本一样，二者具有同等的法律效力，同样具有强制性、稳定性和排他性。裁定一经生效，必须执行，拒不执行裁定，情节严重的，构成犯罪。

裁定分为程序裁定和实体裁定。在一审、二审、核准死刑、审判监督程序或者特别程序中，人民法院就法定事项作出裁定。裁定以书面形式为主，裁定书的制作与判决书基本一致，如果以口头形式作出裁定，应当写入审判笔录，法律效力与书面裁定相同。

人民法院适用裁定的范围由法律规定，《刑事诉讼法》规定的裁定主要包括：

(1)针对实体问题作出裁定。主要包括：减刑，假释，撤销缓刑，减免罚金，犯罪嫌疑人、被告人逃匿、死亡案件违法所得的没收，适用裁定。

(2)针对程序问题的裁定。主要包括：是否恢复诉讼期限；中止审理；驳回自诉；二审驳回上诉或者抗诉，维持原判；宣告终止审理；二审撤销原判并发回重审；核准或者不核准死刑；死刑案件在执行前，如果发现可能有错误，应当暂停执行，报请最高人民法院裁定。

(三)决定

决定是公安机关、人民检察院和人民法院在诉讼过程中，对有关诉讼程序问题所作的一种处理方式。

按照诉讼程序阶段划分，决定可分为侦查程序作出的决定、起诉程序作出的决定和审判程序作出的决定。按照制作形式划分，可以是书面决定或者口头决定，口头决定应当写入笔录，与书面决定具有相同效力。

公安机关、人民检察院、人民法院适用决定的范围广泛。根据《刑事诉讼法》的规定，决定主要适用于解决如下程序问题：立案或者不立案的决定；对申请回避是否同意的决定；退回补充侦查决定；采取或者变更强制措施决定；实施侦查措施的决定；延长侦查羁押期限的决定；起诉决定；不起诉决定；撤销案件决定，开庭审判的决定；法庭审理过程中对当事人和辩护人、诉讼代理人申请通知新的证人到庭、调取新的物证、重新勘验、鉴定是否同意的决定；延期审理的决定；抗诉的决定；提起审判监督的决定；未成年人附条件不起诉决定；对依法不负刑事责任的精神病人进行强制医疗的决定等。

第二节　第一审程序的概念和意义

一、第一审程序的概念

第一审程序，也称初审程序，是指人民法院对人民检察院提起公诉或者自诉人提起自诉的刑事案件进行初次审判的诉讼程序。由于公诉案件和自诉案件的性质、危害程度以及提起控诉的主体不同，我国《刑事诉讼法》对审判公诉案件和自诉案件的第一审程序分别作出规定，最高院《解释》具体地将第一审程序区分为公诉案件第一审普通程序、自诉案件第一审程序和简易程序。

公诉案件第一审普通程序分为审判准备程序和审判程序两个阶段，我国《刑事诉讼法》采取人民检察院起诉审查制度，因此，公诉案件在提起公诉之后，应当直接进入审判程序。据此，《刑事诉讼法》第 181 条规定的人民法院对提起公诉的案件进行审查，应当是纯粹的程序性审查。

根据最高院《解释》第 9 章规定，公诉案件第一审普通程序具体分为四个方面的内容：审查受理与庭前准备、宣布开庭与法庭调查、法庭辩论与(被告人)最后陈述、评议案件与宣告判决。这与理论上的程序阶段划分并不相同，但是，这种司法解释具有合理性。

自诉案件第一审程序，根据案件类型的特点作出特殊规定，没有特殊规定的，应当参照和准用公诉案件第一审普通程序规范进行。

简易程序是第一审普通程序的简化，《刑事诉讼法》对案件的受理法院、适用案件范围和审判程序作出专门规定。

第一审程序是人民法院审判活动的基本程序，是刑事诉讼的重要阶段。第一审程序作为刑事审判活动的开端，有其自身任务：其一，通过法定的审判方式、方法及其程序，保障人民法院在公诉人、当事人和其他诉讼参与人的参加下，客观全面地调查证据，审核证据，认定案件事实，适用法律，依法解决被告人的刑事责任问题，使有罪者承担法律责任，无罪者不受刑事追究；其二，通过审判进行法制宣传，使参与审判和参加旁听的人员接受法制教育，通过庭审最大限度地实现《刑事诉讼法》的任务。

二、第一审程序的意义

第一审程序在刑事诉讼审判程序乃至整个刑事诉讼中均具有重要意义：

首先，就整个刑事诉讼活动过程来看，审判程序是整个刑事诉讼中具有决定意义的诉讼阶段，而在刑事审判程序中，第一审程序处于中心环节，是随后各个审判程序阶段的先行和基础程序。无论是公诉案件还是自诉案件，人民法院在第一审程序进行完整的实体审理。立案、侦查、起诉阶段所收集和审查的案件事实及其证据材料，在第一审程序中接受审判，由人民法院认定并作出裁判。第一审程序之后的审判程序，是对第一审程序认定的案件事实、依据的证据材料和适用的法律等问题进行的复审、复查或者执行，必须建立在第一审程序的基础之上。从程序上说，第一审程序的法律规定也是后续审判程序参照实行的规范标准。

其次，第一审程序是实现刑事诉讼基本任务的主要阶段。在第一审程序中，刑事诉讼基本原则和具体制度得以贯彻实施，通过第一审程序"准确、及时地查明犯罪事实，正确地应用法律"，使得刑事诉讼"惩罚犯罪，保护无辜"的目的和任务得以实现。

第三，从刑事诉讼效率的角度看，保证和提高第一审程序的审判质量，可以减少具体刑事案件的上诉、抗诉和申诉，缩短刑事案件的诉讼周期，从而减轻人民法院和诉讼参与人的诉讼负担，节约国家的司法资源，节省诉讼成本，提高诉讼效率。

第三节 公诉案件第一审普通程序

公诉案件第一审普通程序，是指人民法院对人民检察院提起公诉的案件进行第一次审判必须遵循的程序。我国刑事诉讼理论上通常认为，该程序的主要内容包括庭前审查、庭前准备、法庭审判、延期和中止审理、评议和宣判等诉讼环节。根据《刑事诉讼法》和最高院《解释》规定，公诉案件第一审普通程序包括审查受理与庭前准备、宣布开庭与法庭调查、法庭辩论与(被告人)最后陈述、评议案件与宣告判决四项内容。

一、审查受理与庭前准备

(一)公诉案件的审查受理

1. 审查与受理

所谓公诉案件的审查受理，是指人民法院对于人民检察院提起公诉的案件，依法进行审查，并按照法律规定进行处理，对符合起诉条件的案件决定受理并开庭审判的诉讼活动。理论上也称为庭前审查、对公诉案件的审查。从比较法视角看，国外对公诉案件的庭前审查的规定并不统一，例如在美国法中，重罪案件在交付审判时应当经过预审(priliminary hearing)，治安法官对于被逮捕的犯罪嫌疑人是否具有形式上的起诉原因以及相当的证据进行预先审查，决定是否交付正式审判。德国的庭前审查程序称为中间程序(Zwischenverfahren)，由有管辖权的法院对检察机关的起诉进行审查，决定是否进行审判或者要求补充证据。日本法上没有庭前审查公诉的程序，公诉一经提起，即进入公审程序。

2. 审查的内容

我国《刑事诉讼法》第181条对开庭前的审查作出规定，“人民法院对提起公诉的案件进行审查后，对于起诉书中有明确的指控犯罪事实的，应当决定开庭审判”。人民法院在接受人民检察院提起公诉的案件后，并不直接地对案件进行实体审理，而首先对案件是否具备法律规定的开庭审判条件进行审查。这种审查是一种形式审查，是第一审程序的必经阶段和环节。

在公诉案件的审查受理中，人民法院在收到起诉书和案卷证据后，指定审判人员进行审查，确定提起公诉的案件是否符合开庭审判的条件，根据最高院《解释》第180条的规定，审查以下内容：①是否属于本院管辖。②起诉书是否写明被告人的身份，是否受过或者正在接受刑事处罚，被采取强制措施的种类、羁押地点，犯罪的时间、地点、手段、后果以及其他可能影响定罪量刑的情节。③是否移送证明指控犯罪事实的证据材料，包括采取技术侦查措施的批准决定和所收集的证据材料。④是否查封、扣押、冻结被告人的违法所得或者其他涉案财物，并附证明相关财物依法应当追缴的证据材料。⑤是否列明被害人的姓名、住址、联系方式；是否附有证人、鉴定人名单；是否申请法庭通知证人、鉴定人、有专门知识的人出庭，并列明有关人员的姓名、性别、年龄、职业、住址、联系方式；是否附有需要保护的证人、鉴定人、被害人名单。⑥当事人已委托辩护人、诉讼代理人，或者已接受法律援助的，是否列明辩护人、诉讼代理人的姓名、住址、联系方式。⑦是否提起附带民事诉讼；提起附带民事诉讼的，是否列明附带民事诉讼当事人的姓名、住址、联系方式，是否附有相关证据材料。⑧侦查、审查起诉程序的各种法律手续和诉讼文书是否齐全。⑨有无《刑事诉讼法》第15条第2项至6项规定的不追究刑事责任的情形。

对公诉案件的庭前审查，只能从程序要件的角度判断起诉的案件是否具备开庭审判的条件，不涉及案件实体问题的审查和判断。

3. 审查后的处理

根据《刑事诉讼法》第181条、六部门《规定》第25条和最高院《解释》第181

条等的规定，人民法院对提起公诉的案件进行审查后，应当按照不同情况分别处理，包括依法受理、退回人民检察院、通知人民检察院补送材料三种。

(1)属于告诉才处理的案件，应当退回至人民检察院，并告知被害人有权提起自诉；

(2)不属于本院管辖或者被告人不在案的，应当退回至人民检察院；

(3)需要补充材料的，应当通知人民检察院在3日内补送；

(4)依照《刑事诉讼法》第195条第3项规定宣告被告人无罪后，人民检察院根据新的事实、证据重新起诉的，应当依法受理；

(5)依照最高院《解释》第242条规定裁定准许撤诉的案件，没有新的事实、证据，重新起诉的，应当退回人民检察院；

(6)符合《刑事诉讼法》第15条第2项至6项规定情形的，应当裁定终止审理或者退回人民检察院；

(7)被告人真实身份不明，但符合《刑事诉讼法》第158条第2款规定的，应当依法受理。

对公诉案件是否受理，应当在7日内审查完毕。审查期限计入人民法院的审理期限。

(二)审理公诉案件的庭前准备

所谓庭前准备，就是开庭审判前的准备工作。人民法院决定对提起公诉的案件开庭审理后，应当根据《刑事诉讼法》第182条和最高院《解释》第182条至189条的规定，在开庭审理前应该做好与开庭有关的各项准备工作，以保证法庭审判的顺利进行。

(1)确定审判长及合议庭组成人员。

人民法院审判公诉案件的第一审普通程序，除法律规定适用简易程序的案件外，应当组成合议庭进行。书记员不是合议庭组成人员。

(2)将人民检察院的起诉书副本至迟在开庭10日以前送达被告人及其辩护人。

对于被告人未委托辩护人的，告知被告人可以委托辩护人，或者在必要的时候，指定承担法律援助义务的律师为其提供辩护。同时，最高院《解释》第182条第3项规定，人民法院应当通知当事人、法定代理人、辩护人、诉讼代理人在开庭5日前提供证人、鉴定人名单，以及拟当庭出示的证据；申请证人、鉴定人、有专门知识的人出庭的，应当列明有关人员的姓名、性别、年龄、职业、住址、联系方式。

(3)人民法院确定开庭日期后，应当将开庭时间、地点在开庭3日以前通知人民检察院。《刑事诉讼法》第184条规定，人民法院审判公诉案件，人民检察院应当派员出席法庭支持公诉。

(4)人民法院确定开庭日期后，应当将传唤当事人的传票和通知辩护人、诉讼代理人、证人、鉴定人和翻译人员的通知书，至迟在开庭3日以前送达。通知有关人员出庭，也可以采取电话、短信、传真、电子邮件等能够确认对方收悉的方式。

关于通知被害人出庭问题，《刑事诉讼法》第182条未明确规定，但结合第186条的明确规定，公诉人在法庭上宣读起诉书后，被害人可以就起诉书指控的犯罪进行陈述；经审判长许可，被害人可以向被告人发问。因此，人民法院在开庭前，应当通知被害人出庭。

(5)公开审判的案件，在开庭3日以前先期公布案由、被告人姓名、开庭时间和地点。

(6)在开庭以前，审判人员可以召集公诉人、当事人和辩护人、诉讼代理人，对回避、出庭证人名单、非法证据排除等与审判相关的问题，了解情况，听取意见。

开庭之前审判人员听取公诉人和相关诉讼参与人的意见，也称为庭前会议、庭前预备会议。最高院《解释》第183条规定，案件具有下列情形之一的，审判人员可以召开庭前会议：①当事人及其辩护人、诉讼代理人申请排除非法证据的；②证据材料较多、案情重大复杂的；③社会影响重大的；④需要召开庭前会议的其他情形。召开庭前会议，根据案件情况，可以通知被告人参加。

最高院《解释》第184条规定，召开庭前会议，审判人员可以就下列问题向控辩双方了解情况，听取意见：①是否对案件管辖有异议；②是否申请有关人员回避；③是否申请调取在侦查、审查起诉期间公安机关、人民检察院收集但未随案移送的证明被告人无罪或者罪轻的证据材料；④是否提供新的证据；⑤是否对出庭证人、鉴定人、有专门知识的人的名单有异议；⑥是否申请排除非法证据；⑦是否申请不公开审理；⑧与审判相关的其他问题。审判人员可以询问控辩双方对证据材料有无异议，对有异议的证据，应当在庭审时重点调查；无异议的，庭审时举证、质证可以简化。

(7) 开庭前的各项准备工作的活动情形，应当分别写入笔录，由审判人员和书记员签名。

二、法庭审判程序

法庭审判程序，也称法庭审判阶段，是人民法院依法组成的审判组织通过开庭的方式，在公诉人、当事人和其他诉讼参与人的参加下，通过法庭调查，审查核实证据，查清案件事实，通过法庭辩论，充分听取控辩双方对证据、案件事实和法律适用的意见，依法确定被告人的行为是否构成犯罪，应否受到刑事处罚，以及判处何种刑事处罚的诉讼活动。

根据《刑事诉讼法》规定，法庭审判程序大致包括宣布开庭、法庭审理、法庭辩论、被告人最后陈述、评议和宣判五个相对独立的阶段。

(一)宣布开庭

最高院《解释》将这一阶段称为“宣布开庭”，作为正式进行法庭审判前的准备阶段。《解释》第189条规定，宣布开庭前，书记员应当依次进行下列工作：①受审判长委托，查明公诉人、当事人、证人及其他诉讼参与人是否已经到庭；②宣读法庭规则；③请公诉人及相关诉讼参与人入庭；④请审判长、审判员(人民陪审员)入庭；⑤审判人员就座后，向审判长报告开庭前的准备工作已经就绪。

根据《刑事诉讼法》第185条和最高院《解释》第190条至194条的规定，宣布开庭阶段的内容和程序有：

(1)审判长宣布开庭，传被告人到庭后，应当查明被告人情况：①姓名、出生日期、民族、出生地、文化程度、职业、住址，或者被告单位的名称、住所地、诉讼代表人的姓名、职务；②是否受过法律处分及处分的种类、时间；③是否被采取强制措施及强制措施的种类、时间；④收到起诉书副本的日期；有附带民事诉讼的，附带民事诉讼被告人收到附带民事起诉状的日期。被告人较多的，可以在开庭前查明上述情况，但开庭时审判长应当作出说明。

(2)审判长宣布案件的来源、起诉的案由、附带民事诉讼当事人的姓名及是否公开审理。依法不公开审理的案件，应当当庭宣布理由。

(3)审判长宣布合议庭的组成人员、书记员、公诉人名单及辩护人、鉴定人和翻译人员等诉讼参与人的名单。

(4)审判长应当告知当事人及其法定代理人、辩护人、诉讼代理人在法庭审理过程中依法享有的诉讼权利：①可以申请合议庭组成人员、书记员、公诉人、鉴定人和翻译人员回避；申请回避适用《刑事诉讼法》有关规定。②可以提出证据，申请通知新的证人到庭、调取新的证据，申请重新鉴定或者勘验、检查。③被告人可以自行辩护。④被告人在法庭辩论终结后有最后陈述的权利。

(5)审判长应当询问当事人及其法定代理人、辩护人、诉讼代理人是否申请回避、申请何人回避和申请回避的理由。申请回避的，依照《刑事诉讼法》及最高院《解释》的有关规定处理。同意或者驳回回避申请的决定及复议决定，由审判长宣布，并说明理由。必要时，也可以由院长到庭宣布。

宣布开庭程序结束后，进入下一个阶段，审判长主持法庭调查。

(二)法庭调查

法庭调查，是由审判人员主持，在公诉人、当事人、辩护人及其他诉讼参与人的参加下，围绕起诉书指控的犯罪事实，合议庭听取公诉人的举证、控诉和辩护双方的质证，当庭审查、核实证据，认定案件事实的全部诉讼活动过程。法庭调查是案件进入实体审理的一个重要阶段，是法庭审判的核心环节。法庭调查的范围和重心是人民检察院起诉书指控被告人的犯罪事实和证明被告人有罪或者无罪、罪重或者罪轻的各种证据。

根据《刑事诉讼法》第186条至192条、最高院《解释》第195条至227条的规定，法庭调查按照以下步骤和程序进行：

1. 公诉人宣读起诉书

审判长宣布法庭调查开始后，应当首先由公诉人宣读起诉书。有附带民事诉讼的，再由附带民事诉讼原告人或者其代理人、诉讼代理人宣读附带民事诉状。

2. 被告人、被害人陈述

公诉人宣读起诉书后，被告人、被害人可以就起诉书指控的犯罪进行陈述。该阶段被告人、被害人陈述的实质，是各自对起诉书指控的犯罪事实发表意见，不是辩论。

3. 对被告人讯问和发问

在审判长主持下，公诉人在被告人、被害人首次陈述后，可以直接讯问被告人；对共同犯罪的被告人应当分别讯问；被害人、附带民事诉讼的原告人和辩护人、诉讼代理人，经审判长许可，可以向被告人发问；审判人员可以讯问被告人。

该程序阶段的核心内容是讯问被告人和向被告人发问。在审判长的主持下，控、辩、审三方依次进行讯问或者发问，避免审判人员与被告人在法庭调查中直接对抗。以公诉人、辩护人为主的讯问或者发问，审判人员处于中立地位，客观地听取双方意见，从而有利于审判人员公正查明案件事实。审判人员讯问被告人应当审慎进行，不能带有指控倾向。

我国刑事诉讼程序中，法庭调查采取提问与回答的问答方式是程序参与者相互沟通的方法，是审查核实被告人供述和辩解、证人证言等言辞证据的基本程序手段，符合审判的言辞原则。法庭调查中的问答方式与法庭辩论阶段控辩双方采取辩论、发表意见的方式并不相同。我国《刑事诉讼法》第186条、第189条等使用“讯问”“发问”和“询问”三种法律用语，应当区别对待。“讯问”是指公诉人、审判人员对被告人的直接提问，无需经审判长许可。“发问”是指被害人、附带民事诉讼原告人和辩护人、诉讼代理人等诉讼参与人对被告人的提问，以及公诉人、当事人和辩护人、诉讼代理人对出庭作证的证人、鉴定人的提问，应当经审判长许可。“询问”是指审判人员对出庭作证的证人、鉴定人的直接提问。

4. 询问证人、鉴定人

询问证人、鉴定人是法庭调查阶段的重要环节。我国刑事诉讼立法上，证人和鉴定人没有必须出庭作证的义务,《刑事诉讼法》第 59 条和《刑事诉讼法》第 187 条的规定表明，证人证言必须在法庭上接受接受控辩双方的质证和查实，但不要求证人必须出庭作证，司法实践中，证人出庭作证的比例甚少，有学者将其称为“关键证人出庭作证”制度。①

(1)证人、鉴定出庭作证的法律规定

根据《刑事诉讼法》第187条第1款的规定，“公诉人、当事人或者辩护人、诉讼代理人对证人证言有异议，且该证人证言对定罪量刑有重大影响，人民法院认为证人有必要出庭作证的，证人应当出庭作证”。第 187 条第 3 款第 1 句规定，“公诉人、当事人或者辩护人、诉讼代理人对鉴定意见有异议，人民法院认为鉴定人有必要出庭作证的，鉴定人应当出庭作证”。

最高院《解释》第202条、第203条、第205条对此作出规定，采取“申请出庭作证”程序，申请法庭通知证人、鉴定人出庭作证，人民法院认为有必要的，应当通知证人、鉴定人出庭；无法通知或者证人、鉴定人拒绝出庭的，应当及时告知申请人。

此外,《刑事诉讼法》第 187 条第 2 款规定，人民警察就其执行职务时目击的犯罪情况作为证人，参照第 1 款规定出庭作证。解释上，“执行职务”应当作狭义理解，是指人民警察行政执法活动中执行职务，目击犯罪情况，不包括犯罪侦查中执行职务，因为侦查中的执行职务是侦查行为，不能作为证人对待。行政执法中发现犯罪活动发生的人民警察作为目击人，在刑事诉讼中的角色和诉讼地位是证人，适用证人的规定。

概括起来说，根据法律规定，证人出庭作证需要同时满足四个条件：其一，公诉人、当事人或者辩护人、诉讼代理人对证人证言有异议；其二，有关证人证言对定罪量刑有重大影响；其三，人民法院认为证人有必要出庭作证；其四，提请或者申请人民法院准许。

(2)强制证人出庭作证及其例外

《刑事诉讼法》第 188 条第 1 款规定，“经人民法院通知，证人没有正当理由不出庭作证的，人民法院可以强制其到庭，但是被告人的配偶、父母、子女除外”。该条款是关于证人强制出庭作证的法律规定，但是不适用于鉴定人，鉴定人拒不出庭作证的，鉴定意见不得作为定案的根据。最高院《解释》第 208 条规定，强制证人出庭的，应当由院长签发强制证人出庭令。

强制证人出庭作证的规定，对证人具有强制性，《刑事诉讼法》第 188 条第 2 款规定，“证人没有正当理由拒绝出庭或者出庭后拒绝作证的，予以训诫，情节严重的，经院长批准，处以 10 日以下的拘留。被处罚人对拘留决定不服的，可以向

① 参见王永杰:《从讯问到询问：关键证人出庭作证制度研究》，法律出版社 2013 年版。

上一级人民法院申请复议。复议期间不停止执行”。关于“有正当理由”不出庭，可以参照最高院《解释》第206条规定的四种情形：在庭审期间身患严重疾病或者行动极为不便的；居所远离开庭地点且交通极为不便的；身处国外短期无法回国的；有其他客观原因，确实无法出庭的。

强制证人出庭作证的例外是，被告人的配偶、父母、子女有权拒绝出庭作证。这一规定在理论上属于证人出庭义务的免除，具有正当性。在国外制度中，英美法系有证人特权，大陆法系有证人拒绝作证权或者证人沉默权。

(3)证人、鉴定人出庭作证

证人出庭作证义务的履行包含了如实作证义务，《刑事诉讼法》第189条第1款第1句规定，证人作证，审判人员应当告知他要如实地提供证言和有意作伪证或者隐匿罪证要负的法律责任。本条适用于鉴定人出庭作证。

证人、鉴定人出庭作证，公诉人、当事人和辩护人、诉讼代理人经审判长许可，可以对证人、鉴定人发问。向证人发问，发问的内容应当与本案事实有关；不得以诱导方式发问；不得威胁证人；不得损害证人的人格尊严。审判长认为发问内容与案件无关的时候，应当制止。审判人员可以询问证人、鉴定人。

为了保证出庭作证证人和鉴定人回答问题的客观性和真实性，最高院《解释》第216条规定，向证人、鉴定人发问应当分别进行。证人、鉴定人不得旁听本案的审理。

5. 出示物证，宣读证言笔录、鉴定意见、勘验笔录和其他文书等证据材料

出示、宣读、播放、审核证据材料是法庭调查的一项重要内容。只有经过法庭调查核实的证据材料，才能作为人民法院认定案件事实的根据，任何证据材料如果未经庭审调查核实，不能作为定案根据。

《刑事诉讼法》第190条规定，“公诉人、辩护人应当向法庭出示物证，让当事人辨认，对未到庭的证人的证言笔录、鉴定人的鉴定意见、勘验笔录和其他作为证据的文书，应当当庭宣读。审判人员应当听取公诉人、当事人和辩护人、诉讼代理人的意见”。该条规定集中调查核实证据材料的方式和程序。

(1)公诉人向法庭出示物证，让当事人辨认。

公诉案件中的物证是侦查机关收集并移送起诉的证据材料，所以是公诉人向法庭出示，让当事人辨认。本条所称物证，应该进行广义解释，涉及物证的照片、录像资料、视听资料和电子数据都应当向法庭出示，让当事人辨认。

当庭出示的物证应当移交人民法院，尚未移送的，应当在质证后移交法庭。

(2)公诉人、辩护人当庭宣读未到庭的证人的证言笔录、鉴定人的鉴定意见、勘验笔录和其他作为证据的文书。

根据直接言辞原则，作为证据的所有笔录或者文书证据，应当当庭宣读。公诉人、当事人和辩护人、诉讼代理人应当就这些证据发表意见。各种笔录和文书

证据，由收集、提供者进行宣读。

当庭出示的物证应当移交人民法院，尚未移送的，应当在质证后移交法庭。

(3)合议庭对证据有疑问的，可以宣布休庭，对证据进行调查核实。

《刑事诉讼法》第191条第1款规定，法庭审理过程中，合议庭对证据有疑问的，可以宣布休庭，对证据进行调查核实。

对于人民法院调查核实证据的手段和方法，法律规定两种情形：一是人民法院可以依职权进行勘验、检查、查封、扣押、鉴定和查询、冻结；二是可以告知公诉人、当事人及其法定代理人、辩护人、诉讼代理人补充证据或者作出说明。

对于人民法院对证据的调查核实是否属于收集证据，学术上解释不一，不同的解释立场决定解释意见。同时涉及《刑事诉讼法》第50条的规定能否解释为人民法院具有收集证据的职权。司法解释上采取要求补充证据的做法，例如，最高院《解释》第224条规定，人民法院向人民检察院调取需要调查核实的证据材料，或者根据被告人、辩护人的申请，向人民检察院调取在侦查、审查起诉期间收集的有关被告人无罪或者罪轻的证据材料，应当通知人民检察院在收到调取证据材料决定书后3日内移交。

6. 调取新的证据

《刑事诉讼法》第192条规定，“法庭审理过程中，当事人和辩护人、诉讼代理人有权申请通知新的证人到庭，调取新的物证，申请重新鉴定或者勘验”。这是我国法律规定当事人、辩护人和诉讼代理人享有的一项重要的诉讼权利，对于法庭认定案件事实真相十分有益，最高院《解释》第222条规定，对于上述申请，法庭认为有必要的，应当同意，并宣布延期审理。不同意的，应当说明理由并继续审理。

公诉人、当事人及其辩护人、诉讼代理人可以申请法庭通知有专门知识的人出庭，就鉴定人作出的鉴定意见提出意见。这是我国《刑事诉讼法》新增的一项规定，学界多数称之为“专家辅助人”，类似于德国的“法庭辅助人”(Gehilfe des Gerichts)。最高院《解释》第217条规定，公诉人、当事人及其辩护人、诉讼代理人申请法庭通知有专门知识的人出庭，就鉴定意见提出意见的，应当说明理由。法庭认为有必要的，应当通知有专门知识的人出庭。

7. 法庭调查的其他环节

(1)附带民事诉讼的法庭调查

附带民事诉讼部分的法庭调查一般在刑事部分进行完毕之后进行。具体程序以民事诉讼法的有关规定进行。

(2)关于量刑事实、证据的调查

在法庭审理过程中，对与量刑有关的事实、证据，应当进行调查。人民法院除应当审查被告人是否具有法定量刑情节外，还应当根据案件情况审查以下影响量刑的情节。此外，合议庭发现被告人可能有自首、坦白、立功等法定量刑情节，而人民检察院移送的案卷中没有相关证据材料的，应当通知人民检察院移送。

(3)对被告人认罪案件的法庭调查

对被告人认罪的案件，在确认被告人了解起诉书指控的犯罪事实和罪名，自愿认罪且知悉认罪的法律后果后，法庭调查可以主要围绕量刑和其他有争议的问题进行。

(三)法庭辩论

法庭辩论，是指法庭审理过程中由控诉方和辩护方就被告人的行为是否构成犯罪、犯罪性质、罪责轻重、证据是否确实、充分，以及如何量刑等问题，在法庭上发表意见、进行辩论和相互反驳的诉讼活动。

理论上说，法庭辩论作为审判程序中独立的诉讼阶段，是在法庭调查阶段之后进行的。我国《刑事诉讼法》第 193 条第 1 款规定，“法庭审理过程中，对与定罪、量刑有关的事实、证据都应当进行调查、辩论”。第 2 款规定，“经审判长许可，公诉人、当事人和辩护人、诉讼代理人可以对证据和案件情况发表意见并且可以互相辩论”。

上述第 193 条第 1 款规定“调查、辩论”包含辩论，但是本款没有规定主体。结合第 2 款进行体系解释看，应该是法庭对事实、证据进行调查，并且主持法庭辩论，由公诉人、当事人和辩护人、诉讼代理人对事实、证据进行辩论。一般地说，在法庭调查过程中进行的辩论，被称为分散辩论。第 193 条第 2 款规定的法庭调查阶段之后的相互辩论是庭审的独立阶段，由审判长主持，公诉人、当事人和辩护人、诉讼代理人围绕证据和案件情况发表意见、相互辩论，被称为集中辩论。最高院《解释》第 228 条明确规定法庭调查和法庭辩论的区别，“合议庭认为案件事实已经调查清楚的，应当由审判长宣布法庭调查结束，开始就定罪、量刑的事实、证据和适用法律等问题进行法庭辩论”。

最高院《解释》第 229 条规定法庭辩论的顺序：①公诉人发言；②如果被害人及其诉讼代理人出庭的，公诉人发言完毕后，被害人及其诉讼代理人发言；③被告人自行辩护；④辩护人辩护；⑤控辩双方进行辩护。

法庭辩论阶段，公诉人第一次发言，称为发表公诉词，辩护人的第一次发言称为发表辩护词。公诉词是公诉人代表人民检察院，为了揭露犯罪，在总结法庭调查的事实、证据和适用法律的基础上，集中阐明人民检察院对追究被告人刑事责任的意见。重点是阐明被告人犯罪的根据和理由，指出犯罪的危害后果，说明犯罪的根源，提出预防性的意见和建议，以达到出庭支持公诉、宣传法制、教育公民的目的。辩护词是辩护人以法庭调查的基础上，综合全案情况，从保护被告人的权利出发，提出综合性辩护意见。重点是指出公诉方指控的犯罪事实和案件证据中的不实之处和适用法律的其他意见，通过辩论指出被告人应当无罪、罪轻、从轻、减轻、免除处罚的证据、法律根据及其理由，并请求法庭采纳本方意见。

在法庭辩论阶段，人民检察院可以提出量刑建议并说明理由。当事人及其辩护人、诉讼代理人可以对量刑建议提出意见并说明理由。对于被告人认罪的案件，法庭辩论应当主要围绕量刑和其他有争议的问题进行。

法庭辩论过程中，合议庭发现与定罪、量刑有关的新的事实有必要调查的，审判长可以宣布暂停辩论，回复法庭调查，对新的事实调查后，继续法庭辩论。

法庭辩论应当以事实为根据、以法律为准绳，围绕双方争论的焦点，主持法庭辩论。当法庭认为经过反复辩论，案情已经查明、罪责已经分清或者控辩双方意见已经充分发表，审判长或者独任审判员应当及时宣布辩论终结。

附带民事诉讼部分，可以在法庭辩论结束后当庭调解。不能达成协议的，可以与刑事部分一并判决。

(四)被告人最后陈述

《刑事诉讼法》第 193 条第 3 款规定，“审判长在宣布辩论终结后，被告人有最后陈述的权利”。被告人最后陈述，是指在法庭辩论结束后，被告人就自己是否有罪及罪行轻重当庭进行最后陈述。

被告人最后陈述既是法庭审判的一个独立阶段，又是被告人的一项法定诉讼权利。合议庭应当保证被告人充分行使最后陈述的权利，可以发表最后的自行辩护意见和与案件相关的其他意见。但是，被告人在最后陈述中多次重复自己的意见的，审判长可以制止。陈述内容蔑视法庭、公诉人，损害他人及社会公共利益，或者与本案无关的，应当制止。在公开审理的案件中，被告人最后陈述的内容涉及国家秘密、个人隐私或者商业秘密的，应当制止。

被告人在最后陈述中提出新的事实或者新的证据，法庭认为可能影响正确裁判的，应当恢复法庭调查；被告人提出新的辩解理由，合议庭认为可能影响正确裁判的，应当恢复法庭调查。在恢复法庭辩论结束后，被告人还有最后陈述的权利。

(五)评议和宣判

评议和宣判，就是评议案件和宣告判决。《刑事诉讼法》第 195 条和最高院《解释》第 237 条规定，在被告人最后陈述后，审判长宣布休庭，由合议庭进行评议。法庭审判进入评议和宣判阶段。

1. 评议案件

评议案件由合议庭进行，独任审判由独任审判员自行独立完成评议。合议庭评议，是指参加审理案件的合议庭成员，根据开庭审理查明的事实、证据和法律规定，对案件进行全面的讨论、判断和评定，并作出处理决定的诉讼活动。

最高院《解释》第240条规定，合议庭评议案件，应当根据已经查明的事实、证据和有关法律规定，在充分考虑控辩双方意见的基础上，确定被告人是否有罪、构成何罪，有无从重、从轻、减轻或者免除处罚情节，应否处以刑罚、判处何种刑罚，附带民事诉讼如何解决，查封、扣押、冻结的财物及其孳息如何处理等，并依法作出判决、裁定。

合议庭评议由审判者主持，应当秘密进行。根据《刑事诉讼法》第195条和最高院《解释》第241条的规定，对于第一审公诉案件，人民法院审理后，根据已经查明的事实、证据和有关法律规定，分别作出以下判决、裁定：

(1)起诉指控的事实清楚，证据确实、充分，依据法律认定指控被告人的罪名成立的，应当作出有罪判决。

(2)起诉指控的事实清楚，证据确实、充分，指控的罪名与审理认定的罪名不一致的，应当按照审理认定的罪名作出有罪判决。这是变更起诉的情形，以人民法院判决确定。

(3)案件事实清楚，证据确实、充分，依据法律认定被告人无罪的，应当判决宣告被告人无罪。

(4)证据不足，不能认定被告人有罪的，应当以证据不足、指控的犯罪不能成立，判决宣告被告人无罪。

(5)案件部分事实清楚，证据确实、充分的，应当作出有罪或者无罪的判决；对事实不清、证据不足部分，不予认定。

(6)被告人因不满16周岁，不予刑事处罚的，应当判决宣告被告人不负刑事责任。根据刑法规定，实质上无罪。

(7)被告人是精神病人，在不能辨认或者不能控制自己行为时造成危害结果，不予刑事处罚的，应当判决宣告被告人不负刑事责任。根据刑法规定，实质上无罪。

(8)犯罪已过追诉时效期限且不是必须追诉，或者经特赦令免除刑罚的，应当裁定终止审理。符合《刑事诉讼法》第15条的规定，法律上无罪，唯一以裁定形式作出的情形。

(9)被告人死亡的，应当裁定终止审理；根据已查明的案件事实和认定的证据，能够确认无罪的，应当判决宣告被告人无罪。

人民法院在审判过程中发现新的事实，可能影响定罪的，应当建议人民检察院补充或者变更起诉；人民检察院不同意或者在7日内未回复意见的，人民法院应当就起诉指控的犯罪事实，依照最高院《解释》第 241 条的规定依法作出裁判。

合议庭成员应当在评议笔录上签名。

2. 宣告判决

宣告判决，是指人民法院将判决的内容向当事人和社会公开宣告，使当事人和社会大众知道人民法院对案件的处理决定。宣告判决分为当庭宣告宣判和定期宣告判决两种。

《刑事诉讼法》第 196 条规定，宣告判决，一律公开进行。当庭宣告判决的，应当在 5 日以内将判决书送达当事人和提起公诉的人民检察院；定期宣告判决的，应当在宣告后立即将判决书送达当事人和提起公诉的人民检察院。

此外，判决书应当同时送达辩护人、诉讼代理人，可以送达被告人的近亲属。判决生效后，还应当送达被告人的所在单位或者原户籍所在地的公安派出所。被告人是单位的，应当送达被告人注册登记机关。

宣告判决，一律公开进行。公诉人、辩护人、诉讼代理人、被害人、自诉人或者附带民事诉讼原告人未到庭的，不影响宣判的进行。宣告判决结果时，法庭内全体人员应当起立。

判决书应当由审判人员和书记员署名，并写明上诉的期限和上诉的法院。

三、法庭审判的相关事项

(一)法庭审判笔录

法庭审判笔录，是由法院书记员制作的记载法庭审判的全部活动的诉讼文书。法庭审判笔录记录开庭审理过程，不仅是合议庭讨论、评议和对案件作出处理决定的重要依据，而且是第二审人民法院和再审人民法院审查第一程序审庭审活动的重要依据。

法庭审判笔录一般按照庭审活动顺序进行完整记录。《刑事诉讼法》第 201 条和最高院《解释》第 238 条和第 239 条规定法庭审判笔录应当符合下列程序要求：①书记员将法庭审判的全部活动写成笔录，经审判长审阅后，由审判长和书记员签名。②法庭笔录中的出庭证人、鉴定人、有专门知识的人的证言、意见部分，应当在庭审后分别交由有关人员阅读或者向其宣读。所列人员认为记录有遗漏或者差错的，可以请求补充或者改正；确认无误后，应当签名；拒绝签名的，应当记录在案；要求改变庭审中陈述的，不予准许。③法庭笔录应当在庭审后交由当事人、法定代理人、辩护人、诉讼代理人阅读或者向其宣读。所列人员认为记录有遗漏或者差错的，可以请求补充或者改正；确认无误后，应当签名；拒绝签名的，应当记录在案；要求改变庭审中陈述的，不予准许。

(二)法庭秩序

法庭秩序是指人民法院开庭审理案件时，所有诉讼参与人和旁听人员应当遵循的秩序和纪律。法庭审判是人民法院代表国家行使审判权的活动，任何诉讼参与人、旁听人员或者采访的记者都必须遵守法庭秩序，维护法庭尊严，不得有妨碍法庭秩序的行为。

根据《刑事诉讼法》第 194 条和最高院《解释》第 249 条、第 250 条的规定，在法庭审判的过程中，诉讼参与人、旁听人员应当遵守纪律：服从法庭指挥，遵守法庭礼仪；不得鼓掌、喧哗、哄闹、随意走动；不得对庭审活动进行录音、录像、摄影，或者通过邮件、博客、微博等方式传播庭审情况，但经人民法院许可的新闻记者除外；旁听人员不得发言、提问；不得实施其他扰乱法庭秩序的行为。

如果法庭审判的过程中，诉讼参与人、旁听人员违反法庭秩序，审判长应当制止。对于不听制止，有扰乱法庭秩序的行为，审判长应当按照下列情形分别处理：①情节较轻的，应当警告制止并进行训诫；②不听制止的，可以指令法警强行带出法庭；③情节严重的，报经院长批准后，可以对行为人处 1000 元以下的罚款或者 15 日以下的拘留；④未经许可录音、录像、摄影或者通过邮件、博客、微博客等方式传播庭审情况的，可以暂扣存储介质或者相关设备。

对罚款、拘留的决定不服的，可以直接向上一级人民法院申请复议，也可以通过决定罚款、拘留的人民法院向上一级人民法院申请复议。复议期间，不停止决定的执行。

对聚众哄闹、冲击法庭或者侮辱、诽谤、威胁、殴打司法工作人员或者诉讼参与人，严重扰乱法庭秩序，构成犯罪的，依据《刑法》第 309 条扰乱法庭秩序罪追究刑事责任。

(三)延期审理和中止审理

根据集中审理原则，刑事案件的审判应当持续不间断地进行，直至审判结束。但是，当审判过程中遇到无法持续进行或者不能继续开庭的情形时，需要特别对待并作出特殊处理，因此，审判程序中有延期审理、中止审理等审判过程障碍的法律处理。

延期审理与中止审理的不同点有：第一，影响审判的原因不同。延期审理是诉讼程序内部的原因，涉及案件事实、证据或者程序障碍；中止审理是诉讼程序外部的原因。第二，对审理可能产生影响的时间不同。延期审理可能发生在开庭之后，评议之前；中止审理可能发生在开庭之前，以及审判过程中。第三，恢复审理日期的确定性不同。延期审理的回复日期可以预见；中止审理的恢复日期不可预见。第四，审理期限计算不同。延期审理一般计入审理期限，符合《刑事诉讼法》第 202 条第 1 款规定的，可以报请延长审理期限；中止审理不计入审理期限。

1. 延期审理

延期审理，是指在法庭审判过程中，遇到影响审判进行的法定情形时，法庭决定案件审理暂时停止，当影响审理的原因消失后再行继续审理的处理方式。延期审理实际上就是推迟审理，法庭采取宣布休庭的方式，暂时停止审理程序。

根据《刑事诉讼法》第 198 条，最高院《解释》第 86 条、第 222 条、第 223 条等规定，在法庭审判过程中，遇有下列情形之一，影响审判进行的，可以延期审理：①需要通知新的证人到庭，调取新的物证，重新鉴定或者勘验的；②检察人员发现提起公诉的案件需要补充侦查，提出建议的；③由于申请回避而不能进行审判的。

《刑事诉讼法》第 155 条规定，因为特殊原因，在较长时间内不宜交付审判的特别重大复杂的案件，由最高人民检察院报请全国人民代表大会常务委员会批准延期审理。本条所谓延期审理，不在审判过程中，实质上是延期提起公诉，交付审判。

根据最高院《解释》第 254 条、第 255 条规定和司法实践经验，审判过程中遇到下列情形时，可以延期审理：①被告人当庭拒绝辩护人继续为其辩护或者辩护人拒绝为被告人辩护，没有辩护人或者被告人要求另行委托辩护或者要求法庭另行指定辩护律师，合议庭同意的。②在审理过程中，公诉人或者自诉人变更起诉范围，被告人及其辩护人要求重新准备辩护的；③《刑事诉讼法》第 191 条规定，合议庭对证据有疑问，可以宣布休庭，对证据进行调查核实的。

除当事人申请回避外，由合议庭决定。延期审理的再开庭日期，可以当庭确定，也可以休庭后另行确定。重新开庭审理的时间在影响进行审判的情形消失后确定，但是不能超过法定的办案期限。当延期审理的原因消失后，法庭再次开庭审判，如果没有更换审判人员，审理顺延进行，已经调查的证据不再重新调查；如果更换审判人员，则重新进行审理。但是，继续开庭后，应当重新对当事人基本情况、其他诉讼参与人情况进行核对，并且重新告知诉讼权利和义务。

2. 中止审理

中止审理，是指人民法院在审判过程中，因出现的案件在较长时间内无法继续审理的情形，而作出停止审理活动，待障碍情形消除后恢复审理的一种处理。

根据《刑事诉讼法》第 200 条第 1 款，最高院《解释》第 257 条、第 275 条的规定，在审判过程中，下列情形可以中止审理：①被告人患有严重疾病，无法出庭的；②被告人脱逃的；③自诉人患有严重疾病，无法出庭，未委托诉讼代理人出庭的；④由于不能抗拒的原因。

中止审理的原因消失后，应当恢复审理。中止审理的期间不计入审理期限。

(四)人民检察院对审判活动的法律监督

对审判活动是否合法实行法律监督，是人民检察院对刑事诉讼实行法律监督的一项重要内容。《刑事诉讼法》第 203 条规定，“人民检察院发现人民法院审理案件违反法律规定的诉讼程序，有权向人民法院提出纠正意见”。最高检《规则(试行)》第 576 条规定，“人民检察院依法对人民法院的审判活动是否合法实行监督”。实际上，人民检察院的法律监督不仅针对诉讼程序问题和审判活动是否合法，还包括对审判人员的违法行为的纠正。

根据最高检《规则(试行)》第 577 条规定，人民检察院的审判活动监督主要发现和纠正以下违法行为：①人民法院对刑事案件的受理违反管辖规定的；②人民法院审理案件违反法定审理和送达期限的；③法庭组成人员不符合法律规定，或者违反规定应当回避而不回避的；④法庭审理案件违反法定程序的；⑤侵犯当事人和其他诉讼参与人的诉讼权利和其他合法权利的；⑥法庭审理时对有关程序问题所作的决定违反法律规定的；⑦二审法院违反法律规定裁定发回重审的；⑧故意毁弃、篡改、隐匿、伪造、偷换证据或者其他诉讼材料，或者依据未经法定程序调查、质证的证据定案的；⑨依法应当调查收集相关证据而不收集的；⑩徇私枉法，故意违背事实和法律作枉法裁判的；⑪收受、索取当事人及其近亲属或者其委托的律师等人财物或者其他利益的；⑫违反法律规定采取强制措施或者采取强制措施法定期限届满，不予释放、解除或者变更的；⑬应当退还取保候审保证金不退还的；⑭对与案件无关的财物采取查封、扣押、冻结措施，或者应当解除查封、扣押、冻结不解除的；⑮贪污、挪用、私分、调换、违反规定使用查封、扣押、冻结的财物及其孳息的；⑯其他违反法律规定的审理程序的行为。

人民检察院的审判活动监督的方法，根据六部门《规定》第 32 条和最高院《解释》第 258 条规定，应当由人民检察院在庭审后提出纠正意见，人民法院认为正确的，应当采纳。

最高检《规则(试行)》第 579 条的规定，人民检察院检察长可以列席人民法院审判委员会会议，对审判委员会讨论的案件等议题发表意见，依法履行法律监督职责。

学说认为，人民检察院对于发现确有错误的第一审裁判提出抗诉，以及对于发现确有错误的生效裁判提出抗诉，也是人民检察院对刑事审判活动实行法律监督的方式。

四、在法定刑以下判处刑罚案件的核准程序

在法定刑以下判处刑罚的案件，需要经过核准程序，这是我国刑事诉讼中的

一个特殊问题,《刑事诉讼法》对此没有作出规定。我国《刑法》第63条第2款规定,“犯罪分子虽然不具有本法规定的减轻处罚情节,但是根据案件的特殊情况,经最高人民法院核准,也可以在法定刑以下判处刑罚”。

本条规定是刑法上裁量减轻处罚的特殊处理方法,意在从程序上处理刑法实体问题,换言之,意在通过程序处理实现实体法上减轻处罚的正当性。因此,可以认为,“根据案件的特殊情况”无需法律明确规定,由审判程序中人民法院裁量确定,并且应当由“经最高人民法院核准”。

对此,最高院《解释》第336条至340条规定,在法定刑以下判处刑罚的案件,分为两种情形报请核准:

(1)被告人未上诉、人民检察院未抗诉的,在上诉、抗诉期满后3日内报请上一级人民法院复核。上一级人民法院同意原判的,应当书面层报最高人民法院核准;不同意的,应当裁定发回重新审判,或者改变管辖按照第一审程序重新审理。

(2)被告人上诉或者人民检察院抗诉的,应当依照第二审程序审理。第二审维持原判,或者改判后仍在法定刑以下判处刑罚的,应当依照前项规定层报最高人民法院核准。

对在法定刑以下判处刑罚的案件,最高人民法院予以核准的,应当作出核准裁定书;不予核准的,应当作出不核准裁定书,并撤销原判决、裁定,发回原审人民法院重新审判或者指定其他下级人民法院重新审判。

第四节 自诉案件第一审程序

一、自诉案件的概念与特点

自诉,是指《刑事诉讼法》规定由自诉人直接向人民法院起诉的程序。自诉与公诉对称,是我国刑事诉讼中的一种诉讼程序。自诉案件,是指被害人或者他的法定代理人向人民法院起诉,由人民法院依法直接受理的刑事案件。自诉案件由法律规定。

自诉案件的本质特征是法律赋予被害人或者被害人的法定代理人、近亲属直接提起诉讼的权利,在职能管辖上,法律规定人民法院直接受理。我国《刑事诉讼法》第204条至207条、最高院《解释》第25条至277条规定自诉案件第一审程序。

根据《刑事诉讼法》第204条、最高院《解释》第1条的规定,我国刑事诉讼中的自诉案件包括三类：①告诉才处理的案件；②被害人有证据证明的轻微刑事案件；③被害人有证据证明对被告人侵犯自己人身、财产权利的行为应当依法追究刑事责任，而公安机关或者人民检察院不予追究被告人刑事责任的案件。第三类案件，理论上也称为“相对自诉案件”或者“公诉转自诉案件”。

自诉案件具有自身的特殊性，就是自诉案件的特点：①告诉才处理的案件和被害人起诉有证据的轻微刑事案件，可以适用简易程序，具有诉讼效率。②自诉案件情节简单，因果关系清楚。自诉案件通过庭审，自诉人和被告人双方质证，人民法院就能查清案件事实。③自诉案件中，被害人作为自诉人与被告人诉讼权利平等。这为自诉案件的调解和被告人反诉提供了可能性。④自诉案件具有可分性。这是自诉案件区别于公诉案件的一个重要特点。所谓可分性，是指当一个犯罪行为侵犯数人利益时，任何一个被害人都有权向人民法院提起诉讼；当被害人明知有数名侵害人时，有权仅就部分侵害人提出起诉；当侵害人对受害人实施了两个以上犯罪行为时，受害人有权仅对其中某个或某些犯罪行为提出起诉。最高院《解释》第266条、第267条等对此作出规定。

二、提起自诉

(一)提起自诉的条件

自诉案件由自诉人提起起诉。自诉人提起自诉与人民法院受理自诉的条件相同。最高院《解释》第259条规定四项条件：第一，案件属于《刑事诉讼法》和其他规定确定的自诉案件范围。第二，案件属于受理起诉的人民法院管辖。第三，被害人告诉。第四，有明确的被告人、具体的诉讼请求和证明被告人犯罪事实的证据。

自诉人享有自诉权，即主体资格合法。对于告诉才处理的案件，由被害人起诉。如果被害人死亡、丧失行为能力或者因受强制、威吓等无法告诉，或者是限制行为能力人以及因年老、患病、盲、聋、哑等不能亲自告诉，其法定代理人、近亲属告诉或者代为告诉的，人民法院应当依法受理。

对于公诉转自诉案件，同时应当符合《刑事诉讼法》第110条、第205条规定的立案条件。从立法意图上说，此类案件是为了保障被害人权利而设，但是实践中，由于先前的公诉案件侦查获得的证据难以被被害人提供，因此，很大程度上影响人民法院受理案件。

(二)提起自诉的程序

自诉人向人民法院提起自诉时，应当向人民法院提交刑事自诉状；同时提起附带民事诉讼，应当提交刑事附带民事自诉状。

自诉状应当包括下列内容：①自诉人(代为告诉人)、被告人的姓名、性别、年龄、民族、出生地、文化程度、职业、工作单位、住址、联系方式；②被告人实施犯罪的时间、地点、手段、情节和危害后果等；③具体的诉讼请求；④致送的人民法院和具状时间；⑤证据的名称、来源等；⑥证人的姓名、住址、联系方式等。对两名以上被告人提出告诉的，应当按照被告人的人数提供自诉状副本。

三、自诉案件的审查和受理

人民法院对自诉人提出的起诉，在15日内审查完毕。符合受理条件的，应当决定立案，并书面通知自诉人或者代为告诉人。

《刑事诉讼法》第205条规定，人民法院对自诉案件进行审查后，按照下列情形分别处理：①犯罪事实清楚，有足够证据的案件，应当开庭审判；②缺乏罪证的自诉案件，如果自诉人提不出补充证据，应当说服自诉人撤回自诉，或者裁定驳回。

自诉人经两次依法传唤，无正当理由拒绝到庭的，或者未经法庭许可中途退庭的，按撤诉处理。

最高院《解释》第263条规定，具有下列情形之一的，应当说服自诉人撤回起诉；自诉人不撤回起诉的，裁定不予受理：①不属于本解释第1条规定的案件的；②缺乏罪证的；③犯罪已过追诉时效期限的；④被告人死亡的；⑤被告人下落不明的；⑥除因证据不足而撤诉的以外，自诉人撤诉后，就同一事实又告诉的；⑦经人民法院调解结案后，自诉人反悔，就同一事实再行告诉的。

自诉人撤回自诉或者被驳回起诉后，又提出了新的足以证明被告人有罪证据的，再次提起自诉的，人民法院应当受理。《刑事诉讼法》第207条规定，在诉讼过程中，自诉案件的被告人可以提起反诉，适用自诉的规定。

自诉人对不予受理或者驳回起诉的裁定如果不服的，可以提起上诉。

四、自诉案件第一审程序的审理

人民法院审判自诉案件，除法律特别规定之外，应当参照公诉案件第一审普通程序进行。我国《刑事诉讼法》第205条、第206条对自诉案件审理程序作出特别规定。

第一，人民法院可以进行调解。

自诉案件的调解，在程序意义上有利于提高诉讼效益，在实体意义上有利于解决轻微的犯罪问题，合理解决纠纷，及时化解社会矛盾。

自诉案件适用调解的程序规范是：①调解适用范围不包括公诉转自诉案件，其本质上属于公诉案件，犯罪行为同时侵害国家和公共利益；②调解应当根据自愿、合法原则进行；③人民法院在查明事实、分清是非的基础上，主持调解。调解达成协议的，应当制作刑事调解书，由审判人员和书记员署名，并加盖人民法院院章；④调解协议不能涉及刑事处罚的内容。调解书一经送达，即具有法律效力。调解没有达成协议或者调解书签收前当事人反悔的，人民法院应当及时作出判决。

第二，自行和解或者撤回起诉。

自行和解是法律规定自诉案件的处理方式之一，也是《刑事诉讼法》赋予自诉人的一项诉讼权利。自诉人和被告人在互相谅解的基础上，放弃追究被告人刑事责任的请求，被告人自愿承担保障被害人合法权益。当事人双方自行和解后，自诉人应向人民法院撤回自诉。

适用自行和解的程序规范：①自行和解应当在宣告判决以前提出，人民法院判决宣告后，不允许自行和解。②人民法院经审查，认为自行和解确属自愿的，应当裁定准许；被强迫、威吓等，并非出于自愿的，不予准许。③裁定准许自行和解的自诉案件，被告人被采取强制措施的，人民法院应当立即解除。

撤回自诉，是指自诉人在提出起诉后，基于某种原因放弃起诉权，向人民法院申请撤回的诉讼行为。判决宣告前，自诉人提出撤回自诉的，人民法院一般应予准许。适用撤回自诉的情形主要是：①最高院《解释》第263条规定的撤回起诉，实质是撤回自诉；②当事人自行和解后，撤回自诉；③自诉人出于自身利益的考虑而主动撤回自诉。

3. 被告人可以对自诉人提起反诉

自诉案件的反诉，是指在诉讼过程中，自诉案件被告人控告自诉人具有与本案相关的犯罪行为，要求人民法院一并审理而提起的诉讼请求。反诉与自诉相对应，是自诉案件被告人对自诉人提出的新的控诉，不是对自诉的答辩。根据最高院《解释》第277条规定，自诉和反诉属于不可分的合并诉讼。

自诉案件提起反诉应具备以下条件：①反诉的对象必须是本案自诉人。②反诉的内容必须是与本案有关的行为。③反诉案件必须是人民法院可以直接受理的范围，如果被告人提起的反诉，属于公诉案件，人民法院则应主动移送有立案管辖权的司法机关处理。④反诉案件适用自诉案件的规定，应当与自诉案件一并审理。自诉人撤诉的，不影响反诉案件的继续审理，但反诉可以撤回。

4. 自诉案件的审理期限

人民法院审理自诉案件的期限，被告人被羁押的，适用公诉案件第一审普通程序的规定。被告人未被羁押的，应当在受理后6个月以内宣判。

第五节 简易程序

一、简易程序的概念和意义

简易程序是相对于普通审判程序的特别程序，是普通审判程序的简易化。我国刑事诉讼中的简易程序，是指在第一审程序中，基层人民法院在审判简单轻微刑事案件时所适用的，较普通程序相对简化的审判程序。

简易程序不是普通程序的分支，一方面，简易程序是与普通程序并存的独立的审判程序。另一方面，简易程序并非一种完整的审判程序，法律只对其中的一些程序要素作专门规定，其他方面参照适用普通程序规定。可以说，简易程序是通过法律特别规定而对第一审普通程序的简化，在第一审程序中适用。

目前，世界诸多国家和地区在刑事诉讼中设立简易程序，例如学界认为美国的辩诉交易是一种简易程序；德国刑事诉讼有专门的简易程序，还有处刑命令程序。实践证明，简易程序在刑事诉讼活动中起到非常重要的作用。在应对犯罪不断增长，普通诉讼程序艰难应付的情况下，简易程序能够提高诉讼效率，从而成为当代刑事诉讼制度发展的必然趋势。我国 1996 年修改的《刑事诉讼法》在第一审程序中增设“简易程序”，2012 年在修改时进一步完善简易程序适用范围，不仅符合世界刑事司法潮流，也是我国刑事司法实践的客观需要。

第一，简易程序提高人民法院的审判效率，能够缓解人民法院日益繁重的审判任务。第一审适用简易程序，减少不必要的诉讼环节和审判力量，缩短办案时间，降低诉讼成本。

第二，简易程序有利于保护当事人的合法权益。如果完全适用普通程序审理案件，往往导致一些简单轻微的刑事案件不能及时审结，造成诉讼迟延，甚至导致超期羁押，侵害当事人合法权益。通过简易程序加快审判速度，直接减少当事人参加诉讼的成本，间接保障当事人维护权利，依法起诉，及时结案。

第三，简易程序与普通程序相区分，根据案件简繁程序和处刑轻重给予层级化分类，使刑事审判程序更加科学化、合理化，使司法资源得到有效分配，人民法院使用更多的资源用于审判疑难、复杂、重大的犯罪案件。

但是，简易程序不能仅仅为了诉讼效率无限制的扩大适用范围，程序活动不能违背刑事诉讼的基本目的、基本原则和根本任务，在依法查明案件事实和正确适用法律惩罚犯罪方面，坚持应有的底线。刑事诉讼程序的简易化不能有损程序正当化，因此，简易程序的适用必须兼顾刑事诉讼保证审判公平与尊重诉讼权利的双重价值。

二、简易程序的特点

根据《刑事诉讼法》第 208 条至 215 条和最高院《解释》第 289 条至第 298 条的具体规定，结合立法精神和刑事诉讼理论，与普通程序相比较，简易程序具有下列特点：

(1)在适用程序阶段上，简易程序只能在第一审程序中适用。刑事诉讼的其他审判程序阶段和特别程序规定的案件，不能适用简易程序。

(2)在适用法院上，简易程序只能由基层人民法院审理第一审案件时适用。中级人民法院、高级人民法院、最高人民法院审理第一审刑事案件不适用简易程序。

(3)在审判组织上，基层人民法院适用简易程序审理第一审案件，对可能判处 3 年有期徒刑以下刑罚的，可以组成合议庭审判，也可以由独任审判员审判。对可能判处的有期徒刑超过 3 年的，应当组成合议庭审判。

(4)在适用案件上，简易程序只适用于简单轻微的刑事案件的审理。这些案件事实清楚、证据充分，或者被告人认罪。适用简易程序的案件范围由法律直接规定。

(5)在送达期限和审理程序上，简易程序较之普通程序大为简化。关于送达期限、开庭时间和地点的通知等，审判过程中讯问被告人、询问证人、鉴定人、出示证据、法庭辩论等程序规定，可以参照适用《刑事诉讼法》关于普通程序的规定，但是不受限制。但是，在判决宣告前应当听取被告人的最后陈述意见。

(6)在宣判形式上，简易程序审理的案件，一般应当当庭宣判。

三、简易程序的适用范围

(一)简易程序适用的条件

《刑事诉讼法》第 208 条第 1 款规定，基层人民法院适用简易程序应当符合法定条件，即简易程序的受案范围。①案件事实清楚、证据充分的；②被告人承认自己所犯罪行，对指控的犯罪事实没有异议的；③被告人对适用简易程序没有异议的。

人民检察院在提起公诉的时候，可以建议人民法院适用简易程序。不符合简易程序的，人民法院应当通知人民检察院。自诉案件符合简易程序适用条件的，可以适用简易程序。

(二)不适用简易程序的案件

根据《刑事诉讼法》第 209 条、最高院《解释》第 290 条的规定，案件具有下列情形之一的，不适用简易程序。

(1)被告人是盲、聋、哑人。

(2)被告人是尚未完全丧失辨认或者控制自己行为能力的精神病人。

(3)有重大社会影响的。

(4)共同犯罪案件中部分被告人不认罪或者对适用简易程序有异议的。

(5)辩护人作无罪辩护的。

(6)被告人认罪但经审查认为可能不构成犯罪的。

(7)不宜适用简易程序审理的其他情形。

四、简易程序的审理

适用简易程序审理案件时，可不受《刑事诉讼法》关于普通程序中讯问被告人、询问证人、鉴定人、出示证据、法庭辩论程序规定的限制，最高院《解释》第 295 条规定，简易程序可以对庭审作如下简化：

(1)公诉人可以摘要宣读起诉书。

(2)公诉人、辩护人、审判人员对被告人的讯问、发问可以简化或者省略。

(3)对控辩双方无异议的证据，可以仅就证据的名称及所证明的事项作出说明；对控辩双方有异议，或者法庭认为有必要调查核实的证据，应当出示，并进行质证。

(4)控辩双方对与定罪量刑有关的事实、证据没有异议的，法庭审理可以直接围绕罪名确定和量刑问题进行。

但是，适用简易程序审理案件，判决宣告前应当听取被告人的最后陈述，被告人对案件发表最后陈述意见。

五、简易程序的变更

简易程序的变更，是指在适用简易程序审理过程中，发现不宜适用简易程序时，应当转为普通程序进行重新审理的规定。《刑事诉讼法》第 215 条和最高院《解释》第 298 条规定，简易程序转为普通程序的情形如下：

(1)被告人的行为可能不构成犯罪的。

(2)被告人可能不负刑事责任的。

(3)被告人当庭对起诉指控的犯罪事实予以否认的。

(4)案件事实不清、证据不足的。

(5)不应当或者不宜适用简易程序的其他情形。

简易程序变更为普通程序审理的案件，审理期限从决定转为普通程序之日起计算。

【思考题】

1. 什么是审判的直接、言辞原则?
2. 公诉案件第一审程序的法庭审判程序分为哪些阶段?
3. 以审判为中心的司法改革对法庭审理有什么积极意义?

【案例分析】

被告人徐某，男，1983年1月12日出生。2013年8月5日，徐某因涉嫌故意伤害罪被某县人民检察院提起公诉，诉至某县人民法院。县人民法院认为，该案被告人徐某的犯罪行为是故意伤害致死，属于可能判处无期徒刑、死刑的案件，不属本院管辖的案件范围，决定将案件移送某市中级人民法院。市中级人民法院受理案件后，在庭前审查时，认为人民检察院起诉的徐某故意伤害犯罪事实不清，证据不足，决定退回人民检察院补充侦查。2013年9月1日，人民检察院补充侦查完毕，再次提起公诉。市人民法院随后依法由审判员张某某、顾某、赵某和人民陪审员舒某、钱某组成合议庭，市人民法院刑庭庭长张某某担任审判长，审理本案。本案被告人徐某犯罪手段残忍，造成被害人死亡，合议庭成员中多数人认为应当依法公开审判，根据少数服从多数原则，最终决定公开审判。2014年4月27日，某市人民法院依法对被告人徐某故意伤害一案进行公开审理。在审判过程中，被告人徐某脱逃，致使案件在较长时间内无法继续审理，审判长张某某宣布延期审理。2014年6月6日，徐某被抓获归案，市人民法院对案件继续开庭进行审理，以故意伤害致人死亡罪当庭宣告，判处被告人徐某无期徒刑。

请问：市人民法院的第一审程序活动是否符合《刑事诉讼法》规定？依据何在?

第十五章　第二审程序

【本章引语】

有枉屈县不理者，令以次经郡及州，至省仍不理，乃诣阙申诉。——《隋书·刑法志》

每位法官的共同义务在于：对简单案件的存疑，对普遍公理的质疑，对既往先例的谦抑，以及不受现实环境约束，勇敢挑战权威的勇气。——戴维·苏特大法官

【学习目标】

通过本章学习，能够掌握：

1. 第二审程序的提起主体。
2. 第二审全面审查原则的内涵。
3.《刑事诉讼法》规定的对上诉、抗诉案件的处理方式。

第一节　第二审程序概述

一、第二审程序的概念和意义

（一）第二审程序的概念及特征

第二审程序，又称上诉审程序，是第二审人民法院根据上诉人的上诉或者人民检察院的抗诉，对第一审法院尚未发生法律效力的判决、裁定进行重新审理时所应遵循的程序。第二审程序是刑事诉讼中的独立诉讼阶段，在两审终审的审级

制度中，第二审程序是终审程序。

我国刑事诉讼第二审程序具有如下特征：

其一，第二审程序是两审终审制的上诉审程序。地方各级人民法院第一审的判决、裁定，如果上诉人不服或者人民检察院认为确有错误，在法定期限内，上诉人有权向上一级人民法院提出上诉，人民检察院应当向上一级人民法院提出抗诉。第二审人民法院对上诉或者抗诉案件作出的判决、裁定是终审的判决、裁定，发生法律效力，不能再提出上诉或者抗诉。

其二，第二审程序不是刑事诉讼的必经阶段。第一审案件如果没有上诉人的上诉或者人民检察院的抗诉，期限届满后，不再进行第二审程序，第一审人民法院的判决、裁定发生法律效力。最高人民法院是我国的最高审判机关，所作的一审判决、裁定，发生法律效力。

其三，第二审程序实行全面审查制度。在第二审程序中，第二审人民法院应当就第一审判决认定的事实和适用法律进行全面审查，不受上诉或者抗诉范围的限制。第一审人民法院认定事实是否清楚，证据是否确实、充分，适用法律是否准确，量刑是否适当，诉讼程序是否合法，第二审人民法院应当进行重新审判，维护正确裁判，纠正错误裁判。

其四，第二审程序采取开庭审理和不开庭审理两种方式进行。《刑事诉讼法》第 223 条规定第二审程序应当开庭审理的案件范围，范围之外的其他案件不开庭审理。不开庭审理的案件，合议庭应当讯问被告人，听取当事人、辩护人、诉讼代理人的意见。

（二）第二审程序的意义

设立第二审程序的根本目的，在于通过上级法院的再次审判达到维持初审正确裁判，更正初审错误裁判，撤销和纠正下级法院在初审中的违法或者不当裁判，减少下级法院擅断或者误判的可能性，进而保障被告人的诉讼权利和实体权利。第二审程序保障人民法院审理和裁判的准确性、公正性、权威性，因此，在整个刑事诉讼中具有重要意义。

首先，第二审程序的设立旨在维护第一审程序对案件初次审判的正确判决、裁定，纠正第一审程序的错误判决、裁定，进一步查明案件事实，根据“以事实为根据，以法律为准绳”原则，使审判结果更具有准确性。

其次，第二审程序是当事人，特别是被告人维护自身事实权利和合法权益的制度保障。被告人等上诉权人不服第一审的判决、裁定，提起上诉，要求重新审理时，法律赋予其基本的救济手段。我国《刑事诉讼法》第 216 条的立法精神，实际上赋予上诉权人完整的上诉权，只要对第一审的判决、裁定不服，即可提起上诉。

再次，第二审程序使上级人民法院对下级人民法院的审判活动进行监督，保证审判工作的质量，防止审判权的滥用和误用，维护司法公正。第二审程序的纠错功能是增强法院和法律权威的重要制度保障，并且使程序公正价值得到充分体现。在刑事诉讼中即使第一审裁判正确，第二审程序再次对案件进行审理，对上诉权人而言，能够吸收或者缓解其不满情绪，从而更能接受裁判结果，有利于判决执行；对普通公民而言，经过第二审程序，维持正确裁判，纠正错误裁判能够增强人民法院审判工作的公信力和权威性。

最后，从理论上说，第二审程序对法律的统一适用具有重要意义。上诉程序能够间接促使下级法院更谨慎地理解和适用法律。

二、第二审程序的性质和任务

关于上诉审的性质，比较法上有两种不同的认识和两种有代表性的制度模式。第一种是上诉复审制，认为第二审程序必须重复第一审程序的过程，以开庭审理的形式重新进行法庭调查和法庭辩论，作出裁判。不论上诉或者抗诉的请求和范围如何，二审法院对案件进行全面审理。第二种是事后审查制，认为第二审上诉法院不再重复第一审程序，而是根据上诉或者抗诉请求和范围，审查第一审在认定事实和适用法律上是否存在错误，以开庭或者不开庭的方式进行审查，最严格的事后审查制甚至不允许在第二审中提出新的证据材料。现代刑事诉讼中，大多数国家采用事后审查制，而采用上诉复审制的立法例很少，有的国家采取复审和审查并用制，根据案件审查范围和上诉理由的不同而进行选择。在三审终审制度中，第三审法院实行法律审，根据上诉请求和范围适用法律是否正确作出裁判。

我国刑事上诉第二审程序既不同于上诉复审制，也不是完全的事后审查制。第二审程序不是第一审程序的简单重复，不是对第一审控诉或者自诉的指控进行审查，也不受上诉或者抗诉范围的限制，而是对第一审法院判决（裁定）进行全面审查，按照不同情形分别处理。

我国刑事第二审程序的任务是，第二审人民法院通过审理上诉、抗诉案件，对第一审人民法院作出判决、裁定所认定的事实是否清楚，证据是否确实、充分，适用法律是否正确，以及诉讼程序是否合法，进行全面审查，依法维持正确的判决、裁定，纠正错误的判决、裁定，保障无罪的人不受刑事追究，促使犯罪人认罪伏法，监督下级人民法院公正审判，使刑事案件得以正确处理，从而保障刑法和《刑事诉讼法》的正确实施。

三、第二审程序的特有原则

第二审程序是刑事诉讼的重要一环，作为独立的程序阶段，我国第二审程序具有几项特有原则：保障上诉权原则、全面审查原则、上诉不加刑原则。在刑事诉讼理论上，还有所谓上诉法定原则和上诉自由原则。

（一）保障上诉权原则

《刑事诉讼法》第 14 条第 1 款规定，“人民法院、人民检察院和公安机关应当保障犯罪嫌疑人、被告人和其他诉讼参加人依法享有……诉讼权利”。第 216 条规定上诉权，“对被告人的上诉权，不得以任何借口加以剥夺”。这些都是保障上诉权原则在刑事诉讼中的体现。

上诉权是被告人、自诉人和他们的法定代理人不服人民法院第一审判决、裁定，申提起上诉，申请对案件重新进行审判的权利。保障上诉权原则，保证上诉权人可以依法自主提起上诉，而且其上诉权的依法行使必须得到人民法院、人民检察院的保障。

保障上诉权原则与上诉自由原则密切关联，首先，保障上诉权要求司法机关和司法人员严格遵守法律规定，不能对上诉人的上诉权予以剥夺或限制。其次，保障上诉权要求国家司法机关和司法人员履行告知义务、提供法律帮助，保障上诉权人正常行使上诉权。再次，保障上诉权要求国家司法机关和司法人员应当依法制止侵犯上诉权的行为，排除障碍和干涉，保障上诉权人的上诉权得到实现。

（二）全面审查原则

我国《刑事诉讼法》第 222 条规定第二审程序实行全面审理，第二审案件的审理不受上诉或者抗诉范围的限制，这就是全面审查原则。比较法上，德国、奥地利等国家采此立法例；美国、日本等国家采行部分审查原则，第二审程序一般只对初审法院适用法律方面的错误予以否定。

我国全面审查原则的基本内容包括：①第二审程序的审理范围不受上诉、抗诉范围的限制，第二审法院不仅要对上诉、抗诉的部分进行审查，也要对未上诉、抗诉的部分进行审查。②第二审程序既是事实审，又是法律审，既审查第一审认定的事实、定案的证据，又审查第一审判决、裁定适用法律是否正确。③第二审程序依法可以对案件相关的事实和证据进行调查，通过调查、核实证据而查清案件事实，第二审程序审理过程中，可以提出新的事实和证据，第二审法院根据所有事实和证据依法作出处理。

全面审查原则是我国刑事第二审程序的特色，首先，全面审查原则体现实事求是、有错必纠的指导思想；其次，全面审查原则体现人民法院对案件、对法律负责的精神；再次，全面审查体现第二审人民法院对下级人民法院审判工作的业务监督。

(三)上诉不加刑原则

上诉不加刑原则是资产阶级民主革命的产物，1808 年法国刑事诉讼法典首次提出“不利益变更禁止原则”，后来引申发展出上诉不加刑。现在，世界上大多数国家的《刑事诉讼法》都确认上诉不加刑原则。比如德国的“禁止加重刑罚”原则，日本的“禁止变更为不利”原则，罗马尼亚的“不能给当事人带来麻烦”原则等等，通称“禁止不利变更原则”。其基本内容、法律要求和适用范围大致相同，一般包括：由被告方独立提起或者检察官为被告人的利益提起的上诉案件，适用上诉不加刑原则；实行两审终审的第二审，实行三审终审制的第二审、第三审，适用上诉不加刑原则；对未上诉的共同被告人，适用上诉不加刑原则。

我国《刑事诉讼法》第 226 条第 1 款规定，第二审人民法院审理被告人或他的法定代理人、辩护人、近亲属上诉的案件，不得加重被告人的刑罚。第二审人民法院发挥重审的案件，除有新的犯罪事实，人民检察院补充起诉的以外，原审人民法院也不得加重被告人的刑罚。

根据《刑事诉讼法》和最高院《解释》第 325 条等的规定，我国的上诉不加刑原则的适用，应当注意的几个方面：

第一，人民检察院提出抗诉或者自诉人上诉的案件，不适用上诉不加刑原则。

第二，同案审理的案件，只有部分被告人上诉的，对原审所有的被告人都不得加重刑罚。

第三，原判事实清楚，证据确实、充分，只是认定的罪名不当的，可以改变罪名，但不得加重刑罚。

第四，原判对被告人实行数罪并罚的，不得加重决定执行的刑罚，也不得加重数罪中某罪的刑罚。

第五，原判对被告人宣告缓刑的，不得撤销缓刑或者延长缓刑考验期；原判没有宣告禁止令的，不得增加宣告；原判宣告禁止令的，不得增加内容、延长期限；原判对被告人判处死刑缓期执行没有限制减刑的，不得限制减刑。

第六，原判事实清楚，证据确实、充分，但判处的刑罚畸轻、应当适用附加刑而没有适用的，不得直接加重刑罚、适用附加刑，也不得以事实不清、证据不足为由发回第一审人民法院重新审判。必须依法改判的，应当在第二审判决、裁定生效后，依照审判监督程序重新审判。

第二节　第二审程序的提起

根据《刑事诉讼法》第216条、第217条的规定，提起二审程序有上诉和抗诉两种方式。上诉，是指具有上诉权的主体，在第一审判决、裁定宣告后的法定期限内，申请上一级人民法院进行重新审理的诉讼行为。抗诉，是指人民检察院认为本级人民法院所作的第一审判决、裁定确有错误，提出要求人民法院重新审理的诉讼行为。

上诉、抗诉作为一种诉讼法律行为，一经提出，就产生一定的法律效力，表现为刑事诉讼程序上的拘束力。其一，上诉、抗诉使得第一审裁判暂时不能生效，不产生既判力。但是，《刑事诉讼法》第249条规定，第一审人民法院判决被告人无罪、免除刑事处罚的，如果被告人在押，在宣判后应当立即释放。该条可视为第一审裁判的程序性法律效力。其二，上诉、抗诉引起第二审程序的发生，第二审人民法院受理和审判案件，阻断和停止第一审判决、裁定的执行效力。其三，上诉、抗诉引起管辖的转移，原审人民法院的管辖自动转移至上一级人民法院。

一、提起第二审程序的主体

(一)提起上诉的主体

提起上诉的主体，又称上诉权人，是指依法享有上诉权的人。上诉制度是为了确保人民法院能够准确、及时地惩罚犯罪，保护无辜，维护被告人合法权益而设计的重要制度，因此，上诉权主要是被告人享有的一项诉讼权利。

《刑事诉讼法》第216条和最高院《解释》第299条规定，提起上诉的主体包括：

(1)被告人、自诉人不服地方各级人民法院第一审判决、裁定，有权用书状或口头形式向上一级人民法院上诉。被告人、自诉人是独立享有上诉权的主体，可以独立提起上诉，启动第二审程序。

(2)被告人、自诉人的法定代理人具有独立的上诉权。他们作为无行为能力人或者限制行为能力人的合法权益维护者，法律赋予特别的诉讼权利，独立提起上诉，不论被告人、自诉人是否同意，均属有效。我国《刑事诉讼法》第106条第3项规定，“法定代理人是指被代理人的父母、养父母、监护人和负有保护责任的机关、团体的代表”。

(3)被告人的辩护人和近亲属，经被告人同意，可以提出上诉。他们属于非独立上诉主体，是附合条件才能上诉的主体，所附条件是“被告人同意”。比较法上，有些国家规定辩护人有上诉权，但不得与被告人的明示意思相反。

(4)附带民事诉讼的当事人和他们的法定代理人，可以对地方各级人民法院第一审的判决、裁定中的附带民事部分，提出上诉。

(二)提起抗诉的主体

根据《刑事诉讼法》第217条的规定，地方各级人民检察院认为本级人民法院的判决、裁定确有错误的时候，应当向上级人民检察院提出抗诉。第221条规定，地方各级人民检察院对第一审判决、裁定提出抗诉，应当将抗诉书抄送上一级人民检察院。上级人民检察院如果认为抗诉不当，可以向同级人民法院撤回抗诉，并且通知下级检察院。

自诉案件中，人民检察院能否提起上诉？我国《刑事诉讼法》没有规定，根据最高检《规则(试行)》第601条的规定，人民检察院只能通过审判监督程序提出抗诉。但是，我国台湾地区有规定，赋予检察机关有权在自诉案件中提出“独立上诉”。

(三)被害人请求人民检察院提出抗诉

关于公诉案件中被害人是否应当赋予上诉权，学说上存在争论。我国《刑事诉讼法》第218条规定，公诉案件由公诉人提起，被害人作为当事人不享有上诉权只“有权请求人民检察院提出抗诉”。也就说，被害人及其法定代理人只享有“上诉请求权”。

二、提起第二审程序的期限

提起第二审程序的期限，即上诉、抗诉期限是法定期间，由法律直接规定。为了上诉主体的诉讼权利和刑事诉讼的效率，不得任意改变。具体地说，法律规定上诉、抗诉期限，一方面是保障上诉权人行使上诉权，人民检察院行使抗诉权；另一方面是保证上级人民法院能够迅速而准确地审判上诉、抗诉案件。

根据《刑事诉讼法》第219条的规定，“不服判决的上诉和抗诉的期限为10日，不服裁定的上诉和抗诉的期限为5日，从接到判决书、裁定书的第二日起算”。在法定期限内，如果有关主体不行使上诉权或者抗诉权，期间届满，第一审判决、裁定发生法律效力，交付执行机关执行。

附带民事判决、裁定的上诉、抗诉期限，应当按刑事部分的上诉、抗诉期限确定。如果附带民事部分是另行审判的，上诉期限按照《民事诉讼法》规定执行。

人民法院不能改变上诉、抗诉期间。但是，根据《刑事诉讼法》第 104 条的规定，当事人由于不可抗拒的原因或者有其他正当理由而耽误上诉期限的，在障碍消除后 5 日以内，可以申请继续行使上诉权，是否准许，由人民法院裁定。这是法律关于期限耽误的特殊规定。

三、提起上诉、抗诉的理由

提起上诉理由，是上诉权人提出上诉的事实根据和法律根据。我国《刑事诉讼法》对于提出上诉的理由没有具体限制。《刑事诉讼法》第 216 条第 1 款第 1 句规定，上诉人不服第一审判决、裁定，有权上诉。“不服”是一种主观认识，在古今汉语中有不承认、不接受的意思，“有权”是法律赋予完整诉讼权利的意思，不附加任何条件。因此，上诉人提起上诉，人民法院均应允许，不能以缺乏上诉理由而拒绝受理。

提起抗诉理由，是人民检察院提起抗诉的事实根据和法律根据。《刑事诉讼法》第 217 条规定，抗诉必须是人民检察院认为本级人民法院的第一审判决、裁定“确有错误”。解释上，所谓“确有错误”，是基于人民检察院的认识，应当在提起抗诉的时候提出。“确有错误”主要是基于如下理由：①认定事实错误，即第一审判决、裁定认定事实不清楚或者证据不足的；②适用法律错误，即判决、裁定在适用法律、定罪量刑上存在错误，例如有罪与无罪、此罪与彼罪、轻罪与重罪、一罪与数罪、处以刑罚与免除刑罚等方面存在错误；③存在程序错误，即人民法院在审判过程中存在违反法律规定的诉讼程序，可能影响公正审判，影响判决、裁定裁定正确性。

上诉和抗诉的根据和理由可以在上诉状或者抗诉状中提出，也可以在上诉、抗诉提出之后，或者在二审法院审理过程中补充提出或者提出新理由，第二审法院不得限制。

四、提起上诉、抗诉的方式与程序

(一)提起上诉的方式

根据《刑事诉讼法》第 216 条第 1 款、第 220 条和最高院《解释》第 302 条至 305 条规定，上诉既可以书状提出，也可以口头提出。以上诉状形式提出上诉，应当提交上诉状及其副本。以口头形式提出上诉，人民法院应当写入笔录，向上诉人宣读或者交由上诉人自行阅读，由上诉人签名或者盖章。

上诉可以向原审人民法院提出，也可以直接向第二审人民法院提出。被告人、自诉人、附带民事诉讼的原告人、被告人通过原审人民法院提出上诉的，原审人民法院应当在 3 日内将上诉状连同案卷、证据移送上一级人民法院，同时将上诉状副本送交同级人民检察院和对方当事人。

被告人、自诉人、附带民事诉讼的原告人、被告人直接向第二审人民法院提出上诉的，第二审人民法院应当在 3 日内将上诉状交原审人民法院。原审人民法院审查后，3 日以内将上诉状连同案卷、证据移送上一级人民法院，并将上诉状副本送交同级人民检察院及对方当事人。

(二)提起抗诉的方式

人民检察院提出抗诉必须采用书面形式。地方各级人民检察院认为本级人民法院第一审判决、裁定确有错误的，应当制作抗诉书，提出抗诉。

《刑事诉讼法》第 221 条规定，地方各级人民检察院提出抗诉，应当通过原审人民法院提出抗诉书，并且将抗诉书抄送上一级人民检察院。原审人民法院应当将抗诉书连同案卷、证据移送上一级人民法院，并且将抗诉书副本送交给当事人。

(三)上诉、抗诉的撤回

提出上诉能否撤回，《刑事诉讼法》没有规定，从诉讼理论上说，上诉作为诉讼权利，可以行使并放弃，因此应当允许。最高院《解释》第 304 条、第 305 条规定，上诉人在上诉期限内要求撤回上诉的，人民法院应当准许。上诉人在上诉期满后要求撤回上诉的，第二审人民法院应当审查，裁定是否准许。被判处死刑立即执行的被告人提出上诉，在第二审开庭后宣告裁判前申请撤回上诉的，应当不予准许，继续按照上诉案件审理。

撤回抗诉与撤回上诉不同。《刑事诉讼法》第 221 条第 2 款规定，上级人民检察院认为抗诉不当的，可以撤回抗诉。最高院《解释》第 307 条规定，人民检察院在抗诉期限内撤回抗诉的，第一审人民法院不再向上一级人民法院移送案件。在抗诉期满后第二审人民法院宣告裁判前撤回抗诉的，可以裁定准许。

撤回上诉、抗诉对判决、裁定的效力产生影响，对此，最高院《解释》第 308 条规定，在上诉、抗诉期满前撤回上诉、抗诉的，第一审判决、裁定在上诉、抗诉期满之日起生效。在上诉、抗诉期满后要求撤回上诉、抗诉，第二审人民法院裁定准许的，第一审判决、裁定应当自第二审裁定书送达上诉人或者抗诉机关之日起生效。

第三节　第二审程序的审判

第二审人民法院对于第一审人民法院移送上诉、抗诉的案卷，应当对所移送的材料进行形式审查，最高院《解释》第309条规定，审查的具体内容包括：①移送上诉、抗诉案件函；②上诉状或者抗诉书；③第一审判决书、裁定书，八份(每增加一名被告人增加一份)并附电子文本；④全部案卷材料、证据，包括案件审理报告和其他应当移送的材料。如果材料齐备，第二审人民法院应当收案；材料不齐备的或者不符合规定的，应当通知第一审人民法院及时补送。

第二审人民法院接收案件后，依法组成合议庭对案件进行审理。

一、第二审案件的审判方式

第二审案件的审判方式有开庭审理和不开庭审理两种，不开庭审理方式也称书面审理。开庭审理方式是世界很多国家第二审刑事案件采取的审理方式，特别是三审终审制度下的第二审较为普遍地采用。

(一)开庭审理

我国《刑事诉讼法》第223条、最高院《解释》第317条规定，下列案件应当开庭审理：①被告人、自诉人及其法定代理人对第一审认定的事实、证据提出异议，可能影响定罪量刑的上诉案件；②被告人被判处死刑立即执行的上诉案件；③人民检察院抗诉的案件；④应当开庭审理的其他案件。

此外，被判处死刑立即执行的被告人没有上诉，同案的其他被告人上诉的案件，第二审人民法院应当开庭审理。被告人被判处死刑缓期执行的上诉案件，有条件的也应当开庭审理。

第二审人民法院开庭审理上诉、抗诉案件可以到案件发生地或者原审人民法院所在地进行。人民检察院提起抗诉的案件，或者第二审人民法院开庭审理的公诉案件，人民检察院应当派员出席法庭。

开庭审理上诉、抗诉案件，除参照适用第一审程序有关规定外，审理程序的步骤是：

(1)法庭调查阶段，审判人员宣读第一审判决书、裁定书后，上诉案件由上诉人或者辩护人先宣读上诉状或者陈述上诉理由，抗诉案件由检察员先宣读抗诉书；既有上诉又有抗诉的案件，先由检察员宣读抗诉书，再由上诉人或者辩护人宣读上诉状或者陈述上诉理由。

(2)法庭辩论阶段，上诉案件，先由上诉人、辩护人发言，后由检察员、诉讼代理人发言；抗诉案件，先由检察员、诉讼代理人发言，后由被告人、辩护人发言；既有上诉又有抗诉的案件，先由检察员、诉讼代理人发言，后由上诉人、辩护人发言。

(二)不开庭审理

不开庭审理，第二审人民法院的合议庭根据全部案卷材料进行审查。《刑事诉讼法》第223条第2款规定，第二审人民法院决定不开庭审理的案件，应当讯问被告人，听取其他当事人、辩护人、诉讼代理人的意见。

不开庭审理的案件，合议庭全体成员应当阅卷，必要时应当提交书面阅卷意见。

二、第二审程序的审理范围

我国第二审程序实行全面审查原则，因此，第二审程序的审理范围是全案审查。最高院《解释》第315条规定，对上诉、抗诉案件，全案审查着重审查的内容包括：

(1)第一审判决认定的事实是否清楚，证据是否确实、充分；
(2)第一审判决适用法律是否正确，量刑是否适当；
(3)在侦查、审查起诉、第一审程序中，有无违反法定诉讼程序的情形；
(4)上诉、抗诉是否提出新的事实、证据；
(5)被告人的供述和辩解情况；
(6)辩护人的辩护意见及采纳情况；
(7)附带民事部分的判决、裁定是否合法、适当；
(8)第一审人民法院合议庭、审判委员会讨论的意见。

本条规定的“审查”内容，应当解释为审理范围，是第二审人民法院作出二审判决、裁定的基础。

三、第二审案件的处理

(一)对上诉、抗诉案件的处理

根据我国《刑事诉讼法》第225条、第227条的规定，我国第二审程序对上诉、抗诉案件的处理有三种方式：

1. 裁定驳回上诉、抗诉，维持原判

根据我国《刑事诉讼法》第225条第1款第2项的规定，原判决认定事实和适用法律正确、量刑适当的，应当裁定驳回上诉或者抗诉，维持原判。

维持原判用裁定的形式，裁定书着重写明驳回上诉、抗诉的理由以及维持原判的根据。如果原审法院的判决书在叙述犯罪事实、情节上不够准确或者文字上有错误，即使不影响原判决的正确性，也应当在裁定书中予以更正，确保生效裁判的严肃性。

2. 依法改判

我国《刑事诉讼法》第225条第1款第2项、第3项规定，原判决认定事实没有错误，但适用法律有错误，或者量刑不当的，应当改判；原判决事实不清或者证据不足的，可以在查清事实后改判。

第二审人民法院依法改判的情形分为两种：

(1)应当改判。原判决认定事实没有错误，但适用法律有错误，或者量刑不当，人民法院应当依法改判。

(2)可以改判。原判决事实不清或者证据不足的，第二审人民法院在查清事实后，可以依法改判。相同条件下，第二审人民法院也可以裁定撤销原判，发回原审人民法院重新审判。第二审人民法院改判，应当以判决形式作出，并且应当着重写明原判决事实不清、适用法律错误所在，或者量刑失当的错误所在，应当正确适用什么法律或者应当判处什么刑罚。

3. 撤销原判，发回重审

根据《刑事诉讼法》第225条第1款第3项和第227条的规定，撤销原判，发回原审法院重审分为以下两种情形：

(1)原判决事实不清楚或者证据不足的。第二审人民法院对此发回重新审判之后，再次上诉或者抗诉的，第二审人民法院不能再发回重审，应当依法作出判决、裁定。

(2)第一审人民法院审理过程存在违反法律规定的诉讼程序。所谓"违反法律规定的诉讼程序"是指下列情形之一：第一，违反《刑事诉讼法》有关公开审判的规定的；第二，违反回避制度的；第三，剥夺或者限制了当事人的法定诉讼权利，可能影响公正审判的；第四，审判组织的组成不合法的；第五，其他违反法律规定的诉讼程序，可能影响公正审判的。

第二审人民法院撤销原判，发回重审适用裁定形式作出，并应着重写明违反诉讼程序的情形及其对案件裁判的影响，写明撤销原判的理由及其发回重审的根据。根据《刑事诉讼法》第228条的规定，原审人民法院对于发回重审的案件，应当另行组成合议庭，依照第一审程序进行审判。重新审判后判决仍为第一审判决，可以提起上诉或者抗诉。

(二)对附带民事诉讼、自诉案件上诉的处理和裁判

在第二审程序中，对附带民事诉讼、自诉案件的处理，除了上述三种方式之外，可以适用调解、自行和解或者撤诉的方式。

1. 对附带民事诉讼的处理

对附带民事诉讼的处理应注意与对刑事部分的处理相协调。基于我国《刑事诉讼法》规定的全面审理原则，附带民事诉讼上诉的案件中，其中有应当和刑事部分一并处理和裁判的内容，也有应当分开处理和裁判的内容。根据最高院《解释》第 313 条至 314 条、第 330 条至 332 条的规定，分为一并处理和裁判、分开处理和裁判。

(1)一并处理和裁判

第二审人民法院审理附带民事上诉案件，如果发现刑事和附带民事都有错误需依法改判的，应当一并改判。

第二审人民法院审理附带民事上诉案件，刑事部分已发生法律效力的，如果发现第一审判决、裁定中的刑事部分确有错误，应当对刑事部分按审判监督程序进行再审，并将附带民事诉讼部分发回，与刑事案件一并审理。

如果应当执行的刑事被告人仍须作第二审中的附带民事诉讼的被告人参加诉讼时，为了便于审理，在第二审附带民事诉讼审结前，可以暂缓送监执行。

(2)分开处理和裁判

第二审人民法院审理的刑事上诉、抗诉案件，附带民事诉讼部分已经发生法律效力的，如果发现第一审判决或者裁定中的民事部分确有错误，应当对民事部分按审判监督程序予以纠正。

在第二审附带民事部分审理中，原审附带民事诉讼原告人增加独立的诉讼请求或者原审附带民事诉讼被告人提出反诉的，第二审人民法院可以根据自愿原则就新增的诉讼请求或反诉进行调解，调解不成的，告知当事人另行起诉。

2. 对自诉案件的处理

最高院《解释》第 333 条、第 334 条规定，第二审自诉案件可以调解，当事人也可以自行和解，以及当事人提起反诉。

对第二审自诉案件调解结案的，应当制作调解书，第一审判决、裁定视为自动撤销。当事人自行和解的，由人民法院裁定准许撤回自诉，并撤销第一审判决、裁定。

在第二审程序中，当事人提出反诉的，应当告知其另行起诉。

四、第二审裁判的效力

我国实行两审终审制，因此，第二审程序作出的判决、裁定是发生法律效力的终审判决、裁定。从刑事诉讼理论上说，经过第二审作出的终局裁判，在实体法上具有执行力，依法交付执行；在程序法上具有"既判力"，对审判机关、检察机关和当事人均产生法律上的约束力或者说拘束力。具体地讲，对审判机关来说，判决的生效意味着不能就同一事实再受理起诉或者上诉；对检察机关来说，生效判决使得其不能再就同一事实控告被告人；对当事人来说，判决的生效意味着他们必须接受法院对案件作出的法律评价和处理。

从我国司法实践来看，第二审判决、裁定因具体内容和方式不同，相应表现为不同形式：

裁定驳回上诉、抗诉，维持原判的效力表现为，终结案件的普通程序，第一审裁判和第二审裁判的内容立即生效，并交付执行。

撤销原判，直接改判的法律效力是，宣告终结案件的第二审程序及整个普通诉讼程序，宣告第一审判决或裁定有错误而予以撤销；宣告第二审法院对该案的实体问题所作的新的终审判决。

裁定撤销原判，发回重审的效力是，撤销原判表明第一审判决、裁定的全部内容不生效。发回重审表明案件重新回到第一审程序，原判决、裁定的全部内容不生效。撤销原判、发回重审虽然是终审裁定，但只终结案件的第二审程序，没有终结案件的普通诉讼程序。原审人民法院对于发回重审的案件，另行组成合议庭，重新计算审理期限，按照第一审程序的规定进行审理，实质上是第一审程序的更新，因此，过去刑事诉讼理论上也称为"更审"。

第四节　刑事诉讼涉案财物处理

我国《刑法》第64条规定，犯罪分子违法所得的一切财物，应当予以追缴或者责令退赔；对被害人的合法财产，应当及时返还；违禁品和供犯罪所用的本人财物，应当予以没收。没收的财物和罚金，一律上缴国库，不得挪用和自行处理。

刑法上称为"犯罪物品的处理"，在刑事诉讼中通常称为"涉案财物处理"，学说上通常依据法律规定概述为"对查封、扣押、冻结的财物的处理"。涉案财物处理是刑事诉讼过程中的重要事项，从侦查程序开始，经起诉程序、审判程序，到执行程序，涉案财物的处理与刑事诉讼程序活动相伴随。

《刑事诉讼法》第 234 条和六部门《规定》第 36 条、公安部《规定》第 8 章相关侦查措施、最高检《规则(试行)》第 9 章相关侦查措施，以及最高院《解释》第 359 条至第 370 条分别规定涉案财物处理的基本程序规范。其他方面，例如 2015 年最高人民检察院发布的《人民检察院刑事诉讼涉案财物管理规定》属于司法解释性质的规范。

《刑事诉讼法》第 115 条规定侦查程序中涉案财物处理的违法行为的申诉、控告和纠正，从立法意图上说，实际上可以扩展到整个刑事诉讼程序，该条规定针对“司法机关及其工作人员”。

刑事诉讼涉案财物处理的基本程序规定包括以下几个方面：

(1)妥善保管和随案移送。根据《刑事诉讼法》第 234 条第 1 款规定，公安机关、人民检察院和人民法院对查封、扣押、冻结的犯罪嫌疑人、被告人的财物及其孳息，应当妥善保管，以供核查，并制作清单，随案移送。任何单位和个人不得挪用或者自行处理。

根据案件在不同程序进行中，分别适用相关程序规范。对于不同属性的财物，保管和移送的方式不同，查封适用不动产等，扣押适用可移动的各种物品，冻结适用存款等财产。

(2)对被害人的合法财产，应当及时返还。所谓“合法财产”就是权属明确的财产。在程序上，需要经过拍照、鉴定、估价，并在案卷中注明返还的理由，将原物照片、清单和被害人的领取手续附卷备查。

(3)对违禁品或者不宜长期保存的物品，应当依照国家有关规定处理。对不宜移动和长期保存的物品，分类按照有关规定处理，可以参照最高院《解释》第 363 条。

(4)对作为证据使用的实物应当随案移送，对不宜移送的，应当将其清单、照片或者其他证明文件随案移送。

(5)人民法院作出的判决，应当对查封、扣押、冻结的财物及其孳息作出处理。在法庭审理过程中，移动调查其权属情况，调查是否属于违法所得或者依法应当追缴的涉案财物。案外人提出权属异议的，人民法院应当进行审查并依法处理。

(6)人民法院作出的判决生效以后，有关机关应当根据判决对查封、扣押、冻结的财物及其孳息进行处理。对查封、扣押、冻结的赃款赃物及其孳息，除依法返还被害人的以外，一律上缴国库。人民法院应当通知被害人认领。无人认领的，应当公告通知，3 个月无人认领的，应当上缴国库。

(7)司法工作人员贪污、挪用或者私自处理查封、扣押、冻结的财物及其孳息的，依法追究刑事责任；不构成犯罪的，给予处分。司法工作人员贪污、挪用行为，构成贪污罪、挪用公款罪；私自处理查封、扣押、冻结的财物及其孳息的，适用我国《刑法》第314条规定，“非法处置查封、扣押、冻结的财产罪是指隐藏、转移、变卖、故意毁损已被司法机关查封、扣押、冻结的财产，情节严重的行为”。

【思考题】

1. 上诉和抗诉的理由有什么区别？
2. 第二审裁判有哪些形式？

【案例分析】

被告人张某等12人，2013至2014两年内，因在高速公路沿途盗窃过往大货车柴油案，构成盗窃罪，2015年5月20日在某市甲区人民法院第一审宣判，分别判处有期徒刑和并处罚金等刑罚。判决宣告后，张某等3名被告人对第一审判决不服，提出上诉，某市中级人民法院受理，进入第二审。二审期间，合议庭发现原审判决认定的部分犯罪行为属于事实不清，证据不足。但是，事实不清，证据不足的部分事实只涉及其中2名被告人。合议庭成员在评议该案件时出现两种不同意见，少数意见认为，该案部分事实不清，证据不足，原审判决认定其余10名被告人的犯罪事实清楚，证据确实、充分，定罪准确，量刑适当，为了节约诉讼资源，减少审判工作量，可以考虑将该案中的部分事实以及所涉及的2名被告人发挥重审，对其余10名被告人的定罪量刑裁定维持原判。多数意见认为，二审应当对原审进行全面审查，全案处理。《刑事诉讼法》没有规定二审程序的“分案处理”，于法无据。针对两种意见，二审合议庭作出裁定，撤销原判，全案发回原审人民法院重新审判。由于案件中的10名被告人原籍均属某省偏远山区，其中5名被告人因刑期届满而取保候审，原审人民法院在重审期间无法联系上该案中的3名被告人，致使案件不能如期开庭审理。

请问：本案二审合议庭的少数意见是否正确？依据何在？

第十六章 死刑复核程序

【本章引语】

人命至重，一死不可再生。——《旧唐书 · 刑法志》

从人道的立场看，死刑像所有的肉刑，特别是现在又有所回头的阉割刑一样，是卑鄙无耻的，因为他们将人贬谪至今具有纯粹肉体的生物。——拉德布鲁赫

【学习目标】

通过本章学习，能够掌握：

1. 死刑立即执行案件的复核程序。
2. 死刑缓期二年执行案件的复核程序。

第一节 死刑复核程序概述

一、死刑复核程序的概念与特点

死刑复核程序，是指人民法院对判处死刑的案件报请对死刑有核准权的人民法院审查核准应当遵循的程序。我国刑事诉讼中的死刑复核程序是普通程序之外的一种特殊审判程序，是审判死刑案件的生效要件。所谓复核，就是再次审核，即再次审查、核实。所谓核准，就是经过复核并准予判处死刑。死刑复核程序是审判程序的组成部分，但是实行不开庭审理，作出判决、裁定。

《刑事诉讼法》第3编第4章“死刑复核程序”包括最高人民法院对死刑（即判处死刑立即执行）案件的复核和核准和高级人民法院对死刑缓期二年执行案件的

复核和核准。

死刑是剥夺犯罪分子生命的刑罚种类，是刑法规定的各种刑罚种类中最严厉的，也称为极刑。我国《刑法》第 48 条规定，死刑只适用于罪行极其严重的犯罪分子。但是，我国刑法和刑事政策上同时注意严格控制死刑适用。其一，《刑法》第 49 条从实体法角度规定死刑的控制适用，犯罪的时候不满 18 周岁的人和审判的时候怀孕的妇女不适用死刑。审判的时候已满 75 周岁的人，不适用死刑，但以特别残忍手段致人死亡的除外。其二，《刑事诉讼法》第 235 条和第 237 条从程序法角度规定死刑案件的程序控制，死刑由最高人民法院核准；死刑缓期 2 年执行的案件由高级人民法院核准。

根据我国《刑事诉讼法》第 238 条的规定，死刑复核程序既包括对最高人民法院对判处死刑立即执行案件的复核与核准，也包括高级人民法院对判处死刑缓期二年执行案件的复核与核准。

死刑复核程序是对判处死刑的案件在认定事实和适用法律上是否正确进行全面审查，从程序上确保正确适用死刑，并依法作出核准死刑或者不核准死刑的裁定。

死刑复核程序是我国《刑事诉讼法》规定的特殊程序，具有如下特征：

第一，具有特定的适用对象。

死刑复核程序的适用对象是特定的，单一的，只适用于人民法院作出死刑判决、裁定的刑事案件，包括判处死刑立即执行和判处死刑缓期二年执行的案件，不适用于其他案件。

第二，具有特定的诉讼程序。

死刑复核程序是判处死刑案件的法定诉讼程序。除了最高人民法院判决的死刑案件之外，作出死刑判决、裁定的案件必须依法定程序报请复核，否则，不能交付执行。

第三，由特定的人民法院承担。

死刑复核程序的人民法院是特定的，核准权具有专属性。死刑案件的核准权在最高人民法院；死刑缓期二年执行案件的核准权在高级人民法院。

第四，程序的启动不附任何条件。

死刑复核程序是死刑案件的必经程序，程序启动不需要经过起诉、上诉或者申请等要件，不附加任何条件。

二、死刑复核程序的任务和意义

死刑复核程序的任务是《刑事诉讼法》规定具有核准权的人民法院对下级人民法院报请复核的死刑判决、裁定，就认定事实和适用法律是否正确进行全面审查，根据复核程序要求，依法作出符合结论，对正确的死刑判决、裁定予以核准，对错误或者不当的死刑判决、裁定予以纠正，并制作相应的法律文书，以保证正确地适用死刑。

死刑复核程序具有的重要意义表现在：

第一，死刑复核程序可以从程序上严格控制死刑的适用。

依法由最高人民法院进行死刑复核，是从审判程序上保证严格控制死刑的一项重要制度安排。最高人民法院能够从更高的高度贯彻执行少杀、慎杀的方针，将执行死刑减少到最低限度。

第二，死刑复核程序对案件事实的复核，能够更大程度地防止死刑案件的错误。

死刑是刑罚中最严厉的刑种，一旦错误判决被执行，错误无法纠正，损害无法弥补。因此，法律设定死刑复核程序，对已经判处死刑的案件在事实认定和法律适用方面进行审查复核，是死刑案件可能存在错误的最后防线。死刑核准权赋予最高人民法院，死刑缓期执行核准权赋予高级人民法院行使，能够保证人民法院审判死刑案件的水平和质量。

第三，死刑复核程序是统一死刑定案标准，统一死刑执法尺度的关键程序。

这是从诉讼程序和权力归属上保证统一执法尺度的重要制度，可以最大可能地防止死刑定案标准的地区差异，也可以减少死刑案件认定和裁判上的多重尺度。

三、死刑核准权

死刑核准权，是指对人民法院判处死刑的判决、裁定由哪一级审判机关进行复核与批准的权限。死刑核准权是死刑复核程序的核心内容，其实质是对死刑案件核准执行的特殊管辖权。我国现行《刑事诉讼法》第 235 条和第 237 条规定死刑案件的核准权和死刑缓期二年执行案件的核准权，分别由最高人民法院和高级人民法院行使。据此，可以说，狭义的死刑核准权，仅指死刑立即执行案件的核准权。

我国一直保留死刑刑种。死刑案件核准权限的权力归属，自中华人民共和国成立以来，先后经历过几次重大变化。

(1)第一阶段，1957 年以前，死刑核准权主要由最高人民法院和高级人民法院共同行使。

1954 年《人民法院组织法》第 11 条第 5 款规定，“中级人民法院和高级人民法院对于死刑案件的终审判决和裁定，如果当事人不服，可以申请上一级人民法院复核。基层人民法院对于死刑案件的判决和中级人民法院对于死刑案件的判决和裁定，如果当事人不上诉、不申请复核，应当报请高级人民法院核准后执行”。可见，死刑案件由最高人民法院和高级人民法院共同行使核准权。当时，基层人民法院依法有权判处死刑，基层人民法院和中级人民法院判处的死刑案件，大部分由高级人民法院行使核准权。只有高级人民法院对于死刑案件的终审判判决和裁定，可以申请最高人民法院复核。

(2)第二阶段，1957 年至 1980 年，死刑核准权经历几次变化。

1957 年 7 月 26 日，第一届全国人民代表大会第四次会议通过《关于死刑案件由最高人民法院判决或者核准的决议》规定，“按照法院组织法由高级人民法院负责核准或者终审判决的死刑案件，仍由高级人民法院判决或者负责审核。高级人民法院认为应当判处死刑的案件，应当报请最高人民法院核准后执行。高级人民法院认为不应当判处死刑的案件，即由高级人民法院依照法律的规定发回下级人民法院再审或者提审”。据此，死刑案件由最高人民法院判决或者核准，高级人民法院不核准死刑。

1958 年 5 月 29 日，最高人民法院对死缓案件的核准权作出规定，凡是由高级人民法院判处或者审核的“死缓”案件，一律不再报最高人民法院复核。据此，死刑立即执行案件和死刑缓期二年执行案件的核准权，分别由最高人民法院和高级人民法院行使。

1966 年以后，各类刑事案件的判处一律报请各级军事管制委员会和各级革命委员会批准。全国各级人民法院大多被群众组织夺权，有的改名为“人民法庭”，有的改为“公、检、法军事管制委员会”，对公安、检察、法院实行军事管制。人民法院审判职能完全由军管会或者革命委员会内设的人民保卫组行使，法律规定的公开审判、陪审、辩护、合议、上诉等审判制度和程序，全部被废弃。刑事案件实行侦查、预审、审判“一竿子插到底”“逮捕、判刑一次过”或者所谓“群专、群审、群判”。其中，死刑案件由省级革命委员会批准，即可执行，铸成大量冤假错案。

1979 年 7 月 1 日，第五届全国人民代表大会第二次会议通过《中华人民共和国《刑事诉讼法》》，对死刑案件的审判管辖和死刑复核作出明确规定。将可能判处死刑的案件规定由中级人民法院管辖。死刑立即执行案件由最高人民法院核准，死刑缓期执行案件由高级人民法院核准。

(3)第三阶段，1980 年以后，死刑核准权原则上仍由最高人民法院行使，但对于杀人、强奸、抢劫等严重危害公共安全和社会治安，判处死刑案件的核准权，由最高人民法院授权高级人民法院行使。

1980 年 3 月 6 日鉴于当时社会治安状况恶化，由时任最高人民检察院黄火青检察长代表最高人民法院、最高人民检察院提出建议，并经第五届全国人民代表大会常务委员会第十三次会议批准，在 1980 年内对现行的杀人、强奸、抢劫、放火等严重犯罪行为应当判处死刑的案件，最高人民法院可以授权省、自治区、直辖市高级人民法院核准。1981 年 6 月 10 日，鉴于当时社会治安形势严峻，恶性案件上升，第五届全国人民代表大会常务委员会第十九次会议作出《关于死刑案件核准问题的决定》规定，除对反革命犯、贪污犯等判处死刑立即执行的依照《刑事诉讼法》规定由最高人民法院核准外，在 1981 至 1983 年内，对犯有杀人、抢劫、强奸、爆炸、放火、投毒、决水和破坏交通、电力等设备的罪行，由省、自治区、直辖市高级人民法院终审判决死刑的，或者中级人民法院一审判决死刑，被告人不上诉，经高级人民法院核准的，以及高级人民法院一审判决死刑，被告人不上诉的，都不必报最高人民法院核准。

1983 年 9 月 2 日修改通过的《人民法院组织法》第 13 条规定，“死刑案件除由最高人民法院判决的以外，应当报请最高人民法院核准。杀人、强奸、抢劫、爆炸以及其他严重危害公共安全和社会治安判处死刑案件的核准权，由最高人民法院在必要的时候，授权省、自治区、直辖市的高级人民法院行使”。1983 年 9 月 7 日，最高人民法院发布《关于授权高级人民法院核准部分死刑案件的通知》指出，在当前严厉打击刑事犯罪活动期间，为了及时严惩严重危害公共安全和社会治安的罪大恶极的刑事犯罪分子，除由最高人民法院判决的死刑案件外，各地对反革命案件和贪污等严重经济犯罪案件（包括受贿案件、走私案件、投机倒把案件、贩毒案件、盗运珍贵文物出口案件）判处死刑的，仍应由高级人民法院复核同意后，报最高人民法院核准；对杀人、强奸、抢劫、爆炸以及其他严重危害公共安全和社会治安判处死刑的案件的核准权，依法授权由各省、自治区、直辖市高级人民法院和解放军军事法院行使。

为了贯彻执行全国人民代表大会常务委员会《关于禁毒的决定》，及时严惩毒品犯罪，最高人民法院在 1991 至 1997 年间，分别以通知形式授权云南、广东、广西、甘肃、四川、贵州六省区高级人民法院，行使部分毒品犯罪案件的死刑核准权。除最高人民法院判决的和涉外、涉港澳、涉台的毒品犯罪刑事案件外，六省区高级人民法院依照授权，可以对毒品犯罪案件行使死刑核准权。

1996 年 3 月 17 日，第八届全国人民代表大会第四次会议通过《关于修改〈中华人民共和国《刑事诉讼法》〉的决定》，对 1979 年《刑事诉讼法》规定的死刑复核程序未作任何修改。1997 年 10 月 1 日正式实施的修正后的《刑法》同样没有规定最高人民法院在必要时可以对死刑立即执行案件下放核准权。据此，对死刑立即执行案件应当由最高人民法院核准。1997 年 9 月 26 日，最高人民法院再次发布《关于授权高级人民法院和解放军军事法院核准部分死刑案件的通知》，授权高级人民法院和解放军军事法院行使部分死刑案件的核准权。

（4）第四阶段，2007 年后，最高人民法院“收回”死刑核准权，进入死刑核准权由最高人民法院统一行使阶段。

2005 年 10 月，最高人民法院发布《人民法院第二个五年改革纲要》明确表示，“最高人民法院根据党和国家关于尊重与保障人权及严格限制死刑的政策精神，决定改变目前授权高级人民法院行使部分死刑案件核准权的做法，将死刑核准权统一收归最高人民法院行使”。

2006年10月31日，第十届全国人民代表大会常务委员会通过《关于修改人民法院组织法的决定》，将死刑案件的核准权收归最高人民法院统一行使。该决定与2007年1月1日起实施。

2012年3月14日第二次修正后的《刑事诉讼法》规定，“死刑由最高人民法院核准”。学说和实务上认为，这是统一行使死刑核准权的立法精神的回归。然而，新《刑事诉讼法》第237条规定，“中级人民法院判处死刑缓期二年执行的案件，由高级人民法院核准”。这是广义的死刑案件核准权。

第二节　死刑立即执行案件复核程序

根据《刑事诉讼法》和最高院《解释》规定，结合刑事诉讼理论和刑事司法实践，死刑立即执行案件的复核程序可以分为三个步骤：报请复核、复核、核准或者不核准。

一、死刑立即执行案件的报请复核

根据我国《刑事诉讼法》第236条、最高院《解释》第344条的规定，中级人民法院判处死刑的第一审案件，被告人不上诉的，应当由高级人民法院复核后，报请最高人民法院核准。高级人民法院不同意判处死刑的，可以提审或者发回重新审判。高级人民法院判处死刑的第一审案件被告人不上诉的，和判处死刑的第二审案件，都应当报请最高人民法院核准。这里所说的“死刑”“死刑案件”应当作狭义解释，仅指判处死刑立即执行的案件。《刑事诉讼法》使用“报请核准”，最高院《解释》使用“报请复核”，应作相同解释。

据此，判处死刑立即执行的案件，报请复核的程序：

(1)中级人民法院第一审判处死刑，被告人不上诉、人民检察院不抗诉的，上诉、抗诉期满后10日内，应当报请高级人民法院复核。高级人民法院经过复核，同意判处死刑的，应当在作出裁定后10日内报请最高人民法院核准。

高级人民法院经过复核，不同意判处死刑的，可以提审或者发回重审。高级人民法院提审此类案件，应当按照第二审程序进行，所作判决是终审判决，被告人不得上诉，人民检察院不得抗诉。高级人民法院发回重审，中级人民法院作出的判决仍为第一审判决，被告人可以上诉，人民检察院可以抗诉。

(2)中级人民法院判处死刑的第一审案件，被告人上诉或者人民检察院抗诉，高级人民法院裁定维持原判决的，应当在作出裁定后10日内报请最高人民法院核准。此类案件，无需经过高级人民法院单独进行复核。

高级人民法院经第二审程序改判为死缓的，是终审判决，不再报请最高人民法院核准。

(3)高级人民法院第一审判处死刑，被告人未上诉、人民检察院未抗诉，应当在上诉、抗诉期满后10日内报请最高人民法院核准。

从法律解释角度说，高级人民法院第一审判处死刑，被告人提出上诉或者人民检察院提出抗诉的，最高人民法院的二审判决是终审判决。最高人民法院审理后，如果裁定维持死刑判决的，同时是对维持死刑的判决进行核准。

报请复核的死刑案件，实行一案一报。所谓一案一报，就是审结一起死刑案件，就要单独将其报请复核。

报请复核，报送的材料应当齐全。报送的材料包括报请复核的报告，第一、二审裁判文书，死刑案件综合报告各5份以及全部案卷、证据。死刑案件综合报告，第一、二审裁判文书和审理报告应当附送电子文本。同案审理的案件应当报送全案案卷、证据。

报请复核的报告，应当写明案由、简要案情、审理过程和判决结果。死刑案件综合报告应当包括以下主要内容：

(1)被告人、被害人的基本情况。被告人有前科或者曾受过行政处罚的，应当写明。

(2)案件的由来和审理经过。案件曾经发回重新审判的，应当写明发回重新审判的原因、时间、案号等。

(3)案件侦破情况。通过技术侦查措施抓获被告人、侦破案件，以及与自首、立功认定有关的情况，应当写明。

(4)第一审审理情况。包括控辩双方意见，第一审认定的犯罪事实，合议庭和审判委员会意见。

(5)第二审审理或者高级人民法院复核情况。包括上诉理由、检察机关意见，第二审审理或者高级人民法院复核认定的事实，证据采信情况及理由，控辩双方意见及采纳情况。

(6)需要说明的问题。包括共同犯罪案件中另案处理的同案犯的定罪量刑情况，案件有无重大社会影响，以及当事人的反应等情况。

(7)处理意见。写明合议庭和审判委员会的意见。

二、死刑立即执行案件的复核与核准

《刑事诉讼法》第238条、第239条使用“复核”和“核准”两个概念。复核是指有核准权的人民法院对死刑案件从事实和法律两个方面进行全面审查核实的诉讼活动。核准是指有死刑核准权的人民法院经过复核，对死刑案件是否交付执行所作的处理决定。

（一）复核的审判组织

《刑事诉讼法》第238条规定，最高人民法院复核死刑案件，应当由审判员三人组成合议庭进行。根据《刑事诉讼法》第236条第1款，高级人民法院对于中级人民法院判处死刑案件未经上诉或者抗诉的案件的复核，虽然法律和司法解释没有明确规定，但是，在解释上，应当组成合议庭进行。

（二）复核的内容与方式

死刑案件的复核，应当对案卷进行全面审查、讯问被告人、听取辩护人意见等程序环节和步骤。

1. 对案卷进行全面审查

《刑事诉讼法》没有规定死刑案件的复核内容。最高院《解释》第348条规定复核死刑案件应当全面审查的内容，包括：①被告人的年龄，被告人有无刑事责任能力、是否系怀孕的妇女；②原判认定的事实是否清楚，证据是否确实、充分；③犯罪情节、后果及危害程度；④原判适用法律是否正确，是否必须判处死刑，是否必须立即执行；⑤有无法定、酌定从重、从轻或者减轻处罚情节；⑥诉讼程序是否合法；⑦应当审查的其他情况。

除此之外，2007年3月9日，最高人民法院、最高人民检察院、公安部、司法部联合出台《关于进一步严格依法办案确保办理死刑案件质量的意见》指出："复核死刑案件，应当对原审裁判的事实认定、法律适用和诉讼程序进行全面审查。""复核死刑案件，合议庭成员应当阅卷，并提出书面意见存查。对证据有疑问的，应当对证据进行调查核实，必要时到案发现场调查。"

2. 讯问被告人

《刑事诉讼法》第240条第1款规定，最高人民法院复核死刑案件，应当讯问被告人。这是死刑复核程序必须采取的复核方式，据此审查和查明被告人基本情况，特别是查清被告人有无刑事责任能力；审查原审裁判认定的犯罪事实是否清楚、是否为被告人所为；审查有无法定、酌定从轻或者减轻处罚的情节等。

3. 听取辩护律师的意见

《刑事诉讼法》第240条第1款规定，最高人民法院复核死刑案件，辩护律师提出要求的，应当听取辩护律师的意见。最高院《解释》第356条规定，死刑复核期间，辩护律师要求当面反映意见的，最高人民法院有关合议庭应当在办公场所听取其意见，并制作笔录；辩护律师提出书面意见的，应当附卷。

这里的辩护律师应当扩大解释为辩护人。因为，死刑复核程序中，被告人可以聘请辩护人，并不要求只能是辩护律师。

（三）制作复核审理报告

最高人民法院、高级人民法院对死刑案件进行全面审查复核后，合议庭应当进行评议并写出复核审理报告。审核报告应当包括以下内容：①被告人和被害人情况；②案件由来和审理经过；③案件的侦破情况；④原审裁判要点和控辩双方意见；⑤对事实和证据复核后的分析与认定；⑥合议庭评议意见和审判委员会讨论决定意见；⑦需要说明的问题。虽然最高院《解释》对此程序规定已经删除，但是该项工作仍属于人民法院复核死刑案件的程序步骤，应当依照执行。

（四）核准或者不核准死刑

根据《刑事诉讼法》第 239 条规定，最高人民法院对判处死刑的案件进行复核以后，应当作出核准或者不核准死刑的裁定。

总的来说，最高人民法院对死刑复核案件的处理分为裁定予以核准、裁定不予核准两种基本方式，但是，参照最高人民法院 2007 年发布的《关于复核死刑案件若干问题的规定》和最高院《解释》第 350 条至 355 条的规定，最高人民法院复核死刑案件，应当根据不同情形分别作出处理：

第一，原判认定事实和适用法律正确、量刑适当、诉讼程序合法的，应当裁定核准。

第二，原判认定的某一具体事实或者引用的法律条款等存在瑕疵，但判处被告人死刑并无不当的，可以在纠正后作出核准的判决、裁定。纠正后核准的情形，使用判决。

第三，原判事实不清、证据不足的，应当裁定不予核准，并撤销原判，发回重新审判。

第四，复核期间出现新的影响定罪量刑的事实、证据的，应当裁定不予核准，并撤销原判，发回重新审判。

第五，原判认定事实正确，但依法不应当判处死刑的，应当裁定不予核准，并撤销原判，发回重新审判。

第六，原审违反法定诉讼程序，可能影响公正审判的，应当裁定不予核准，并撤销原判，发回重新审判。

对于一人犯两罪以上被判处死刑或者两名以上被告人被判处死刑的犯罪案件，死刑复核之后的处理，参见最高院《解释》第 351 条和第 352 条等的规定。

最高院《解释》第 354 条规定，高级人民法院依照复核程序审理后报请最高人民法院核准死刑，最高人民法院裁定不予核准，发回高级人民法院重新审判的，高级人民法院可以依照第二审程序提审或者发回重新审判。

第三节 死刑缓期二年执行案件复核程序

死刑缓期二年执行案件，简称死缓案件。死刑缓期二年执行并非独立的刑罚种类，只是死刑的一种特殊执行方法，是控制死刑适用的重要制度。我国《刑事诉讼法》一直将这两种执行方法的复核程序和核准权分别予以规定。

死缓核准权在我国刑事诉讼立法上也经历过几次变化。1954 年《人民法院组织法》规定，缓期执行死刑案件与立即执行死刑案件一样，一般由高级人民法院核准。只有当事人对高级人民法院作出的死缓终审裁定不服，申请上一级人民法院复核的，才由最高人民法院复核。1957 年，一切死刑案件，都由最高人民法院判决或者核准。1958 年，最高人民法院根据绝大多数被判处死缓的罪犯都改判长期徒刑的情况作出决定，凡由高级人民法院判处或者审核的死缓案件，一律不再报最高人民法院核准。1979 年《刑事诉讼法》第 146 条规定，“中级人民法院判处死刑缓期二年执行的案件，由高级人民法院核准”。该规定一直沿用至今，规定在现行《刑事诉讼法》第 237 条。

死缓案件由高级人民法院复核与核准。其复核程序与死刑立即执行案件的复核具有很多相似性。

一、死刑缓期执行案件的报请复核

死刑缓期二年执行案件的复核程序，是死刑复核程序的组成部分。我国《刑法》第 48 条第 2 款第 2 句规定，“死刑缓期执行的，可以由高级人民法院判决或者核准”。《刑事诉讼法》第 237 条规定，中级人民法院判处死刑缓期二年执行的案件，由高级人民法院核准。

（一）报请复核程序

最高院《解释》第 345 条规定，中级人民法院判处死刑缓期执行的案件，被告人未上诉、人民检察院未抗诉的，应当报请高级人民法院核准。

（二）对报请复核案件的要求

报请复核的方式，应当一案一报。报送材料与死刑复核相同。具体的复核要求参见第二节死刑核准程序。

二、死刑缓期执行案件复核后的处理

根据《刑事诉讼法》第238条的规定，“高级人民法院复核死刑缓期执行的案件，应当由审判员3人组成合议庭进行”。复核的方式，与对死刑立即执行案件的复核方式相同，应当讯问被告人，被告人的辩护律师提出要求的，应当听取辩护律师意见。

参照《刑事诉讼法》关于死刑立即执行案件的复核后处理的规定，高级人民法院对死缓案件的复核后，应当作出核准或者不核准死刑缓期执行的裁定。但是，具体地说，最高院《解释》第349条规定，高级人民法院复核刑事缓期执行案件，应当根据不同情况分别作出处理：

第一，原判认定事实和适用法律正确、量刑适当、诉讼程序合法的，应当裁定核准。

第二，原判认定的某一具体事实或者引用的法律条款等存在瑕疵，但判处被告人死刑缓期执行并无不当的，可以在纠正后作出核准的判决、裁定。

第三，原判认定事实正确，但适用法律有错误，或者量刑过重的，应当改判。

第四，原判事实不清、证据不足的，可以裁定不予核准，并撤销原判，发回重新审判，或者依法改判。

第五，复核期间出现新的影响定罪量刑的事实、证据的，可以裁定不予核准，并撤销原判，发回重新审判，或者依照本解释第220条规定审理后依法改判。

第六原审违反法定诉讼程序，可能影响公正审判的，应当裁定不予核准，并撤销原判，发回重新审判。

高级人民法院复核死刑缓期执行案件，不得加重被告人的刑罚。

高级人民法院复核后发回原审人民法院重新审判的案件，应当依照第一审程序进行审判。重新审判后所作的判决和裁定，被告人可以上诉，人民检察院可以抗诉。但是高级人民法院在提审后改判的判决，是终审判决，不得上诉或者抗诉。

【思考题】

1. 死刑复核程序有什么特征？
2. 简述我国死刑立即执行案件复核的内容和方式。

【案例分析】

被告人毛某，男，汉族，2007年6月20日因犯窝藏罪、非法持有枪支罪被判处有期徒刑6年，2013年5月19日刑满释放。2015年6月26日因犯贩卖、制造毒品罪被判处死刑，剥夺政治权利终身，并处没收个人全部财产。宣判后，毛某提出上诉。某省高级人民法院经依法开庭审理，于2015年10月15日裁定，驳回上诉，维持原判，并依法报请最高人民法院核准。最高人民法院依法组成合议庭，对案件进行复核，并依法讯问被告人。

经复核确认：2013年9月下旬，裴某(在逃)提供原材料，并出资让被告人毛某、樊某(同案被告人，已判刑)购买辅料及玻璃瓶等物品，由樊某存放在其租用房内，准备用于制造甲基苯丙胺(冰毒)后进行贩卖。之后，毛某和其他多人生产出甲基苯丙胺共计34.703千克，并在裴某安排下由樊某驾车运回其出租房存放。

2014年4月29日，按照裴某安排，樊某将生产的甲基苯丙胺分装成袋交给毛某贩卖。毛某将毒品带回家中，并分别联系到买主，分批贩卖，直至案发。

毛某的犯罪事实，有第一审、第二审开庭审理中经质证认定的毒品、制毒原料、制毒工具、毒资等物证，电话通话清单、银行卡查询记录等书证，多名证人证言，毒品鉴定意见，现场勘验、检查笔录、辨认笔录，同案被告人供述和辩解等证据，予以证实。被告人毛某本人供认，足以认定。

最高人民法院认为，被告人毛某伙同他人非法制造甲基苯丙胺数量大，并进行贩卖，其行为已构成贩卖、制造毒品罪。毛某在共同犯罪中起主要作用，系主犯，罪行极其严重，系累犯，应依法从重处罚。第一审判决、第二审裁定认定事实清楚，证据确实、充分，定罪准确，量刑适当。审判程序合法。依法裁定核准，维持第一审以贩卖、制造毒品罪判处被告人毛某死刑，剥夺政治权利终身，并处没收个人全部财产。

结合本案，请问：对死刑立即执行的案件应当如何进行复核?

第十七章 审判监督程序

【本章引语】

县里不行，到府里，府里不行，我告御状。——老舍《神拳》

再审程序的设置，应当在维护还是排除裁判的既判力，或者说，在追求实质正义还是维持法律安定之间，进行选择，保持平衡。——韦尔纳·博伊克

【学习目标】

通过本章学习，能够了解和掌握：

1. 审判监督程序的特征。
2. 提起审判监督程序的主体和方式。
3. 再审案件的重新审判程序。

第一节 审判监督程序概述

一、审判监督程序的概念

审判监督程序，是指人民法院和人民检察院对已经发生法律效力的判决、裁定，发现在认定事实上或者在适用法律上确有错误，依法对案件进行审查处理，并进行重新审判的程序。审判监督程序本质上属于生效裁判的再审程序。

审判监督程序是刑事诉讼中的特殊审判程序，并非每个案件的必经程序。根据审判监督程序重新审判的案件，称为再审案件，因此，审判监督程序在理论上可以称为再审程序。在比较法上，国外立法例对这种纠正生效裁判中的错误而设的制度，大多称为再审，例如，德国刑事诉讼将再审（Wiederaufnahme）作为非常

救济程序，用以审核生效裁判的事实基础。法国刑事诉讼中有向最高法院申请再审(demande en revision)的特别救济制度。日本刑事诉讼中，对于生效裁判有再审和非常上告两种特别救济制度，再审是为纠正事实错误而设，非常上告是为纠正违法适用法律而设。

在我国，审判监督程序与审判监督是两个不同概念。审判监督是一个外延相当广泛的法律概念。广义上包括所有机关、团体和个人对人民法院审判活动的一切监督，例如，人民群众、人大代表、有关机关和团体对审判活动的监督，新闻媒体的监督。狭义上，从刑事诉讼看，是指司法机关对人民法院审判活动依法实施法律监督，例如，人民检察院对人民法院的审判活动的法律监督，人民法院组织系统内部上级法院对下级法院审判工作的业务监督。审判监督程序是刑事诉讼内部对人民法院审判活动进行特殊业务监督的一种制度表现形式。

从实质上说，审判监督程序是一种补救性程序，是对已经生效的裁判可能存在错误所设置的一种程序补救。已经发生法律效力的裁判具有普遍的约束力，一旦生效，不得擅自更改，这是法律确定性的要求，并据此在刑事诉讼程序中能够体现司法裁判的权威。但是，人民法院已经作出的生效裁判未必就完全正确、真实，如果一概禁止法律救济，阻断纠正错误的路径，则又违背发现案件真相和追求实体正义的目的。

追求裁判确定性与纠正裁判错误之间的冲突与调和，是刑事诉讼面临价值判断和选择的场域，审判监督程序正是为此而设。

二、审判监督程序的特点

审判监督程序是刑事审判中的特殊程序，与第二审程序、死刑复核程序存在不同之处，具有自身的特点。

(一)与第二审程序比较

审判监督程序与第二审程序从实现审判监督意义上说，其任务和目的具有相似性，就是通过对案件的重新审理，维持正确裁判，纠正错误裁判。但是，它们仍有明显区别。

1. 审理对象不同

审判监督程序的审理对象是已经发生法律效力的判决、裁定，包括正在执行或者已经执行完毕的案件，对于正在执行的案件，人民法院可以决定中止判决、裁定的执行。第二审程序的审理对象是尚未发生法律效力的判决、裁定，尚未交付执行，因此，不存在停止执行或者中止执行的问题。

2. 提起主体不同

审判监督程序的提起主体包括：最高人民法院、上级人民法院有权直接提起再审，各级人民法院院长有权提交审判委员会讨论决定而提起再审，最高人民检察院、上级人民检察院有权提出抗诉，人民法院重新审理。而有权提起第二审程序的主体是享有上诉权的被告人、自诉人及其法定代理人，经被告人同意的辩护人、近亲属，附带民事诉讼当事人及其法定代理人，以及同级人民检察院提起抗诉。

3. 提起条件不同

提起审判监督程序有法定条件限制，经过法定主体认真审查，有充分根据和理由认定已经生效的判决、裁定确有错误，当事人及其法定代理人、近亲属可以提出申诉，符合法定情形的，应当重新审理。第二审程序作为普通审判程序的必经程序，《刑事诉讼法》对上诉的条件未作限制性规定，只要上诉权人对第一审判决、裁定不服，即可依法提出上诉，不论理由是否充分，或者人民检察院认为第一审判决、裁定确有错误，均引起第二审程序，上一级人民法院必须对案件进行审理。

4. 提起期限不同

提起审判监督程序，法律没有规定期限。只有在发现新罪或者需要将无罪改为有罪时，受到《刑法》规定的追诉时效期限的限制。第二审程序的上诉、抗诉，必须在法定期限内提出，无正当理由而超过期限的，第二审人民法院不予受理。

5. 审理法院级别不同

按照审判监督程序重新审判的人民法院，可以是原审人民法院重新审判，也可以是上级人民法院提审或者指令下级人民法院再审。按照第二审程序审理案件的法院，只能是第一审人民法院的上一级人民法院。

（二）与死刑复核程序比较

审判监督程序与死刑复核程序同是特殊审判程序，都可以视为实现审判监督的法定方式，但两者有明显区别。

死刑复核程序审理的对象是尚未发生法律效力的死刑案件，包括判处死刑立即执行的案件和死刑缓期二年执行的案件；死刑复核程序的审理目的是，由最高人民法院或者高级人民法院对死刑案件进行再次审核，防止发生错误裁判；死刑复核程序是由中级人民法院或者高级人民法院将死刑案件主动报请复核，由最高人民法院审理核准。

三、审判监督程序的任务与意义

审判监督程序的任务是纠正已经发生法律效力而又确有错误的判决、裁定，通过重新审判达到事实清楚，证据确实、充分和程序合法、适用法律正确的基础之上，从而保证准确有效地惩罚犯罪分子，使无辜的人免受惩罚，维护法律的公正与尊严。

我国刑事诉讼设立审判监督程序，是整个刑事审判程序的重要组成部分，在刑事诉讼中具有重要意义。

(1)设立审判监督程序，是贯彻刑事审判工作“有错必纠”“不枉不纵”方针的重要法律保障。

通过审判监督程序，纠正错案，使罪犯受到应有的惩罚。我国审判监督程序的价值取向重点在于纠正生效裁判的错误，是人民法院审判工作贯彻“有错必纠”方针的保障性制度和补救性程序。

(2)设立审判监督程序是纠正生效裁判的错误的唯一途径。

人民法院所作的判决、裁定，未经法定程序，任何机关、团体和个人都无权改变。对案件可能出现的错判，唯一的纠错途径是审判监督程序。《刑事诉讼法》规定由特定的人民法院、人民法院院长和人民检察院提起审判监督程序，同时，规定申诉制度，申诉是案件可能获得重新审判的前置条件，人民法院审查处理，符合法律规定的，应当重新审判。

(3)设立审判监督程序是上级人民法院和上级人民检察院对下级人民法院审判工作实行审判监督的重要形式。

最高人民法院和上级人民法院通过审判监督程序提审或者指令下级人民法院再审，是对下级人民法院审判工作的监督和指导。最高人民检察院和上级人民检察院通过审判监督程序提出抗诉，行使人民检察院的审判监督权，保证法律的正确实施。

(4)设立审判监督程序是当事人对审判工作进行合法监督的重要渠道。

根据《刑事诉讼法》规定，当事人及其法定代理人、近亲属可以提出申诉。案外人对自身合法权益提起申诉，可以成为提起审判监督程序的材料来源。这是当事人和其他人对审判工作的监督作用，督促人民法院及时发现问题，纠正判决、裁定中的错误，提高办案质量。

第二节　对生效裁判的申诉与再审

一、启动审判监督程序的材料来源

启动审判监督程序的材料来源，是指相关主体在已经发生法律效力的判决、裁定中发现错误，提出有关证据及其资料等，申请人民法院或者人民检察院启动审判监督程序对案件进行重新审判的渠道和途径。根据现行法律规定，这些材料来源主要是相关主体对生效裁判的申诉，但是长期司法实践中还有其他材料来源途径。

根据《刑事诉讼法》第 241 条、最高院《解释》第 371 条的规定以及我国刑事司法实践经验，启动审判监督程序的材料来源主要有下列几个方面：

(一)当事人及其法定代理人、近亲属提出申诉

审判监督程序中的申诉，是指当事人及其法定代理人、近亲属或者案外人对人民法院的生效判决、裁定，可以向人民法院或者人民检察院提出申诉，阐明事实和理由，并要求人民法院重新审判的行为。根据《刑事诉讼法》第 241 条规定当事人及其法定代理人、近亲属提出申诉的权利，第 242 条规定申诉引起案件重新审判的事实和法律理由。最高院《解释》第 371 条第 2 款规定案外人申诉的权利。

申诉是可能引起审判监督程序的原因，也是司法实践最经常和最主要的再审材料来源，是司法机关发现错案的重要途径。因此，人民法院、人民检察院对于当事人等的申诉，必须受理并且应当认真审查处理。

(二)公安司法机关自行发现确有错误的案件

公安机关、人民法院和人民检察院定期或不定期地对所办理的刑事案件进行评议、自查或者互查，或者由政法委进行案件检查或者复查，如果发现生效裁判确有错误，可能成为启动审判监督程序的材料来源。公安机关、人民法院和人民检察院在办案工作中发现错案，应当及时提出、及时纠正。

(三)人民群众的来信来访

对于人民法院已经发生法律效力的判决、裁定，人民群众有权利来信来访反映其中问题。人民群众对此提出的意见和提供的材料，也是审判监督程序的重要

材料来源，是人民群众监督司法工作的重要方式。人民法院和人民检察院对人民群众的来信来访，应当认真对待，及时审查和处理。

（四）各级人民代表大会代表提出的纠正错案议案

人民代表在视察工作和调查研究过程中，以及在人民代表会议期间，针对确有错误的生效裁判而提出的议案或者反映冤假错案的材料，是人大代表对司法机关工作的监督职权和职责。各级人大代表提出的议案、质询意见是启动审判监督程序的重要材料来源，人民法院和人民检察院应当迅速审查，作出处理，并将是否提起审判监督程序的决定报告交给权力机关。

（五）机关、团体、企事业单位和新闻媒介等对生效裁判提出的意见

党政机关明确提出关于复查某类案件的文件，是启动审判监督程序的重要材料来源和依据。党的纪律检查委员会、国家监察机关、犯罪预防机关或者其他行政机关在履行执法职责或者社会调查过程中发现生效判决、裁定可能存在错误，并就此提出建议，或者律师协会及律师事务所等就某些具体案件提出法律意见书，或者新闻媒介就某些案件可能存在错误而提出意见，都是启动审判监督程序的重要材料来源。人民法院和检察院不能仅仅作为一般的建议、意见或者舆论，而应当充分重视，及时审查处理。

在上述各种材料来源中，对生效裁判的申诉是提起审判监督程序最重要的材料来源，应当特别予以对待。

二、申诉理由

申诉理由，就是申诉启动审判监督程序的条件。《刑事诉讼法》第242条、最高院《解释》第375条第2款、最高检《规则（试行）》第591条对此作出具体规定，只要具有法定情形之一，人民法院就应当重新审判。

（1）有新的证据证明原判决、裁定认定的事实确有错误，可能影响定罪量刑的。一般认为，“新的证据”是指在判决、裁定发生法律效力以后发现的而原审法院在审判中未予掌握的证据，这些证据能够证明原裁判所认定的事实不存在或者严重失实，从而可能影响定罪量刑。最高院《解释》第376条对“新的证据”所作的解释是：原判决、裁定生效后新发现的证据；原判决、裁定生效前已经发现，但未予收集的证据，或者已经收集，但未经质证的证据；原判决、裁定所依据的鉴定意见，勘验、检查等笔录或者其他证据被改变或者否定的。

（2）据以定罪量刑的证据不确实、不充分、依法应当予以排除的，或者证明案件事实的主要证据之间存在矛盾的。定罪量刑的证据不确实、不充分，应当参照《刑事诉讼法》第53条第2款。定罪量刑依据非法收集的证据材料，没有依法

排除，从而可能存在错误。证明案件事实的主要证据相互矛盾，说明据以定案的证据没有达到排除合理怀疑的证明标准，必然导致定罪错误，继而量刑错误，应当作为判断案件存在错误的重要标准。

(3)原判决、裁定的主要事实依据被依法变更或者撤销的。这是指原判决、裁定认定的事实主要是以其他事实为基础，而所依据的事实已经发生变化，需要重新认定；或者所依据的事实已经无效或者被撤销。例如，依据先前判决的事实进行推定，认定某项事实，而先前判决被撤销。

(4)认定罪名错误的，或者量刑明显不当的，或者违反法律关于溯及力规定的。这是《刑事诉讼法》第 242 条第 3 项规定的“适用法律确有错误”的表现形式。

(5)违反法律规定的诉讼程序，可能影响公正裁判的。违反法律规定的诉讼程序，解释上参照《刑事诉讼法》第 227 条第二审程序发挥重新审判时列举的五种情形。

(6)审判人员在审理该案件时有贪污受贿，徇私舞弊，枉法裁判行为的。审判人员包括原审各个审级的合议庭成员、参与本案讨论的院长、副院长以及所有审判委员会成员。“贪污受贿，徇私舞弊，枉法裁判行为”包括此类一般违法行为和犯罪行为。

三、对申诉的受理和审查、处理

我国《刑事诉讼法》第 241 条规定，当事人及其法定代理人、近亲属提出申诉，不能停止对原裁判的执行。申诉只是审判监督程序的材料来源，不具有直接提起审判监督程序的法律效力，是否启动对案件的重新审判，由人民法院或者人民检察院的受理和审查处理。根据《刑事诉讼法》第 242 条的规定，申诉案件，由人民法院决定是否重新审判。

对申诉受理和审查，是指人民法院或者人民检察院接受申诉材料，对其进行初步审查后，认为符合重新审判的条件而决定立案复查的活动。

当事人及其法定代理人、近亲属或者案外人可以自行决定向人民法院或者人民检察院提出申诉，人民法院或者人民检察院应当受理，根据“分级负责，就地处理”的原则，受理之后，认真进行审查和处理。

最高检《规则(试行)》第 593 条至 596 条规定，人民检察院对当事人及其法定代理人、近亲属的申诉，人民检察院刑事申诉检察部门或者监所检察部门(刑事执行检察部门)应当受理，进行复查，认为需要提起抗诉的，报请检察长或者检察委员会讨论决定。如果决定提起抗诉，由刑事申诉检察部门派员出席法庭，支持抗诉。

人民法院对申诉案件的受理和审查处理，根据最高院《解释》第 373 条第 1 款规定，申诉由终审人民法院审查处理。这是原则性规定，特殊情况在本条中另有规定。人民法院受理申诉后，经过审查，认为具有《刑事诉讼法》第242条规定情形之一的，由院长提请审判委员会讨论决定是否重新审判；对于不符合上述规定的，应当说服申诉人撤回申诉；对于仍然坚持申诉的，应当驳回或者通知不予重新审判。

关于审查处理申诉的期限，《刑事诉讼法》无明文规定，最高人民法院《解释》第375条第1款规定，人民法院对审查的申诉案件，应当在3个月内作出决定，至迟不得超过6个月。

四、有权提起审判监督程序的主体和方式

根据《刑事诉讼法》第243条、最高院《解释》第378条至第379条、最高检《规则(试行)》第597条规定，人民法院和人民检察院有权直接提起审判监督程序。具体的提起主体和方式如下。

(一)人民法院提起再审

人民法院决定再审，是指各级人民法院院长及审判委员会，最高人民法院和上级人民法院，对于已经发生法律效力的判决、裁定，发现确有错误，依法提起和决定再审的程序。所谓“确有错误”是指在认定事实上或者在适用法律上确有错误，具体情形可以参照申诉理由中列举的诸情形。

根据《刑事诉讼法》第243条第1款和第2款、最高院《解释》第378条和第379条的规定，人民法院决定再审分两种形式：

第一，原审人民法院院长提交审判委员会处理，决定再审。

各级人民法院院长对本院已经发生法律效力的判决和裁定，如果发现在认定事实上或者在适用法律上确有错误，必须提交审判委员会处理，由审判委员会决定是否再审。各级人民法院院长对确有错误的生效判决和裁定，有权提交讨论，审判委员会决定是否再审。没有法院院长的提交，就没有审判委员会的讨论决定；只有法院院长的提交，没有审判委员会的讨论决定，也不能启动再审。

第二，最高人民法院和上级人民法院有权决定再审。

最高人民法院对各级人民法院已经发生法律效力的判决和裁定，上级人民法院对下级人民法院已经发生法律效力的判决和裁定，如果发现确有错误，有权提审或者指令下级人民法院再审。

“提审”，是指最高人民法院和上级人民法院经过审查，发现原审人民法院已经生效的裁判确有错误，需要提起审判监督程序的，直接组成合议庭，调取原审的案卷和材料，对案件进行审理。上级人民法院发现下级人民法院已经发生法律效力的判决、裁定确有错误的，可以指令下级人民法院再审；原判决、裁定认定事实正确但适用法律错误，或者案件疑难、复杂、重大，或者有不宜由原审人民

法院审理情形的，也可以提审。

“指令再审”，是指最高人民法院和上级人民法院对下级人民法院指令下级人民法院按照审判监督程序重新审理。上级人民法院指令下级人民法院再审的，一般应当指令原审人民法院以外的下级人民法院审理；由原审人民法院审理更有利于查明案件事实、纠正裁判错误的，可以指令原审人民法院审理。凡最高人民法院或者上级人民法院指令再审的案件，下级人民法院必须进行再审，不必提交审判委员会讨论决定。

(二)人民检察院提出抗诉

人民检察院提出抗诉可能启动再审。最高人民检察院对各级人民法院，上级人民检察院对下级人民法院已经发生法律效力的判决和裁定，如果发现确有错误，按照审判监督程序向同级人民法院提出抗诉。

《刑事诉讼法》第 243 条第 3 款规定，按照审判监督程序提出抗诉的特定主体，是最高人民检察院和上级人民检察院。

与申诉不同，人民检察院的抗诉具有引起审判监督程序的法律效力。人民法院对人民检察院的抗诉应当接受，并在收到抗诉书后 1 个月内立案再审。有下列情形之一的，应当区别情况予以处理：①对不属于本院管辖的，应当将案件退回人民检察院；②按照抗诉书提供的住址无法向被抗诉的原审被告人送达抗诉书的，应当通知人民检察院在 3 日内重新提供原审被告人的住址；逾期未提供的，将案件退回人民检察院；③以有新的证据为由提出抗诉，但未附相关证据材料或者有关证据不是指向原起诉事实的，应当通知人民检察院在 3 日内补送相关材料；逾期未补送的，将案件退回人民检察院。

决定退回的抗诉案件，人民检察院经补充相关材料后再次抗诉，经审查符合受理条件的，人民法院应当受理。

人民检察院在审判监督程序中的抗诉和第二审程序中的抗诉，虽然都具有审判监督性质，但是在抗诉对象、抗诉期限、接受抗诉的人民法院、抗诉的法律后果上存在区别。

第三节　再审案件的重新审判程序

依照审判监督程序对案件进行重新审判，是纠正已经生效的错误判决和裁定。《刑事诉讼法》第三编第五章规定“审判监督程序”的条款中，第 242 条、第

243条第4款、第245条第1款、第247条分别使用“重新审判”或者“重新审理”；第245条第2款、第246条第1款使用“再审”。最高院《解释》相关条款中多使用“再审”。为了表述统一，在此使用“再审案件的重新审判程序”，表示审判监督程序的审判活动。

一、重新审判的审判组织和审理方式

(一)重新审判的审判组织

《刑事诉讼法》没有直接规定按照审判监督程序重新审判的案件如何确定审判组织。但是，从体系解释上说，再审案件的重新审判都应当组成合议庭。首先，《刑事诉讼法》第243条第3款规定，人民检察院的抗诉案件，应当组成合议庭重新审理；第245条规定，重新审判的案件由原审人民法院审判的，应当另行组成合议庭进行重新审判。

另行组成合议庭进行，意味着不得由原合议庭审判人员审理，学理上称为“法定回避”或“强制回避”。目的是为了避免原审判人员受已有成见的影响，消除当事人不必要的疑虑，有利于重新审判的再审案件得到正确处理。

(二)重新审判的审判方式

我国《刑事诉讼法》和最高院《解释》没有明确规定再审案件重新审判的审判方式。基于审判监督程序坚持有错必纠的原则和《刑事诉讼法》第245条第2款规定的情形，因此，在审判方式的选择上，以开庭审判方式为主，以不开庭审判方式为辅。

1. 开庭审理

根据2002年《最高人民法院关于刑事再审案件开庭审理程序的具体规定(试行)》第5条的规定，下列再审案件应当依法开庭审判：①依照第一审程序审理的案件；②依照第二审程序需要对事实或者证据进行审理的案件；③人民检察院按照审判监督程序提出抗诉的案件；④可能对原审被告人(原审上诉人)加重刑罚的案件；⑤其他应当开庭审理的案件。

2. 不开庭审理

其他案件一般不开庭审理。可以不开庭审理的再审案件包括：①原判决、裁定认定事实清楚，证据确实、充分，但适用法律错误，量刑畸重的；②1979年《中华人民共和国《刑事诉讼法》》施行以前裁判的；③原审被告人(原审上诉人)、原审自诉人已经死亡，或者丧失刑事责任能力的；④原审被告人(原审上诉人)在交通十分不便的边远地区监狱服刑，提押到庭确有困难的；但人民检察院提出抗诉的，人民法院应征得人民检察院的同意；⑤人民法院按照审判监督程序决定再审，经两次通知，人民检察院不派员出庭的。

二、重新审判的程序

(一)审级的确定

根据《刑事诉讼法》第245条和最高院《解释》第384条的规定，按照审判监督程序对再审案件进行重新审判的人民法院，在审级问题上，分为依照第一审程序进行和依照第二审程序进行两种情形。

1. 依照第一审程序进行

提出申诉或者发现确有错误的案件，如果原来是第一审案件，应当按照第一审程序进行。所谓"原来"是指被提出申诉或者发现确有错误所指向的判决和裁定，是在第一审出现，第二审没有改判。例如，最高院《解释》第373条第1款，第二审裁定准予撤诉，申诉人对第一审判决提出申诉的案件。

指令下级人民法院再审，一般根据原来的审级确定，原判决、裁定是第一审生效的，指令第一审人民法院重新审判，依照第一审程序进行。

依照第一审程序进行的重新审判，所作判决、裁定，可以上诉、抗诉。

2. 依照第二审程序进行

提出申诉或者发现确有错误的案件，如果原来是第二审案件，应当按照第二审程序进行。也就是说，被提出申诉或者发现确有错误所指向的判决和裁定，是第二审人民法院作出。

《刑事诉讼法》第245条第1款和最高院《解释》第384条第2款规定，最高人民法院或者上级人民法院发现已经生效的判决、裁定确有错误，有权提审。由最高人民法院或者上级人民法院提审的案件，依照第二审程序进行重新审判。

依照第二审程序进行的重新审判，所作的判决、裁定，是终审的判决、裁定。

(二)人民检察院派员出席法庭

《刑事诉讼法》第245条第2款规定，人民法院开庭审理的再审案件，人民检察院应当派员出席法庭。

人民法院审理人民检察院抗诉的再审案件，人民检察院在开庭审理前撤回抗诉的，应当裁定准许；人民检察院接到出庭通知后不派员出庭，且未说明原因的，可以裁定按撤回抗诉处理，并通知诉讼参与人。

(三)重新审判的审理

依照审判监督程序重新审判的案件，人民法院应当重点针对申诉、抗诉和决定再审的理由进行审理。必要时，应当对原判决、裁定认定的事实、证据和适用法律进行全面审查。

开庭审理的再审案件，系人民法院决定再审的，由合议庭组成人员宣读再审决定书；系人民检察院抗诉的，由检察人员宣读抗诉书；系申诉人申诉的，由申诉人或者其辩护人、诉讼代理人陈述申诉理由。

(四)再审案件的强制措施问题

《刑事诉讼法》第246条第1款规定，人民法院决定再审的案件，需要对被告人采取强制措施的，由人民法院依法决定。人民检察院提出抗诉的再审案件，由人民检察院依法决定。

(五)原判决、裁定的中止执行问题

人民法院依照审判监督程序重新审判的案件，可以决定中止原判决、裁定的执行。

三、重新审判后的处理

最高院《解释》第389条规定，再审案件经过重新审理后，人民法院根据不同情况，分别作如下处理：

(1)原判决、裁定认定事实和适用法律正确、量刑适当的，应当裁定驳回申诉或者抗诉，维持原判决、裁定。

(2)原判决、裁定定罪准确、量刑适当，但在认定事实、适用法律等方面有瑕疵的，应当裁定纠正并维持原判决、裁定。

(3)原判决、裁定认定事实没有错误，但适用法律错误，或者量刑不当的，应当撤销原判决、裁定，依法改判。

(4)依照第二审程序审理的案件，原判决、裁定事实不清或者证据不足的，可以在查清事实后改判，也可以裁定撤销原判，发回原审人民法院重新审判。

(5)原判决、裁定事实不清或者证据不足，经审理事实已经查清的，应当根据查清的事实依法裁判；事实仍无法查清，证据不足，不能认定被告人有罪的，应当撤销原判决、裁定，判决宣告被告人无罪。

除此之外，再审案件的处理应当注意的几个问题是：

第一，再审一般不得加重原审被告人的刑罚。再审决定书或者抗诉书只针对部分原审被告人的，不得加重其他同案原审被告人的刑罚。人民检察院提出抗诉的除外。

第二，原判决、裁定认定被告人姓名等身份信息有误，但认定事实和适用法律正确、量刑适当的，作出生效判决、裁定的人民法院可以通过裁定对有关信息

予以更正。

第三，对再审改判宣告无罪并依法享有申请国家赔偿权利的当事人，人民法院宣判时，应当告知其在判决发生法律效力后可以依法申请国家赔偿。

四、重新审判的期限

重新审判的期限，是指依照审判监督程序重新审判的案件，应当在法律规定的办案时间内审结的期限。

根据《刑事诉讼法》第247条的规定，“人民法院按照审判监督程序重新审判的案件，应当在作出提审、再审决定之日起3个月以内审结，需要延长期限的，不得超过6个月。接受抗诉的人民法院按照审判监督程序审判抗诉的案件，审理期限适用前款规定；对需要指令下级人民法院再审的，应当自接受抗诉之日起1个月以内作出决定，下级人民法院审理案件的期限适用前款规定”。

【思考题】

1. 启动审判监督程序的材料来源主要有哪些？
2. 再审案件经过重新审理后，人民法院如何处理？

【案例分析】

李昌奎，男，云南省巧家县茂租乡鹦哥村村民。李昌奎因个人与他人矛盾积怨等原因，2009年5月16日，将同村19岁女子王某击昏后强奸，随后将王某与其3岁的弟弟一同杀害，手段极其凶残。犯罪后，李昌奎逃亡外地，四天后投案自首。2010年7月15日，云南省昭通市中级人民法院经审理，一审判决：李昌奎犯故意杀人罪，判处死刑，剥夺政治权利终身，犯强奸罪，判处有期徒刑5年。数罪并罚，决定执行死刑，并处剥夺政治权利终身。民事赔偿家属损失3万元。

2011年3月4日，云南省高级人民法院经审理，认为李昌奎有自首情节，能如实供述犯罪事实，认罪、悔罪态度好，二审判决：李昌奎犯故意杀人罪、强奸罪，判处死刑，缓期二年执行。

2011年7月16日，云南省高级人民法院向被害人家属送达再审决定书，决定依据审判监督程序对该案进行再审。2011年8月22日，云南省高级人民法院在昭通市开庭重新审判该案，裁定撤销原二审判决，改判李昌奎死刑，剥夺政治权利终身，并依法报请最高人民法院核准。

2011年9月29日，经最高人民法院核准，故意杀害王某姐弟二人并强奸王某的李昌奎在云南省昭通市被依法执行死刑。

请问：依据审判监督程序审理的案件，能否对被告人加重刑罚？为什么？

第十八章　执行

【本章引语】

觇其监狱之实况，可测其国程度之文野。——沈家本

监狱唯一的合理之处是，限制人的暴力倾向行为。我们要帮助罪犯改变行为，重新回到社会。——詹姆斯·吉利甘

【学习目标】

通过本章学习，能够掌握：

1. 人民法院判决和裁定的执行程序。
2. 执行变更的情形及其程序。

第一节　执行概述

一、执行的概念和特征

执行是我国刑事诉讼中的一个独立程序。我国刑事诉讼中的执行，是指人民法院将已经发生法律效力的判决和裁定交付法定的执行机关，使判决和裁定所确认的内容得以实现的程序活动。

发生法律效力的判决和裁定发生执行力，由法律规定的执行机关付诸实施，同时，在付诸实施的过程中处理与之相关的刑罚变更问题或者相关诉讼问题，是执行程序的基本内容。我国《刑事诉讼法》没有明确规定附带民事诉讼的执行问题。根据最高院《解释》第438条至447条规定，附带民事诉讼裁判的执行与财产刑由第一审人民法院执行。但是，民事诉讼裁判的执行，在程序上参照民事执行

的规定似乎更为合适。

执行程序是我国刑事诉讼的重要组成部分，是刑事诉讼的最后阶段。判决和裁定发生法律效力后，就应当立即交付执行，对已经生效的判决和裁定的执行，既是刑事诉讼的任务所要求，又是裁判权威性得以保证的重要支持。

执行程序具有如下特征：

1. 执行主体的法定性

执行主体由法律规定。根据《刑事诉讼法》和其他法律规定，除人民法院、人民检察院和公安机关以外，还有监狱、未成年人管教所、看守所以及社区矫正机构、罪犯所在单位或者其居住的基层组织等。人民法院是交付执行的机关，人民检察院是执行监督机关。其他为执行机关，根据判决、裁定所确定不同的刑罚内容分别确定。

2. 执行依据的合法性

首先，执行依据必须是已经发生法律效力的判决、裁定。根据《刑事诉讼法》第248条和其他法律规定，判决和裁定在发生法律效力后执行。发生法律效力的判决和裁定大致包括：①已过法定期限没有上诉、抗诉的判决和裁定；②终审的判决和裁定，即第二审人民法院的判决和裁定及最高人民法院的判决和裁定；③高级人民法院核准的死刑缓期二年执行的判决和最高人民法院核准的死刑判决。

其次，执行程序活动一定按照法律规定的诉讼程序进行，包括移送诉讼文书、办理相应的法律手续、依法进行刑法变更等。

3. 执行内容的特定性

执行程序的内容主要包括两个方面：一是人民法院自已实现判决和裁定内容的活动，或者人民法院将判决和裁定交付执行机关执行；二是解决判决和裁定在执行过程中发生的特定问题的活动。

4. 执行手段的强制性

执行程序以国家强制力作为后盾，使得具有法律效力的判决和裁定具有普遍的约束力，任何机关、团体和个人应当履行相关义务，违反义务规范阻扰执行活动，执行机关可以强制进行。拒不执行判决和裁定，情节严重的，依照《刑法》第313条追究刑事责任。

二、执行的意义

执行程序是刑事诉讼的最后一个阶段，是刑事诉讼不可或缺的一个重要程序。执行程序的任务，是将已经发生法律效力的判决和裁定付诸实施，完成刑事追诉，实现国家刑罚权，最终达到惩罚犯罪分子和保障公民合法权益，维护社会秩序的效果和目的。

执行程序在整个刑事诉讼程序中具有重要意义：

第一，通过执行程序，完成刑事追诉的任务，惩罚犯罪，保障无辜。一方面，通过执行，使被判刑的犯罪分子受到实际惩罚，打击犯罪，惩罚和教育犯罪分子，维护社会秩序。另一方面，通过执行，使被判处无罪和免除刑事处罚的在押被告人得到释放，保障公民人权。

第二，通过执行程序，教育公民遵守法律，增强公民法制意识和法制观念，提高同违法犯罪行为作斗争的自觉性。同时对那些有犯罪企图但尚未构成犯罪的危险分子起到警戒威慑的作用。

第三，通过执行程序，体现社会主义法制的权威性和司法工作的严肃性。人民法院作出的判决、裁定是代表国家对案件适用法律的结果，体现社会主义法制的基本要求和全面推进依法治国的重大战略。严格执行活动，是保证公正司法、提高司法公信力的重要保障。

三、执行的机关

在我国，《刑事诉讼法》和其他法律规定的执行的机关，是实际参与刑事诉讼执行程序的国家机关，根据享有职权和履行职责的内容不同，一般分为三类，分别是交付执行机关、监督执行机关和执行机关。

1. 交付执行机关

人民法院是我国刑事诉讼执行程序中的交付执行机关。我国《宪法》《刑事诉讼法》和《人民法院组织法》规定，人民法院是国家审判机关。人民法院的职权职责范围中，同时包含对生效裁判交付执行的职权，例如《刑事诉讼法》第 253 条第 1 款的规定。

人民法院根据生效裁判已经确定的内容和不同刑罚执行方式，交付不同的执行机关执行刑罚。人民法院履行交付执行的法定职责。

2. 执行监督机关

人民检察院是刑事诉讼执行程序的监督机关，是监督执行机关或者执行监督机关。我国《宪法》《刑事诉讼法》《人民检察院组织法》规定，人民检察院是国家的法律监督机关。人民检察院依法对刑事诉讼执行法律监督。

在刑事诉讼执行程序和执行活动中，人民检察院联系监督职责，在死刑执行过程中应当派员临场监督；对决定暂予监外执行、减刑、假释进行监督，对于罪犯服刑期间又犯罪的，或者发现判决的时候没有发现的罪行的，由执行机关移送人民检察院处理。执行过程中认为判决确有错误或者罪犯提出申诉，人民检察院有受理和处理权。人民检察院对执行机关执行刑罚的活动是否违法实行监督。

3. 执行机关

执行机关，即刑罚执行机关，是将生效判决和裁定所确定的刑罚付诸实现的法定国家机关。我国的执行机关包括人民法院、监狱、看守所、未成年人管教所，以及公安机关、社区矫正机构、罪犯所在单位及其居住地的基层组织等。

根据《刑事诉讼法》规定，生效判决包含的不同刑罚，由不同执行机关执行：①死刑、罚金、没收财产的判决和裁定，以及判决无罪、免除刑事处罚的，由人民法院执行。②被判处死刑缓期二年执行、无期徒刑、有期徒刑的罪犯，由监狱执行。对于被判处有期徒刑的罪犯，在被交付执行刑罚前，剩余刑期在3个月以下的，由看守所代为执行。③对被判处管制、宣告缓刑、假释或者暂予监外执行的罪犯，依法实行社区矫正，由社区矫正机构负责执行。④对被判处剥夺政治权利的罪犯，由公安机关执行。执行期满，应当由执行机关书面通知本人及其所在单位、居住地基层组织。被判处拘役的罪犯、由公安机关执行。⑤对未成年犯应当在未成年犯管教所执行刑罚。

第二节　判决和裁定的执行程序

判决和裁定的执行，根据生效判决和裁定所包含的刑罚内容而定，在执行程序上根据《刑事诉讼法》和其他关于执行的相关规范进行。刑事诉讼中，判决、裁定的执行没有统一的程序规范，根据不同刑罚种类的特点单独规定，因此，一般称为“各种判决、裁定的执行程序”，实质上，是各种刑罚种类的执行程序。

一、死刑立即执行判决的执行程序

死刑是剥夺犯罪分子生命的刑罚，是刑罚中最严厉的刑种。在保留死刑的制度框架下，无论是判处或者执行死刑都必须十分慎重，死刑一经执行，就无可挽回，因此，防止因为错误执行而导致无可挽回的后果，是死刑程序控制的首要任务。

我国《刑事诉讼法》从司法程序方面对适用死刑和执行死刑规定了严格的程序步骤和程序规范。

1. 最高人民法院院长签发执行死刑的命令

《刑事诉讼法》第250条第1款规定，最高人民法院判处和核准的死刑立即执行的判决，应当由最高人民法院院长签发执行死刑的命令。

执行死刑命令应按照统一样式填写，然后由院长签名，并加盖人民法院印章。

2. 死刑执行主体法定

死刑的执行主体依法规定。《刑事诉讼法》第251条规定，下级人民法院接到最高人民法院执行死刑的命令后，应当在7日以内交付执行。

最高院《解释》第417条规定，最高人民法院的执行死刑命令，应当由高级人民法院交付第一审人民法院执行。被判处死刑缓期执行的罪犯，在死刑缓期执行期间故意犯罪，最高人民法院核准死刑的，由罪犯服刑地的中级人民法院执行。

3. 死刑的停止执行或者暂停执行

(1)第一种情形，第一审人民法院在执行死刑前的停止执行。

根据《刑事诉讼法》第251条第1款第2句、第252条第4款第2句的规定，第一审人民法院在执行死刑前发现有下列情形之一的，应当停止执行或者暂停执行，并且立即报告最高人民法院，由最高人民法院作出裁定：①在执行前发现判决可能有错误的；②在执行前罪犯揭发重大犯罪事实或者有其他重大立功表现，可能需要改判的；③罪犯正在怀孕。

根据最高院《解释》第418条、2008年最高人民法院《关于适用停止执行死刑程序有关问题的规定》第1条规定，“判决可能有错误”被解释为：①发现罪犯可能有其他犯罪的；②共同犯罪的其他犯罪嫌疑人归案，可能影响罪犯量刑的；③共同犯罪的其他罪犯被暂停或者停止执行死刑，可能影响罪犯量刑的；④判决可能有其他错误的。

(2)第二种情形，最高人民法院在执行前裁定停止执行死刑。

下级人民法院接到最高人民法院停止执行死刑的裁定后，应当会同有关部门调查核实停止执行死刑的事由，并及时将调查结果和意见层报最高人民法院审核。对下级人民法院报送的停止执行死刑的调查结果和意见，由最高人民法院原作出核准死刑判决、裁定的合议庭负责审查，必要时，另行组成合议庭进行审查。

《刑事诉讼法》第251条第2款规定，停止执行的原因消失后，必须报请最高人民法院院长再签发执行死刑的命令才能执行。由于罪犯正在怀孕原因停止执行的，应当报请最高法院依法改判。

最高人民法院对于停止执行死刑的其他案件，根据最高院《解释》第422条规定，应当根据情形分别处理：①确认原判决、裁定有错误或者罪犯有重大立功表现，需要改判的，应当裁定不予核准死刑，撤销原判，发回重新审判；②确认罪犯有其他犯罪，依法应当追诉的，应当裁定不予核准死刑，撤销原判，发回重新审判；③确认原判决、裁定没有错误，罪犯没有重大立功表现，或者重大立功表现不影响原判决、裁定执行的，应当裁定继续执行死刑，并由院长重新签发执行死刑的命令。

4. 死刑执行的监督

死刑执行，应当通知人民检察院派员临场监督。人民法院交付执行死刑，应当在 3 日以前通知同级人民检察院。人民检察院接到通知后，应当查明同级人民法院是否收到最高人民法院核准死刑的裁定，或者作出的死刑判决或者裁定，以及执行死刑的命令。

临场监督执行死刑的检察人员应当监督执行死刑的场所、方法和执行死刑的活动是否合法。如果发现有《刑事诉讼法》第 251 条或者最高检《规则(试行)》第 637 条规定的情形之一，应当建议人民法院停止执行：①被执行人并非应当执行死刑的罪犯的；罪犯犯罪时不满十八周岁，或者审判的时候已满七十五周岁，依法不应当适用死刑的；②判决可能有错误的；③在执行前罪犯有检举揭发他人重大犯罪行为等重大立功表现，可能需要改判的；④罪犯正在怀孕的。

在执行死刑过程中，人民检察院临场监督人员根据需要可以进行拍照、录像；执行死刑后，人民检察院临场监督人员应当检查罪犯是否确已死亡，并填写死刑执行临场监督笔录，签名后入卷归档。

人民检察院发现人民法院在执行死刑活动中有侵犯被执行死刑罪犯的人身权、财产权或者其近亲属、继承人合法权利等违法情形的，应当依法向人民法院提出纠正意见。

5. 死刑罪犯与近亲属会见

《刑事诉讼法》没有规定死刑罪犯的会见权。最高院《解释》第 423 条规定，第一审人民法院在执行死刑前，应当告知罪犯有权会见其近亲属。罪犯申请会见并提供具体联系方式的，人民法院应当通知其近亲属。罪犯近亲属申请会见的，人民法院应当准许，并及时安排会见。

6. 执行死刑的方法和场所

《刑事诉讼法》第 252 条第 2 款和第 3 款分别规定，死刑采用枪决或者注射等方法执行；死刑可以在刑场或者指定的羁押场所内执行。

采用枪决、注射以外的其他方法执行死刑，应当事先层报最高人民法院批准。

7. 死刑执行的程序步骤

《刑事诉讼法》第 252 条规定，执行死刑的主要程序步骤包括：

(1)人民法院对罪犯执行死刑前，指挥执行的审判人员，对罪犯应当验明正身，讯问有无遗言、信札，然后交付执行人员执行死刑。

(2)执行死刑应当公布，不应示众。禁止游街示众或者其他有辱罪犯人格的行为。

(3)执行死刑后，应当由法医验明罪犯确实死亡，在场书记员制作笔录。负责执行的人民法院应当在执行后15内将执行死刑情况，包括罪犯被执行死刑前后的照片，上报最高人民法院。

(4)执行死刑后，交付执行的人民法院应当通知罪犯家属。在限期内领取罪犯骨灰；没有火化条件或者因民族、宗教等原因不宜火化的，通知领取尸体。过期不领取的，由人民法院通知有关单位处理。对于死刑罪犯的骨灰或者尸体的处理情况，应当记录在案。

执行死刑后，对罪犯的遗书、遗言笔录，应当及时审查；涉及财产继承、债务清偿、家事嘱托等内容的，将遗书、遗言笔录交给家属，同时复制附卷备查。涉及案件线索等问题的，抄送有关机关。

对外国籍罪犯执行死刑后，通知外国驻华使馆、领事馆的程序和时间，根据《关于处理涉外案件若干问题的规定》办理。

二、死刑缓期二年执行、无期徒刑、有期徒刑、拘役的执行

1. 执行机关

根据《刑事诉讼法》第253条第2款第2句，对被判处死刑缓期二年执行、无期徒刑、有期徒刑的罪犯，由公安机关依法将该罪犯送交监狱执行刑罚。被判处有期徒刑的罪犯，剩余刑期在3个月以下的，有看守所代为执行。

对被判处拘役的罪犯，由公安机关执行。

对未成年犯应当在未成年犯管教所执行刑罚。未成年犯是指年满14周岁，不满18周岁的罪犯。《监狱法》第76条规定，未成年犯年满18岁时，剩余刑期不超过2年的，仍可以留在未成年犯管教所执行剩余刑期。

2. 交付执行的期限

根据《刑事诉讼法》第253条第1款、《监狱法》第15条和第16条以及最高院《解释》第429条等规定，被判处死刑缓期执行、无期徒刑、有期徒刑的罪犯，交付执行时在押的，第一审人民法院应当在判决、裁定生效后10日以内，将判决书、裁定书、起诉书副本、自诉状复印件、执行通知书、结案登记表送达看守所，由公安机关将罪犯交付执行。

公安部《规定》第289条规定，公安机关接到人民法院生效的判处死刑缓期执行、无期徒刑、有期徒刑的相关诉讼文书和执行通知书后，应当在1个月以内将罪犯送交监狱执行。对未成年犯应当送交未成年犯管教所执行刑罚。

3. 执行机关收押罪犯

《刑事诉讼法》第253条第4款和《监狱法》第规定，对于判处死刑缓期二年执行、无期徒刑、有期徒刑、拘役的罪犯，执行机关应当及时收监，并且将其罪名、

刑期和服刑地点通知其家属。

根据《监狱法》第17条规定，监狱对交付执行刑罚的罪犯，应当进行身体检查。经检查发现，被判处无期徒刑、有期徒刑的罪犯有严重疾病需要保外就医，或者是怀孕、正在哺乳自己婴儿的妇女，可以暂不收监。暂不收监属于刑罚执行的特殊变更，称为暂予监外执行。

根据《刑法》第44条、第47条规定，对于判处拘役、有期徒刑的罪犯，判决前被拘留或者逮捕而予先行羁押的，羁押1日折抵刑期1日；《刑事诉讼法》第74条规定，判决前被指定居所监视居住的，监视居住2日折抵刑期1日。执行机关对于罪犯死亡、脱逃满2个月尚未捕回或者捕回后有变动情况，应当书面报告交付执行的人民法院和担负刑事执行检察任务的人民检察院。

4. 执行期满与释放

《刑事诉讼法》第253条第5款和《监狱法》第35条规定，判处有期徒刑、拘役的罪犯，执行期满，应当按期释放，由执行机关发给释放证明书。《监狱法》第36条规定，罪犯释放后，公安机关凭释放证明书办理户籍登记。

根据司法部2003年发布《监狱教育改造工作规定》第55条规定，监狱对即将服刑期满的罪犯，应当集中进行出监教育，时限为3个月。

三、管制、宣告缓刑的执行

管制是我国刑法规定的独立主刑刑种，属于限制自由的刑种；宣告缓刑是法定条件下针对短期自由刑的刑罚运用方式。根据2011年《刑法修正案（八）》第38条第3款、第76条规定，对判处管制的罪犯和宣告缓刑的罪犯在缓刑考验期内，依法实行社区矫正。由此而来，2012年修改《刑事诉讼法》第258条规定，对被判处管制、宣告缓刑、假释或者暂予监外执行的罪犯，依法实行社区矫正，由社区矫正机构负责执行。

缓刑是指在具备法定条件下，被判处拘役、3年以下有期徒刑刑罚的罪犯，同时符合法定条件，在一定期间内暂缓执行刑罚，如果罪犯在暂缓执行期间未犯新罪，则原判刑罚不再执行的一种刑罚运用制度。我国《刑法》第72条规定适用宣告缓刑的条件，可以参照。

根据《刑事诉讼法》第258条、最高院《解释》第436条规定，以及最高人民法院、最高人民检察院、公安部、司法部2012年联合制定《社区矫正实施办法》，管制、宣告缓刑的罪犯的执行程序主要包括：

1. 执行机构

司法行政机关负责指导管理、组织实施社区矫正工作。人民法院依法作出判决、裁定或者决定。人民检察院对社区矫正依法实行法律监督。公安机关及时对违反治安管理规定和重新犯罪的社区矫正人员依法处理。

县级司法行政机关社区矫正机构对社区矫正人员进行监督管理和教育帮助。司法所承担社区矫正日常工作。社会工作者和志愿者在社区矫正机构的组织指导下参与社区矫正工作。有关部门、村(居)民委员会、社区矫正人员所在单位、就读学校、家庭成员或者监护人、保证人等协助社区矫正机构进行社区矫正。

2. 交付执行

对于适用社区矫正的罪犯，人民法院、公安机关、监狱应当核实其居住地，在向其宣判时或者在其离开监所之前，书面告知其到居住地县级司法行政机关报到的时间期限以及逾期报到的后果。

人民法院应当在判决、裁定生效10日内将判决书、裁定书、决定书、执行通知书等法律文书送达罪犯居住地的县级司法行政机关，同时抄送罪犯居住地县级人民检察院。

3. 执行期间与执行期满

管制与宣告缓刑的罪犯，在执行期间或者缓刑考验期间接受社区矫正机构的监督、管理，应当遵守下列规定，第一，遵守法律、行政法规，服从监督；第二，定期向执行机关或者考察机关报告自己的活动情况；第三，遵守执行机关或者考察机关关于会客的规定；第四，离开所居住的市、县或者迁居，应当报经执行机关或者考察机关批准。

对于管制刑罚执行，未经执行机关或具体执行单位批准，不得行使言论、出版、集会、结社、游行、示威自由的权利，不得组织、发动和参加集会、游行、示威等活动。

罪犯在管制执行期间或者在缓刑考验期间，遵守上述规定，刑期届满或者缓刑考察期满，执行机关应当组织进行解除社区矫正宣告，宣告缓刑罪犯不再执行原判刑罚。县级司法行政机关应当向社区矫正人员发放解除社区矫正证明书，并书面通知决定机关，同时抄送县级人民检察院和公安机关。

4. 撤销缓刑

根据《刑法》第77条规定，被宣告缓刑的罪犯有犯新罪或其他下列情形，应当撤销缓刑：①在缓刑考验期内犯新罪；②发现判决宣告以前还有其他罪没有判决的；③违反法律、行政法规或者国务院有关部门关于缓刑的监督管理规定或者违法人民法院判决中的禁止令，情节严重的。有第一、二种情形的，撤销缓刑，按数罪并罚的原则，决定罪犯应执行的刑罚。有第三种情形的，应当撤销缓刑，执行原判刑罚。

已经执行的缓刑考验期不能折抵刑期，但是先行羁押日期，应予折抵。

四、剥夺政治权利判决的执行

根据《刑事诉讼法》第 259 条的规定，对被判处剥夺政治权利的罪犯，由公安机关执行。执行期满，应当由执行机关通知本人及其所在单位、居住地基层组织。

对被判处剥夺政治权利的罪犯，由公安机关执行。执行程序主要包括如下内容：

对单处剥夺政治权利的罪犯，人民法院应当在判决、裁定生效后 10 日内，将判决书、裁定书、执行通知书等法律文书送达罪犯居住地的县级公安机关，并抄送罪犯居住地的县级人民检察院。

对被判管制附加剥夺政治权利的罪犯，司法行政机关配合公安机关，监督其遵守《刑法》第 54 条的规定，并及时掌握有关信息。

对判处拘役、有期徒刑附加剥夺政治权利的罪犯，剥夺政治权利的刑期从拘役、有期徒刑执行完毕之日或者假释之日起计算。剥夺政治权利的效力当然施用于主刑执行期间。

剥夺政治权利执行期满，应当由公安机关通知罪犯本人，并向所在单位或者基层组织公开宣布恢复其政治权利。

五、罚金、没收财产的执行

罚金、没收财产是附加刑，可以独立适用，也可以附加适用。根据《刑事诉讼法》第 260 条、第 261 条和最高院《解释》有关规定，罚金、没收财产的判决，由人民法院执行。必要的时候，人民法院可以会同公安机关执行没收财产刑罚。

罚金、没收财产执行程序的主要内容包括：

1. 执行机构

最高院《解释》第 438 条规定，判处罚金、没收财产的财产刑，无论是附加适用或者独立适用，由第一审人民法院负责裁判执行的机构执行。

2. 执行方式

罚金在判决规定的期限内一次或者分期缴纳。

期满无故不缴纳或者未足额缴纳的，人民法院应当强制缴纳。经强制缴纳仍不能全部缴纳的，在任何时候，包括主刑执行完毕后，发现被执行人有可供执行的财产的，应当追缴。

行政机关对被告人就同一事实已经处以罚款的，人民法院判处罚金时应当折抵，扣除行政处罚已执行的部分。如果由于遭遇不能抗拒的灾祸以致缴纳罚金确实有困难的，人民法院可以裁定减少或者免除。被执行人提出申请，由人民法院裁定是否准予减免。

判处没收财产的，判决生效后，应当立即执行。

3. 没收财产的会同执行

人民法院执行没收财产的判决，必要时可以会同公安机关进行。根据《刑法》第59条规定，没收财产的范围，只限于犯罪分子个人所有的部分财产或者全部财产，不得没收属于罪犯家属所有或者应有的财产。执行没收全部财产的，应当对罪犯个人及其抚养的家属保留必要的费用。

4. 财产刑执行与附带民事裁判执行的关系

最高院《解释》第438条将财产刑与附带民事裁判的执行合并规定，是因为二者存在一定的联系。但是，执行财产刑与附带民事裁判时应当注意：

(1)执行财产刑和附带民事裁判过程中，案外人对被执行财产提出权属异议的，人民法院应当参照民事诉讼有关执行异议的规定进行审查并作出处理。

(2)被判处财产刑，同时又承担附带民事赔偿责任的被执行人，应当先履行民事赔偿责任。判处财产刑之前被执行人所负正当债务，需要以被执行的财产偿还的，经债权人请求，应当偿还。

(3)执行财产刑过程中，人民法院依法对中止执行和终结执行进行裁定。法律规定中止执行和终结执行的条件，参见最高院《解释》第443条和第444条的规定。

(4)财产刑全部或者部分被撤销的，已经执行的财产应当全部或者部分返还被执行人；无法返还的，应当依法赔偿。

(5)财产刑和附带民事裁判的执行，参照适用民事执行的有关规定。

六、无罪判决、免除刑事处罚判决的执行

根据《刑事诉讼法》第249条的规定，无罪判决、免除刑事处罚判决由人民法院执行。

第一审人民法院判决被告人无罪、免除刑事处罚的，如果被告人在押，在宣判后应当立即释放。

宣布无罪的被告人在释放后，对其因被错误逮捕而蒙受的损害，可以根据《国家赔偿法》第17条、第18条规定向赔偿义务机关提出刑事赔偿请求。赔偿义务机关应当及时履行赔偿义务。

第三节 执行变更

执行变更，是指人民法院或者其他执行机关对生效裁判在执行过程中出现法定情形，需要改变刑罚种类或者改变刑罚执行方法的程序制度。

我国刑事诉讼中，执行变更的主要形式是减刑、假释、暂予监外执行；死刑缓期执行变更为执行死刑、新罪漏罪的追究、撤销缓刑等，也属于执行变更。

一、死刑缓期二年执行的变更

死刑缓期二年执行是我国刑罚中死刑的一种特殊执行方法。《刑事诉讼法》第 250 条第 2 款规定，被判处死刑缓期二年执行的罪犯，在死刑缓期执行期间，如果没有故意犯罪，死刑缓期执行期满，应当予以减刑，由执行机关提出书面意见，报请最高人民法院裁定。

尽管我国现行《刑事诉讼法》第 50 条规定，“如果故意犯罪，查证属实，应当执行死刑，由高级人民法院报请最高人民法院核准”。但是，2015 年《刑法修正案(九)》对于《刑法》第 50 条第 1 款进行新的规定，“如果故意犯罪，情节恶劣的，报请最高人民法院核准后执行死刑；对于故意犯罪未执行死刑的，死刑缓期执行的期间重新计算，并报最高人民法院备案”。因此，在执行中应当根据新法规定实施。

死刑缓期二年执行的罪犯，在执行期间有两种可能的变更，即减刑或者执行死刑。

(一)死缓减为无期徒刑或者有期徒刑

1. 变更条件

根据《刑事诉讼法》《刑法》《监狱法》和最高院《解释》有关规定，被判处死刑缓期两年执行的罪犯，在死刑缓期执行期间，如果没有故意犯罪，两年期满以后，减为无期徒刑；如果确有重大立功表现，两年期满以后，减为 25 年有期徒刑。

根据《刑法修正案(八)》和《关于死刑缓期执行限制减刑案件审理程序若干问题的规定》，对被判处死刑缓期执行的累犯以及因故意杀人、强奸、抢劫、绑架、放火、爆炸、投放危险物质或者有组织的暴力性犯罪被判处死刑缓期执行的犯罪分子，人民法院根据犯罪情节、人身危险性等情况，可以在作出裁判的同时决定对其限制减刑。

根据《刑法修正案(九)》对《刑法》第383条所作的修改，犯贪污罪，“贪污数额特别巨大或者有其他特别严重情节的，处10年以上有期徒刑或者无期徒刑，并处罚金或者没收财产；数额特别巨大，并使国家和人民利益遭受特别重大损失的，处无期徒刑或者死刑，并处没收财产”。被判处死刑缓期执行的贪污罪犯，人民法院根据犯罪情节等情况可以同时决定在其死刑缓期执行二年期满依法减为无期徒刑后，终身监禁，不得减刑、假释。

2. 变更程序

对于死刑缓期二年执行的罪犯，在死刑缓期执行期间没有故意犯罪，两年期满，由执行机关提出减刑书面建议，报经省、自治区、直辖市司法行政机关监狱管理部门审核，再报请当地高级人民法院裁定。高级人民法院指定审判员1人进行审查，合议庭应当进行评议，作出减刑裁定。减刑裁定书副本应当送达原审人民法院和执行监督的人民检察院。

根据《监狱法》第30条的规定，人民法院应当自收到监狱的减刑建议书之日起1个月内予以审核裁定；案件复杂或者情况特殊的，可以延长1个月。最高院《解释》第416条第2款规定，死刑缓期执行期满减为无期徒刑、有期徒刑的，刑期自死刑缓期二年执行期满之日起执行。

(二)对死缓犯执行死刑

1. 变更条件

根据《刑事诉讼法》《刑法》《监狱法》和最高院《解释》有关规定，以及2015年《刑法修正案(九)》对死缓变更为死刑立即执行的条件作出的修改，被判处死刑缓期二年执行的罪犯，在死刑缓期执行期间，如果故意犯罪，情节恶劣的，二年期满以后，执行死刑。同时规定，对于故意犯罪未执行死刑的，死刑缓期执行的期间重新计算，并报最高人民法院备案。

2. 变更程序

根据最高院《解释》第415条规定，同时参照《刑法修正案(九)》对此所作的修改，死刑缓期二年执行的罪犯在缓期执行期间故意犯罪，情节恶劣的，应当由罪犯服刑地的中级人民法院依法审判，所作的判决、裁定可以上诉、抗诉。认定故意犯罪且情节恶劣的判决、裁定发生法律效力后，应当层报最高人民法院核准执行死刑。

二、暂予监外执行

暂予监外执行，是指被判处有期徒刑或者拘役的罪犯或者被判处无期徒刑的特殊罪犯，应当在监狱或者看守所收监执行刑罚，由于出现法律规定的特殊情形，不适宜在监狱或者看守所执行时，暂时采取不予收监，交由社区矫正机构执行的一种变更措施。

暂予监外执行不是单纯的变更执行场所，而是刑法执行方法的变更，应当由《刑事诉讼法》规定适用对象和适用条件。具体适用办法的规定，依照2014年最高人民法院、最高人民检察院等五部门制定的《暂予监外执行规定》进行。

(一)适用对象和条件

根据《刑事诉讼法》第254条的规定，对于被判处有期徒刑或者拘役的罪犯，有下列情形之一的，可以暂予监外执行：①有严重疾病需要保外就医的；②怀孕或者正在哺乳自己婴儿的妇女；③生活不能自理，适用暂予监外执行不致危害社会的。对被判处无期徒刑的罪犯，有第二项规定情形的，可以暂予监外执行。

1. 暂予监外执行的适用对象

被判处有期徒刑、拘役的罪犯，被判处无期徒刑的罪犯。被判处死缓的罪犯不适用暂予监外执行。

2. 暂予监外执行的适用条件

可以暂予监外执行的罪犯，必须符合《刑事诉讼法》第254条规定的三项条件之一：

(1)有严重疾病需要保外就医的

所谓有严重疾病，是指罪犯有久治不愈，严重影响其身心健康的严重疾病，具体参照五部门《暂予监外执行规定》第5条规定及其所附《保外就医严重疾病范围》的严重疾病列举目录。

但是，《刑事诉讼法》第254条第3款规定，对适用保外就医可能有社会危险性的罪犯，或者自伤自残的罪犯，不得保外就医。第4款规定，对于确有严重疾病，必须保外就医的，由省级人民政府指定的医院诊断并开具证明文件，依照法律规定的程序审批。

五部门《暂予监外执行规定》第6条第2款规定，对职务犯罪、破坏金融管理秩序和金融诈骗犯罪、组织(领导、参加、包庇、纵容)黑社会性质组织犯罪的罪犯适用保外就医应当从严审批，对患有高血压、糖尿病、心脏病等严重疾病，但经诊断短期内没有生命危险的，不得暂予监外执行。

罪犯需要保外就医的，应当由罪犯本人或者其亲属、监护人提出保证人，保证人由监狱、看守所审查确定。罪犯没有亲属、监护人的，可以由其居住地的村(居)民委员会、原所在单位或者社区矫正机构推荐保证人。保证人应当向监狱、看守所提交保证书。

(2)怀孕或者正在哺乳自己婴儿的妇女

本条件参照一般解释执行。对于被判处无期徒刑的罪犯，符合该项条件，可以暂予监外执行，体现法律对胎儿和婴儿的特殊保护。

(3)生活不能自理，适用暂予监外执行不致危害社会的

罪犯由于年老、体弱、残疾等原因而致生活不能自理，需要他们照顾才能独立生活的情形，同时，适用暂予监外执行不致危害社会的，基于人道主义考虑以及执行工作的日常便利，可以暂予监外执行。

(二)暂予监外执行的程序

1. 决定或者批准机关

有权决定或者批准暂予监外执行的机关是人民法院、省级以上监狱管理机关或者设区的市一级以上公安机关批准。

根据《刑事诉讼法》第254条第5款的规定，在交付执行前，暂予监外执行由交付执行的人民法院决定。在交付执行后，暂予监外执行由监狱或者看守所提出书面意见，报省级以上监狱管理机关或者设区的市一级以上公安机关批准。

交付执行后，在监狱服刑的，由监狱审查同意后提请省级以上监狱管理机关批准。在看守所服刑的，由看守所审查同意后提请设区的市一级以上公安机关批准。

2. 暂予监外执行的决定或者程序

(1)人民法院决定程序

2014年全国人大常委会对《刑事诉讼法》第254条第5款所作立法解释指出，“罪犯在被交付执行前，因有严重疾病、怀孕或者正在哺乳自己婴儿的妇女、生活不能自理的原因，依法提出暂予监外执行的申请的，有关病情诊断、妊娠检查和生活不能自理的鉴别，由人民法院负责组织进行”。

六部门《规定》第33条规定，对于被告人可能被判处拘役、有期徒刑、无期徒刑，符合暂予监外执行条件的，被告人及其辩护人有权向人民法院提出暂予监外执行的申请，看守所可以将有关情况通报人民法院。人民法院应当进行审查，并在交付执行前作出是否暂予监外执行的决定。

最高院《解释》第432条规定，人民法院决定暂予监外执行的，应当制作暂予监外执行决定书，载明罪犯基本情况，判决确定的罪名和刑罚，决定暂予监外执行的原因和依据等内容，通知罪犯所在地县级司法行政机关派员办理交接手续，并抄送罪犯居住地的县级人民检察院和罪犯居住地的公安机关。

人民法院在作出暂予监外执行的决定前，应当征求人民检察院的意见。

(2)监狱管理机关或者公安机关批准程序

罪犯在执行过程中需要暂予监外执行的，监狱应当提出书面意见，报省级以上监狱管理机关批准；看守所应当报经设区的市一级以上公安机关批准。审批机关应将暂予监外执行决定抄送人民检察院。

监狱、看守所应当组织对罪犯进行病情诊断、妊娠检查或者生活不能自理的鉴别，对罪犯的病情诊断或者妊娠检查，应当委托省级人民政府指定的医院进行。罪犯本人或者其亲属、监护人也可以向监狱、看守所提出书面申请。

监狱、看守所对拟提请暂予监外执行的罪犯，应当核实其居住地。需要调查其对所居住社区影响的，可以委托居住地县级司法行政机关进行调查。监狱、看守所应当向人民检察院通报有关情况。人民检察院可以派员监督有关诊断、检查和鉴别活动。

监狱、看守所应当就是否对罪犯提请暂予监外执行进行审议。经审议决定对罪犯提请暂予监外执行的，应当在监狱、看守所内进行公示或者公告。监狱、看守所应当填写暂予监外执行审批表，连同有关诊断、检查、鉴别材料、保证人的保证书，提请省级以上监狱管理机关或者设区的市一级以上公安机关批准。

监狱、看守所审议暂予监外执行前，应当将相关材料抄送人民检察院。人民检察院可以向批准机关提出书面意见。

3. 执行的程序

对暂予监外执行的罪犯，依法实行社区矫正，由罪犯居住地的社区矫正机构负责执行。社区矫正机构应当及时掌握暂予监外执行罪犯的身体状况以及疾病治疗等情况，每3个月审查保外就医罪犯的病情复查情况，并根据需要向批准、决定机关或者有关监狱、看守所反馈情况。

暂予监外执行的罪犯，必须遵守法律、行政法规和《社区矫正实施办法》。罪犯在暂予监外执行期间的生活、医疗和护理等费用自理。

暂予监外执行是对原判刑罚的执行方法变更，因此，监外执行的时间计入刑期。罪犯在监外执行期间死亡的，应当及时通知监狱或者看守所。根据《刑事诉讼法》第257条和最高院《解释》第433条的规定，对暂予监外执行的罪犯，有下列法定情形的，应当及时收监：①不符合暂予监外执行条件的；②未经批准离开所居住的市、县，经警告拒不改正，或者拒不报告行踪，脱离监管的；③因违反监督管理规定受到治安管理处罚，仍不改正的；④受到执行机关两次警告，仍不改正的；⑤保外就医期间不按规定提交病情复查情况，经警告拒不改正的；⑥暂予监外执行的情形消失后，刑期未满的；⑦保证人丧失保证条件或者因不履行义务被取消保证人资格，不能在规定期限内提出新的保证人的；⑧违反法律、行政法规和监督管理规定，情节严重的其他情形。

三、减刑、假释

减刑和假释是我国重要的刑罚执行制度，是刑事诉讼中刑罚执行变更制度。减刑和假释体现我国惩办与宽大相结合、惩罚与教育相结合的刑事政策。

我国《刑事诉讼法》第 262 条第 2 款规定减刑、假释的基本程序规范，“被判处管制、拘役、有期徒刑、无期徒刑的罪犯，在执行期间确有悔改或者立功表现，应当依法予以减刑、假释的时候，由执行机关提出建议书，报请人民法院审核裁定，并将建议书副本抄送人民检察院。人民检察院可以向人民法院提出书面意见”。

（一）减刑

根据《刑法》第 78 条的规定，减刑是指被判处管制、拘役、有期徒刑、无期徒刑的罪犯，在执行期间，如果认真遵守监规，接受教育改造，确有悔改表现的，或者有立功表现的，可以依法减轻其原判刑罚，有法定的重大立功表现的，应当减轻其原判刑罚的制度。减刑可以由较重的刑罚种类减为较轻的刑罚种类，也可以由同一刑种的较长刑期减为较短刑期。

确有悔改表现或者有立功表现，是可以减刑的适用条件。有法律规定的重大立功表现的，是应当减刑的适用条件。减刑并不改变原判宣告的刑罚，而是变更原判刑罚的实际减少执行，目的是鼓励服刑的罪犯改过自新的手段。

对判处管制、拘役、有期徒刑的罪犯，减刑后的执行刑期不能少于原判刑期的 1/2；判处无期徒刑的做法，减刑后的执行刑期不能少于 13 年；限制减刑的死刑缓期执行的罪犯，缓期执行期满后依法减为无期徒刑的，执行刑期不能少于 25 年，缓期执行期满后依法减为 25 年有期徒刑的，执行刑期不能少于 20 年。

对犯罪分子的减刑案件应由执行机关向中级以上人民法院提出减刑建议书。受理减刑案件的人民法院应当组成合议庭进行审理，裁定予以减刑。非经法定程序不得减刑。最高院《解释》第 449 条规定，①对被判处死刑缓期执行的罪犯的减刑，由罪犯服刑地的高级人民法院根据同级监狱管理机关审核同意的减刑建议书裁定；②对被判处无期徒刑的罪犯的减刑，由罪犯服刑地的高级人民法院，在收到同级监狱管理机关审核同意的减刑建议书后 1 个月内作出裁定，案情复杂或者情况特殊的，可以延长 1 个月；③对被判处有期徒刑和被减为有期徒刑的罪犯的减刑，由罪犯服刑地的中级人民法院，在收到执行机关提出的减刑建议书后 1 个月内作出裁定，案情复杂或者情况特殊的，可以延长 1 个月；④对被判处拘役、管制的罪犯的减刑，由罪犯服刑地中级人民法院，在收到同级执行机关审核同意的减刑建议书后 1 个月内作出裁定。

(二)假释

假释，是指被判处有期徒刑的罪犯，原判刑期执行1/2以上，被判处无期徒刑的罪犯，实际刑期执行13年以上，如果认真遵守监规，接受教育改造，确有悔改表现，没有再犯罪的危险的，可以附条件将其提前释放的制度。

对于假释，如果有特殊情况，经最高人民法院核准，可以不受上述执行刑期的限制。对累犯以及因故意杀人、强奸、抢劫、绑架、防火、爆炸、投放危险物质或者有组织的暴力性犯罪被判处十年以上有期徒刑、无期徒刑的罪犯，不得假释。

对犯罪分子假释的程序与减刑相同，非经法定程序不得假释。有期徒刑的假释考验期限，为没有执行完的刑期；无期徒刑的考验期为10年，假释考验期自假释之日起计算。

根据《刑法》《刑事诉讼法》相关规定，对罪犯裁定假释案件的管辖与处理程序，与减刑案件相同。《刑事诉讼法》第258条规定，对于被假释的罪犯，依法实行社区矫正，由社区矫正机构负责执行。

被假释的罪犯，在假释考验期内，必须遵守法律、行政法规和其他监管规定，定期向执行机构报告自己的活动情况。被假释的罪犯，在假释考验期内，如果没有犯新罪、没有漏罪或者没有违反法律、行政法规或者国务院有关部门关于假释的监督管理规定的行为，假释考验期满，就认为原判刑罚已经执行完毕，并公开予以宣布。如果有《刑法》第86条规定的情形，应当撤销假释，按照法律规定的不同情形分别处理：①在假释考验期限内犯新罪，应当撤销假释，依法实行数罪并罚；②在假释考验期限内，发现有其他漏罪，应当撤销假释，依法实行数罪并罚；③在接受考验期限内，有违反法律、行政法规或者国务院有关部门关于假释的监督管理规定的行为，尚未构成新的犯罪，应当撤销假释，收监执行剩余刑期。

(三)减刑、假释的审理程序

减刑和假释的程序基本相同。

最高院《解释》第453条规定，审理减刑、假释案件，应当组成合议庭，可以采用书面审理的方式，但下列案件应当开庭审理：①因罪犯有重大立功表现提请减刑的；②提请减刑的起始时间、间隔时间或者减刑幅度不符合一般规定的；③社会影响重大或者社会关注度高的；④公示期间收到投诉意见的；⑤人民检察院有异议的；⑥有必要开庭审理的其他案件。

人民法院作出减刑、假释裁定后，应当在7日内送达提请减刑、假释的执行机关、同级人民检察院以及罪犯本人。人民检察院认为减刑、假释裁定不当，在法定期限内提出书面纠正意见的，人民法院应当在收到意见后另行组成合议庭审理，并在1个月内作出裁定。

四、执行过程中对新罪、漏罪的追诉

在执行过程中，如果罪犯又犯新罪，或者发现有漏罪未被追究的，应当依法予以追诉。《刑事诉讼法》第262条第1款规定，罪犯在服刑期间又犯罪的，或者发现了判决的时候所没有发现的罪行，由执行机关移送人民检察院处理。

新罪，是指罪犯在服刑期间实施犯罪，根据刑法应当追究刑事责任的"又犯罪"情形。漏罪，是指在执行中发现的罪犯在判决宣告以前所犯的尚未被审判的罪行。

对服刑罪犯发现有漏罪和又犯新罪的，应当分别情况予以处理，执行机关负责立案侦查，人检察院负责提起公诉，人民法院管辖的确定，依据最高院《解释》相关规定。

(1)在监狱、未成年犯管教所的罪犯，如果又犯新罪或者发现尚有漏罪，应由监狱和未成年管教所进行侦查，侦查终结后，移送人民检察院审查决定，依法向人民法院提起公诉。

(2)在看守所服刑的罪犯，被宣告缓刑、假释、暂予监外执行的罪犯，以及被判处管制的罪犯，在服刑或者社区矫正过程中发现漏罪或者又犯新罪的，由罪犯居住地的公安机关立案侦查，侦查终结后移送人民检察院审查决定，依法向人民法院提起公诉。

(3)对于服刑犯脱逃后又犯罪的，如果罪犯新的犯罪是由监狱捕获罪犯后发现的，由监狱侦查，侦查终结后移送人民检察院审查起诉。如果罪犯新的犯罪是由公安机关捕获罪犯后发现的，由公安机关侦查，侦查终结后移送人民检察院审查起诉。

对新罪或者漏罪侦查终结后，侦查机关应当写出起诉意见书，连同案卷材料、证据一并移送人民检察院进行审查，决定是否提起公诉。人民检察院认为需要追究刑事责任的，应按管辖分工的不同，向有管辖权的人民法院提起公诉。

在监狱、未成年犯管教所服刑的罪犯和在看守所服刑的罪犯以及在缓刑、假释期限内的罪犯，发现判决宣告前还有其他罪没有判决的，监狱、公安机关应当及时移送人民检察院处理，并通知原判决人民法院。

对宣告缓刑、假释的罪犯，在缓刑、假释考验期限内再犯新罪或者被发现判决宣告以前还有其他罪没有判决，应当撤销缓刑、假释的，由受理人民法院在审判新罪或者漏罪时，撤销缓刑、假释；原来上级人民法院判决、裁定宣告缓刑、假释的，审判新罪的下级人民法院可以撤销原判决、裁定宣告的缓刑、假释。

对犯新罪，被撤销假释的罪犯，送原服刑的监狱、看守所执行。

五、对错判和申诉的处理

罪犯的申诉是指罪犯认为自己的判决有错误，在服刑中提出撤销或变更原判刑罚的请求。《刑事诉讼法》第 264 条规定，监狱和其他刑罚执行机关在刑罚执行中，如果认为判决有错误或者罪犯提出申诉，应当转请人民检察院或者原判人民法院处理。

罪犯若对上诉的判决、裁定不服，有权提出申诉。监狱或其他刑罚执行机关，应当将执行中罪犯提出的申诉材料，及时转请人民检察院或者原判人民法院处理。但是，在罪犯提出申诉期间，不能停止对判决、裁定的执行。

人民检察院或者人民法院应当及时对监狱或者其他刑罚执行机关转送的，认为判决、裁定有错误的材料，或者服刑罪犯提出申诉的材料进行审查，对于原判决、裁定在认定事实或者适用法律上确有错误的，应当按照审判监督程序处理，人民检察院提出抗诉或者人民法院进行提审或者指令下级人民法院再审。对于不符合法定程序的，可以不予处理，并通知监狱或者其他执行机关。根据《监狱法》的规定，人民检察院或者人民法院应当自收到监狱转请处理意见书之日起 6 个月内将处理结果通知监狱或者其他刑罚执行机关。

第四节　人民检察院的执行监督

《刑事诉讼法》第 265 条规定，人民检察院对执行机关执行刑罚的活动是否合法实行监督。如果发现有违法的情况，应当通知执行机关纠正。最高检《规则(试行)》称为“刑事判决、裁定执行监督”。

根据《刑事诉讼法》以及最高检《规则(试行)》第 633 条至第 660 条规定，人民检察院在执行过程中的法律监督主要有以下几个方面：

(一)对判决、裁定执行的监督

人民检察院对所有判决、裁定的执行进行法律监督。其中包括：①人民检察院派员临场监督死刑的执行；②人民检察院通过刑事执行检察部门对死刑缓期二年执行、无期徒刑、有期徒刑、拘役的判决、裁定的交付执行及执行活动进行监督；③对被判处管制、宣告缓刑、假释或者暂予监外执行的罪犯在社区矫正过程中的执行情况依法进行监督。

（二）对执行变更的监督

人民检察院对人民法院以及监狱、其他刑罚执行机关进行的执行中的刑罚变更活动进行法律监督。包括：①监督刑罚执行中的刑罚变更是否具备法律规定的条件；②刑罚变更是否遵守法律法规的程序；③执行变更后的刑罚是否符合刑法的规定。

（三）对监管活动的监督

人民检察院对监狱、未成年犯管教所、看守所、社区矫正机构的监管改造活动是否合法，实行法律监督，具体包括对刑罚执行机关的收押、执行和监督考察等进行监督。人民检察院对监狱等执行机关的刑罚执行活动，可以实行定期或者不定期的检查，可以单独进行，也可以会同人民法院联合进行。人民检察院如果发现上述活动中有违法情况，应当查明事实，查清原因，对情节轻微者，可以以口头方式向违纪人员提出纠正意见，或者发出《纠正违法通知书》，书面通知主管机关予以纠正；对违法行为造成严重后果，构成犯罪的，应当提请有关机关依法追究责任人员的刑事责任。

【思考题】

1. 简述我国刑罚执行机关及其职权。
2. 执行过程中如何对新罪、漏罪予以追究？

【案例分析】

罪犯吴某，男，农民，因犯交通肇事罪于2013年1月被判处有期徒刑3年，缓刑3年，接受社区矫正。缓刑考验期自2013年1月28日起至2016年1月27日止。

2015年4月，某市司法局向市中级人民法院提出对罪犯吴某减刑的建议。市中级人民法院立案后，将减刑建议书等材料在吴某所在社区和网上同步公示，并于同年6月24日公开开庭审理。

经审理查明，罪犯吴某在社区矫正期间服从监管，接受教育改造，自觉参加集中教育和社区服务活动，表现良好。2014年5月4日，吴某因不顾危险施救溺水儿童，被市综治委授予“见义勇为”称号。省司法厅社区矫正管理局给予吴某重大立功奖励1次。市中级人民法院认为，罪犯吴某在缓刑考验期间，积极参加社区矫正集中教育和社区服务活动，确有悔改表现，并有重大立功表现，对其依法应予减刑。当庭宣告对吴某减刑7个月并相应缩短缓刑考验期7个月。

请问：我国《刑事诉讼法》规定罪犯在服刑期间依法减刑、假释的条件是什么？减刑、假释的程序是什么？

第十九章 刑事诉讼特别程序

【本章引语】

如果某个被逮捕并且被判决有罪的少年，被公开确定为犯罪人，从此以后，他与守法者之间的交往就会受到限制，他只能与其他少年犯罪人进行交往。——埃德温·萨瑟兰

无论是疯子，家庭和学校中的孩童……他们的灵魂都可以监督、训练和矫正。——米歇尔·福柯

【学习目标】

通过本章学习，能够了解和掌握：

1. 未成年人刑事案件事实程序的适用条件。
2. 公诉案件当事人和解诉讼程序的基本内容。
3. 违法所得没收程序的适用条件与审理程序。
4. 精神病人强制医疗程序的启动与审理。

我国《刑事诉讼法》规定四种特别程序，分别是未成年人刑事案件诉讼程序；当事人和解的公诉案件诉讼程序；犯罪嫌疑人、被告人逃匿、死亡案件违法所得的没收程序；依法不负刑事责任的精神病人的强制医疗程序。

第一节 未成年人刑事案件的诉讼程序

对青少年犯罪的专门研究和特殊对策以及对未成年人刑事案件适用特别程序，在世界大多数国家立法和司法中常见。1899 年，美国伊利诺斯州制定《少年

法庭法》，据称是世界上第一部未成年诉讼特别程序立法，根据该法在芝加哥设立世界上第一个少年法庭。德国1953年制定《少年司法法》(JGG)、日本《刑事诉讼规则》规定“少年案件特别程序”等，是国外法例中的代表。

我国2012年修改《刑事诉讼法》对未成年人刑事案件的诉讼程序作出专门规定。在此之前，1984年年底，上海长宁区人民法院设立我国第一个少年法庭，未成年人案件审判庭和未成年人刑事案件合议庭统称少年法庭，在探索未成年人刑事案件办理方面取得显著成绩，进而在全国逐步推广。1991年制定、2006年修订的《未成年人保护法》颁布施行，其中包括对未成年人“司法保护”的特殊程序，对未成年人刑事案件的处理作出专门规定。

最高人民法院于1991年制定《关于办理少年刑事案件的若干规定(试行)》，自1992年2月1日开始，在全国各级法院试行。其中包括对少年法庭审判组织、开庭前准备、法庭审判、执行等方面作出特别规定。

公安部于1995年发布《公安机关办理未成年人违法犯罪案件的规定》，其中关于未成年人犯罪案件的立案调查、强制措施、案件处理等方面作出较为详细的规定，为公安机关办理未成年人刑事案件提供了特别程序要求。

1999年全国人大常委会颁布《预防未成年人犯罪法》，该法第六章规定对未成年人重新犯罪的预防，包括未成年人刑事案件诉讼程序的若干特别处理措施，多数条款已经被《刑事诉讼法》所吸收。

从2001年开始，最高人民法院相继发布《关于审理未成年人刑事案件的若干规定》《关于审理未成年人刑事案件具体应用法律若干问题的解释》，2006年，最高人民检察院发布《人民检察院办理未成年人刑事案件的规定》，2010年，中央综治委、最高院、最高检、公安部、司法部、共青团中央联合下发《关于进一步建立和完善办理未成年人刑事案件配套工作体系的若干意见》，上述司法解释和联合解释为办理未成年人刑事案件诉讼程序的健全和完善提供了许多基本的规范框架。

在此基础上，2012年《刑事诉讼法》的再次修改，以及六部门《规定》、最高院《解释》、最高检《规则(试行)》、公安部《规定》等一系列司法解释和行政解释的相继出台，进一步完善了我国未成年人刑事案件的诉讼程序规则体系。

一、未成年人刑事案件的诉讼程序概述

(一)未成年人刑事案件诉讼程序的概念

在我国，根据《未成年人保护法》第2条规定，未成年人是指未满18周岁的公民。根据《刑法》和《刑事诉讼法》规定，刑事法律意义上的未成年人是指已满14周岁不满18周岁的人。未成年人刑事案件的诉讼程序，是适用于处理14周岁

以上不满 18 周岁公民犯罪案件的刑事诉讼特别程序。

未成年人刑事案件的诉讼程序作为刑事诉讼中的特别程序，有不同于适用于成年人刑事案件的普通诉讼程序的许多特点。未成年人犯罪率的上升是长期以来困扰社会的顽疾，对未成年罪犯进行矫治、教育和挽救工作显得非常重要。

（二）未成年人刑事案件的特别原则与制度

1. 教育为主，惩罚为辅原则

《刑事诉讼法》第 266 条第 1 款规定，对犯罪的未成年人实行教育、感化、挽救的方针，坚持教育为主、惩罚为辅的原则。参见《未成年人保护法》第 54 条规定，对违法犯罪的未成年人，实行教育、感化、挽救的方针，坚持教育为主，惩罚为辅的原则。

教育为主，惩罚为辅原则意味着，应当坚持以教育、感化、挽救为方针，要求公安司法机关及其办案人员在办理未成年人犯罪的刑事案件过程中，应当侧重对未成年人进行教育、感化、挽救工作，以此为方向和目标。

未成年人刑事案件处理的重心和目标是挽救，教育、感化是工作方向，通过办理案件使犯罪的未成年人不再犯罪，重新走上健康成长的道路。同时，要求公安司法机关及其办案人员在刑事诉讼过程中，通过查明案件事实和适用法律对未成年人进行教育和感化，通过相应的法律惩罚实现挽救未成年人重新回归社会的目标。对未成年人犯罪，应当从轻、减轻或者免除处罚。

2. 保障未成年人依法享有的诉讼权利原则

《刑事诉讼法》第 266 条第 2 款规定，人民法院、人民检察院和公安机关办理未成年人刑事案件，应当保障未成年人行使其诉讼权利，保障未成年人得到法律帮助，并由熟悉未成年人身心特点的审判人员、检察人员、侦查人员承办。该条规定可以解释为“保障未成年人依法享有的诉讼权利原则”。

未成年人作为犯罪嫌疑人、被告人参与刑事诉讼活动，除了享有《刑事诉讼法》规定的诉讼权利以外，还享有特别的诉讼权利：对于不满 18 周岁未成年人犯罪案件，在讯问和审判时，应当通知犯罪嫌疑人、被告人的法定代理人到场，到场的法定代理人可以代为行使未成年犯罪嫌疑人、被告人的诉讼权利；未成年人没有委托辩护人的，人民法院、人民检察院、公安机关应当通知法律援助机构指派律师为其提供辩护；审判未成年人刑事案件，未成年被告人最后陈述后，其法定代理人可以进行补充陈述；等等。此外，对于被采取强制措施的未成年学生，在人民法院的判决生效以前，不得取消其学籍。

公安部《规定》第 307 条规定，公安机关办理未成年人刑事案件，应当保障未成年人行使其诉讼权利，依法保护未成年人的名誉和隐私，尊重其人格尊严。

3. 分案处理原则

分案处理原则，是指对未成年人刑事案件与成年人案件实行分别处理，诉讼程序分离，分别立案，分别审理，分别关押，分别执行的原则。

诉讼程序分离要求未成年人和成年人共同犯罪或者犯罪有牵连时，在不妨碍审理的前提下，应当进行分案审理；分别关押是指实施刑事诉讼中的拘留、逮捕等强制措施时，要将未成年人和成年人分别关押看管；分别执行是指未成年人案件交付执行时，不能与成年犯同一监所，对未成年犯应当在未成年犯管教所执行刑罚。分案处理原则是对未成年人的一种特殊保护，通过区别对待，有利于对未成年犯罪嫌疑人、被告人在诉讼程序中的处理，也有利于对定罪之后的未成年犯在执行过程中的教育和改造。

4. 审理不公开原则

审理不公开原则，又称保密原则，是指人民法院在审理未成年人刑事案件时，按照不公开审理方式进行的诉讼原则。《刑事诉讼法》第274条规定，审判的时候被告人不满18周岁的案件，不公开审理。但是，经未成年被告人及其法定代理人同意，未成年被告人所在学校和未成年人保护组织可以派代表到场。根据《预防未成年人犯罪法》第45条第3款规定，审理不公开原则同时要求，对未成年人犯罪案件，新闻媒体不得披露涉案未成年人的姓名、住所、影像及可能进行推断的个人资料。审理未成年人刑事案件，不得以任何方式公开被告人形象。

对于未成年人案件实行不公开审理，旨在维护未成年人名誉，防止公开审理造成二次创伤，避免对日后教育、感化产生不利后果。不公开审理原则是教育、感化、挽救方针在诉讼程序上的具体体现。

5. 社会调查制度

社会调查制度，是指公安机关、人民检察院、人民法院在办理未成年人刑事案件时，根据情况对未成年犯罪嫌疑人、被告人的成长经历、犯罪原因、监护教育等情况进行调查的特别制度。其中，审前社会调查是基础调查工作，但是并不限于审前进行。

公安部《规定》第311条规定，对未成年犯罪嫌疑人的成长经历、犯罪原因、监护教育等情况进行调查并制作调查报告，在提请批准逮捕、移送审查起诉时，应当结合案情综合考虑，并将调查报告与案卷材料一并移送人民检察院。

最高检《规则(试行)》第486条规定，人民检察院根据情况可以委托有关组织和机构对未成年犯罪嫌疑人的成长经历、犯罪原因、监护教育等情况进行调查，并制作社会调查报告，作为办案和教育的参考。

社会调查制度的主要内容是涉案未成年人成长经历、犯罪原因、监护教育等情况，其性质是犯罪人格因素调查，这些情况与未成年犯罪嫌疑人、被告人犯罪行为本身具有联系，但是不属于犯罪事实本身，而属于犯罪行为的背景事实或者主客观因素。对未成年犯罪嫌疑人、被告人犯罪事实的调查是案件侦查、审查起诉、审判的内容。因此，社会调查所获得的背景事实，即社会调查报告，能否成为证据材料、能否作为定案的依据，在学说和实践中存在不同意见。

6. 犯罪记录封存制度

犯罪记录封存制度，是指对于犯罪时不满18周岁，被判处5年有期徒刑以下刑罚的未成年犯，办案机关应当对其犯罪记录予以封存的制度。犯罪记录封存的目的是对未成年人隐私和人格尊严进行保护，贯彻教育、感化、挽救方针，促进对未成年犯罪人的矫治。

我国《刑事诉讼法》第275条规定，犯罪记录被封存的，不得向任何单位和个人提供，但司法机关为办案需要或者有关单位根据国家规定进行查询的除外。依法进行查询的单位，应当对被封存的犯罪记录的情况予以保密。

最高检《规则(试行)》第504条规定，人民检察院应当将拟封存的未成年人犯罪记录、卷宗等相关材料装订成册，加密保存，不予公开，并建立专门的未成年人犯罪档案库，执行严格的保管制度。

公安部《规定》第320条第2款规定，犯罪记录被封存的，除司法机关为办案需要或者有关单位根据国家规定进行查询外，公安机关不得向其他任何单位和个人提供。被封存犯罪记录的未成年人，如果发现漏罪，合并被判处五年有期徒刑以上刑罚的，应当对其犯罪记录解除封存。

二、未成年人刑事案件的诉讼程序

(一)立案

未成年人案件的立案，在立案材料来源、立案条件及立案程序等方面与普通刑事案件基本相同。但是，根据已经掌握的情况和材料，如果发现犯罪嫌疑人或者被告人是未成年人，在审查决定应否立案时，必须特别注意的关键环节。

1. 实际年龄

应当查明犯罪嫌疑人、被告人的准确出生年月日，特别是对于不满14周岁、不满16岁、不满18周岁三个重要的时间点，必须清楚查明。公安机关应当重点查清未成年犯罪嫌疑人实施犯罪行为时是否已满14周岁、16周岁、18周岁的临界年龄。

2. 犯罪情节

在立案阶段，对于未成年人刑事案件要进行全面审查。对未成年犯罪嫌疑人的犯罪情节进行严格审查，还要根据情况，进行必要的社会调查，查明案件背景事实。

(二)侦查

根据《刑事诉讼法》及相关司法解释和公安部《规定》，未成年人刑事案件侦查程序的特别规定包括：

(1)公安机关应当设置专门机构或者配备专职人员办理未成年人刑事案件。应当由熟悉未成年人身心特点，善于做未成年人思想教育工作，具有一定办案经验的人员办理。

(2)根据情况可以对未成年犯罪嫌疑人的成长经历、犯罪原因、监护教育等情况进行调查，制作调查报告。公安机关应当贯彻全面审查原则，结合社会调查的情况，扩大侦查工作的范围。侦查过程应当注意保护未成年人名誉和隐私。

(3)慎重适用强制措施。《刑事诉讼法》第269条第1款规定，对未成年犯罪嫌疑人、被告人应当严格限制适用逮捕措施。人民检察院审查批准逮捕和人民法院决定逮捕，应当讯问未成年犯罪嫌疑人、被告人，听取辩护律师的意见。该条第2款规定，对未成年犯罪嫌疑人的羁押的限制，对被拘留、逮捕和执行刑罚的未成年人与成年人应当分别关押、分别管理、分别教育，目的是为了防止交叉感染。

(4)侦查讯问和询问方面的特别规定主要有：第一，讯问未成年人时，应当通知未成年犯罪嫌疑人、被告人的法定代理人到场。讯问笔录应当交给到场的法定代理人或者其他人员阅读或者向他宣读。第二，讯问未成年犯罪嫌疑人应当采取适合未成年人的方式，耐心细致地听取其供述或者辩解，认真审核、查证与案件有关的证据和线索。第三，讯问女性未成年犯罪嫌疑人，应当有女工作人员在场。第四，询问未成年被害人、证人，适用讯问未成年犯罪嫌疑人的程序规定。

(三)起诉

在审查起诉阶段，对未成年人刑事案件的特别规定：

1. 指定专人办理

最高检《规则(试行)》第484条规定，人民检察院应当指定熟悉未成年人身心特点的检察人员办理未成年人刑事案件。

2. 进行社会调查

最高检《规则(试行)》第486条规定，人民检察院根据情况可以委托有关组织和机构对未成年犯罪嫌疑人的成长经历、犯罪原因、监护教育等情况进行调查，作为办案和教育的参考。

3. 讯问未成年犯罪嫌疑人

在审查逮捕、审查起诉中，人民检察院应当讯问未成年犯罪嫌疑人，听取辩护人的意见，并制作笔录附卷。讯问未成年犯罪嫌疑人，应当通知其法定代理人到场，告知法定代理人依法享有的诉讼权利和应当履行的义务。

4. 附条件不起诉

《刑事诉讼法》第 271 条第 1 款规定，对于未成年人涉嫌刑法分则第四章、第五章、第六章规定的犯罪，可能判处 1 年有期徒刑以下刑罚，符合起诉条件，但有悔罪表现的，人民检察院可以作出附条件不起诉的决定。人民检察院在作出附条件不起诉的决定以前，应当听取公安机关、被害人的意见。但是，未成年犯罪嫌疑人及其法定代理人对人民检察院决定附条件不起诉有异议的，人民检察院应当作出起诉的决定。①

对未成年人附条件不起诉的考验期限为 6 个月以上 1 年以下，从人民检察院作出决定之日起计算。在附条件不起诉考验期限内，由人民检察院对被附条件不起诉犯罪嫌疑人进行监督考察，被附条件不起诉的未成年犯罪嫌疑人，应当遵守法律规定的监督考验规定。

被附条件不起诉的犯罪嫌疑人，在考验期内实施新的犯罪或者发现决定附条件不起诉以前还有其他犯罪需要追诉的；或者违反治安管理规定或者考察机关有关附条件不起诉的监督管理规定，情节严重的，人民检察院应当撤销附条件不起诉的决定，提起公诉。在考验期内没有上述情形，考验期满，人民检察院应当作出不起诉的决定。

5. 名誉和隐私保护

人民检察院办理未成年人刑事案件过程中，应当对涉案未成年人的资料予以保密，不得公开或者传播涉案未成年人的姓名、住所、照片、图像及可能推断出该未成年人的其他资料。对于符合犯罪记录封存的，人民检察院应当将拟封存的未成年人犯罪记录、卷宗等相关材料装订成册，加密保存，不予公开。

(四)审判

1. 专门的审判组织与审判人员

未成年人刑事案件应当由专门的未成年人法庭进行审判。未成年人案件审判庭和未成年人刑事案件合议庭统称少年法庭。

最高院《解释》第 462 条规定，中级人民法院和基层人民法院可以设立独立建

① 2014 年全国人民代表大会常务委员会解释：“人民检察院办理未成年人刑事案件，在作出附条件不起诉的决定以及考验期满作出不起诉的决定以前，应当听取被害人的意见。被害人对人民检察院对未成年犯罪嫌疑人作出的附条件不起诉的决定和不起诉的决定，可以向上一级人民检察院申诉，不适用《刑事诉讼法》第 176 条关于被害人可以向人民法院起诉的规定。”

制的未成年人案件审判庭，或者在刑事审判庭内设立未成年人刑事案件合议庭，或者由专人负责审理未成年人刑事案件。高级人民法院应当在刑事审判庭内设立未成年人刑事案件合议庭，或者独立建制的未成年人案件审判庭。

少年法庭受理案件的范围是：①被告人实施被指控的犯罪时不满18周岁、人民法院立案时不满20周岁的案件；②被告人实施被指控的犯罪时不满18周岁、人民法院立案时不满20周岁，并被指控为首要分子或者主犯的共同犯罪案件。

人民法院审理未成年人刑事案件，应当由熟悉未成年人身心特点、善于做未成年人思想教育工作的审判人员进行，并应当保持有关审判人员工作的相对稳定性。

未成年人刑事案件的人民陪审员，一般由熟悉未成年人身心特点，热心教育、感化、挽救失足未成年人工作，并经过必要培训的共青团、妇联、工会、学校、未成年人保护组织等单位的工作人员或者有关单位的退休人员担任。一般情况下，审判未成年人案件的合议庭应当考虑女性审判员或者女性人民陪审员参加。

2. 特别的审判程序

根据《刑事诉讼法》和最高院《解释》，未成年人刑事案件审判程序有如下特别规定：

(1)开庭前的准备

人民法院向未成年被告人送达起诉书副本时，应当向其讲明被指控的罪行和有关法律规定，并告知其审判程序和诉讼权利、义务。未成年被告人没有委托辩护人的，应当通知法律援助机构指派律师提供辩护。

人民法院一般应当通知未成年被告人的近亲属到庭。

人民法院对于人民检察院提交的社会调查材料，应当接受。人民法院根据情况可以对未成年被告人进行心理疏导或者心理测评。

开庭前和休庭时，法庭根据情况，可以安排未成年被告人与其法定代理人或者其他成年亲属、代表会见。

(2)审判

人民法院应当为未成年被告人与其法定代理人或者其他成年亲属、代表设置席位，位于辩护台靠近旁听区一侧。

在法庭上不得对未成年被告人使用戒具，但未成年被告人人身危险性大，可能妨碍庭审活动的除外。必须使用戒具的，在现实危险消除后，应当立即停止使用。

人民法院对人民检察院提供的未成年被告人情况的调查报告，以及辩护人提交的有关未成年被告人情况的书面材料，法庭应当审查并听取控辩双方意见，可以作为法庭教育和量刑的参考。

在法庭辩论结束或者宣判后，法庭可以根据案件情况对未成年被告人进行教育。未成年被告人最后陈述后，应当询问其法定代理人是否补充陈述。

对未成年被告人刑事案件宣告判决应当公开进行，但是不得采取召开大会等形式。对依法应当封存犯罪记录的案件，宣判时，不得组织人员旁听；有旁听人员的，应当告知其不得传播案件信息。

少年法庭对于未成年刑事案件可以适应简易程序。

（五）执行

1. 未成年刑事案件的交付执行有特别规定

人民法院将未成年罪犯送监执行刑罚或者送交社区矫正时，应当将有关未成年罪犯的调查报告及其在案件审理中的表现材料，连同有关法律文书，一并送达执行机关。

2. 刑罚执行的特别规定

少年法庭宣判有罪并判处有期徒刑的未成年人，可以与未成年罪犯管教所等服刑场所建立联系，了解未成年罪犯的改造情况，协助做好帮教、改造工作，并可以对正在服刑的未成年罪犯进行回访考察。在认为必要的时候，督促未成年罪犯的父母或者其他监护人及时探视。

对被判处管制、宣告缓刑、裁定假释、决定暂予监外执行的未成年罪犯，人民法院可以协助社区矫正机构制定帮教措施。对于具备就学、就业条件的，人民法院可以就其安置问题向有关部门提出司法建议，并附送必要的材料。

执行机关对未成年人罪犯的改造，要注意从多角度、多层次进行，注重思想改造、知识积累和劳动技能的协同训练，为他们回归社会打下基础、提供条件。在未成年罪犯刑罚执行过程中，要注意发挥司法机关、执行机关、家庭、社会力量等方面的综合作用，形成系统化工程，落实教育、感化、挽救方针。

第二节　当事人和解的公诉案件诉讼程序

我国 1979 年《刑事诉讼法》第 127 条规定自诉人与被告人自行和解的程序，一直沿用至今。2012 年《刑事诉讼法》规定，在公诉案件中可以适用当事人和解诉讼程序，作为特别程序的一种。

公诉案件中的当事人和解，是近年来我国刑事司法实践探索进行刑事和解积累经验之后的进入刑事诉讼立法的新制度。从理论上说，刑事和解旨在通过加害人与被害人之间自愿和解，加害人悔罪并对被害人的伤害积极进行赔偿，相互之间达成谅解及和解协议，一定程度上恢复社会关系，从而在刑事公诉案件处理时予以特别对待。

我国2012年修改后的《刑事诉讼法》增加规定当事人和解的公诉案件诉讼程序，是对中国传统法律文化中和解因素的一种继承，也是对域外相关制度的合理成分的吸收。但是，现行立法中的当事人和解，不同于中国民间的“私了”，也不同于域外辩诉交易和恢复性司法，属于一种探索性制度创新，在刑事诉讼中可以一定程度地提高诉讼效率和执行效果。

当事人和解的公诉案件诉讼程序，是指在法定范围的公诉案件中，犯罪嫌疑人、被告人真诚悔罪，通过向被害人赔偿损失、赔礼道歉等方式获得被害人谅解，被害人自愿和解的，双方当事人自愿达成协议，人民法院、人民检察院、公安机关据此可以对犯罪嫌疑人、被告人从宽处理的特别诉讼程序。《刑事诉讼法》和最高院《解释》、最高检《规则(试行)》、公安部《规定》分别对此程序作出规定。

一、当事人和解的公诉案件范围

根据《刑事诉讼法》第277条、最高院《解释》第496条、最高检《规则(试行)》第510条、公安部《规定》第322条和第323条的规定，当事人和解的公诉案件范围包括两类：①因民间纠纷引起，涉嫌刑法分则第四章、第五章规定的犯罪案件，可能判处3年有期徒刑以下刑罚的；②除渎职犯罪以外的可能判处7年有期徒刑以下刑罚的过失犯罪案件。

第一类案件中，“因民间纠纷引起”是适用条件，一般是指发生在公民之间的人身权利、财产权利和日常生活中的其他权利纷争。公安部《规定》第323条规定，有下列情形之一的，不属于因民间纠纷引起的犯罪案件：雇凶伤害他人的；涉及黑社会性质组织犯罪的；涉及寻衅滋事的；涉及聚众斗殴的；多次故意伤害他人身体的；其他不宜和解的。

第二类案件中，“渎职犯罪以外”是适用条件，是指刑法中的普通过失犯罪，依照《刑法》分则规定的过失犯罪罪名及其法定刑予以认定，例如，《刑法》第235条规定的过失伤害罪，法定刑为3年以下有期徒刑。

但是，如果犯罪嫌疑人、被告人在5年以内曾经故意犯罪的，不适用当事人和解的公诉案件诉讼程序。

因为和解必须发生在对立双方当事人之间，因此，当事人和解的公诉案件必须限定在存在被害人的范围之内，如果上述两类案件中没有被害人存在，则当然不适用当事人和解，例如刑法第五章中侵害公共财物的犯罪，就不属于当事人和解案件。

二、当事人和解的公诉案件诉讼程序规范

根据《刑事诉讼法》第 277 条、第 278 条、第 279 条，最高院《解释》，最高检《规则(试行)》，公安部《规定》的有关规定，公诉案件中当事人和解的程序规范有如下内容：

(一)当事人和解的主体

当事人和解分属双方，一方为犯罪嫌疑人、被告人，另一方为被害人。双方自行协商、自愿和解，公安机关、人民检察院、人民法院听取双方意见，对和解的自愿性和合法性进行审查，主持制作和解协议书，这是我国当事人和解制度有别于域外辩诉交易的本质特征。

当事人和解的主体之外，《刑事诉讼法》第 278 条规定的“其他有关人员”该如何解释？应当指与案件处理有利害关系的其他人员较为合适，例如，犯罪嫌疑人、被告人的法定代理人和近亲属，被害人的法定代理人和近亲属，辩护人等。因为根据相关司法解释，如果被害人死亡的，其法定代理人、近亲属可以与犯罪嫌疑人和解。被害人是无行为能力人或者限制行为能力人的，其法定代理人可以代为和解。

(二)当事人和解的方式

在当事人和解的公诉案件诉讼程序中，犯罪嫌疑人、被告人真诚悔罪是程序适用的条件。真诚悔罪是犯罪嫌疑人、被告人在犯罪之后内心的意思表示，具体表现为，如实承认自己的犯罪行为，向公安司法机关如实交代自己的犯罪事实，对自己的犯罪行为有后悔和悔过之心，对被害人有悔罪之心。

犯罪嫌疑人、被告人的真诚悔罪，对于被害人一方来说，就是获得被害人谅解。

《刑事诉讼法》第 277 条第 1 款规定，犯罪嫌疑人、被告人获得被害人谅解的方式是赔偿损失、赔礼道歉等。赔偿损失就是金钱赔偿，在当事人和解的公诉案件中，赔偿损失可以包括赔偿物质损失和赔偿精神损失，与附带民事诉讼中的赔偿物质损失不同。赔礼道歉就是表达道德负疚感，是指犯罪嫌疑人、被告人认识到自己行为的不当，向被害人表示歉意并请求原谅的行为，可以书面或者口头方式进行。除了上述两种方式之外，可以参照《侵权责任法》规定，例如返还财产、恢复原状等。

(三)当事人和解协议书

根据《刑事诉讼法》第 278 条规定，双方当事人和解的，公安机关、人民检察

院、人民法院应当听取当事人和其他有关人员的意见，对和解的自愿性、合法性进行审查，并主持制作和解协议书。

传统刑事诉讼中，公诉案件由国家行使追诉权，不适用自行和解。现行《刑事诉讼法》规定公诉案件的刑事和解，作为特别程序，允许当事人在法律规定的范围之内，自愿进行和解，国家专门机关对和解的自愿性和合法性进行程序性审查。

当事人和解协议由当事人双方自愿进行，但是，和解协议书是在公安机关、人民检察院、人民法院的主持下制作。对此，公安部《规定》第325条、第326条规定，在侦查阶段制作和解协议书的要求；最高检《规则(试行)》第516条规定，在审查起诉阶段制作和解协议书的要求；最高院《解释》第500条、第501条规定，在审判期间制作和解协议书的要求。

对公安机关、人民检察院、人民法院主持制作的和解协议书，主要的程序性要求包括：①和解协议书写明案件的基本事实和主要证据；②犯罪嫌疑人、被告人承认所犯罪行，真诚悔罪，自愿通过向被害人赔礼道歉、赔偿损失等方式获得被害人谅解；③涉及赔偿损失的，应当写明赔偿数额和履行方式等内容；④已经提起附带民事诉讼的，附带民事诉讼原告人应当撤回附带民事诉讼；⑤被害人自愿进行和解，请求或者同意对犯罪嫌疑人、被告人依法从宽处理。

但是，和解协议书中不能涉及对犯罪嫌疑人、被告人的刑事责任处理，其中包含的被害人表示不追究犯罪嫌疑人、被告人刑事责任内容的部分，对公安司法机关没有约束力，公安司法机关依法对案件作出的处理，不构成当事人不履行和解协议的理由。

(四)当事人和解的审查

《刑事诉讼法》第278条规定，公安机关、人民检察院、人民法院应当对当事人和解进行审查。

审查的内容是“和解的自愿性、合法性”，自愿性是指当事人和解是否自愿进行、是否真实意愿、是否存在强迫或者欺诈；合法性是指当事人和解是否符合法律规定，包括和解条件合法、和解程序合法、和解协议合法等，以及审查是否损害国家、集体和社会公共利益或者他人的合法权益。

审查的程序是“应当听取当事人和其他有关人员的意见”，一般是指双方当事人和其他有关人员对和解的意见，同时应当告知案件可能从宽处理的法律后果和涉及的权利义务。

审查的结果是“主持制作和解协议书”，这是记载当事人和解内容的诉讼文书，对当事人双方具有法律效力。

（五）当事人和解协议后的案件处理

当事人达成和解协议后，制作的和解协议书对于和解双方当事人产生法律上的拘束力，应当履行。同时，当事人达成和解协议后，公安机关、人民检察院、人民法院对案件的处理应当依照法律规定进行。《刑事诉讼法》第 279 条规定，对于达成和解协议的案件，公安机关可以向人民检察院提出从宽处理的建议。人民检察院可以向人民法院提出从宽处罚的建议；对于犯罪情节轻微，不需要判处刑罚的，可以作出不起诉的决定。人民法院可以依法对被告人从宽处罚。

根据特别程序的立法目的，本条规定中的“可以从宽”解释为“应当从宽”似乎更合适。至于如何从宽，是否必须写明具体的从宽建议，应由公安司法机关裁量决定。最高院《解释》中使用“应当”表述，并有明确的处理意见。

1. 侦查阶段的处理

当事人和解的公诉案件达成和解协议的，公安机关可以向人民检察院提出从宽处理的建议。公安部《规定》第 327 条规定，经县级以上公安机关负责人批准，公安机关将案件移送人民检察院审查起诉时，可以提出从宽处理的建议。

当事人和解的公诉案件，公安机关不得作出撤销案件的决定，应当移送起诉，在起诉意见书中建议人民检察院从宽处理。

2. 审查起诉阶段的处理

当事人和解的公诉案件，人民检察院可以向人民法院提出从宽处罚的建议；对于犯罪情节轻微，不需要判处刑罚的，可以作出不起诉的决定。

最高检《规则（试行）》第 518 条规定，双方当事人在侦查阶段达成和解协议，公安机关向人民检察院提出从宽处理建议的，人民检察院在审查逮捕和审查起诉时应当充分考虑公安机关的建议。

最高检《规则（试行）》第 520 条规定，人民检察院对于公安机关移送审查起诉的案件，双方当事人达成和解协议的，可以作为是否需要判处刑罚或者免除刑罚的因素予以考虑，符合法律规定的不起诉条件的，可以决定不起诉。对于依法应当提起公诉的，人民检察院可以向人民法院提出从宽处罚的量刑建议。

3. 审判阶段的处理

当事人和解的公诉案件，人民法院可以依法对被告人从宽处罚。

最高院《解释》第 505 条规定，对达成和解协议的案件，人民法院应当对被告人从轻处罚；符合非监禁刑适用条件的，应当适用非监禁刑；判处法定最低刑仍然过重的，可以减轻处罚；综合全案认为犯罪情节轻微不需要判处刑罚的，可以免除刑事处罚。

第三节　犯罪嫌疑人、被告人逃匿、死亡案件违法所得的没收程序

犯罪嫌疑人、被告人逃匿、死亡案件违法所得的没收程序，是指对于贪污贿赂犯罪、恐怖活动犯罪等重大犯罪案件，犯罪嫌疑人、被告人逃匿，在通缉1年后不能到案，或者犯罪嫌疑人、被告人死亡，依照刑法规定应当追缴其违法所得及其他涉案财产的特别诉讼程序。学说和实务上，简称违法所得没收程序、违法所得特别没收程序、刑事被追诉人逃亡案件违法所得没收程序。

犯罪嫌疑人、被告人逃匿、死亡案件违法所得的没收程序是我国2012年《刑事诉讼法》新增的特别程序之一，立法目的是为了更为有效地惩罚和打击贪污贿赂犯罪和恐怖活动犯罪等重大刑事案件，采取定罪与没收财产两相分离的刑事政策，设置特别程序。

违法所得没收程序的立法政策与国际刑法上的相关规定相契合。例如2003年《联合国反腐败公约》(*U. N. Anti-Corruption Convention*)第54条第1款第3项规定，“各缔约国应当根据其本国法律……考虑采取必要措施，在因为犯罪人死亡、潜逃或者缺席而无法对其起诉的情形或者其他有关情形下，能够不经过刑事定罪而没收犯罪人因犯罪所得的财产”。其中，“犯罪所得”被界定为“通过实施犯罪而直接或间接产生或者获得的任何财产。”2000年《联合国打击跨国有组织犯罪公约》(*U. N. Convention Against Transnational Organized Crime*)第12条第1规定，“缔约国应在本国法律制度的范围内尽最大可能采取必要措施，没收犯罪所得或者相当价值的财产。”

我国《刑事诉讼法》规定的犯罪嫌疑人、被告人逃匿、死亡案件违法所得的没收程序，具有几个特点：第一，作为特别程序予以规定，适用范围依法确定。只适用于贪污贿赂犯罪、恐怖活动犯罪等重大犯罪案件，其中“等重大案件”在法律解释上不扩张。第二，作为特别程序，适用对象只针对违法所得的财物及其他涉案财产。没收程序不适用于犯罪嫌疑人、被告人的定罪，因此不同于刑事缺席审判。第三，作为特别程序，程序适用附条件的终止审理。在审理过程中，在逃犯罪嫌疑人、被告人自动投案或者被抓获的，应当终止审理。

犯罪嫌疑人、被告人逃匿、死亡案件违法所得的没收程序的立法具有重要意义，表现在：第一，对于惩罚和预防贪污贿赂犯罪、恐怖活动犯罪等重大犯罪具有意义；第二，通过程序适用，保障国家利益、社会公共利益，依法保障其他利害

关系人的合法利益；第三，对于惩罚和预防跨国犯罪和国际有组织犯罪具有意义，同时有利于防止贪污腐败犯罪分子、恐怖活动犯罪分子外逃。

一、违法所得没收程序的适用条件

《刑事诉讼法》第 280 条第 1 款规定，“对于贪污贿赂犯罪、恐怖活动犯罪等重大犯罪案件，犯罪嫌疑人、被告人逃匿，在通缉 1 年后不能到案，或者犯罪嫌疑人、被告人死亡，依照刑法规定应当追缴其违法所得及其他涉案财产的，人民检察院可以向人民法院提出没收违法所得的申请”。本条规定依法确定违法所得没收程序的适用条件。

（一）程序适用的案件范围

根据《刑事诉讼法》第 280 条第 1 款和最高院《解释》第 507 条、第 508 条的规定，适用违法所得没收程序的案件范围是“贪污贿赂犯罪、恐怖活动犯罪等重大犯罪案件”。

1. 贪污贿赂犯罪案件

解释上可分为“类罪说”和“解释说”两种，前者依据《刑法》分则第 8 章贪污贿赂罪，凡在本章规定的罪名，均属于贪污贿赂犯罪；后者依据《刑法》第 382 条等规定具体罪名中的贪污罪、受贿罪、行贿罪、介绍贿赂罪等。正确的解释应当采行类罪说，但是商业贿赂罪是否可以纳入违法所得没收程序，学说上并不明确。

2. 恐怖活动犯罪案件

因为《刑法》分则中没有规定类罪，因此应当采行解释说，以犯罪学上关于恐怖活动犯罪的界定进行解释，包括《刑法》第 120 条“组织、领导、参加恐怖组织罪”；第 120 条之一“帮助恐怖活动罪”；第 120 条之二“准备实施恐怖活动罪”；第 120 条之三“宣扬恐怖主义、极端主义、煽动实施恐怖活动罪”；第 120 条之四“利用极端主义破坏法律实施罪”；第 120 条之五“强制穿戴宣扬恐怖主义、极端主义服饰、标志罪”；第 120 条之六“非法持有宣扬恐怖主义、极端主义物品罪”；第 121 条“劫持航空器罪”；第 122 条“劫持船只、汽车罪”；第 123 条“暴力危及飞行安全罪”；等等。

3. 等重大犯罪案件

此为《刑事诉讼法》规定违法所得没收程序的兜底条款，解释上宜采限制扩张原则。最高院《解释》第 508 条对“重大犯罪案件”作出解释，包括普通犯罪中：①犯罪嫌疑人、被告人可能被判处无期徒刑以上刑罚的；②案件在本省、自治区、直辖市或者全国范围内有较大影响的；③其他重大犯罪案件。其中前两类是对犯罪案件刑期和社会影响的要求，第三类属于裁量条款，应当根据犯罪严重程度限制裁量。

（二）程序适用的主体条件

根据《刑事诉讼法》第280条和最高院《解释》第507条、最高检《规则（试行）》第523条、公安部《规定》第328条规定，犯罪嫌疑人、被告人逃匿，在通缉1年后不能到案的，或者犯罪嫌疑人、被告人死亡的。

传统刑事诉讼理论上，犯罪嫌疑人、被告人死亡，刑事诉讼终止，例如我国《刑事诉讼法》第15条第5项。犯罪嫌疑人、被告人逃匿或者脱逃，侦查程序中可以采取通缉和技术侦查措施，在审判程序，可以中止审理。

我国现行《刑事诉讼法》规定违法所得没收程序作为特别程序，传统刑事诉讼中的处理方法发生变化，对于特定犯罪案件的犯罪嫌疑人、被告人，符合逃匿、死亡的法定条件的，不再单纯适用刑事定罪的诉讼处理方法，直接适用违法所得没收程序。

犯罪嫌疑人、被告人逃匿，在普通诉讼程序中规定的“在逃”“脱逃”“越狱逃跑”，公安机关可以进行通缉，通缉1年后不能到案，即可提出没收违法所得意见书，移送人民检察院。

犯罪嫌疑人、被告人死亡，可以是自然死亡，也可以是宣告死亡。犯罪嫌疑人、被告人死亡，不再追究其刑事责任，但其违法所得及其他涉案财物，适用没收程序。

（三）程序适用的对象条件

犯罪嫌疑人、被告人逃匿、死亡案件违法所得的没收程序，适用对象是依照《刑法》规定追缴违法所得及其他涉案财物，不适用于认定犯罪嫌疑人、被告人的刑事责任。

我国《刑法》第64条规定，对犯罪分子违法所得应当予以追缴，以及对违禁品和供犯罪所用的本人财物应当予以没收。这是刑事诉讼中违法所得没收程序的法律根据。

追缴违法所得，就是依法追缴犯罪嫌疑人、被告人实施犯罪所取得的违法财物及其孳息；追缴其他涉案财产，就是依法追缴犯罪嫌疑人、被告人违法持有的违禁品和供犯罪所用的本人财物。“财物”“财产”，解释上包括金钱财产、有金钱价值的物品、有价证券等。

最高院《解释》第509条规定，实施犯罪行为所取得的财物及其孳息，以及被告人非法持有的违禁品、供犯罪所用的本人财物，应当认定为“违法所得及其他涉案财产”。

二、违法所得没收程序的申请启动

我国《刑事诉讼法》第 280 条第 1 款规定，违法所得没收程序由人民检察院申请启动。公安机关在侦查过程中发现符合违法所得没收程序条件的情形，应当写出没收违法所得意见书，移送人民检察院。人民检察院审查侦查机关移送的没收违法所得意见书，向人民法院提出没收违法所得的申请。

最高检《规则(试行)》第 524 条规定，人民检察院审查侦查机关移送的没收违法所得意见书，向人民法院提出没收违法所得的申请，由公诉部门办理。

对于人民检察院向人民法院提出犯罪嫌疑人、被告人违法所得没收的申请的程序要求，《刑事诉讼法》第 280 条第 3 款规定，人民检察院没收违法所得的申请应当提供与犯罪事实、违法所得相关的证据材料，并列明财产的种类、数量、所在地及查封、扣押、冻结的情况。

最高检《规则(试行)》第 526 条规定，没收违法所得申请书的主要内容包括：①犯罪嫌疑人、被告人的基本情况；②案由及案件来源；③犯罪嫌疑人、被告人的犯罪事实；④犯罪嫌疑人、被告人逃匿、被通缉或者死亡的情况；⑤犯罪嫌疑人、被告人的违法所得及其他涉案财产的种类、数量、所在地及查封、扣押、冻结的情况；⑥犯罪嫌疑人、被告人近亲属和其他利害关系人的姓名、住址、联系方式及其要求等情况；⑦提出没收违法所得申请的理由和法律依据。

三、违法所得没收案件的审理和裁定

1. 案件管辖

我国《刑事诉讼法》第 281 条第 1 款规定，对于人民检察院提出没收违法所得的申请，由犯罪地或者犯罪嫌疑人、被告人居住地的中级人民法院组成合议庭进行审理。本条规定的审判管辖，解释上等同于普通审判程序的相关规定，合议庭组成适用第一审程序规定，但是能否由审判员和人民陪审员共同组成合议庭，法律没有规定，考虑到案件并不必须开庭审理，因此，人民陪审员不能作为合议庭成员参加。

违法所得没收程序的案件，不适用简易程序。

2. 案件受理与公告程序

有管辖权的人民法院对人民检察院提出的没收违法所得申请，应当进行审查，在 7 日内审查完毕，分情形进行处理：①不属于本院管辖的，应当退回人民检察院；②材料不全的，应当通知人民检察院在三日内补送；③属于违法所得没收程序受案范围和本院管辖，且材料齐全的，应当受理。

人民法院受理没收违法所得的申请后，应当发出公告。公告期间为 6 个月。

人民法院在公告期满后，应当组成合议庭对案件进行审理。犯罪嫌疑人、被告人的近亲属和其他利害关系人有权申请参加诉讼，也可以委托诉讼代理人参加诉讼。最高院《解释》第 513 条规定，对申请没收的财产主张所有权的人，应当认定为“其他利害关系人”。

3. 案件审理

人民法院对没收违法所得的申请进行审理，有两种方式。第一，利害关系人参加诉讼的，人民法院应当开庭审理。开庭审理的，人民检察院应当派员出席法庭。第二，没有利害关系人申请参加诉讼的，可以不开庭审理。不开庭审理的，由人民法院组成合议庭书面审理。

利害关系人接到通知后无正当理由拒不到庭，或者未经法庭许可中途退庭的，可以转为不开庭审理，但还有其他利害关系人参加诉讼的除外。

最高院《解释》第 515 条规定，人民法院开庭审理申请没收违法所得的案件，按照下列程序进行：

(1)审判长宣布法庭调查开始后，先由检察员宣读申请书，后由利害关系人、诉讼代理人发表意见。

(2)法庭应当依次就犯罪嫌疑人、被告人是否实施犯罪并已经通缉 1 年不能到案，或者是否已经死亡，以及申请没收的财产是否依法应当追缴进行调查；调查时，先由检察员出示有关证据，后由利害关系人发表意见、出示有关证据，并进行质证。

(3)法庭辩论阶段，先由检察员发言，后由利害关系人及其诉讼代理人发言，并进行辩论。

4. 案件审理后裁定

人民法院对于申请违法所得没收程序的案件进行审理之后，应当作出裁定。《刑事诉讼法》第 282 条第 1 款规定，人民法院经审理，对经查证属于违法所得及其他涉案财产，除依法返还被害人的以外，应当裁定予以没收；对不属于应当追缴的财产的，应当裁定驳回申请，解除查封、扣押、冻结措施。

人民法院审理违法所得没收程序的案件，一律使用裁定。根据最高院《解释》第 516 条规定，人民法院经过审理，应当按照两种情形进行处理：

(1)裁定予以没收。案件事实清楚，证据确实、充分，申请没收的财产确属违法所得及其他涉案财产的，除依法返还被害人的以外，应当裁定没收。

(2)裁定驳回申请。案件不属于《刑事诉讼法》第 280 条第 1 款、最高院《解释》第 507 条规定的范围，应当裁定驳回申请。裁定驳回申请的案件，对于涉案财物应当解除查封、扣押、冻结措施。

5. 对裁定的上诉、抗诉

申请违法所得没收程序的案件，实行两审终审制。《刑事诉讼法》第282条第2款、最高院《解释》第517条规定，对于人民法院作出的没收违法所得或者驳回申请的裁定，犯罪嫌疑人、被告人的近亲属和其他利害关系人或者人民检察院可以在5日内提出上诉、抗诉。

上诉、抗诉案件，第二审人民法院经审理，应当按照下列情形分别作出裁定：①原裁定正确的，应当驳回上诉或者抗诉，维持原裁定；②原裁定确有错误的，可以在查清事实后改变原裁定，或者撤销原裁定，发回重新审理；③原审违反法定诉讼程序，可能影响公正审判的，应当撤销原裁定，发回重新审理。

申请违法所得没收程序的案件，经两审终审后发生法律效力。没收违法所得裁定生效后，如果出现异议或者确有错误，应当分别予以救济。

第一，没收违法所得裁定生效后，犯罪嫌疑人、被告人到案并对没收裁定提出异议。对此，最高院《解释》第522条第1款、第2款规定，人民检察院向原作出裁定的人民法院提起公诉的，可以由同一审判组织审理。经审理，按照下列情形分别处理：①原裁定正确的，予以维持，不再对涉案财产作出判决；②原裁定确有错误的，应当撤销原裁定，并在判决中对有关涉案财产一并作出处理。

第二，人民法院生效的没收裁定确有错误。对此，《刑事诉讼法》第283条第2款规定，没收犯罪嫌疑人、被告人财产确有错误的，应当予以返还、赔偿。最高院《解释》第522条第3款规定，应当依照审判监督程序予以纠正。已经没收的财产，应当及时返还；财产已经上缴国库的，由原没收机关从财政机关申请退库，予以返还；原物已经出卖、拍卖的，应当退还价款；造成犯罪嫌疑人、被告人以及利害关系人财产损失的，应当依法赔偿。

四、违法所得没收案件的终止审理

《刑事诉讼法》第283条第1款规定，在审理过程中，在逃的犯罪嫌疑人、被告人自动投案或者被抓获的，人民法院应当终止审理。本条所谓“在审理过程中”，是指犯罪嫌疑人、被告人逃匿、死亡案件的审理过程中，自人民法院收到人民检察院的申请开始。

在逃的犯罪嫌疑人、被告人自动投案或者被抓获，是案件终止审理的法定事由，案件转变为普通诉讼程序。依照普通程序，如果人民检察院向原受理申请的人民法院提起公诉，可以由同一审判组织审理。

与此相对，对于依照普通程序审判的案件，在审判过程中，如果被告人逃匿、死亡的，符合违法所得没收程序的适用范围，可以转为特别程序。最高院《解释》第520条规定，在审理案件过程中，被告人死亡或者脱逃，符合《刑事诉讼法》第

280 条第 1 款规定的，人民检察院可以向人民法院提出没收违法所得的申请。人民检察院向原受理案件的人民法院提出申请的，可以由同一审判组织依照违法所得没收程序进行审理。

第四节　依法不负刑事责任的精神病人的强制医疗程序

依法不负刑事责任的精神病人的强制医疗程序，是指人民法院、人民检察院、公安机关对于依法不负刑事责任但是有继续危害社会可能的精神病人采取强制医疗所适用的特别程序。学说和实务上简称为精神病人强制医疗程序、强制医疗程序。

精神病人强制医疗程序是我国刑事诉讼中的特别程序，实体法上来自刑法对精神病人刑事责任能力的规定。根据《刑法》第 18 条第 1 款规定，精神病人在不能辨认或者不能控制自己行为的时候造成危害结果，经法定程序鉴定确认的，不负刑事责任，但是应当责令他的家属或者监护人严加看管和医疗；在必要的时候，由政府强制医疗。2012 年修改后《刑事诉讼法》第 284 条规定，实施暴力行为，危害公共安全或者严重危害公民人身安全，经法定程序鉴定依法不负刑事责任的精神病人，有继续危害社会可能的，可以予以强制医疗。

域外法例中，对精神病人采取强制医疗或者收容于精神病院，一般由法院决定或者命令，例如德国、日本、俄罗斯等。我国 2012 年之前，不负刑事责任的精神病人实施暴力行为的处置主要由公安机关负责，《人民警察法》第 14 条规定，公安机关的人民警察对严重危害公共安全或者他人人身安全的精神病人，可以采取保护性约束措施。需要送往指定的单位、场所加以监护的，应当报请县级以上人民政府公安机关批准，并及时通知其监护人。

现行《刑事诉讼法》新增规定精神病人强制医疗程序，采取司法化处理的立法政策，克服了此前对精神病人强制医疗的行政化弊端，从司法处理的视角规定精神病人强制医疗适用对象、启动程序、审理程序、救济程序、法律监督等方面，既有利于对精神病人危害社会公共安全或者公民人身权利的保护和防范，也有利于依法对精神病人及其监护人权益的保障。

一、精神病人强制医疗程序的适用对象

根据《刑事诉讼法》第 284 条、最高院《解释》第 524 条、最高检《规则（试

行)》第539条、公安部《规定》第331条的规定，精神病人强制医疗程序的适用对象包括三个方面：

(一)实施暴力行为，危害公共安全或者严重危害公民人身安全

实施暴力行为，危害公共安全或者严重危害公民人身安全，这是适用精神病人强制医疗程序的行为条件。客观上实施暴力行为，危害公共安全或者严重危害公民人身安全。所谓“暴力行为”，参照刑法理论，是指那些区别于一般不法侵害的严重危害公共安全或者严重侵害人身权利和财产权利的行为。所谓“危害公共安全或者严重危害公民人身安全”，是指已经或者可能危害公共安全或者严重危害公民人身安全。例如持刀杀人造成实际的危害，或者，持刀追杀他人，造成危害的重大危险行为，都应当认为已经构成行为条件。至于严重危害公民财产权利的暴力行为是否适用精神病人强制医疗程序，法律未作明文规定，学说上可探讨。

(二)经法定程序鉴定为依法不负刑事责任的精神病人

经法定程序鉴定为依法不负刑事责任的精神病人，这是适用精神病人强制医疗程序的主体条件。我国《刑法》规定精神病人有精神病人或者间歇性精神病人，经过精神病学鉴定，确认是否负刑事责任。

“经法定程序鉴定”参照《刑事诉讼法》第144条关于鉴定的规定，司法精神病鉴定属于专门的法医鉴定类别。司法精神病鉴定是精神病人强制医疗程序的前置必经程序。

(三)有继续危害社会可能的

有继续危害社会可能的，这是适用精神病人强制医疗程序的人身危险性条件。体系解释上，可以参照《刑事诉讼法》第288条第1款关于解除强制医疗条件中的“人身危险性”。对于精神病人有继续危害社会的可能性的判断，无论是公安机关发现或者人民检察院申请，或者人民法院发现，都应当听取鉴定人员的鉴定或者强制医疗机构的诊断评估，由人民法院审理后决定或者批准。

二、精神病人强制医疗程序的启动

根据《刑事诉讼法》第285条第2款、最高院《解释》第532条、最高检《规则(试行)》第539条、公安部《规定》第332条等的规定，精神病人强制医疗程序的启动方式有两种：一种是由人民检察院申请启动；一种是人民法院在审理普通案件程序中决定启动。

（一）人民检察院申请启动

对于精神病人符合强制医疗程序的案件，人民检察院负责向人民法院提出强制医疗的申请。分为两种情形：一种是公安机关发现精神病人符合强制医疗条件，写出强制医疗意见书，移送人民检察院的案件，人民检察院审查决定，向人民法院提出申请；一种是人民检察院在审查起诉过程中发现精神病人符合强制医疗条件的，由普通程序转为强制医疗程序，向人民法院提出申请。

根据最高检《规则（试行）》规定，人民检察院审查公安机关移送的强制医疗意见书，认为符合条件的，应当向人民法院提出强制医疗的申请，由公诉部门办理。在审查起诉中，犯罪嫌疑人经鉴定系依法不负刑事责任的精神病人的，人民检察院应当作出不起诉决定。认为符合《刑事诉讼法》第284条规定条件的，应当向人民法院提出强制医疗的申请。人民检察院向人民法院提出强制医疗的申请，应当制作强制医疗申请书。

（二）人民法院决定启动

人民法院在依照普通程序审理案件过程中发现被告人符合强制医疗程序的，可以作出强制医疗的决定，这是人民法院直接启动强制医疗的方式。

最高院《解释》第532条规定，第一审人民法院在审理案件过程中发现被告人可能符合强制医疗条件的，应当依照法定程序对被告人进行法医精神病鉴定。经鉴定，被告人属于依法不负刑事责任的精神病人的，应当适用强制医疗程序，对案件进行审理。人民法院在审理第二审刑事案件过程中，发现被告人可能符合强制医疗条件的，可以依照强制医疗程序对案件作出处理，也可以裁定发回原审人民法院重新审判。

人民法院发现后作出决定，不是直接决定强制医疗，应当解释为，首先应当经过启动，再转为强制医疗程序进行审理后决定。

三、精神病人强制医疗程序的审理和决定

根据《刑事诉讼法》第286条的规定，人民法院受理强制医疗的申请后，应当组成合议庭进行审理。

（一）案件管辖

最高院《解释》第525条规定，人民检察院申请对依法不负刑事责任的精神病人强制医疗的案件，由被申请人实施暴力行为所在地的基层人民法院管辖；由被申请人居住地的人民法院审判更为适宜的，可以由被申请人居住地的基层人民法院管辖。

(二)审判组织

人民法院对于适用精神病人强制医疗程序的案件，由合议庭进行审理。合议庭组成参照普通程序，解释上应当由 3 名审判员组成。

(三)审理程序

根据《刑事诉讼法》第 286 条第 2 款、最高院《解释》第 528 条的规定，人民法院审理强制医疗案件，应当通知被申请人或者被告人的法定代理人到场。被申请人或者被告人没有委托诉讼代理人的，应当通知法律援助机构指派律师担任其诉讼代理人，为其提供法律帮助。

《刑事诉讼法》没有规定强制医疗程序案件的审理方式，最高院《解释》第 529 条规定，案件应当开庭审理。但是，被申请人、被告人的法定代理人请求不开庭审理，并经人民法院审查同意的除外。

人民法院开庭审理申请强制医疗的案件，按照下列程序进行：

(1)审判长宣布法庭调查开始后，先由检察员宣读申请书，后由被申请人的法定代理人、诉讼代理人发表意见。

(2)法庭调查，先由检察员出示有关证据，后由被申请人的法定代理人、诉讼代理人发表意见、出示有关证据，并进行质证。

(3)法庭辩论阶段，先由检察员发言，后由被申请人的法定代理人、诉讼代理人发言，并进行辩论。

被申请人要求出庭，人民法院经审查其身体和精神状态，认为可以出庭的，应当准许。出庭的被申请人，在法庭调查、辩论阶段，可以发表意见。

(四)决定与复议

1. 决定

《刑事诉讼法》第 287 条第 1 款规定，人民法院经审理，对于被申请人或者被告人符合强制医疗条件的，应当在 1 个月以内作出强制医疗的决定。最高院《解释》第 531 条规定，对申请强制医疗的案件，人民法院审理后分别处理：①符合强制医疗条件的，应当作出对被申请人强制医疗的决定；②被申请人属于依法不负刑事责任的精神病人，但不符合强制医疗条件的，应当作出驳回强制医疗申请的决定；③被申请人已经造成危害结果的，应当同时责令其家属或者监护人严加看管和医疗；④被申请人具有完全或者部分刑事责任能力，依法应当追究刑事责任的，应当作出驳回强制医疗申请的决定，并退回人民检察院依法处理。

2. 复议

《刑事诉讼法》第 287 条第 2 款规定，被决定强制医疗的人、被害人及其法定代理人、近亲属对强制医疗决定不服的，可以向上一级人民法院申请复议。自收到决定书之日起5日内申请复议。复议期间不停止执行强制医疗的决定。

对不服强制医疗决定的复议申请，上一级人民法院应当组成合议庭审理，并在1个月内，作出复议决定：①被决定强制医疗的人符合强制医疗条件的，应当驳回复议申请，维持原决定；②被决定强制医疗的人不符合强制医疗条件的，应当撤销原决定；③原审违反法定诉讼程序，可能影响公正审判的，应当撤销原决定，发回原审人民法院重新审判。

四、精神病人强制医疗的执行和解除

人民法院经审理，决定对依法不负刑事责任的精神病人实行强制医疗的，应当执行。但是，我国《刑事诉讼法》并未明确规定精神病人强制医疗的执行程序。实践中，根据《刑事诉讼法》第288条规定的"强制医疗机构"并不统一，国务院正在着手制定《强制医疗所条例》，将会统一建设由公安机关统一负责的强制医疗所。目前，全国各地的做法并不统一，有强制医疗所、精神病监护治疗所、安康医院等。

根据现行法律和司法解释规定，强制医疗机构应当定期对被强制医疗的人进行诊断评估。对于已经不具有人身危险性，不需要继续强制医疗的，应当及时提出解除意见，报决定强制医疗的人民法院批准。

基于强制医疗机构对被强制医疗的人进行的诊断评估意见，被强制医疗的人及其近亲属有权申请解除强制医疗。

最高院《解释》第542条规定，强制医疗机构提出解除强制医疗意见，或者被强制医疗的人及其近亲属申请解除强制医疗的，人民法院应当组成合议庭进行审查，分别处理：①被强制医疗的人已不具有人身危险性，不需要继续强制医疗的，应当作出解除强制医疗的决定，并可责令被强制医疗的人的家属严加看管和医疗；②被强制医疗的人仍具有人身危险性，需要继续强制医疗的，应当作出继续强制医疗的决定。

五、人民检察院对精神病人强制医疗的法律监督

根据《刑事诉讼法》第289条、最高检《规则(试行)》第661条等的规定，人民检察院对强制医疗的决定和执行进行监督。

人民检察院发现人民法院或者审判人员审理强制医疗案件违反法律规定的诉讼程序，应当向人民法院提出纠正意见。强制医疗执行监督由人民检察院刑事执行检察部门负责。人民检察院应当受理被强制医疗的人及其近亲属、法定代理人的控告、举报和申诉，并及时审查处理。

【思考题】

1. 什么是未成年人刑事案件的附条件不起诉?
2. 公诉案件当事人和解的适用范围是什么?
3. 违法所得没收程序中的利害关系人应当如何解释?

【案例分析】

申请人:某区人民检察院。被申请人黄某某,男,汉族,27岁。

2012年11月20日凌晨2时许,涉案精神病人黄某某到本市某区天河路某酒店门口治安岗亭旁,从被害人刘某某身后将其扑倒在地,企图抢走被害人身上的挎包,因被害人反抗未能得逞。挎包内有三星i9100手机1部(后经鉴定,价格为人民币1792元)和人民币3200元现金。黄某某在逃跑时被执勤民警抓获。后经法医鉴定,被害人刘某某伤情为轻微伤。

2013年3月13日,某区人民检察院聘请精神病医院对黄某某进行司法鉴定,认为黄某某患精神分裂症,案发时处于发病期,在本案中无刑事责任能力。据此,某区人民检察院申请对被申请人黄某某强制医疗。被申请人黄某某法定代理人、诉讼代理人均对申请人提出的强制医疗申请无异议。

人民法院经过审理,认为黄某某符合强制医疗条件,对黄某某予以强制医疗。

问题:请结合本案阐述精神病人强制医疗程序的启动与决定。

后 记

本书是笔者在教授法学专业本科生《刑事诉讼法》课程二十余年的教案和讲义的基础上修订完成的。在过去二十余年里，我国《刑事诉讼法》经过了两次修改，法律条文和司法解释等规范成倍数增长，且有许多重大变化。与此同时，刑事诉讼法学理论研究也经历了重大转变和发展，大学本科课程教学大纲和课堂教学基本内容随之发生了诸多变化。在此基础上，笔者对课程教材进行了全面的整理和编写，现呈现给大家。

本书坚持理论、规则与实践相互联系的原则，根据现行《刑事诉讼法》的立法体系编制教材体例，将刑事诉讼基本理论、法律条文和实践案例尽量结合在一起，力求较为完整、全面、准确地予以阐明。同时，在吸收和借鉴国内外刑事诉讼法的核心教学内容和通用教学方法的基础上，笔者试图尽最大努力将本学科最新代表性的研究成果纳入其中，并选择性地与国外学说和制度进行比较。为了配合网络教学和远程教学，全书各章之前列上了“本章引语”和“学习目标”，之后列上了“思考题”或“案例分析”，以便利用网络学习的学生和其他读者检验学习效果，巩固学习成果。

本书有幸被纳入中南大学出版社和中南大学网络学院共同组织编写的“高等院校网络教育法学专业核心课程规划教材”丛书，其出版得到了出版社和网络学院的大力支持，在此一并表示感谢。

杨开湘

2016 年 9 月

图书在版编目(CIP)数据

刑事诉讼法/杨开湘编著. —长沙:中南大学出版社,2016.10
ISBN 978-7-5487-2529-9

Ⅰ.刑... Ⅱ.杨... Ⅲ.刑事诉讼法-中国-高等学校-教材
Ⅳ.D925.2

中国版本图书馆 CIP 数据核字(2016)第 258580 号

刑事诉讼法

XINGSHISUSONGFA

杨开湘　编著

□**责任编辑**　刘　莉
□**责任印制**　易红卫
□**出版发行**　中南大学出版社
社址:长沙市麓山南路　邮编:410083
发行科电话:0731-88876770　传真:0731-88710482
□**印　　装**　长沙市宏发印刷有限公司

□**开　　本**　720×1000　1/16　□**印张** 27.25　□**字数** 541 千字
□**版　　次**　2016 年 10 月第 1 版　□2016 年 10 月第 1 次印刷
□**书　　号**　ISBN 978-7-5487-2529-9
□**定　　价**　58.00 元

图书出现印装问题,请与经销商调换